本书获国家哲学社会科学基金项目资助（批准号14BDJ003）

九州文库

新民主主义革命时期的金融建设研究

万立明 著

九州出版社
JIUZHOUPRESS

图书在版编目（CIP）数据

新民主主义革命时期的金融建设研究／万立明著
. --北京：九州出版社，2022.4
ISBN 978-7-5225-0904-4

Ⅰ.①新… Ⅱ.①万… Ⅲ.①金融—经济史—中国—1919-1949 Ⅳ.①F832.9

中国版本图书馆 CIP 数据核字（2022）第 076288 号

新民主主义革命时期的金融建设研究

作 者	万立明 著	
责任编辑	姬登杰	
出版发行	九州出版社	
地 址	北京市西城区阜外大街甲 35 号（100037）	
发行电话	（010）68992190/3/5/6	
网 址	www.jiuzhoupress.com	
印 刷	唐山才智印刷有限公司	
开 本	710 毫米×1000 毫米 16 开	
印 张	20.5	
字 数	370 千字	
版 次	2022 年 4 月第 1 版	
印 次	2022 年 4 月第 1 次印刷	
书 号	ISBN 978-7-5225-0904-4	
定 价	99.00 元	

目 录
CONTENTS

导　论

一、选题的价值和意义

金融是现代经济的核心，对推动经济社会的发展、维护经济安全、促进社会和谐等起着越来越重要的作用。邓小平同志就曾经指出："金融很重要，是现代经济的核心，金融搞好了，一着棋活，全盘皆活。"[①] 实际上，中国共产党历来高度重视对金融工作的领导，一直坚持牢牢把握金融事业发展和前进的方向，不断探索金融建设的实践经验。中国共产党在革命根据地进行的金融建设与根据地当时的政治、军事和经济斗争息息相关，而且密切配合，从而发挥了重要作用。这充分展示了中国共产党人艰苦奋斗的优良传统和百折不挠、勇于开拓的精神。因此，对新民主主义革命时期中国共产党领导金融建设进行历史考察，并总结概括其基本经验，具有重要的理论和学术意义，也可扩大和深化革命根据地金融史的研究，深化中共党史和中国金融史的研究。

另外，要推进当前中国特色社会主义金融事业，建立一套符合中国国情的相关制度机制，除了注意借鉴国外的成功经验，更为重要的是不可脱离中国的国情，中国共产党自身所取得的经验教训更是难能可贵。整个新民主主义革命时期，中国共产党始终重视和领导金融工作，并且根据当时的形势和任务，对金融工作提出不同的要求，不断探索如何发挥金融支持革命战争和创立新政权、服务于根据地的经济建设的作用，留下了许多宝贵的实践经验。这对增强我们创造金融业新辉煌的历史使命感和责任感，把我国金融事业不断推向前进，指导我们在新时代制定金融政策和深化金融体制改革等，都有十分重要的实践、启发和借鉴意义。

---

① 中共中央文献研究室：《十三大以来重要文献选编》（下），中央文献出版社 2011 年版，第 4 页。

二、国内外研究现状述评

有关中国共产党在革命根据地领导金融建设的研究，国外学者的专门论著并不多见。主要有：〔日〕宫下忠雄的《中共边区的经济与通货》（《神户大学经济学研究年报》1957 年第 4 期）、〔日〕桑野仁的《战时通货工作史论——日中通货战之分析》（日本法政大学出版局 1965 版）、〔日〕井上久士真的《陕甘宁边区的通货、金融政策及边区经济建设：以分析 1943 年边区的通货膨胀为中心》（日本《历史学研究》1982 年 6 月）、〔日〕岩武照彦的《抗日根据地的通货及通货政策：晋察冀边区和晋冀鲁豫边区的实例》（日本《史学杂志》92—4，1983 年 4 月）等。这些学术成果对抗币与伪币间的比价斗争及战时中共的通货政策和根据地的经济状况做了详细介绍。另外，〔美〕马克·赛尔登的《革命中的中国：延安道路》（社会科学文献出版社 2002 版）简要分析了延安的通货膨胀。

而国内方面则取得了丰硕的成果。20 世纪八九十年代，整理出版了一大批革命根据地金融史资料和财政经济史料，这为本书写作奠定了重要的基础。例如，《抗日战争时期陕甘宁边区财政经济史料摘编》第 5 编《金融》（陕西人民出版社 1981 年版）、魏宏运主编的《抗战时期晋察冀边区财政经济史料选编》第 4 编《财政金融》（南开大学出版社 1984 年版）、中国人民银行金融研究所等编的《中国革命根据地北海银行史料》全 4 册（山东人民出版社 1986—1988 年陆续出版）、《陕甘宁边区金融报道史料选》（陕西人民出版社 1992 年版）、《陕甘宁革命根据地银行编年纪事》（中国金融出版社 1993 年版）、中国人民银行金融研究所编的《中国革命根据地货币》（文物出版社 1982 年版）、中国人民银行河北省分行编的《回忆晋察冀边区银行》（河北人民出版社 1988 年版）、武博山主编的《回忆冀南银行九年》（中国金融出版社 1993 年版）等。

洪葭管、叶世昌、姜宏业、戴建兵、王红曼等学者出版的金融史著作也专门对革命根据地的金融史进行了论述，一些有关经济史的专著也略有涉及。另外，出版了大量的有关革命根据地金融史的专著，如杨希天等主持编写的《陕甘宁边区金融史》、戴启斌主编的《鄂豫皖革命根据地金融史略》、章书范编著的《淮南抗日根据地货币史》、江苏省钱币学会编的《华中革命根据地货币史》第 1 分册、安徽省钱币学会编的《华中革命根据地货币史》第 2 分册、袁远福和巴家云主编的《川陕革命根据地货币史》、赵丙乾主编的《淮北革命根据地货币史》、蒋九如主编的《福建革命根据地货币史》、王流海等编写的《豫皖苏革命根据地货币史》、章均立主编的《浙东革命根据地货币史》、李实主编的《陕甘宁革命根据地货币史》、江西省钱币学会主编的《湘赣革命根据地货币史》、周逢民和初本德主编的《东北革命根据地货币史》、河北省金融研究所编的《晋察冀边区银行》、中国人民银行河北分行编的《冀南银行》、赵宁夫主编的《中原革命根据地货币史》、杨世源主编的《晋绥革命根据地货币史》、罗华素和廖平之主编的《中央革命根据地货币史》、胡菊莲主编的《鄂豫皖革命根据地货币史》、汤勤福的《闽浙赣根据地的金融》、张书成和许炳南主编的《闽浙赣革命根据地货币史》、张转芳主编的《晋冀鲁豫边区货币史》、丁国良和张运才主编的《湘鄂赣革命根据地货币史》等。不少研究根据地经济史的专著均有专门的章节研究金融问题。例如，陈廷煊的《抗日根据地经济史》（社会科学文献出版社 2007 年版）有专门一章简要阐述了抗日根据地的金融业。这些学者都做了大量的开拓性和奠基性的研究。

2008 年以来出版的有关革命根据地金融史的著作主要有：姜宏业的《中国金融通史》第五卷《新民主主义革命根据地时期》（中国金融出版社 2008 年版）系统论述了大革命、土地革命、抗战和解放战争时期根据地建立的金融机构、货币发行和信贷业务等。许树信的《中国革命根据地货币史纲》（中国金融出版社 2008 年版）阐述了中国革命根据地货币的历史演变、币材和本位制度、发行与管理、印制与铸造，并总结了其中的历史经验。何伟福的《中国革命根据地票据研究（1927—1949）》（人民出版社 2012 年版）介绍、分析了革命根据地的公债、粮食票据和股票。温美平的《中国共产党的金融思想研究》（复旦大学出版社 2012 年版）用一章阐述了民主革命时期党的金融思想。中国人民银行编著的《中国共产党领导下的金融发展简史》（中国金融出版社 2012 年版）第一部分专门阐述了民主革命时期根据地金融机构的创建、货币发行和信贷活动等。鞠立新的《经济腾飞》（上海人民出版社 2011 年版）有一节专门分析了新中国成立前党领导下的金融业的创建及其金融政策。陈新岗、陈强的《山东革命根据地的奇迹与启示：货币、金融与经济政策》（山东人民出版社 2014 年版）以最成功富裕的根据地之一——山东革命根据地为典型案例，着重从经济、金融与货币等方面阐释了中国革命根据地如何在经济上获得成功。万立明的《中国共产党公债政策的历史考察及经验研究》（上海人民出版社 2015 年版）系统地研究了中国共产党自成立以来公债政策的历史发展，其中也探讨了民主革命时期根据地的公债发行情况及党的公债政策演变。

另外，学术界也发表了大量的相关学术论文，无法一一列出，其中在重要期刊发表的主要有：姜宏业的《我国革命根据地早期银行事概述》（《近代史研究》1982 年第 4 期）对从第一次国内革命战争到解放战争时期的银行进行了统计和介绍。姜宏业的《革命根据地发展时期银行事业概述》（《近代史研究》1985 年第 1

期）研究、统计了抗日战争和解放战争时期的革命根据地成立银行、发行货币的数量。黄正林的《边钞与抗战时期陕甘宁边区的金融事业》（《近代史研究》1999年第2期）论述了陕甘宁边区金融机构的建立与发展、边钞发行数量及存在的问题等。魏宏运的《论晋察冀抗日根据地货币的统一》（《近代史研究》1987年第1期）分析了晋察冀边区的货币政策和体系。姚会元的《抗日战争时期陕甘宁边区的金融事业》（《党史研究》1985年第3期）剖析了陕甘宁边区银行的义务范围、货币发行的方针等。李金铮的《论1938—1949年华北抗日根据地、解放区的农贷》（《近代史研究》2000年第4期）认为华北抗日根据地、解放区的政府、银行非常重视农贷工作，深入分析了农贷的组织系统、主要对象、基本原则及效果。阎庆生的《抗战时期陕甘宁边区的农贷》（《抗日战争研究》1999年第4期）论述了抗战时期陕甘宁边区的农贷，并总结了农贷的特征。郭晓平的《太行根据地的金融货币斗争》（《中共党史研究》1995年第4期）认为太行根据地的一项基本任务是组织群众发展生产，搞活金融市场，保证军需民食。汪澄清的《货币之战：论抗日根据地的金融稳定政策》（《中共党史研究》2005年第6期）认为抗日战争时期根据地内进行的货币之战取得了胜利，为根据地金融的稳定和经济健康发展创造了良好的秩序。李金铮的《革命策略与传统制约：中共民间借贷政策新解》（《历史研究》2006年第3期）梳理分析了1937—1949年中共华北抗日根据地、解放区的民间借贷政策演变。高强的《陕甘宁边区货币发行初期的通货膨胀与治理》（《中国经济史研究》2010年第1期）重点评述了从1941年下半年至1942年底中共中央和边区政府为治理通货膨胀所采取的主要措施及其效果。

未刊硕士博士论文中也有很多有关革命根据地金融的研究。例如，胡娟的《1927—1949年中共的金融思想和金融工作实践研究》（2008年河南大学硕士学位论文）也简要阐述了土地革命、抗战和解放战争时期党的金融思想和金融工作实践。

另外，笔者也曾经发表了数篇相关研究成果，主要有：《试论抗战时期陕甘宁边区的通货膨胀及其成因》（《江苏社会科学》2015年第3期）、《革命根据地的票据市场》（《中国金融》2015年第5期）、《红色金融的最初时刻》《"袖珍"央行担大任》《红色金融开拓者》（《英大金融》2016年第7—9期）、《土地革命时期中国共产党对股票发行的探索》（《苏区研究》2018年第2期）等。

从以上学术史的回顾当中可以看出，有关革命根据地金融的研究已经取得了不小的成绩，内容涉及根据地金融机构的建立、金融政策、货币发行、银行业务、货币斗争、通货膨胀和物价问题等，但也存在一些不足和需要进一步深入研究的问题。

第一，从总体来看，属于真正意义上的学术研究成果比较少。许多论著只是考证性、介绍性或史事叙述性的，因而急需借鉴金融学、银行货币学、统计学等相关学科的理论和方法进行深度研究，使根据地金融史的研究更加学术化。

第二，由于研究者各自关注的角度、区域、时段的不同，某些问题有待进一步的探讨，迄今为止尚缺乏一部系统性、整体性的研究成果。例如，对解放战争时期根据地金融研究得比较少，对根据地从事金融的人物研究比较少，对中央苏区和川陕苏区、陕甘宁边区、晋察冀边区和东北解放区以外的根据地涉猎不够。

第三，资料的挖掘还不够，如档案、口述资料和报刊资料等。因此，资料挖掘方面还有很大的空间可以填补。

三、研究思路与方法

1. 研究思路

研究主题确定后，充分搜集、整理有关档案文献资料，重点发掘与利用已刊和未刊档案文献资料（如各根据地的金融、银行史料汇编、各地的金融志等），以及当时的报刊文献（《红色中华》《新中华报》《解放日报》《人民日报》等），并确保史料真实可信。这样就使问题的研究拥有丰厚扎实的资料依据，并且在充分占有资料的基础上，构建自己的研究体系。

在此基础上，首先，概述新民主主义革命时期中国共产党的金融思想与政策演变。其次，按照几个专题，分别系统阐述中国共产党对金融组织体系、货币信用制度、金融业务运作、金融管理及金融人才队伍建设等方面进行的探索和尝试。最后，对各部分研究内容进行整合，宏观上分析新民主主义革命时期中国共产党领导金融建设的特点、基本经验及启示。

2. 研究方法

首先，在马克思主义唯物史观的指导下，一方面运用实证分析的方法，对不同历史时期的金融组织体系、货币信用制度、金融业务运作、金融管理等情况进行详细阐述。另一方面，也注意采用金融学和统计学的方法，对其进行定量分析和计量研究，力图摆脱单纯定性分析的局限，而采用定性分析和定量分析相结合的研究方法。

其次，采用历史与逻辑相统一的方法。在探讨中国共产党领导金融建设的发展演变时，力图上溯其源，下探其流，既考其史事，又论其因果，尽量做到史论结合。

最后，运用比较研究的方法。对中国共产党领导金融建设的前后各阶段进行纵向的以及同时期不同根据地进行横向的异同比较，以探寻中国共产党领导金融建设的特点和基本经验。

第一章

新民主主义革命时期金融思想与政策的演变

中国共产党在长期的革命和建设实践中，逐渐形成了丰富的金融思想，其理论渊源是马克思主义的金融思想。同时，还酝酿、制定了不同时期的金融政策。本章尝试从时间的纵向发展和结构上的横向解剖两个维度进行梳理和分析。

第一节 理论基础：马克思主义的金融思想概述

中国古代就有很多关于金融伦理思想、金融价值观或金融企业的经营之道，但是对于中国共产党金融思想的产生和发展并没有直接影响。马克思主义金融思想无疑是中国共产党金融思想形成的理论基础。实际上，马克思有着极其丰富的金融思想，但并没有专门的篇幅来详加论述，而是散布于各个篇章的相关内容中，尤其是《资本论》。故将马克思主义金融思想简要概况为以下四个方面。

一、马克思关于货币的思想理论

在马克思的金融思想当中，对货币的论述极为丰富，形成了马克思的科学货币理论。主要包括以下四个方面。

1. 关于货币的起源

关于货币的起源问题，马克思在《政治经济学批判》和《资本论》第一卷中都进行了重要论述。马克思认为，货币是商品经济发展的必然产物。商品经济的本质是以交换为目的，在商品生产与商品交换过程中不断发展的，最初是简单的物物交换。"各种使用价值可以相互交换的量的关系"是交换价值的表现。但随着生产力水平的提升、商品交换的扩大和发展，出现了以货币为媒介的商品流通。这时，商品不再通过一系列的等式来表现自己的交换价值，货币成为表现其他商品交换价值的唯一商品。"一种分离出来的特殊商品的商品交换价值。"①

2. 关于货币的本质

在货币本质方面，马克思指出，货币的本质是充当一般等价物的特殊商品，也就是货币是在商品交换中产生的一种价值形式。货币的产生，使商品可以划分为普通货币和商品。货币是从商品中自发分离而充当一般等价物的特殊商品。货币是一种虚拟化的价值符号，是体现社会化生产关系的重要标志。马克思提出，"货币代表着一种社会关系，却又采用了具有一定属性的自然物的形式"。②可见，马克思认为，货币实际上代表了一种社会关系。

3. 关于货币的形式

对于货币的形式，马克思在《资本论》第一卷中详细进行了阐述。他指出，当这种特殊商品的自然形式同等价形式紧密地结合在一起的时候，这种特殊商品就成为货币商品，也就是可以执行货币的职能。在商品世界中，这种商品特有的社会职能能够起到一般等价物的作用，不仅能够在第二种形式中充当麻布的特殊等价物，而且可以在第三种形式中把各种商品的价值体现出来，从而形成它的社会独占权。在历史过程中，有一种商品就是金和银，可以夺得这个特权地位。在第二种形式向第三种形式过渡的时候，麻布简单的相对价值表现就是在执行商品的货币职能。③马克思认为，随着商品经济的发展，货币形式从最初的黄金白银转变为相应的货币符号，即本身并不具备价值虚拟货币，只是作为金银货币的代替品在市场上流通的一种货币符号。

4. 关于货币的职能

马克思将货币的职能阐述为价值尺度、流通手段、贮藏手段、支付手段、世界货币五项职能。货币的价值尺度体现为"能为商品世界提供表现价值的材料或者说是把商品价值表现为同名的量，使它们在质的方面相同，在量的方面可以比较"。④这项职能是由货币作为一般等价物这一性质直接决定的。货币的一项基础职能是流通手段，即货币成为商品交换的媒介。货币的贮藏手段与其作为流通手段职能是相反的。货币不仅可以灵活地充当商品之间交换的媒介，而且也具备使买卖过程短期或者长期停止的功能。货币支付手段职能的出现使商品的让渡和价格的实现可以在时间上分离。马克思指出，"货币作为一般支付手段，变成契约上的一般商品"，卖者出售商品换回的不是当时的货币而是未来

① 《马克思恩格斯全集》第 31 卷，人民出版社 1998 年版，第 440-442 页。
② 《马克思恩格斯全集》第 31 卷，人民出版社 1998 年版，第 427 页。
③ 《马克思恩格斯文集》第 5 卷，人民出版社 2009 年版，第 86 页。
④ 《马克思恩格斯文集》第 5 卷，人民出版社 2009 年版，第 114 页。

的货币，成为债权人，而与之对应的买者成为债务人，普通商品流通关系发展成了赊销关系。货币的支付手段职能使得商品的形态变化发生了变形，商品和货币可以不必然同时出现在交换过程的两极上。最后当约定支付日期到达之后，货币充当支付手段，偿付债务。① 随着贸易的不断扩大，商品流通和商品交换已经超出一国国内的市场范围，货币自然地获得了世界货币的职能。

二、马克思关于信用的思想

马克思把信用活动看作社会实践活动的价值形态反映，是社会总资本循环中的重要环节。马克思还引用了一段有关信用的定义，即"信用，在它的最简单的表现上，是一种适当的或不适当的信任，它使一个人把一定的资本额，以货币形式或以估计为一定货币价值的商品形式，委托给另一个人，这个资本额到期一定要偿还"。② 马克思认为，资本主义的信用制度是在产业资本不断积累的前提下而产生的，信用可分为商业信用和银行信用。银行信用则是以银行作为借贷资本而产生的信用形式。银行最初是专门为向产业资本提供信贷服务的。银行拥有的借贷资本是在资本主义产业的循环当中，从货币资本形态逐渐分离出的产物，而从产业资本当中独立出的借贷资本则是商品经济发展过程中信用的基础。商业信用是信用制度的基础，其作用为加速流通并降低流通过程中的费用。

三、马克思关于银行制度的理论

马克思认为："银行制度，就其形式的组织和集中来讲，是资本主义生产方式造成的最人为的和最发达的产物。"③ 现代大银行是适应现代化大生产的要求而建立起来的，银行是管理货币资金的部门，在商品货币经济的条件下，各种经济活动都要表现为货币资金的运动，银行通过开展信贷、结算、货币流通等业务，把国民经济各部门、各单位的经济活动联系起来。马克思还指出，"银行制度从私人资本家和高利贷者手中夺走了资本的分配这样一种特殊营业，这样一种社会职能。但是这样一来，银行和信用同时又成了使资本主义生产超出它本身界限的最有力的手段，也是引起危机和欺诈行为的一种最有效的工具""银行制度用各种形式的流通信用代替货币，这表明货币事实上无非是劳动及其产品

---

① 《马克思恩格斯文集》第 5 卷，人民出版社 2009 年版，第 158–159 页。
② 《马克思恩格斯文集》第 7 卷，人民出版社 2009 年版，第 452 页。
③ 《马克思恩格斯文集》第 7 卷，人民出版社 2009 年版，第 685 页。

的社会性的一种特殊表现"。① 银行制度为资本主义生产方式创造了崭新的生产条件和交换条件，如果没有银行制度的出现，如果没有信贷的集中，就不会使生产条件和交换条件发生革命，就不会有现代化大工业。因此，有了以银行为中心的信用制度，改变了对产业资金进行融通、调节的方式，缩短了商品资金向货币资金转化的过程。

四、马克思关于股票的思想认识

马克思在《资本论》里多次提到股票，对股票的定义、作用和本质等进行了较多论述。马克思认为，"股票作为一种所有权证书，例如铁路的所有权证书，每天都可以易手，它们的所有者甚至可以在国外出售这种证书而获得利润，因此，铁路本身虽然不能输出，所有权证书却是可以输出的"。② 马克思不仅解释了什么是股票，而且指出股票是可以流通的。马克思对股票还有一个经典注释，即"股票，如果没有欺诈，它们就是对一个股份公司拥有的实际资本的所有权证书和索取每年由此生出的剩余价值的凭证"。③

马克思指出："不要忘记，银行家保险箱内的这些证券，即使是对收益的可靠支取凭证（例如国家证券），或者是现实资本的所有权证书（例如股票），它们所代表的资本的货币价值也完全是虚拟的，是不以它们至少部分地代表的现实资本的价值为转移的；既然它们只是代表取得收益的权利，并不是代表资本，那么，取得同一收益的权利就会表现在不断变动的虚拟货币资本上。"④ 这说明股票所代表的资本是账面上的资本，而不是实际的资本，是会上下浮动的虚拟资本。

马克思还对股票进行了详细的分类，"首先是货币机构本身的股票；银行股票；股份银行的股票；交通工具的股票（铁路股票最重要，运河股票，轮船公司股票，电报局股票，公共马车公司股票）；一般工业企业的股票（矿业股票最重要）。其次是公用事业企业股票（煤气公司股票，自来水公司股票）。……保管商品的企业股票……最后，作为全体的保证，有各种保险公司的股票"。⑤ 可见，马克思对股票的认识是比较深入的。

值得一提的是，列宁也有丰富的关于银行制度的思想，也一并成为中国共

---

① 《马克思恩格斯文集》第7卷，人民出版社2009年版，第686页。
② 《马克思恩格斯文集》第6卷，人民出版社2009年版，第235页。
③ 《马克思恩格斯文集》第6卷，人民出版社2009年版，第386页。
④ 沈沛：《马克思恩格斯列宁论资本市场》，经济科学出版社2001年版，第79页。
⑤ 《马克思恩格斯全集》第30卷，人民出版社1998年版，第239页。

产党金融思想产生和发展的理论来源。例如，列宁于 1917 年 9 月指出，"银行是现代经济生活的中心，是整个资本主义国民经济体系的神经中枢"。① 不久，列宁还提出"没有大银行，社会主义是不能实现的"的论断，而且"大银行是我们实现社会主义所必需的'国家机关'，我们可以把它当作现成的机关从资本主义那里夺取过来，而我们在这方面的任务只是把资本主义丑化的这个绝妙的机关的东西斩断，使它成为更巨大、更民主，更包罗万象的机关"。② 根据这个论断，苏俄制定并实施了夺取银行、实现国有化、建设社会主义银行的纲领和政策，创立了世界上第一个社会主义国家银行体系。

第二节　新民主主义革命时期金融思想的演变

中国共产党成立之后，共产党人开始对金融问题有所思考，并形成了一些初步的认识。随着民主革命的不断发展，中国共产党对金融的认识逐步深化，并走向成熟，形成了适应革命形势的金融思想，为革命根据地金融事业的开展提供了理论基础。

早在中共创立到大革命时期，陈独秀和毛泽东等人就发表了许多有关金融的论述。1922 年 11 月，陈独秀提出："组织农民借贷机关，中国农村向有宗祠、神社、备荒等公款，应利用此等公款及富农合资组织利息极低的借贷机关。"1923 年 7 月，陈独秀认为："组织农民借贷机关"③ 是解除农民遭受痛苦的方法之一。1927 年 3 月，毛泽东明确指出："许多地方几乎断绝借贷关系，致使贫农社会惶惶不可终日，非有一具体政策，不能解决此资本缺乏问题"，因而提出"在革命势力所及之地""努力设立此等（即农民银行）条件极低的贷款机关，以解决农民的资本缺乏问题。"④ 同年 3 月，毛泽东在《湖南农民运动考察报告》中也指出："合作社，特别是消费、贩卖、信用三种合作社，确是农民所需要的。他们买进货物要受商人的剥削，卖出农产要受商人的勒抑，钱米借贷要受重利盘剥者的剥削，他们很迫切地要解决这三个问题。……地主'卡借'，农

---

① 中共中央党校教务部：《马列著作选编》，中共中央党校出版社 2002 年版，第 510 页。
② 中国科学院经济研究所资料室：《政治经济学参考资料》，1960 年编印，第 247 页。
③ 中共中央文献研究室，中央档案馆：《建党以来重要文献选编》第一册，中央文献出版社 2011 年版，第 278 页。
④ 《中国国民党历次会议宣言决议案汇编》（第一分册），浙江省中共党史学会编印（出版日期不详），第 171 页。

民因借钱而企图组织'借贷所'的，亦所在多有。"① 可见，陈独秀和毛泽东非常重视组织农民借贷机关，以此缓解农民的痛苦。

一、土地革命时期中国共产党的金融思想

土地革命战争时期，毛泽东、周恩来、张闻天、毛泽民等人发表了许多关于货币、信用、银行的论述，尽管专门的著述不多，但还是大致反映了当时中国共产党人的金融观。

1. 毛泽东的金融思想

1930 年 5 月，毛泽东在《寻乌调查》中指出："钱利三分起码，也是普通利，占百分之七十，加四利占百分之十，加五利占百分之二十。通通要抵押，有田地的拿田地抵押，无田地的拿房屋、拿牛猪、拿木梓抵押，都要在'借字'上写明。"不仅利率高，"借主时时想吞并贫农的房屋牛猪，或他很小的一块田，或一个园子，察到贫农要钱用，就借给他，还不起，就没收抵押品"。② 1933 年 8 月，毛泽东在中央苏区南部十七县经济建设大会上提出："敌人在进行经济封锁，奸商和反动派在破坏我们的金融和商业，我们红色区域的对外贸易，受到极大的妨碍。""号召群众购买公债，发展合作社，调剂粮食，巩固金融，发展贸易。"③ 1934 年 1 月，毛泽东在江西瑞金召集的第二次全国工农代表大会上指出了货币的发行原则，即"国家银行发行纸币，基本上应该根据国民经济发展的需要，单纯财政的需要只能放在次要的地位"。④ 1 月 24 和 25 日，毛泽东代表中华苏维埃共和国中央执行委员会与人民委员会向第二次全国苏维埃代表大会做了报告，其中又重申"国家银行发行纸币，应该根据国民经济发展的需要，财政的需要只能放在次要的地位，这一方面的充分注意是绝对必需的"⑤，同时还指出"应该注意信用合作社的发展，使在打倒高利贷资本之后能够成为他的代替物。经过经济建设公债及银行招股存款等方式，把群众资本吸收到建设国家企业，发展对外贸易，与帮助合作社事业等方面来，同样是要紧的办法"；

---

① 于建嵘：《中国农民问题研究资料汇编》第一卷（上册），中国农业出版社 2007 年版，第 336 页。
② 《毛泽东文集》第一卷，人民出版社 1993 年版，第 199 页。
③ 中共中央文献研究室、中央档案馆：《建党以来重要文献选编》第十册，中央文献出版社 2011 年版，第 465 页。
④ 《毛泽东选集》合订本，人民出版社 1968 年版，第 120 页。
⑤ 中共中央文献研究室、中央档案馆：《建党以来重要文献选编》第十一册，中央文献出版社 2011 年版，第 119 页。

"应该尽量发挥苏维埃银行的作用，按照市场需要的原则，发行适当数目的纸币，吸收群众的存款，贷款给有利的生产事业，有计划地调剂整个苏区金融，领导群众的合作社与投机商人作斗争，这些都是银行的任务"。①

毛泽东的这些论述揭露了当时农村残酷的高利贷剥削，并提出要巩固苏区金融。另外，毛泽东也明确形成了纸币的发行数量应该以它代表的金（或银）的实际价值为限度的思想，纸币的发行应根据市场中商品流通的需要，而不能仅仅是为了满足财政需要。同时，他认为还要发挥信用合作社和苏维埃银行的作用。

2. 周恩来、张闻天、毛泽民等人有关金融的论述

1932 年 9 月，周恩来给中共苏区中央局的报告中指出："国家纸币的使用，公债票的购买，在边区各境各县做得也极不踊跃。东洛、黄陂、小布竟发生拒绝使用纸币的事（自然红军经理部，没能及时兑现，红军战士没能引创立纸币信用为自己责任，也是造成这种现象的一个主要原因），但地方上对于这种事的宣传，可说少到极点。田头区甚至发生派捐的事（据一个归家的红军战士报告）。""关于苏维埃国家纸票的使用，首先须建立与巩固他的信用。现在除严密督促红军各级经理机关随时设临时兑换所外，边区地方政府必须负责设县与区的兑换所。中央政府与省苏应拨一笔现款做纸票兑换的基金给边区各县，或即由他们求得的款中拨用。"② 可见，周恩来已经意识到维护国家银行纸币信用的重要性。

1933 年 4 月，张闻天撰文指出：目前对于苏维埃经济的发展有重大意义的"是银行与各种营业的组织。国家银行是苏维埃政权手内最重要的经济组织。它可以帮助国家企业与合作社的发展，使这些企业同私人资本做竞争"。③ 1933 年下半年，王明撰文提出："当商人将国民党的货币带来苏区时，只能将它们收来换成苏维埃货币，然后存在苏维埃银行内，以便能用它们去向国民党区域采买货物。至于苏维埃的货币，则需要尽可能地限制印发的数量，此外，还要改良整个银行制度。""苏区工农银行发行了钞票，这些钞票在工农中间有过很大的信仰，但有时候因为滥发纸币，以致信仰减低了。""要提高苏维埃钞票的信仰，

---

① 中共中央文献研究室，中央档案馆：《建党以来重要文献选编》第十一册，中央文献出版社 2011 年版，第 137 页。

② 中共江西省委党史研究室，中共赣州市委党史工作办公室，中共龙岩市委党史研究室：《中央革命根据地历史资料文库·党的系统4》，江西人民出版社 2011 年版，第 2387 页。

③ 中央党史研究室张闻天选集传记组：《张闻天文集》第一卷，中共党史出版社 2012 年版，第 240 页。

必须规定这样的办法，就是要税收和工资都用苏维埃的纸币支付。"① 可见，张闻天指出了银行尤其是国家银行对苏维埃经济的发展具有不可替代的作用。这时的王明则认识到苏维埃政权既要开展对国民党政府货币的斗争，也要竭力维护工农银行纸币的信用。

此外，中华苏维埃国家银行第一任行长毛泽民提出："集中和利用这些社会余资，是发展苏区生产，改善工农生活的有利条件。""银行普遍的集中与活泼的运用这些社会余资，投放到各种合作社，尤其是信用合作社，以及工农群众中各个人所经营的生产事业上，大大改善苏区生活，扩大对外贸易，使盐贵布贵及现金减少的问题从速得到解决。这样拿储蓄的胜利就可以从经济战线上去冲破敌人经济封锁，粉碎敌人五次'围剿'。"② 因此，毛泽民认为，银行对于国家在调剂金融、发展苏区生产及改善工农生活等方面都有重要作用。

二、抗战时期中国共产党人的金融思想

到了抗战时期，以毛泽东、谢觉哉、任弼时和陈云等为代表的中国共产党人的金融思想更加成熟和丰富了。其内容已经涉及货币发行原则、货币斗争、农贷、银行国有化，以及金融与贸易的关系等问题。

1. 毛泽东的金融思想

1938 年 8 月，毛泽东等人致函晋察冀边区的聂荣臻等，就《边区的货币政策》提出以下原则："边区应有比较稳定的货币，以备同日寇作持久的斗争。""边区的纸币数目，不应超过边区市场上的需要数量。""边区的纸币应该有准备金：第一，货物，特别是工业品；第二，伪币；第三，法币。"③ 同年 10 月，毛泽东在中共扩大的六中全会上指出："有计划的与敌人发行伪币及破坏法币的政策作斗争，允许被隔断区域设立地方银行，发行地方纸币。""由国家银行办理低利借贷，协助生产事业的发展及商品的流通。"④ 1939 年 12 月，毛泽东指出："帝国主义列强经过借款给中国政府，并在中国开设银行，垄断了中国金融和财政，""从中国的通商都市直至穷乡僻壤，造成了一个买办的和商业高利贷的剥削网，造成了为帝国主义服务的买办阶级和商业高利贷阶级，以便利其剥削广

① 中共中央党史研究室第一研究部：《共产国际、联共（布）与中国革命文献资料选辑》第十六卷，中共党史出版社 2007 年版，第 366-367 页。
② 舒龙：《毛泽民》，军事科学出版社 1996 年版，第 164 页。
③ 《毛泽东文集》第二卷，人民出版社 1993 年版，第 137 页。
④ 中共中央党史研究室第一研究部：《共产国际、联共（布）与中国革命文献资料选辑》第二十卷，中共党史出版社 2007 年版，第 607 页。

大的中国农民和其他人民大众。"① 12 月 25 日，毛泽东起草的对党内指示中指出："关税政策和货币政策，应该和发展农工商业的基本方针相适合，而不是相违背。"② 1940 年，毛泽东在《新民主主义论》中提出："大银行、大工业、大商业，归这个共和国的国家所有。凡本国人及外国人之企业，或有独占的性质，或规模过大为私人之力所不能办者，如银行、铁道、航空之属，由国家经营管理之。"③ 1942 年 12 月，毛泽东在陕甘宁边区高级干部会议上提出："要使农业获得发展，帮助这个极大数量的农民群众解决他们的困难，是一个极其重要的政策，这里的一个办法就是增加农贷。""要使区乡干部认识农贷对于发展农业的重大意义，不要将农贷看作赈灾救济，不可采取平均政策及不负责任的态度。"④ 1945 年，毛泽东在《论联合政府》中指出："新民主主义的国家，如无巩固的经济做它的基础，如无进步的比较现时发达多的农业，如无大规模的全国经济比重上占极大优势的工业以及与此相适应的交通、贸易、金融等事业做它的基础，是不能巩固的。"⑤

因此，抗战时期，毛泽东对金融问题的论述先后涉及纸币发行原则、低利借贷、农业贷款和银行国有化等方面，并且认为货币政策与外贸政策应该相互配合。其中，毛泽东对于边区如何发行货币、确定合理的货币发行数量的重要指示在当时发挥了重要的指导意义。

2. 王稼祥、谢觉哉、刘少奇、任弼时和陈云等人的金融思想

1938 年 6 月，陈绍禹、周恩来、秦博古联合署名在《新华日报》上刊文，提出"严格限制外汇，稳定法币使用及价格"，"采取必要办法，流通内地城乡金融"。⑥ 1939 年 1 月，王稼祥指出："在财政方面，敌则以伪中国联合准备银行发行伪货币，强迫使用，收刮及掠夺法币，伪造法币，私换外汇，并强制订定伪币之外汇价格等等，以求动摇法币之基础，捣乱中国之金融。""这首先要有正确的财政经济政策，如……实行必要的货币政策，如发行纸币，抵制仇币，

---

① 中共中央文献研究室等：《延安时期党的重要领导人著作选编》（上），中央文献出版社2014 年版，第 81 页。

② 肖周录等：《民主革命时期党的人权理论与实践资料汇编》，西北工业大学出版社 1992年版，第 86 页。

③ 中共中央文献研究室等：《延安时期党的重要领导人著作选编》（上），中央文献出版社2014 年版，第 122 页。

④ 中国人民解放军政治学院党史教研室：《中共党史参考资料》第九册，第 223 页。

⑤ 《毛泽东选集》第三卷，人民出版社 1991 年版，第 1029 页。

⑥ 无锡市史志办公室：《秦邦宪（博古）文集》，中共党史出版社 2007 年版，第 401 页。

贮蓄与保护法币，不使落入敌手等等。"① 因此，王明、周恩来和博古非常关心当时的货币政策及城乡金融的联通。王稼祥则强调要重视对日伪货币的斗争，并要发行自己的纸币。

1940 年 11 月，谢觉哉在陕甘宁边区政府委员会上指出："我们的银行是新民主主义的国家银行，它的任务是流通金融，发展经济，吸收社会游资用于社会有利方面去，就要银行能真正到农村中去，帮助农民做许多事，才能真正建立银行在农民中的信用，所以银行的主要任务是发展国民经济。"② 1942 年 2月，刘少奇在中共中央华中局第一次扩大会议上提出："尽可能发行纸币，以抵制伪币及敌伪对法币的操纵。必要时可发行一定数量的公债。"③ 谢觉哉明确指出了新民主主义银行应该扎根农村并能解决农民的实际需要。刘少奇则认为要多发纸币甚至发行公债以打破敌伪货币的操纵。

1944 年 4 月，任弼时在陕甘宁边区高级干部会议上指出：有些直接负责管理贸易、金融、财政的同志和机关"不相信我们在金融问题上能够采取独立自主的方针"或"存在一种盲目乐观的思想"，因此我们要"保障对外贸易的出入口平衡，并达到出超；稳定金融，提高边币；收支平衡，财政基础稳固，这就必须全党更进一步地去努力发展生产"，应当"引起全党在思想上认识贸易、金融、财政工作的重要，认识贸易、金融、财政工作是组织全部经济生活的重要环节，离了它们，或对它们采取了错误方针，全部经济生活就会停滞或受到障碍"，同时"要把金融、贸易、财政工作做好，必须依靠我们正确地、艺术地、及时地去掌握政策，运用政策"。④ 任弼时详细阐述了稳定金融以及贸易、金融、财政工作的重要性，毛泽东审阅任弼时的报告后，批示作为"党内高级干部读物"印发五千份。

1944 年 12 月，陈云在陕甘宁边区参议会上说："由于农产品和工业品生产的增加，加上贸易、金融管理的改善，近年来边区的金融和物价，大体上是稳定的。如果生产有了更巨大的收获时，稳定的程度还要增加。"⑤ 1945 年 2 月，陈云在陕甘宁边区财政厅工作检讨会上也提出："财政可以不靠银行发票子，也

① 《红色档案 延安时期文献档案汇编》编委会：《红色档案 延安时期文献档案汇编 解放第四卷（第六十期至第八十期）》，陕西人民出版社 2013 年版，第 15 页。

② 陕甘宁边区财政经济史编写组：《抗日战争时期陕甘宁边区财政经济史料摘编》（第五编），陕西人民出版社 1981 年版，第 1 页。

③ 中国人民解放军历史资料审委员会：《新四军文献（3）》，解放军出版社 1994 年版，第 100 页。

④ 任弼时：《任弼时选集》，人民出版社 1987 年版，第 306-310 页。

⑤ 《陈云文选（一九二六——一九四九）》，人民出版社 1984 年版，第 206 页。

不靠任何补助，问题在于力争多收少付。""财政与金融、贸易的关系，基本上是金融、贸易为了财政，这是大政方针。但有时财政要服从金融、贸易。"① 显然，陈云从宏观上阐述了生产、贸易和金融、物价的关系，并提出财政不能依赖银行发票子。

三、解放战争时期中国共产党的金融思想

解放战争时期，围绕城市金融、金融接管和金融物价等问题，毛泽东、贺龙、董必武、陈云及刘少奇等人先后发表了许多具有重要指导意义的论述。

1. 毛泽东、贺龙有关金融的论述

1945 年 11 月，毛泽东为中共中央起草的对内指示中说："我们已经得到了一些大城市和许多中等城市。掌握这些城市的经济，发展工业、商业和金融业，成了我党的重要任务。"② 1947 年 7 月，毛泽东在中共中央扩大会议上指出：金融、贸易系统存在的根本错误是"只看财政不看经济，只看少数不看多数。不知道金融贸易系统如果不采取正确的方针，其他方面的工作就难以着手"，因而"金融、贸易是为整个国民经济服务的，一定要实行军民兼顾"。③ 8 月 10 日，贺龙在绥德分区县委书记联席会议上提出："金融问题首先要反对几个错误观点：一要反对法币观点；二要反对贸易观点；三要反对现洋观点。""1946 年，银行没有经过晋绥分局的批准，突然大量的发行农币，结果引起了金融波动，这完全是自己造成的。"因此，"要解决边区的金融问题，必须以边币为本位币，把棉花、布及其他产品掌握在手里，群众要棉花给棉花，要布给布，这样金融就很难波动"。④ 由此可见，毛泽东充分意识到抗战胜利后掌握城市金融的重要性。此后，针对边区出现的金融错误及金融波动等，毛泽东和贺龙提出了正确的主张，即金融和贸易要协调配合。

2. 董必武、陈云和刘少奇有关金融的论述

1947 年 9 月，董必武在晋察冀边区财经会议上指出："这里各区还有独立的银行……我认为各区银行应改隶于边区银行……。这样由边区一级整盘地计划、监督、指挥、调节，要适当些。这样办更符合于精简节约的原则。""货币发行

---

① 《陈云文选（一九二六——一九四九）》，人民出版社 1984 年版，第 210 页。
② 《毛泽东选集》第四卷，人民出版社 1991 年版，第 1173 页。
③ 中共中央文献研究室、中央档案馆：《建党以来重要文献选编》第二十四册，中央文献出版社 2011 年版，第 252 页。
④ 中国人民解放军第一野战军史编审委员会：《中国人民解放军第一野战军文献选编》第3 册，解放军出版社 2000 年版，第 26 页。

问题，在华北财经会议中，在土地会议代表谈话中，大家都说由中央统一起来较为方便。现山东要求成立中央银行，发行一种通行各区的钞票，并说愈快愈好。这桩事当然不能立即办到，但大势所趋，不容我们延不进行。"① 董必武的发言体现了要尽快建立统一的中央银行的基本主张。

1948 年 8 月，陈云在哈尔滨召开的第六次全国劳动大会上提出："从总的方面来看，工业、农业、交通运输、金融、贸易都需要互相配合，不统一管理，经济就搞不好。"② 11 月，陈云给中共中央东北局并转中央的报告中总结了接管沈阳时迅速解决金融物价问题的经验。陈云指出："为吸引粮食入城，定价高于外地，二十六天来粮食源源不绝，物价无大波动，粮价大体尚超出我百货公司收买价，高粱米每斤三千元。对金圆券处理，则先观望了四天，当金圆券一元跌至我东北币一百五十元时，即挂牌以一比一百的比价，收兑一星期，使之自动向关里流出。敌九省券以我一敌三千的比价，亦兑一星期。两者兼兑，共兑出东北币二亿元。沈阳解放一个星期，凡能开市的买卖，大体已开市，市面很稳定。"③ 1949 年 6 月，刘少奇在一份党内的报告中提出："铁路、银行、对外贸易、邮政、电报、大钢铁业、盐业、纸烟业和大部分矿山、轮船、纺织业等，将由国家经营或由国家监督经营。""成立财政、工业、铁路、船运、邮电、农业、商业各部及国家总银行与各专业银行"，"建立全国性的合作社领导机关及合作银行。"④ 因此，陈云提出了金融贸易相互配合的主张，而且总结了在接管城市解决金融物价问题时的主要经验。刘少奇则指出了城市金融和建立国家银行与专业银行体系的重要性。

总之，新民主主义革命时期，以毛泽东为代表的中国共产党人对金融问题发表了许多论述，提出了指导性观点或论述。虽然对金融问题的认识与思考只局限于当时较为迫切的问题，但是已经充分吸取了马克思主义金融思想，从而为建立新民主主义金融体系提供了思想理论基础。

第三节　新民主主义革命时期金融政策的演变

新民主主义革命时期，中国共产党充分认识到金融对根据地经济发展的促

---

① 董必武：《董必武选集》，人民出版社 1985 年版，第 157 页。
② 《陈云文选（一九二六——一九四九）》，人民出版社 1984 年版，第 261 页。
③ 《陈云文选（一九二六——一九四九）》，人民出版社 1984 年版，第 271 页。
④ 《刘少奇选集》上，人民出版社 1981 年版，第 429 页。

进作用，因而发展金融业，建立新的金融制度，维护根据地金融的独立自主，成为当时财政经济建设中的一项重要内容。随着革命形势的发展，中国共产党在新民主主义革命的不同时期都制定了相应的金融政策和原则，金融建设不仅在当时发挥了重要作用，也为日后积淀了丰富的历史经验。

早在大革命时期，中国共产党在其党纲草案或议决案中就制定了有关金融的一些基本原则。1923 年 6 月，中共三大制定的《中国共产党党纲草案》中提出："限制外国国家或个人在中国设立教会、学校、工厂及银行。""铁路银行矿山及大生产事业国有。""划一币制，禁止辅币之滥发及外币之流通。"① 11 月，中共中央第二次扩大会通过的《对于广东农民运动议决案》提出"由国家设立农民银行，以最低的利息贷款于贫农"。② 1927 年 4 月，中共五大制定的《土地问题议决案》指出，鉴于军阀"滥发无价值的纸币（军用票）"，要求"建立国家农业银行及农民的消费，生产、信用合作社"。③ 7 月，中国共产党拟定《国民革命的目前行动政纲草案》，其中明确提出："取消在华外国银行之一切特权，禁止外国银行在中国境内发行纸币。凡中国资本之银行，具有充分之担保金与合法之地位者，其纸币得通用于全国。""合并'中央''中国''交通'三行为一国家银行，全国通行之纸币，私立银行概无发行纸币之权。""由政府设立农民银行，以低利贷款于农民并由政府扶助农民，设立消费、生产、贩卖、信用等合作社。"④ 可见，大革命时期，中国共产党就明确提出了银行国有化、统一币制、建立国家农民银行等政策主张，并要求限制外国设立银行或者取消外国银行的特权。

一、土地革命时期中国共产党的金融政策

土地革命时期，在有关指示信、议决案、工作计划当中，中国共产党相继提出了一些金融政策，内容主要涉及信用货币政策、废除高利贷及创办金融组织等。

---

① 中共中央党史研究室，中央档案馆：《中国共产党第三次全国代表大会档案文献选编》，中共党史出版社 2014 年版，第 8 页。
② 广东省档案馆，中共广东省委党史研究委员会办公室：《广东区党、团研究史料（1921—1926）》，广东人民出版社 1983 年版，第 427 页。
③ 中央档案馆：《中共中央文件选集》第三册，中共中央党校出版社 1983 年版，第 55 页。
④ 中央档案馆：《中共中央文件选集》第三册，中共中央党校出版社 1983 年版，第 193 页。

1. 关于信用货币政策

1928 年 5 月，中共中央给湘东特委的指示中要求"在割据区域内可以发行有限的苏维埃政府的纸币以流通金融"。① 中共六大讨论决定："至以新政府之信用制度代替旧银行之信用券，统计该地方资产阶级的资本，财政之监督权完全集中于政府手内，统计银铜等现币总额，禁止现币输出苏维埃区域，违者，由肃清反革命斗争的机关处以严刑。"② 1930 年 8 月，共产国际东方部《关于中国苏维埃政权的经济政策草案》提出："假使技术条件允许的话，可以制造苏维埃的货币（如纸币），收取旧的货币，换用苏维埃的货币。对于发行纸币的问题，则应该非常谨慎，应该尽可能地避免苏维埃货币之跌价。……有些苏维埃区域，很显明地需要组织有权力发行纸币的国家银行。""银子的出口须得到苏维埃政府的允许才可以。"③ 10 月 24 日，中共中央政治局公布的《关于苏维埃区域目前工作计划》要求"实行统一金融的调节市场反对高利贷政策"，提出"首先要开始统一金融和统一币制的规划，禁止商人私自发行纸币，把发行纸币的权统一在苏维埃政府银行手里"。④ 10 月 31 日，在《中央给长江局并赣西南特委的信》中提出："在中央临时政府成立后，当时可以开铸货币。现在苏维埃□□（原文缺字不详）银行所发行的纸币，不宜过于滥发，以免将来因纸币过多而低落，而影响全部经济。"⑤ 11 月 21 日，中共中央给长江局并转邓中夏等人的指示信中提出："要注意于现金的出口和集中。多量的现金的出口，必须得苏维埃政府的允许。政府应发行纸币，定名统一中国苏维埃国家银行××特区分行（每一特区一个集中的分行）。纸币要统一，纸质要能经久，要将旧时的纸币逐渐收回"，同时"纸币的发行不能不要有计划，开始的时候不能超过所存的现金很多，一定要在人民的需要上来增加币额，不要在政府的开支上滥发纸币"。⑥ 1931 年 11 月，《中华苏维埃共和国关于经济政策的决定》中提出："苏

① 中共中央文献研究室，中央档案馆：《建党以来重要文献选编》第五册，中央文献出版社 2011 年版，第 178 页。

② 中共江西省委党史研究室，中共赣州市委党史工作办公室，中共龙岩市委党史研究室：《中央革命根据地历史资料文库·党的系统 1》，江西人民出版社 2011 年版，第 396 页。

③ 中共中央党史研究室第一研究部：《共产国际、联共（布）与中国革命文献资料选辑》第十二卷（下册），中央文献出版社 2002 年版，第 305 页。

④ 中央档案馆：《中共中央文件选集》第六册，中共中央党校出版社 1989 年版，第 447 页。

⑤ 中共江西省委党史研究室，中共赣州市委党史工作办公室，中共龙岩市委党史研究室：《中央革命根据地历史资料文库·党的系统 2》，江西人民出版社 2011 年版，第 1223 页。

⑥ 中共中央文献研究室、中央档案馆：《建党以来重要文献选编》第七册，中央文献出版社 2011 年版，第 684 页。

维埃区域内旧的货币在目前得在苏维埃区域通行，并消灭行市的差别，但苏维埃须对于这些货币加以清查，以资监督。苏维埃应发行苏维埃货币，并兑换旧的货币。"① 上述指示信或政策草案中，主要提出发行苏区纸币、掌握纸币发行权并要谨慎发行等政策，还要消除苏区内原有旧货币的影响、禁止苏区货币外流等，这对根据地信用货币的发展具有重要的指导作用。

1932 年 9 月，苏区中央局给湘鄂赣省委的信中提出："苏维埃的财政经济政策上用了一些不正确的以及过早的办法（如多发纸币……禁止现金出口）。""纸票要少发以提高纸币的信用，绝对限制现金出口是过早的，但不是说不要限制现金流出。"② 11 月 21 日，中共苏区中央局议决："苏维埃纸币未能在群众中建立巩固的信仰。这表示没有认识长期艰苦战争必须有充分物质准备的重要意义"，"苏维埃纸币有些地方尚不通行，应当注意在群众中巩固苏维埃纸币的信仰"。③ 可见，中共中央苏区中央局明确指出了湘鄂赣苏区纸币发行过多的问题，因而严令苏区要设法巩固苏币信用。

1934 年 1 月，第二次全国苏维埃代表大会明确提出："苏维埃政府对于纸币的发行应该极端的审慎，纸币的发行如超过市场所需要的定额之外，必然会使纸币跌价会使物价腾贵，使工农生活恶化起来，以致影响工农的联合。"同时"为了免去苏维埃纸币跌价的危险，苏维埃政府必须更注意于对外对内贸易的发展，尽量输入现金与限制现金的输出，使苏维埃金融在经济建设的发展中极大的活泼起来，是增加市场吸收纸币的容纳量与保持纸币信用的重要办法"。大会还"责成湘鄂赣省苏维埃用一切方法收回他们过去滥发的纸币，维持苏维埃纸币的信用，并且告诉湘鄂赣的同志只有湘鄂赣国家银行省分行，才有发行纸币的权力"，"必须加强对于国民经济部、财政部、粮食部及国家银行的领导，使各机关间能够更好的配合与集中的行动，更灵敏的与迅速的来完成一定的具体任务"。④ 因此，上述决议不仅指出了当时湘鄂赣苏区存在滥发纸币的问题，而且提出了一些可行的解决办法，如审慎发行，增加市场吸收纸币的容纳量，采

---

① 中央档案馆：《中共中央文件选集》第七册，中共中央党校出版社 1991 年版，第 797 页。

② 中共江西省委党史研究室，中共赣州市委党史工作办公室，中共龙岩市委党史研究室：《中央革命根据地历史资料文库·党的系统 4》，江西人民出版社 2011 年版，第 2346 页。

③ 中共江西省委党史研究室，中共赣州市委党史工作办公室，中共龙岩市委党史研究室：《中央革命根据地历史资料文库·党的系统 4》，江西人民出版社 2011 年版，第 2457-2458 页。

④ 中国社会科学院经济研究所中国现代经济史组：《革命根据地经济史料选编》（上册），江西人民出版社 1986 年版，第 169 页。

取一切办法把革命战争的负担放到剥削阶级的身上等。

2. 关于废除高利贷

1927 年 7 月 9 日，中共六大制定的《土地问题议决案》中提出，中国共产党将"宣布一切高利贷的借约概作无效"，"国家由农业银行及信用合作社经手办理低利借贷"。① 1930 年 6 月，全国第一次苏维埃区域代表大会制定的《宣传纲要》中提出"消灭高利贷资本"。② 8 月，共产国际东方部《关于中国苏维埃政权的经济政策草案》中指出："取消城市中一切口头上的文字的契约和高利贷的债务凭据。在必需的条件之下，可以经过民众法庭，吸收城市贫民，小商人，小手工业者的代表参加，来重新审查这一切的契约债据。"③ 10 月 24 日，《关于苏维埃区域目前工作计划》提出："钱庄当铺等高利贷机关完全没收。当铺之中贫民所当的东西，一概不取本息按票发还，由政府银行及其分行实行最低利息以至无利息的借贷，帮助贫农，尤其是贫农。这样，才能实际的进行反对高利贷的斗争；这样，同时实行严厉的惩罚法定利率以上的高利贷，才能得着充分的成效。"④ 1931 年 11 月，中华工农兵苏维埃第一次全国代表大会通过《中华苏维埃共和国关于经济政策的决定》，其中提出："取消过去一切口头的书面的奴役及高利贷的契约，取消农民与城市贫民对高利贷的各种债务。"⑤ 在上述议决案或通过的经济政策中，中共中央明确宣布了废除高利贷的政策，并提出了一些可行办法，如由政府银行或信合社办理低利贷款、没收高利贷机关等。

3. 关于创办金融组织

1927 年 10 月，中共中央总结叶贺失败事件的教训时，提出："工农政权要没收中外大企业及银行，要实行国有银行大工业及一切交通事业。"⑥ 中共六大

---

① 中共中央文献研究室，中央档案馆：《建党以来重要文献选编》第五册，中央文献出版社 2011 年版，第 423 页。

② 中共江西省委党史研究室，中共赣州市委党史工作办公室，中共龙岩市委党史研究室：《中央革命根据地历史资料文库·党的系统 2》，江西人民出版社 2011 年版，第 847 页。

③ 中共中央党史研究室第一研究部：《共产国际、联共（布）与中国革命文献资料选辑》第十二卷（下册），中央文献出版社 2002 年版，第 305 页。

④ 中央档案馆：《中共中央文件选集》第六册，中共中央党校出版社 1989 年版，第 447 页。

⑤ 中央档案馆：《中共中央文件选集》第七册，中共中央党校出版社 1991 年版，第 797 页。

⑥ 中共梅州市委党史研究室，中共大埔县委党史研究室：《三河坝战役史料选编》，1992 年版，第 73 页。

讨论提出："开始便该把银行收归国有，这乃是监督地方财政和市场之强有力的武器。"① 1930 年 6 月，在全国第一次苏维埃区域代表大会制定的《宣传纲要》中提出"设立农民银行"。② 1931 年 11 月，《中华苏维埃共和国关于经济政策的决定》中提出："为着实行统一货币制度并帮助全体劳苦群众，苏维埃应开办工农银行，并在各苏维埃区域内设立分行，这个银行有发行货币之特权。""对各土著及大私人银行与钱庄，苏维埃机关应派代表监督其行动，禁止这些银行发行任何货币。苏维埃应严禁银行家利用本地银行，实行反革命活动的一切企图。"③ 1934 年 1 月，第二次全国苏维埃代表大会议决："纠正一切金融上的这种无计划性与无组织性，尽量节省各种不能容忍的浪费，是苏维埃资本积累的必要条件。在群众中发展信用合作社，是解决群众缺乏资本的主要办法，而且也是同城乡高利贷做斗争的有力武器。"④ 因此，上述决定或议决案提出了银行国有、开办工农银行、发展信用合作，以及对当地私人行庄进行严密管控等政策主张，从而有力地推动了土地革命时期各根据地的金融组织建设。

二、抗战时期中国共产党的金融政策

抗战时期，以毛泽东为代表的中国共产党人关于货币发行原则、货币斗争、农贷及金融贸易的关系等方面的论述或思想，很多都直接转化为相关金融政策或方针。中国共产党也专门制定了针对晋察冀边区、华北地区、山东抗日根据地及晋西北抗日根据地的金融货币政策。另外，中共中央财政经济部也制定了金融总方针。

1. 1938—1939 年晋察冀边区货币政策

1938 年 8 月，毛泽东等发给聂荣臻、彭真、朱德、彭德怀的电报中，就晋察冀边区货币政策提出以下原则：①边区应有比较稳定的货币。②边区的纸币数目，不应超过边区市场上的需要数，而且要估计到边区之扩大和缩小之可能。③边区的纸币应该有准备金：第一货物，特别是工业品；第二伪币；第三法币。

---

① 中共江西省委党史研究室，中共赣州市委党史工作办公室，中共龙岩市委党史研究室：《中央革命根据地历史资料文库·党的系统 1》，江西人民出版社 2011 年版，第 396 页。
② 中共江西省委党史研究室，中共赣州市委党史工作办公室，中共龙岩市委党史研究室：《中央革命根据地历史资料文库·党的系统 2》，江西人民出版社 2011 年版，第 847 页。
③ 中央档案馆：《中共中央文件选集》第七册，中共中央党校出版社 1991 年版，第 797 页。
④ 中国社会科学院经济研究所中国现代经济史组：《革命根据地经济史料选编》（上册），江西人民出版社 1986 年版，第 169 页。

④边区应该有适当的对外贸易政策，以作货币政策之后盾。⑤边区军费浩大，财政货币政策应着眼于将来军费之来源。⑥边区纸币应维持不低于伪币之比价。电报中还提出具体办法：①发行一定数量的边区纸币（此数量由你们考虑决定电告我们），收买法币，保留一部分法币，大部分购买工业品，用一部分法币兑换伪币。②对于杂币应设各种方法使其流到边区以外去。① 1939 年 4 月，朱德、彭德怀等致电聂荣臻、贺龙等人，指出："慎重发行边区银行的票币，以免影响信用，增加困难。"② 上述电报明确指示，根据地应发行纸币，并提出发行数目不应超过边区市场的需要数量，要有适当的对外贸易政策作为后盾，边币维持不低于伪币的比价等货币政策的原则。

2. 1939—1940 年山东和晋西北抗日根据地金融政策

中共中央对山东抗日根据地有关纸币发行及发行额度等问题做出明确指示。1939 年 12 月，毛泽东等人做出指示："胶东银行可发纸币，兑成其他的纸币供给鲁南及其他地区之用。在取得政权后发行流通券及收粮、收税，以便有解决军队给养的长远计划。"③ 1940 年 5 月，中共中央书记处就山东分局财政工作做出决定：各区银行所发行纸币额，需按各地每年度可能流通额为准，发行的纸币数事实上不能全部作为收入，并须以一部分为改善人民生活。黄银（金）资本以本地向外出售为好，并可以一部分为银行准备金，如本地实难售，可将一部分送中央。④

1940 年 5 月，中共中央就晋西北财经政策给贺龙等人指示：①酌量以法币或新币提高粮价，奖励平粜，提高粮利，向豪富出证借粮。②在统一发行，集中法币，排斥晋钞办法。③速建晋西北银行，以已动员之现金作准备，十足发行一元、五角，二角、一角新钞与法币平价。④立即禁止土钞，或限期土钞发行者缴存相当数量货物、期票、有价证券、不动产等，给银行收回土钞。⑤定期禁止行使法币，动员群众换边币，通过贸易局、合作社、财政机关尽量吸收法币，行使边钞，在新钞未印发前，许光华券流通，以后由光华商收回，晋西北银行可与陕甘宁边区银行联系，互订对换办法。⑥速设贸易局联络合作社，

---

① 中共中央文献研究室，中央档案馆：《建党以来重要文献选编》第十五册，中央文献出版社 2011 年版，第 540-541 页。

② 《中国人民解放军历史资料丛书》编辑组：《八路军·文献》，中国人民解放军出版社 1994 年版，第 324 页。

③ 中共中央文献研究室，中央档案馆：《建党以来重要文献选编》第十六册，中央文献出版社 2011 年版，第 778 页。

④ 中共中央文献研究室，中央档案馆：《建党以来重要文献选编》第十七册，中央文献出版社 2011 年版，第 307 页。

调剂物价，取缔奸商，保持边钞票购买力。① 上述中央的指示明确提出统一发行、发行数额的确定、禁止土钞、速建晋西北银行等要求，尤其强调山东和晋西北应该注意保持边钞的购买力，以避免金融紊乱。

3. 中共北方局确立的 1940 年华北地区货币政策

1940 年 4 月，中共北方局的指示中确立如下货币政策：①依照客观需要及经中央批准，在各主要根据地内已建立我们自己的银行及发行新钞，如冀察晋之边钞，冀南银行及冀南钞，胶东之北海钞等，冀中之晋西北农民银行票，建立银行，发行新钞新票外，其余各地不得滥印发新钞，紊乱金融，应从事于生产。②新钞一经发行，必须坚决排挤杂钞，彻底取缔伪钞，以新钞吸收法币。③新钞一经发行则保证其流通，维护其使用，是党政军民共同的严重任务。④必须正确认识银行的作用，积极运用银行去开展生产事业（农村中主要的是农业生产）。树立自力更生的基础，反对眼睛望到印刷机，把无限制发行新钞当作解决经济困难唯一办法的错误观念。⑤各银行新钞发行额，应随时具报北方局，不得自由增发。由冀南银行负责筹划边区、冀南、北海、晋西北农民等四银行的流通调剂办法，第一步做到各银行沟通汇兑，以便开展华北各地金融流转工作。② 在此基础上，中共中央书记处又补充提出：①在尚无中央银行与统一发行货币的条件下，各地建立互相汇兑制度很好，陕甘宁边区银行亦愿参加此项工作，但须禁止各地货币互相流通，因为如此可扰乱各地货币政策。②要提高银行的作用与信仰，在各个地区的重要点建立银行网，帮助民众生产建设，实行低利借贷，提倡民众储蓄吸收游资。③依靠银行建立公营商店，借此帮助真正群众性的生产与消费的合作社，收买土货，调剂物价，发展生产，既补助收入又改善群众生活。③ 上述指示明确要求钞票不得滥发、打消货币发行的错误观念、正确认识银行的作用及北方四大银行之间的协调配合等。

4. 中共中央财政经济部确立的 1942 年金融方针

1942 年 2 月 5 日，中共中央财政经济部就法币贬值发出指示："各根据地在金融上总的方针应当遵循：①建立独立的与统一的金融制度，以维护根据地的资源，财政上应努力发展私人经济，特别是农业，以其税收收入来解决财政问

---

① 中央档案馆：《中共中央文件选集》第十二册，中共中央党校出版社 1991 年版，第 392 页。

② 中央档案馆：《中共中央文件选集》第十二册，中共中央党校出版社 1991 年版，第 363 页。

③ 中央档案馆：《中共中央文件选集》第十二册，中共中央党校出版社 1991 年版，第 361 页。

题，不要依靠发行钞票为主要来源。②对外贸易应实行相当管理，要尽量做到以货易货，有计划地管理主要贸易，以剩余生产品，换进缺少的或不足的必需品。③要向着自给自足的路上发展。华中地区鄂豫、苏北等地，在金融制度上又都未建立起来，对内对外法币还是主要的流通工具。从减轻法币跌价所给予的损失方面又提出：①急速成立银行、发行边币，并允许成立钱庄发行地方辅币。②以边币或地方辅币吸收境内法币以扩大边币或地方辅币流通范围。③在相当巩固的一定区域，有可能时动员党政军民、公营商店、合作社，将所得之法币随时随地交给贸易局向境外换回货物，不得再用于境内，更不应囤积，以减少法币在境内停留所遭受的损失。"① 因此，中共中央明确了各抗日根据地基本的金融政策，即尽快成立自己的银行、发行边币，建立独立统一的金融制度，而且贸易政策要进行密切配合。

此外，1945 年 4 月 24 日，毛泽东在中共七大上指出："准备到大城市做工作，掌握大的铁路、工厂、银行。"② 很显然，掌握大银行是控制国家经济命脉的一个必要条件。因此，毛泽东及时提出了革命胜利之后要建立国有大银行的政策主张。

三、解放战争时期中国共产党的金融政策

解放战争时期，中国共产党又针对当时较为紧迫的金融问题，如新民主主义金融体系的形成、全国金融工作的统一与人民币的发行、对敌货币斗争的最后胜利及加强金融管理等，发出相关指示、通知或是做出相关决议，从而为各解放区合理开展金融建设提供政策指导。

1. 抗战胜利之初关于伪币及各战略区货币流通的基本政策

1945 年 9 月，中共中央就新解放城市中的工作给各局、各区党委发出指示："一般的不用命令禁止伪币行使，也不明文准许伪币行使，但部队机关的合作社及税收机关，不收纳伪币。我们的方针是打击伪币，挤其外流。如在同一城市中有几个根据地的本币流通时，应根据当时当地的市价，规定各种本币的兑换比价，照顾全局，稳定金融。"③ 9 月 7 日，中央转发《华中局关于新解放区应

---

① 中央档案馆：《中共中央文件选集》第十三册，中共中央党校出版社 1991 年版，第 302—304 页。

② 中共中央文献研究室，中央档案馆：《建党以来重要文献选编》第二十二册，中央文献出版社 2011 年版，第 225 页。

③ 中国人民解放军历史资料编审委员会：《新四军文献（5）》，解放军出版社 1995 年版，第 244 页。

注意事项的通知》给各局、各区党委参考。通知中指出："对边币与伪币比价必照顾各地实情，对伪币宜采取逐渐排挤肃清之方针，不可操之过急。"[1] 10月4日，中央书记处发出"关于各战略区货币流通问题的指示"，提出："因各战略区域票币不统一，致发生货币流通上的许多困难，须加以适当处理"，并提议：当甲地区部队到乙地区或经乙地区进到丙地区时，即由乙地区和丙地区的军区或政府财政机关事前准备粮食和必需的经费，当部队进入本地区时，即发给进入之部队备用，或者当甲地区部队到达乙地和丙地区时，由当地银行兑换所负责，根据部队的实际需要量，将甲地区票按一定的比值，兑换成本地区票，甲地区票不在乙或丙地区市面上流通。[2] 因此，抗战胜利初期，中共中央对有关伪币的行使提出了基本政策主张，即用经济手段逐渐排挤肃清伪币，对于不同战略区因票币不统一发生的困难也提出了合理的解决办法。

2. 华北财经会议和华北金融贸易会议议决的相关金融政策

1947年6月5日，华北财经会议决议中涉及的金融政策主要有：贸易和金融货币工作，应为发展生产服务。金融货币工作的主要任务是平稳物价，保护人民财富，促进生产发展。为此，必须建立独立自主的本币市场，排挤蒋币，摆脱蒋币涨落对我的影响，必须调节本币发行数量，掌握重要物资，防止物价波动；银行和贸易公司，必须扶助这些合作事业，使之健全发展；有步骤的发行本币，收兑和排挤蒋币；在中央直接领导下，统一计划掌握各地货币发行，稳定各种货币兑换比率，并在这些基础上，逐渐达到各解放区财经工作的进一步的统一；各解放区间的货币贸易关系，应进行适当调整，便利人民物资交流，使我对敌经济斗争力量加强，步调一致。各区货币应互相支持，便利兑换。[3] 10月24日，中共中央批准华北财经会议决议及给各地财经工作发出指示："财经机关在贸易金融财政等政策上，对于如何保护和扶助解放区内国民经济的发展也就缺少注意，或者是注意得不够，这就不可能使解放区达到经济上独立自主并进一步改善人民生活的目的。这种情形必须引起全党的注意并努力加以改进。""财政金融贸易机关，在执行政策上，应当把扶助和保护国民经济的发展

---

[1] 中央档案馆：《中共中央文件选集》第十五册，中共中央党校出版社1991年版，第594页。

[2] 中央档案馆：《中共中央文件选集》第十五册，中共中央党校出版社1991年版，第648-649页。

[3] 宋劭文：《华北解放区财政经济资料选编》（第一辑），中国财政经济出版社1996年版，第297-298页。

当作自己最基本的任务。"① 因此,华北财经会议的相关决议及随后的中央批示是新民主主义革命时期对金融政策及原则较为系统地阐述和规定,内容包含当时几个重大金融问题,如平稳物价,发展生产,建立独立自主的本币市场,逐步统一货币发行等。

1948 年 8 月,中共中央批转《华北金融贸易会议综合报告》。该报告根据此前华北财经会议有关金融问题的决议,对今后的金融政策做了极为详尽的阐述分析。主要内容概括如下:

(1)金融贸易工作应为生产服务,并与生产工作密切结合起来。必须建立一套完整的城市贸易工作、城市金融工作。今后要从分散的地方经济逐渐发展走向统一的国民经济。另外,还应准备迎接胜利,金融贸易工作必须快步前进,来接管这许多新解放的乡村和城市,把新民主主义的、人民大众的金融贸易工作在新解放区迅速建立起来。

(2)目前我们的货币制度,由于战争环境,还存在两大缺点:一个是不稳定,一个是不统一。华北各解放区货币的统一,仍没有把我们的货币问题完全解决。货币问题的完全解决,还有待于人民解放战争的完全胜利。这时,我们还应当实施进一步的措施,使我们货币的币值完全稳定,并在全国范围以内统一发行,自由流通。

(3)货币斗争的主要任务是跟着战争形势的发展而努力扩大本币的阵地(流通范围),压缩蒋币的阵地,并适应对外贸易的需要而调剂蒋币外汇,掌握蒋币比价。用这些办法来巩固本币,打击蒋币,以保护人民财富,保证生产发展。所以,货币斗争有阵地的斗争和比价的斗争(外汇管理)。

(4)农业贷款名义上是为发展生产,但变质作为救济贫苦人民的款项。今后银行所发放的农业贷款应按生产需要和主观力量来有计划地重点发放,反对平均分配和主观主义的突击发放。乡村中还缺乏一个完整的信用机构来普遍地、经常地扶助分散的农业和手工业生产。

(5)现在新解放的城市日益增多,城市金融工作应当逐渐引起重视,成为我们银行的重要任务之一。商业贷款应当次于工业贷款,对私营银钱业一般的不贷款,它们应当依靠自己的资金,并吸收社会游资来经营金融业务。机关闲散资金不应存入私营银号,而应存入国家银行。扶助群众生产也是城市金融工作中的一个重要任务。对于公私企业,银行可以而且应当给予不同程度的帮助。

---

① 宋劼文:《华北解放区财政经济资料选编》(第一辑),中国财政经济出版社 1996 年版,第 296 页。

（6）必须加强对私营银钱业的管理，扶助其有利于国民经济的一面，限制其不利于国民经济的一面，取缔私营银钱业的投机囤积行为。①

上述金融政策分别阐述了解放战争即将取得全面胜利时期的几个迫切的金融问题，包括金融贸易工作的基本任务、货币统一、货币斗争、信贷工作、城市金融工作和私营银钱业管理等政策。经中央批准后，转发华北、华东、西北各地党、财办及一切财经机关，要求遵照该报告所出的金融贸易工作方针和各项具体政策，并努力去实行。华北金融贸易会议也是中国共产党第一次冠以金融的名义召开的大型会议。

3. 对于新解放区（城市）的货币金融政策

1947 年 9 月，中共中央批准西北野战军前委《关于在蒋管区作战中几个问题的决定》，其中要求："接收官办之工厂、仓库、堆栈、公司、商店、银行及税收、交通、卫生等机关全部资财。"② 该决定明确提出了要接收官僚资本银行的政策。

1948 年 10 月，中共中央指示各中央局、各分局、各前委，明确要求：

（1）蒋匪所发法币即将停兑作废，我各地应即遵照中央未马日电一般地立即停止收兑法币，新解放区宣布停用法币，协助商人把法币迅速排挤出去，争取换回我们需要的物资。

（2）规定携带大批（一亿起）法币入境者予以没收，携假票者除没收外并予严厉处分，应把反法币、反假票斗争作为边沿区重要工作之一，认识这是保护国家及人民利益之一重要任务。

（3）加强反金圆券的宣传。在新解放的城市，可以贬价（比市价低四分之一到二分之一）收兑，宣布限期停用，并准许商人封包携带出境，换回各种有用物资。待本币占领市场时，立即禁用金圆券。

（4）在我尚不能长久控制的新区，可以准许金圆券暂按一定比价与本币共同流通，同时宣传金圆券必然崩溃，号召人民使用本币。

（5）在最近期间新解放的城市（如济南）中，如果估计法币尚有向敌区推出的可能，则为照顾贫苦市民的生活，亦可以较低的价格及在一定数额限制以内收兑部分法币。但主要应当协助商民自己推出法币。我们所缴

① 民国时期文献保护中心，中国社会科学院近代史研究所：《民国文献类编》（经济卷），国家图书馆出版社 2015 年版，第 285—312 页。

② 中国人民解放军第一野战军史编审委员会：《中国人民解放军第一野战军文献选编》第 3 册，解放军出版社 2000 年版，第 32 页。

获的法币要用一切方法迅速推出，以法币高价收买敌区各种物资，促使敌区物价更快上涨。①

以上中央指示是专门针对新解放区或尚未长久控制的新区与国民党进行货币斗争时提出的相关政策，明确提出限期停用法币和金圆券，并协助商民把国民党货币排挤出去换回物资。

1948 年 10 月，中共中央给陈云、李富春的指示要求："把伪九省流通券（即中央银行东北九省流通券）与金圆券分别处理。伪九省流通券即将停兑作废，我们不应收兑，只能帮助人民自行向外排挤。但小职员工人及城市贫民生活确实困难者，亦应限定数额压低比价收兑一部，予以救济。金圆券与此不同。在新解放的地区，为着解决人民困难，除帮助人民自行向外排挤外，尚应以较低比价收兑一部。……采取有步骤的排挤，收兑，禁用，于政府于人民利益较大。"② 中共中央对于东北新收复区对敌货币政策专门发出指示，提出伪九省流通券和金圆券要分别处理对待，同时要极力维护人民利益。

1949 年 1 月，中共中央指示各地：①各地均应负责采取各种有效办法支持人民票，平稳物价。战争胜利，地区扩大，各地应妥慎掌握货币发行，严禁投机抢购，并适当抛出物资，特别是国营工厂的物资，使物价渐趋平稳。否则物价再涨，增发货币仍然不能解决困难。②中央已令东北赶印小票，并正谋利用平津的材料及工厂赶印小票。在此物价波动尚未平息时期，各地希勿多发大票，少发一百元券，不发二百元券，多发十元券及二十元券，即因此而引起若干困难，亦宜暂时忍受。③货币既已固定比价，一地物价波动，难免不波及邻区，且有些波动因受战争影响，不能完全避免。只能尽力减少其波动的程度，不准再作人为的恐慌而加重波动。对于战争所引起的物价波动，各地必须互相支持，这不但是为支持邻区，而且是为支持战争，即因此而受到某些损失，不应过分计算。③ 很显然，新解放区必然会出现物价的动荡，因而中央明确提出了平稳物价的三点要求，即谨慎发钞并适当抛售物资、多发小票、各地互相支持等。

1949 年 1 月，中共中央在《关于财政经济及后方勤务工作若干问题的规

---

① 华北解放区财政经济史资料选编编辑组：《华北解放区财政经济史资料选编》第二辑，中国财政经济出版社 1996 年版，第 300 页。
② 中央档案馆：《中共中央文件选集》第十七册，中共中央党校出版社 1992 年版，第 383 页。
③ 中共中央文献研究室，中央档案馆：《建党以来重要文献选编》第二十六册，中央文献出版社 2011 年版，第 88-89 页。

定》中涉及的金融政策主要有：①中央掌握除东北以外的人民银行货币发行权。东北的货币发行计划须经中央批准。东北以外各解放区得发行小额的人民银行票，或发行地方货币，作为人民银行票的辅币，其发行计划须经中央批准。②中央暂以华北人民银行为中国人民银行的总行，各地方银行兼为中国人民银行的分行，但各地方银行仍归各解放区自己领导，进行原来业务。③国民党反动政府的央、中、交、农四行和合作金库及其一切产业，经各地军事管制委员会接收后，原则上应交由中国人民银行负责接管，暂时得委托我各地军管会代管。其他国民党统治区的地方政府银行及官僚资本银行，均归我各地方银行接管。①4月1日，华东局就《关于接管江南城市指示草案》向中央请示。草案中有关金融政策主要有："对一切官僚资本的企业及其他各种公共企业（包括银行在内），必须一律接管"，而且"应采取自上而下、按照系统、原封不动、整套接收的办法"。"我军进入江南应确定人民银行所发行的人民票为本币。对伪币金圆券应采取排挤方针，辅之以限额收兑。人民票与金圆券的比值及限额收兑的具体办法，应视当时情况规定之。"不久，中央对华东局的上述草案做出批示：中央同意，望即发布。② 上述规定或草案，明确提出了金融接管政策、建立人民银行体系及发行人民币等措施。

1949 年 6 月，中共中央给五大局发出陈云起草的指示。该指示提出：上海市场上流通的主要通货不是金圆券而是银圆，武汉银圆亦甚猖獗。因此在新解放区，金圆券不打自倒，我们所遇到的敌人是强硬的银圆；另外，过江以后，城乡均是银圆市场，乡村非但不能帮助城市推行人民币，而且增加了人民币推行的困难。结果会导致沪汉两地银圆占领着市场，人民币不易挤进去。估计将来解放长沙、广州等城市时，亦会有相同情况。因而提出几点金融政策：①明令铁路交通事业及市政公用事业，一律收人民币。②税收一律征收人民币。③像平津一样通令各私人银行查验资金；开放各解放区之间的汇兑，其目的是以老区比较坚强之货币阵地来支持南方新区货币阵地。通汇之后，原来物价较低的老区可能因此物价上涨。但如果沪汉地区人民币不能占领市场，在大军南进、发行更多的情况下，沪汉及南方高涨之物价会促起老区更猛烈的物价上

---

① 中共中央文献研究室，中央档案馆：《建党以来重要文献选编》第二十六册，中央文献出版社 2011 年版，第 223 页。
② 中国人民解放军政治学院党史教研室：《中共党史参考资料》第十八册，1986 年版，第 505 页。

涨。① 中共中央的上述政策指示，目的在于使人民币能在新解放区尤其是南方新区占领阵地。

4. 对于解放区私营银钱业的监管政策

1948 年 10 月，中共中央做出决定：目前对私营银钱业暂准存在，但应严格管理。私营银钱业，无发行货币权，不准买卖金银外汇，不准经营投机贸易，只准经营存款、放款、贴现、内地汇兑等正当业务。规定银行及银号之最低资金，即准备金，并以一部贮存国家银行。国家对私营银钱业一般不贷款。规定机关部队以其资金存入国家银行，不准存入私人银钱号。规定国家检查私营银钱业的会计账目，并严格收税。② 与此同时，中央关于给东北局、热河分局及各局的指示也重申上述决议。12 月，刘少奇在华北财政经济委员会上指出："要考虑在国家商业银行力所不及时，对私人商业银行是不是也用国家资本主义办法来解决。例如，对银号作用的发挥，保证他们放款有利，同时要按我们的命令去做，不准投机。如何替投机资本想一个正当的出路，如找私商替我们收买物资，利用私人商业资本替我们周转，并在我们的监督之下。"③ 因此，对私营银钱业，此时的中央政策非常明确，即暂准存在但要严格管理和限制。

另外，对私营银钱业的监督和管理方面，各解放区及各大行政区都相继出台了有关办法，如《华北区私营银钱业管理暂行办法》《华东区管理私营银钱业暂行办法》《华东区私营银钱业暗账合并正账处理》等。本书第五章还会专门进行梳理分析，此处不再赘述。

本章小结

从大革命时期到解放战争时期的革命和建设实践中，中国共产党逐渐形成了丰富的金融思想，其理论基础是马克思主义的金融思想。与此同时，在中国共产党金融思想的指导或影响之下，还制定了不同时期的金融政策。

第一，中国共产党的金融思想和金融政策都是结合当时的实际所形成或提

---

① 中国人民银行：《建党以来重要文献金融史料汇编（1921—1949）》，中国金融出版社 2015 年版，第 443-444 页。

② 华北解放区财政经济史资料选编编辑组：《华北解放区财政经济史资料选编》第二辑，中国财政经济出版社 1996 年版，第 313 页。

③ 中共中央文献研究室：《刘少奇论新中国经济建设》，中央文献出版社 1993 年版，第 53 页。

出的,而且在不断发展和完善。中国共产党人继承了马克思主义金融思想,根据不同时期革命根据地所处的革命和建设的实际状况,形成了自己的金融思想,并制定了相关金融政策。从大革命时期到解放战争时期,明显可以看出中国共产党的金融思想越来越丰富和系统,相应地金融政策的针对性和全面性也不断增强。

第二,中国共产党的金融思想和金融政策都是为了试图解决当时金融领域面临的一些重大问题。土地革命战争时期,根据地建立后,必须铲除高利贷,摧毁旧的金融体系,同时成立根据地自己的银行和信用合作社,发行货币,开展储蓄和贷款业务,建立起新的金融体系。抗战时期,金融建设的主要问题是发行货币、加强对外汇和金银的管理、在货币领域进行斗争等。解放战争时期则转变为调整或统一新老解放区的金融机构,发展新解放区的金融组织,加强对解放区各类银行的管理。因此,不同时期党的金融思想和金融政策都是围绕当时的重大问题展开的。

第三,中国共产党的金融思想和金融政策对于实际推进各项金融建设发挥了指导性和方向性的作用。由此,新民主主义革命的不同时期或阶段,革命根据地都开展了不可或缺的金融建设,包括建立银行组织、发行货币,不断探索基本金融业务的运作及必要的金融管理等。这对于促进革命根据地的社会经济发展,对于坚持革命战争、巩固和发展革命根据地,夺取最后的胜利,都起到了重要作用。

第二章

新民主主义革命时期金融组织体系的建设

金融组织体系是指一个区域内所有的各类银行和其他金融机构的组织结构及其在整个金融体系中的地位、职能和相互关系。新民主主义革命时期，中国共产党非常重视金融组织体系的建设，革命根据地建立了各类金融组织，包括银行、信用合作社、具有银行功能的类似机构及非银行金融机构等，形成了一个多元化的金融组织体系。这对于根据地的建设和社会经济发展具有重要作用。

第一节　大革命时期农民协会创办金融组织的最初尝试

中国共产党成立后，便积极领导广大农民开展政治和经济斗争，许多地方成立了农民协会。农民协会开展了反对土豪劣绅的斗争，实行减租减息，维护农民利益，掀起了轰轰烈烈的农村大革命。为此，农民协会还极为重视设立农民借贷机构，因而创办了许多银行或信用合作社等金融组织，这也是中国共产党对金融建设的早期尝试。

一、大革命时期农民协会创办金融组织的基本情况

大革命时期，各地农民运动蓬勃兴起。在中国共产党的领导下，各地农民协会为活跃农村金融，制止高利盘剥，创办银行、信用合作社及具有银行功能的类似机构等，开创了人民金融事业。这些金融组织一般都由农民协会发起成立、组织和筹备，创办资金主要来自派捐、罚款和筹借，其中还有采用股份制的方式等。其创办方式、目的宗旨及基金来源等基本情况概述如下。

1. 衡山县柴山洲特别区第一农民银行、第二农民银行

1926 年底，创办的衡山县柴山洲特别区农民银行被称为全国第一家人民革命政权银行。创办宗旨是"拥护无产阶级，维持生活，扶植生产"，为其他地方的农会创办银行提供了有益的借鉴。

1926年春，湖南省农民运动特派员共产党员贺尔康①来到柴山洲组织秘密农会，培养文海南、夏仁和、夏兆梅等人为中共党员，为创建农民银行准备骨干力量。柴山洲特别区农会工作与建党工作初步打开局面之后，贺尔康开始了农民银行的筹备工作。第一步是召集各团体决议，于同年10月决定成立农会银行筹备处，选举夏兆梅等六人为筹备员。筹备处成立后，进而开展筹集银行基金，设计制作票币，建立规章制度等方面的活动。② 第二步是由筹备员筹集资金。资金的来源是派捐、罚款和筹借，派捐最多的是大土豪彭登科、夏行中、夏尚中等人，每户捐100元到几百元；次一等的土豪刘光华、刘光汉、刘金生、刘金田、刘金凤等人，也派了几十元；殷实户如刘传冬家，也筹借了30元，共计筹资5800元银洋。第三步是农会于1926年12月召开乡民大会决议《暂行章程十二条》，用投票选举的方式选举了银行经理、副经理及监察委员。③ 农会委员长文海南、委员夏兆梅选为银行正、副经理，夏俊生、陈金堂、夏荣华、夏仁和、刘美林、夏竹贤、李贵廉七人为银行监察员。④ 行址设在特别区农民协会的会址，即柴山洲夏拜公祠。因此，柴山洲特别区第一农民银行并非由国家出资兴办，而是由柴山洲党组织领导的农会，通过发动群众集资兴办的。

银行宣告成立后，农民协会委员长文海南就成立特别区第一农民银行向县农民协会写了请求准予备案的呈文。呈文指出：

"窃属区三面滨河，地势低洼，迩来旱涝成灾，独较他区为甚，民生凋敝已达极点，故民众革命要求至为迫切，自去冬组织农协以来，征求会员骤增千数。革命势力几经发展，反动派亦随之而呈恐慌之象。是以有产阶级与无产阶级之间经济绝交，有不期然而然者。卒使一般贫乏之农夫，劳苦之工人，生计愈促，莫可如何。属部有见及此，特筹设农民银行，以图补救。乃召集全体会员及会同国民党党员、妇女协会、青年团体决议，先成立筹备处。当举夏兆梅同志等六人为筹备员，得于最短期内集资二千六百余元。复经彭复同志由省扶病归来，力疾提倡，增加二千余元，合前数共计五千八百元。遂于十二月召集乡民会议，当经决议暂行章程十二条，投票选举夏兆梅、文海南二同志为正、副经理，夏俊生、陈全堂、夏云和、夏仁和、刘美林，夏菊贤、李贵廉等同志为监察委员，

---

① 贺尔康（1905-1928），湖南湘潭人，第5届农讲所毕业生，中共党员，湖南韶山、衡山等地农民运动领导人，烈士。

② 吉振兴：《湖南金融若干历史经验》，湖南人民出版社2009年版，第40页。

③ 中国人民政治协商会议湖南省武冈县委员会文史资料研究委员会：《衡东文史》第5辑，1989年版，第100页。

④ 李勋：《衡阳市金融志》，中国广播电视出版社1992年版，第17页。

并定名为柴山洲特别区第一农民银行。"①

该呈文对当地的社会经济情况、银行设立原委、筹备经过，以及组织成员和银行名称等进行了详细说明。柴山洲特别区第一农民银行宣告成立，并开展金融活动，由此成为全国第一家人民革命政权银行。

1927 年 3 月，柴山洲农会又在油麻田黄麻冲刘民宗祠成立"柴山洲特别区第二农民银行"，订立银行《章程》，向官僚、土豪派捐约 1000 元作为银行基金，筹集资本 4000 元（银圆）。银行宗旨是"节制资本，救济贫困"，其实行方法、经营业务与第一农民银行相似。1927 年 5 月长沙发生"马日事变"后，两家农会银行被迫停办。第一农民银行副经理、共产党员夏兆梅为保护银行账目，以示农民银行账务的清白而未转移，被国民党挨户团捆绑入狱，当年 9 月被杀害。银行所余资金，被挨户团头目与当地土豪劣绅瓜分。② 农会计划还要在第三乡再办一个第三农民银行，可惜计划尚未实现，国共第一次合作就破裂了。③

2. 浏阳县浏东平民银行

国民革命军北伐进入浏阳后，1926 年 8 月间，中共浏阳县委会成立。不久，县农民协会与县总工会也先后成立。11 月，中共浏阳地方执行委员会和县农民协会为发展生产，繁荣经济，召集东乡古港、高坪、永和、达浒、东门、张坊等六区联席会议，决议在浏阳东乡筹建浏东平民银行，订立银行试办章程，以 6 个区的公有财产 15 万元（银圆）为信用保险金，发行临时兑换券、信用券。④ 1927 年 1 月，浏东平民银行在浏阳东六区正式开业并发行了票币。其宗旨是"制止高利借贷，提倡平民储蓄，活泼地方金融，增进农工生活"。

浏东平民银行是中国共产党较早采用股份制形式创办的银行。该银行指定六团公有财产与不动产 15 万元作为信用保证，包括：狮山所有不动产、东教学所有不动产、六团公原有不动产、东安全会不动产、东路费不动产、劝业局不动产、东南仓基二分之一不动产。该银行为股份有限公司，股份总额 6 万元，10 元为整股，1 元为零股，六团平均各认 1000 整股。自行订章分配于农工商学各信用团体或合作社，但私人投资应以 1 整股为限。⑤

① 《衡东县志》编委会：《衡东县志》，中国社会出版社 1992 年版，第 558 页。
② 李勋：《衡阳市金融志》，中国广播电视出版社 1992 年版，第 18 页。
③ 中国人民政治协商会议湖南省武冈县委员会文史资料研究委员会：《衡东文史》第 5 辑，1989 年版，第 100 页。
④ 中共浏阳市委党史联络组，中共浏阳市委党史办公室：《中共浏阳党史大事记（1917—1992）》，中共党史出版社 1999 年版，第 23 页。
⑤ 中国人民银行湖南省分行金融研究所：《湖南省老革命根据地金融史料汇编》，1981 年版，第 2/24 页。

3. 醴陵地方银行和工农银行

1926 年 7 月上旬，北伐军进入醴陵，在中共醴陵地方委员会的领导和组织下，县农民协会于下旬正式成立，委员长孙小山（亦为中共醴陵地方委员会委员及国民党醴陵县县党部执行委员）。为了发展醴陵城乡经济，活跃金融，以共产党人为主要成员的国民党醴陵县县党部于 12 月 25 日夜召开革命团体负责人会议，研究建立醴陵地方银行问题。醴陵地方银行由醴陵财务局、教育局、育婴堂三机关所组成，共筹集基金 3 万元银洋。1927 年 1 月，醴陵地方银行发行了 1 角、2 角、3 角、1 元的票币。纸币发出，当日即可兑现，信誉很好，流通于醴陵县城及附近乡村，并准许使用此币交纳本县田赋及附加厘金杂税。① 长沙"马日事变"后，国民党反动派于 1927 年 8 月控制了醴陵，醴陵县地方银行遭破坏。

1927 年 3 月 8 日，醴陵县第二次工农代表大会决议组织工农银行，推举农民协会副委员长孙小山为筹备处主任，由农民协会筹产委员会从没收地主的金银财宝中提供银行基金 6 万元。该银行行址设在城隍庙对面的县农会保管处内。4 月 11 日，《湖南民报》报道了筹备醴陵工农银行的消息："吾醴农工，因感经济困难，生活艰苦，利息高昂，无从借贷。二次代表大会决议，组织工农行。"② 长沙"马日事变"后，醴陵县农民协会遭到破坏，工农银行也不复存在。

4. 黄冈等县农民协会信用合作社

北伐军进入黄冈后，黄冈县各区农民协会普遍建立。1927 年 3 月，湖北省农民协会第一次全省代表会作出《关于农村合作社问题决议案》，明确提出"为使农村互相扶助，互相救济"，决定"各县农协应以没收之财产，迅即成立信用合作社"，"各县成立信用社总社，选择适当重要地点设立分社，使农民便于借贷、储蓄"。③ 为发展农村经济，实行低利借贷，黄冈县农民协会在各区乡创办了信用合作社。据记载："县有合作总社（设在团风镇），各区乡都办有……信用合作社或农民信用合作社（三里畈、新洲等地叫作小银行）。设在团风镇的信用合作社负责人曹六爹，有人喊他曹六蛤蟆，他的本名记不清楚。淋山河、团

---

① 姜宏业：《中国地方银行史》，湖南出版社 1991 年版，第 649 页。
② 姜宏业：《中国地方银行史》，湖南出版社 1991 年版，第 650 页。
③ 史敬棠等：《中国农业合作化运动史料》（上册），生活·读书·新知三联书店 1957 年版，第 77 页。

风和旧街的信用合作社，不但办理低利借贷，而且还发行纸币，限在本区流通使用。"①

5. 萧山县衙前信用合作社

1924 年，浙江省萧山县衙前村农民协会成立，选举沈定一（共产党员）为会长，金如涛、李张保为副会长。12 月，浙江省第一个信用合作社——衙前信用社正式成立。信用社地址在衙前东岳庙西侧屋。其宗旨是帮助社员解决资金方面的困难，免除高利贷剥削。

征集的基金是从迷信浪费方面节约的开支，要求每户一元，存入信用社，作为借贷基金，响应者甚多，共收起基金 540 元。由于信用社的入社必须以缴纳基金为标志，农会会员中有相当一部分未参加信用社。当时萧山的米价每石（150 市斤）10~12 元，一元钱等于一斗米的价值，有的会员就舍不得一元钱而未入社。信用社建立时只收基金 200 余元，后来因开展放款业务，显示了优越性，才又陆续增加到 540 户。② 农会推举农会副会长金如涛、李张保和佃农卫炳贤三人组成委员会，以金如涛为主任。贷款资金除入社股金外，尚有两个来源：一是农会没收财产中的现金，大部分移交信用社充作借贷资金；二是向当地劳农学院无息借款 500 元。据 1929 年 9 月资料记载，该社共借入资金 6490元，放款总额 6820 元。社员借款均不计利息，每笔贷款 3~5 元，最高不超过 10元。当时在萧山共建立衙前、瓜沥、南阳三个信用合作社。③ 大革命失败后，衙前村三个信用合作社于 1930 年先后关闭。

二、农民协会创办金融组织的运行方式与主要业务

大革命时期，农民协会创办的银行和信用合作社开展了相关信贷业务，并形成了基本的运行方式。对其中几家主要的金融组织概述如下。

1. 衡山县柴山洲特别区第一农民银行

柴山洲特别区第一农民银行订立的《银行暂行章程》明确规定了其运作方式及业务，主要有：（1）借款人以雇农、佃农、小商人、手工业者及妇女、青年需款生产者为限；（2）借款用途须经监察委员过半数之认可；（3）借款期限以监察委员审查用途之久暂认定之；（4）借款利息月息五厘；（5）借款之出入

---

① 姜宏业：《金融图集与史料（新民主主义革命时期）》，湖南出版社 1991 年版，第91 页。

② 萧山县支行金融志编写组：《浙江省第一个信用社——萧山县衙前村信用合作社》，《浙江金融》1983 年第 6 期。

③ 秦尧等：《浙江省农村金融志（1912—1990）》，中国农业银行浙江省分行，第 9 页。

以银圆为单位，如用铜元、小洋时，须照价折合；（6）设经理二人，一司帐目，一管款项。每月生活费银洋八元；（7）设监察委员七人，每周查核数目，清点款项，并审查各借款人借款之用途，每月所须用费实报实销。①

该行除了发行货币、发放贷款外，还利用本身资金优势，组织平粜，平抑市场以及组织农民消费合作社。开展平粜业务时，银行会使用平粜谷条子，一般粜出的谷条子多于籴入的。为了避免奸商的中间盘剥和给予农民买卖的方便，该行办起了农民消费合作社，收购农副产品如油菜籽等，出售除布草以外的日用南杂货物如盐油等。②

2. 浏阳县浏东平民银行

浏东平民银行在东乡各集镇设有六个分经理处，即达浒一分经理处、永和二分经理处、张坊三分经理处、东门四分经理处、古港五分经理处、高坪六分经理处。③浏东平民银行主要业务是：一是发行货币。银行发行流通券12万元，信用券12万元，流通浏阳县城和东乡各地。二是维持市场金融秩序。银行开业后，上述各地的公钱局和商钱局一律关闭，除平民银行发行的票币外，其他市票、杂票一律不准在市场上流通使用。三是办理借贷业务。银行对生产和生活有困难的农产、槽户给予适当数量的贷款，帮助解决困难，发展生产。④浏东平民银行的业务开展使当地的金融市场基本上趋于正常，为各项生产的发展创造了条件。

3. 萧山县衙前信用合作社

该社贷款手续比较简便，一般是由借款人邀同小组长或另一社员陪同到社，提出口头申请，经信用社委员或农会会长认可，即由陪同前来的组长或社员做见证人，在借据上分别盖印即可。个别的经调查后再决定。信用社只设两种凭证：一是基金收据，二是借据，均是刻写油印，需用时开立，清账时交还，账簿则分组设立（一般以自然村为一组），全社共设28本账簿，平日挂于墙上，任何人都可翻阅，实质是账目公开。信用社不设库房。平时将整数现金交本街王大兴杂货店保存，收付凭折，不计利息。信用社的委员和干事均为义务职，办公用品向农会支领，因此没有任何费用支出。借贷基金除社员缴入的基金外，

① 湖南省地方志编纂委员会：《湖南省志·金融志》，湖南出版社1995年版，第225—226页。
② 中国人民政治协商会议湖南省武冈县委员会文史资料研究委员会：《衡东文史》第5辑，1989年版，第103—104页。
③ 中国人民银行湖南省分行金融研究所：《湖南省老革命根据地金融史料汇编》，1981年版，第2、25页。
④ 唐伯藩：《浏阳人民革命斗争史》，湖南人民出版社1989年版，第91页。

另有两条来源：一是农会没收祠堂庙宇的财产。据当年农会干部回忆，以衙前岳庙和坎山周家宗祠的没收财产为最多。其中没收的现金，大部拨交信用社做借贷基金，明细数字不详。二是向浙江大学所属劳农学院无息借款 500 元。[①] 贷款用途以生产为主，个别用于口粮、修屋甚至丧葬的，经农会会长或信用社主任特准，也予适当的解决。贷额一般是每笔 3~5 元，超过 10 元是极个别的。因为资金来源是无息的，所以各种货款也都不计利息。贷款一般都是到期归还，个别有特殊困难，经农会会长或副会长同意，亦可展期。[②]

可见，萧山县衙前信用合作社业务运作方式极为简便，而且贷款是无息的，为该社社员提供了很大帮助。值得称赞的是，该社的工作人员都不领取任何报酬。到 1929 年年底前贷款已全部收回，基金退还，借入款也分批还清。1930 年初，正式停办。

三、大革命时期农会创办金融组织的粗略统计及评价

大革命时期，根据实际情况以及为切实缓解当时农民的借贷困难和支持革命斗争，中共领导的农民协会创建了许多银行和信用合作社，并发行了货币，开办了信贷业务。虽然这些金融组织存在的时间短暂，但意义重大，可以看作新民主主义金融的萌芽。

1. 对大革命时期农会创办金融组织的粗略统计

大革命时期，中国共产党领导下的农民协会创办的金融组织，其开办时间、开办资金和结束时间等情况详见表 1。

表 1　大革命时期农会创办金融组织的粗略统计　　（单位：银圆）

序号	名称	开办时间	行址	开办资金	负责人	结束时间
1	浙江萧山衙前信用合作社	1924 年 12 月	衙前村东岳庙内	540 元	农会副会长金汝涛	1930 年 1 月
2	衡山县柴山洲特别区第一农民银行	1926 年 12 月	柴山洲夏拜公祠	5800 元	农会委员长文海南任经理	1927 年 5 月

---

① 黄兰英：《20 世纪浙江之最》，中共党史出版社 2004 年版，第 171 页。
② 萧山县支行金融志编写组：《浙江省第一个信用社——萧山县衙前村信用合作社》，《浙江金融》1983 年第 6 期。

序号	名称	开办时间	行址	开办资金	负责人	结束时间
3	醴陵地方银行	1927年1月	醴陵县城	3万元	—	1927年8月
4	浏东平民银行	1927年1月	浏阳县城朝阳街贵升公处	6万元股金	李明轩、汤佑贤	1927年8月
5	浏阳县南部文市生产合作社①	1927年1月	曹家祠堂	不详	尤先锋、吴先进、陈盛桥	1927年5月
6	浏阳金刚公有财产保管处	1927年2月	金刚头镇	动产与不动产交保管处作为担保品	何文渊	1927年5月
7	湖北省黄冈农民协会信用合作社（合作总社）	1927年2—3月	团风镇	6万元	曹六爹	1927年7月
8	衡山县柴山洲特别区第二农民银行	1927年2—3月	油麻田刘家祠堂	1000元	肖雨成	1927年5月
9	醴陵县工农银行	1927年4月	城隍庙对面的县农会保管处内	6万元	醴陵县农民协会副委员长唐伯先	1927年8月

资料来源：①叶世昌、潘连贵：《中国古近代金融史》，复旦大学出版社2001年版，第256—258页；②姜宏业：《中国金融通史》第五卷新民主主义革命根据地时期，中国金融出版社2008年版，第24—30页；③湖南省地方志编纂委员会：《湖南省志·金融志》，湖南出版社1995年版，第108页；④姜宏业：《金融图集与史料（新民主主义革命时期）》，湖南出版社1991年版，第97页。

---

①　浏阳县南部文市生产合作社将生产、消费和信用三者集于一体。合作社发行货币，办理兑换，并发放小额低利贷款。

从表1来看，这些金融组织创办和结束的时间大部分是 1927 年。存续时间都不超过半年，最短的仅有两个多月。其中萧山衙前信用合作社不仅创办时间相对较早，而且存在时间最长。

2. 对大革命时期农会创办金融组织的简要评价

第一，类型以银行为主，包括农民银行、平民银行及工农银行等，还有较为特殊的名称，如财产保管处和生产合作社，实际上性质是金融组织。第二，直接为农民服务，解决农民生产和生活中的资金困难，也完全是自主管理的。其资金来源主要来自派捐、罚款和筹借，其中也有个别采用股份制的方式筹集银行资金。第三，都由中国共产党领导的农民协会组织创办，农会发挥了主导作用。因而，这些金融组织的兴亡与当地农民运动的发展程度紧密相关。大革命失败后，农民运动被镇压，党领导的金融事业随之也遭遇挫折。第四，虽然存续时间短暂，但这是中国共产党领导金融建设的早期尝试，为土地革命时期中国共产党领导金融建设提供了宝贵的实践经验。因而，有学者指出，"一定意义上说，大革命时期的农民金融组织是根据地金融事业的起源，根据地金融事业是大革命时期农民金融组织的继续和发展"。①

第二节　银行组织建设：从分散独立到逐步统一

从土地革命时期到解放战争时期，中国共产党都充分意识到银行这一金融组织的地位和作用，因而各革命根据地相继创办了分散独立的银行组织。这些银行活动覆盖面集中在某　地域，因而保持相对独立性，但业务经营范围和方式可以是综合性的。由于革命根据地相对分散，彼此相隔较远，其创建的银行组织一般都是各自独立，很难与别的根据地银行发生直接联系，尤其是土地革命战争时期。另外，除了少数为单元制银行外，大部分银行都自成体系，组建了自己的分支机构和业务覆盖网络，从而形成一个地域性银行体系。

一、土地革命时期银行组织建设的开展

土地革命时期，为了能冲破敌人的经济封锁，发展根据地的经济，巩固根据地，中国共产党领导的各个根据地相继创建了立足自己所在根据地的地域性银行组织。

①　洪葭管：《中国金融史》，西南财经大学出版社 2001 年版，第 396 页。

1. 土地革命时期设立银行组织的概况

土地革命时期，有11个革命根据地先后创建了自己的银行组织，从而成为相对独立的地域性银行。基本情况详见表2。

表2 土地革命时期革命根据地创办的银行组织一览表

所在根据地	银行名称	创立时间	结束时间	主要负责人	行址
海陆丰根据地	海丰劳动银行	1928 年 2 月 18 日	1928 年 2 月底	行长陈子歧	原海丰县南丰织造厂
赣西南根据地	东固平民银行	1929 年 8 月	1930 年 3 月（改组为东固银行）	行长黄启绶	东固镇
	东固银行	1930 年 3 月		行长黄启绶	东固镇
赣南根据地	江西工农银行	1930 年 11 月 27 日	1932 年 2 月（国家银行成立后撤销）	行长周冕，后为颜达	富田，后迁到东固山、龙冈、瑞金等地
闽西根据地	蛟洋农民银行	1927 年 11 月	1928 年 6 月 26 日		上杭县蛟洋村
	闽西工农银行	1930 年 11 月 7 日	1935 年春	行长阮山	龙岩县城铜钵巷
湘鄂西根据地	鄂西农民银行	1930 年 4 月	后改称湘鄂西联县农民银行总行、湘鄂西省农民银行	行长戴补天	调弦口
	鄂北农民银行	1931 年 7 月	1931 年 9 月	负责人胡苏黎、王守训	房县西街
	鹤峰苏维埃银行	1931 年 3 月	1932 年因反革命"围剿"停业，1933 年春复业，1933 年 8 月再次停业	行长袁建章	—

所在根据地	银行名称	创立时间	结束时间	主要负责人	行址
鄂豫皖根据地	鄂豫皖特区苏维埃银行	1930 年 10 月	后改称鄂豫皖区苏维埃银行、鄂豫皖省苏维埃银行（也称鄂豫皖省工农银行），1932 年 9 月结束	行长郑位三，改称鄂豫皖省苏维埃银行行长郑义斋	—
	皖西北特区苏维埃银行	1931 年 5 月	1931 年 12 月改称皖西北道区苏维埃银行	行长吴保才	六安县金家寨
闽浙赣根据地	赣东北特区贫民银行	1931 年 10 月 16 日	1931 年 11 月改称赣东北省苏维埃银行，1933 年 3 月改称闽浙赣省苏维埃银行 1934 年 11 月结束	—	弋阳方家墩，后迁到横峰葛源
	赣东北省苏维埃银行闽北分行	1931 年 12 月	1933 年 4 月改称闽浙赣省苏维埃银行闽北分行，1935 年 1 月结束	行长徐福光	崇安坑口

续表

所在根据地	银行名称	创立时间	结束时间	主要负责人	行址
湘鄂赣根据地	平江县工农银行	1930 年 11 月	—	经理黄庆怀	谢江塔里墩，后迁周坊白竹坑
	浏阳工农兵银行	1931 年 1 月	—	行长先后由何声教、黄文担任	高坪、东门，后移小洞、严坪等地
	万载县工农兵银行	1931 年 1 月	—	行长钟学槐（又名甘雨农）	谭埠区的黄家湾和枫岭头
	修水县工农兵银行	1931 年 5 月	—	负责人甘卓吾（又名章文）	下杉长楼下百罗丘
	宜春县工农兵银行	1931 年 8 月	—	经理欧阳柏（又名杨玉兴）	慈化冷水，后迁至北圹、下彭、上阳、田子岗等
	鄂东农民银行	1930 年 9 月	—	—	阳新县金龙区大王店
	鄂东南工农兵银行	1931 年初	1932 年 3 月成立鄂东工农银行，6 月，组建鄂东南工农银行，1933 年下半年停业	鄂东南工农兵银行经理刘杰三，后为陈光迪	—
	湘鄂赣省工农银行	1931 年 11 月	1934 年 1 月	行长先后由李国华、涂正坤、刘文初、成功担任	修水上杉，后迁至万载小源

续表

所在根据地	银行名称	创立时间	结束时间	主要负责人	行址
湘赣根据地	湘赣省工农银行	1932 年 1 月 15 日	1933 年 1 月 15 日改为中华苏维埃共和国国家银行湘赣省分行，1934 年 8 月停业	行长胡湘	永新县城
川陕根据地	川陕省苏维埃政府工农银行	1933 年 12 月 4 日	1935 年 4 月	总行行长郑义斋	总行行址通江县苦草坝（今永安乡）
陕甘根据地	陕甘宁边区农民合作银行	1934 年 11 月	1935 年冬改称陕甘省苏维埃银行	负责人杨玉亭	华池县南梁
	陕北省苏维埃银行	1935 年 1 月	1935 年 9 月更名为陕甘晋苏维埃银行，同年 11 月，并入中华苏维埃国家银行西北分行	负责人艾楚南、李青萍等	延川县永坪镇
	神府特区抗日人民委员会银行	1936 年春	后更名为神府特区苏维埃政府银行，1937 年 4 月结束	经理高振业、副经理王玉亭	—

资料来源：主要根据姜宏业的《中国金融通史》（第五卷）（中国金融出版社 2008 年版）第 43—67 页的相关内容整理而成。

从表 2 可以看出，土地革命时期，党和各根据地政府根据实际需要，在各自所在辖区酝酿创建了专门为穷人服务的区域性银行。绝大部分是在 1930—1931 年间设立。很多银行根据实际需要常常被撤销、合并或改组，因而银行名称几经变化。其中海丰劳动银行存在时间最短，不到半个月。湘鄂赣根据地成立的银行数量是最多的。

2. 根据地银行的运行方式与组织形式

首先，革命根据地创建的银行都有着较为相似的运行方式，即设立银行委员会及多方筹集银行资金，包括采用股份制方式。

东固平民银行在东固区委的领导下工作。东固平民银行的创办基金是由红军二、四团捐助 4000 银圆。到 1929 年春，又扩大基金为 8000 元，发行纸币 2 万元。这时候的基金来源有：一是向东固地区的党员、干部借一部分；二是由当地的社会公堂及富有之家捐助一部分；三是在区委的革命活动经费中借一部分；四是开展银行储蓄，宣传动员革命群众向银行存款。党员、干部在省吃俭用的情况下，向银行捐助资金，使银行工作开展得很顺利。① 为了使银行工作尽快开展起来，还成立了一个平民银行工作委员会，委员会由黄启绥、刘经化、汪安围、王金享、邱有文、李文连和两个外地人组成，黄启绥任行长。为了便于了解市场的情况，有利于开展各种业务活动，银行聘请了两个人（其中一个外地人）协助工作。②

闽西工农银行在筹建时，推举阮山、张涌滨、曹菊如、邓子恢、蓝维仁、赖祖烈、（长汀推举一人）7 人为银行委员会委员，阮山为主任，成立筹备处。银行资本定 20 万元，分 20 万股，股金以大洋为单位，收现金不收纸币，旧银器每两扣［折］大洋 6 角，金器照时价推算，限期 9 月内募足。募股办法是：各级政府、各工会、各部队组织募股委员会，县委会 5 人，区委会 3 人，各工会、各部队 3 人至 5 人，除向工农群众招募股外，合作社每资本百元至少应买票 10 元，粮食调剂局每资本百元至少要买票 20 元（先交半数，12 月交清），各级政府、各工会及各机关工作人员，每人至少应买股票一元。除将章程公布外，务须全闽西群众踊跃入股。③ 由于 1930 年 10 月建立的鄂豫皖特区苏维埃银

---

① 中共江西省委党史研究室等：《东固·赣西南革命根据地史料选编》第一册，中央文献出版社 2007 年版，第 285 页。

② 中共江西省委党史资料征集委员会，中共江西省党史研究室：《江西党史资料》第十辑东固革命根据地专辑，1989 年，第 154 页。

③ 中共龙岩地委党史资料征集研究委员会，龙岩地区行署文物管理委员会编：《闽西革命史文献资料》（第四辑），1983 年版，第 194 页。

行业务发展并不顺利。为此，1931年2月上旬，中共鄂豫皖特委召集扩大会议就建立银行问题做了专门讨论，决定"建立银行，确定基础并制定集股与低利借贷的简章。先由特委通知各级党部及支部。在群众会议提出讨论，决议要求政府建立银行，经过群众路线的宣传鼓动，再由政府来布告"，"逐渐统一金融与集中现金（用各种群众路线的办法）"。①

湘赣省筹建工农银行时，省苏维埃财政仅有银圆400元，后决定组成银行筹备委员会。工农银行基金，一方面从打土豪筹款和累进税中抽出一部分，另一方面向群众和团体集股，要求全党同志领导广大群众，每家出1角或1元作银行基金。银行筹备委员会于1931年12月报请省苏维埃政府颁发《中华苏维埃共和国湘赣省工农银行暂行简章》。湘赣省工农银行于翌年1月15日成立，并设有经理委员会，决策银行工作，委员会主任由省苏维埃政府财政部副部长胡湘兼任，谭余保任行长。下设总务科、保管科、会计科、借贷储蓄科、兑换汇兑科分工办理日常业务。②银行基金由财政拨付和群众集股，共收集股款2万元。其中茶陵县1月份筹集股金8007元，攸县群众亦踊跃入股；在1932年8月以后的扩股阶段，仅有莲花（属江西省）、茶陵筹得千余元。先后共筹资金4万元。8月26日，省工农银行举行第一次股员代表大会，审议银行工作。至1932年底，该行基金包括群众股金、团体股金、政府基金共计银圆6万元（多系金银制品）。1933年1月15日，银行成立一周年，核算全盘营利，并分红付息，银洋一元一股，每股分得一角三四分红息。③

其次，革命根据地创建的银行主要有以下三种组织形式。

一是不设立或暂时无法设立分支机构的单元制银行。例如，赣西南根据地的东固平民银行、东固银行、赣南根据地江西工农银行和闽西根据地的蛟洋农民银行等，都没有设立分支行。赣东北省苏维埃银行下属机构只设兑换所，没有设立分行。兑换所只有一两人办理兑换金银的业务。这些都属于单元制银行的组织形式。

二是分支行制组织形式。例如，鄂西农民银行建立单独系统，在联县政府的监督和保护下，总行在各县设分行，在各区设支行或汇兑所。下级银行绝对受上级银行的支配，政府不得在银行提款，万不得已时，也只能借后加息偿

① 黄正林等：《近代河南经济史》（下），河南大学出版社2012年版，第247页。
② 湖南省地方志编纂委员会：《湖南省志·金融志》，湖南出版社1995年版，第229页。
③ 湖南省地方志编纂委员会：《湖南省志·金融志》，湖南出版社1995年版，第229页。

还。① 湘赣省工农银行改为中华苏维埃共和国国家银行湘赣省分行后，兼理国家金库，酃县分行、酃县支库为湘赣分行、湘赣分库下设的三个分行、三个支库之一。②川陕省苏维埃政府工农银行为开展银行业务，在赤江、赤北、红江三县建立了工农银行分行。

另外，闽浙赣省苏维埃银行下设闽北、上饶、贵溪和上饶 4 个分行，其中闽北分行是独立核算的、在业务上与省苏银行基本无往来的分行，而且主管闽北全区（包括福建的崇安、建阳、光泽浦城等地和江西的铅山、广丰、上饶县一部分）的货币流通、发行等全部工作，而上饶等 3 个分行与省行是直接业务关系与上下级关系。③ 德兴分行设在重溪街，是在原来兑换所的基础上扩展起来的，配备了经理、会计、出纳等人员。贵溪分行设在周坊神前，后迁黄山源。行长由县苏财政部长兼任，另配备经理、会计等四人。上饶分行设在廿八都，由原兑换所扩展而成，有经理、会计等七八人。弋阳县苏所在地大坝增设了兑换所。④ 至此，闽浙赣革命根据地基本形成了由省行、分行、兑换所、代兑处（各县财政部代理）的区域性银行组织体系。

三是股份制组织形式。闽西工农银行是工农群众自己集资创办的。银行资本根据大会决定为 20 万元，分为 20 万股，每股 1 元。由各级政府、各工会、各部队组织募股委员会，负责募集。银行委员会各委员分头四处检查督促募股工作。⑤ 湘赣省工农银行即采用股份制，同时也是分支行的形式。赣东北特区贫民银行先后向群众集股 1 万元左右。后文还会对根据地发行股票业务进行专题分析。

3. 土地革命时期国家银行组织体系的创建

中华苏维埃第一次全国代表大会决定开办工农银行，并指定财政人民委员会委员毛泽民负责筹备。后又调闽西工农银行会计科长曹菊如协助筹备工作。经过两个月的筹备，1932 年 2 月 1 日，中华苏维埃共和国国家银行正式成立，行址设在临时中央政府所在地瑞金叶坪，后迁至沙洲坝、云石山下陂子村等地。

中华苏维埃共和国国家银行是中国第一个以"国家"冠名的银行，但是其业务范围只能局限于中央苏区，与其他苏区银行并没有直接业务往来。因此，

---

① 上海市新四军历史研究会印刷印钞组，上海市轻工业局党校政治教研室等：《印刷职工运动资料》第三辑，1986 年，第 132 页。
② 湖南省地方志编纂委员会：《湖南省志·金融志》，湖南出版社 1995 年版，第 230 页。
③ 汤勤福：《闽浙赣根据地的金融》，上海社会科学院出版社 1998 年版，第 99 页。
④ 中国人民银行江西省分行金融研究所：《闽浙赣省苏维埃银行》，1985 年，第 44 页。
⑤ 柯华：《中央苏区财政金融史料选编》，中国发展出版社 2016 年版，第 491 页。

苏维埃国家银行实际上不仅是一个区域性银行，而且是一个"袖珍"型的国家银行。

第一，工作人员少。成立之初，全行一共只有 5 人，包括行长毛泽民、会计兼稽核曹菊如、出纳钱希均（毛泽民之妻）、记账员邱东生及兑换兼勤杂彭天喜。直到 1934 年 7 月国家银行总行迁往云石山下陂子村时，全行正式工作人员才增加到七八十人。

第二，资本金少。资本额定 140 万元，成立时仅收足 20 万元即开始营业，而且这 20 万元在成立后的几天之内因为战争需要全部划出。国家银行经常是"行无分文"。

第三，办公地点小。据曹菊如回忆："我们借用一家农民的房子，楼上楼下共有一个小厅和四个房间。楼下小厅作营业室，一个房间作库房。楼上三个房间，一间是毛泽民行长的办公室兼卧室，另外两间和房外走廊是男女工作人员的宿舍。"[1] 金库是一间百姓的柴房改建的，只有 10 平方米左右。国家银行就这样开始了从无到有的艰难创业。

第四，分支机构少（详见图 1）。1932 年 2—8 月，国家银行先后设立兴国、瑞金、会场收买金银处，兴国、瑞金兑换处。1933 年 2 月 10 日，江西分行在博生（今宁都）县成立，江西省苏维埃财政部副部长钟声湖兼任行长，后为李希英。兴国支行，在原兑换处、收买金银处的基础上扩充成立，行长何远方，副行长陈方山。3 月，石城成立支行，行长毛泽覃。1934 年 2 月，瑞金支行在原兑换处、收买金银处的基础上扩充成立，行长先后为吕汉勋、廖育钧。副行长朱嵩山。瑞金支行是总行直属支行，除本身业务，接受总行交办事项。[2] 根据革命的需要，1932 年 4 月，中华苏维埃共和国国家银行福建省分行，又以闽西工农银行人员、设备和资金为基础在长汀成立，行址设在打油巷怡和行，行长李六如。1932 年 10 月，中华苏维埃共和国国家银行福建省分行成立长汀办事处，地址设在河田，主任为刘日星。[3]

---

[1] 中国人民银行金融研究所：《曹菊如文稿》，中国金融出版社 1983 年版，第 12 页。
[2] 柯华：《中央苏区财政金融史料选编》，中国发展出版社 2016 年版，第 551 页。
[3] 中国人民政治协商会议福建省长汀县委员会文史资料委员会：《长汀文史资料》第 19 辑，政协长汀县委员会文史资料委员会 1991 年版，第 55 页。

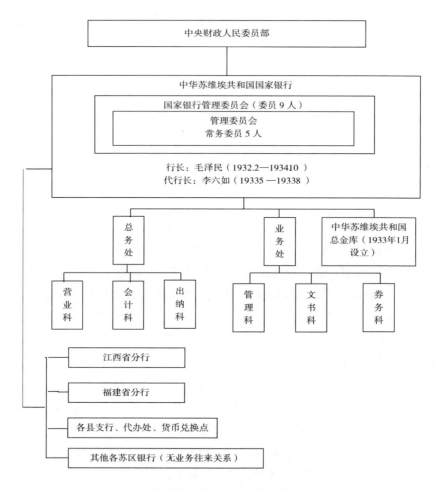

图1　中华苏维埃共和国国家银行的组织体系

虽然国家银行分支机构不多，但它已经初步形成了总行—省分行—县支行、直属支行的组织体系。其他根据地的省苏银行或工农银行，有一部分根据中央要求于1932—1933年先后改为国家银行的分行，如湘赣省工农银行改为国家银行湘赣省分行，川陕省苏维埃政府工农银行改称为中华苏维埃共和国川陕省工农银行。这些银行改名之后，在行政上和业务上与国家银行并没有直接联系，仍然受该地区苏维埃政府的直接领导。因此，苏维埃国家银行实际上成为一个立足中央苏区的银行组织系统。

国家银行自建立起，就承担起建立苏区财政金融制度、支援革命战争、巩固红色政权的重任。它既经营一般银行业务，也执行中央银行的职能，在革命根据地建设中发挥了积极作用。临时中央政府赋予了国家银行发行货币的特权，各单位的一切账簿、单据、合同等以国家银行纸币为记账单位，一切税赋都要以国家银行货币或银圆缴纳，其他杂币概不收受。金库工作由国家银行全权代理，还受政府委托代理政府公债的发行及还本付息事宜。国家银行的信贷资金除了用于支持财政和满足军费的需要外，也有一部分用于支持苏区手工业和合作事业的发展。

二、抗日战争时期银行组织建设的大力推进

抗战时期，中共领导的各抗日根据地大力推进银行组织建设，分别建立了自己的银行组织体系，其运行方式更严密，银行规模也更大，业务范围的辐射面更广，从而形成了相对较成熟的地域性银行体系。抗日根据地创办银行组织的基本概况详见表3。

表3　抗日根据地创办的银行组织一览表

所在根据地	银行名称	创立时间	结束时间	主要负责人	行址
陕甘宁边区	陕甘宁边区银行	1937年10月由中华苏维埃共和国国家银行西北分行改组	1947年11月与晋绥西北农民银行合并为西北农民银行，原陕甘宁边区银行总行为西北农民银行总行	行长曹菊如、朱理治、黄亚光	延安
晋察冀边区	晋察冀边区银行	1938年3月	1948年7月22日，奉命与冀南银行合并，改称华北银行	经理关学文，副经理胡作宾	五台县石咀镇
晋冀鲁豫边区	上党银号	1938年8月	1940年并入冀南银行	经理薄一波兼任，副经理侯振亚	沁县南沟村，后迁至沁县北马服村等地
	冀南银行	1939年10月	1948年7月22日，奉命与晋察冀边区银行合并，改称华北银行	总经理高捷成	黎城县小寨村
	鲁西银行	1940年5月	1945年12月1日，并入冀南银行	先后为吕麟、张廉方、林海云	东平湖

续表

所在 根据地	银行名称	创立时间	结束时间	主要负责人	行址
晋绥 边区	兴县农民 银行	1937 年 11 月	1940 年 5 月并入西 北农民银行	—	兴县城内
	西北农民 银行	1940 年 5 月	1947 年 11 月与陕甘 宁边区银行合并为 西北农民银行	刘少白	兴县
山东 根据地	北海银行	1938 年 12 月	1939 年春解散， 1939 年 8 月重新建 立，1948 年 12 月被 合并，组建中国人 民银行	行长张玉田， 重建后行长 陈其文	掖县城 内，重建 地点：莱 阳、招远 交界的张 格庄
淮北 根据地	淮北地方 银号	1942 年 6 月	—	董事长刘瑞 龙、经理陈醒	泗东县
淮南 根据地	淮南银行	1942 年 2 月	1945 年 8 月改组为 华中银行分行	行长先后为龚 意农、喻嵩岳、 董筱川	盱眙县葛 家巷
皖江 根据地	大江银行	1943 年 6 月	1945 年 8 月改组为 华中银行分行	行长叶进明 兼任	无为县团 山，后迁 至汤家沟
苏北 根据地	盐阜银行	1942 年 4 月	1945 年 8 月改组为 华中银行分行	行长骆耕漠	阜宁县
	淮海地方 银行	1942 年 8 月	1942 年冬停业	—	—
苏中 根据地	江淮银行	1941 年 4 月	1941 年 9 月撤销	行长先后为 朱毅、陈国栋	盐城
苏南 根据地	惠农银行	1942 年 10 月	1943 年 10 月停止 工作	行长李建模 兼任	丹阳延陵
	江南银行	1945 年 4 月	1945 年 9 月停止 工作	—	—

续表

所在根据地	银行名称	创立时间	结束时间	主要负责人	行址
浙东根据地	浙东银行	1945 年 4 月	1945 年 9 月停止工作	董事长兼总经理吴山民	余姚梁弄镇
豫鄂边区根据地	豫鄂边区建设银行	1941 年 7 月	1945 年 8 月改组为华中银行分行	行长左中修	京山小花岭，后迁至大悟山

资料来源：主要根据姜宏业的《中国金融通史》第五卷（中国金融出版社 2008 年版）、河北省政协文史资料委员会编的《河北文史集萃·经济卷》（河北人民出版社 1992 年版）第 252 页、中共濮阳市委党史研究室编的《丰碑永树冀鲁豫》（中共党史出版社 2004 年版）第 369 页、丁星和郭加复的《新四军辞典》（上海辞书出版社 1997 年版）第 105 页相关内容整理而成。

从表 3 来看，银行的数量明显比土地革命时期少，而且存在时间更长。由于战争环境恶劣，淮海地方银行、江淮银行、江南银行、浙东银行等 4 家银行存在时间仅有几个月。

以下分别对几个规模和影响都相对较大的区域性银行进行简要分析。

1. 陕甘宁边区的银行组织建设

1937 年 9 月，中共中央决定成立陕甘宁边区政府。10 月，撤销原中华苏维埃共和国国家银行西北分行，成立陕甘宁边区银行（以下简称边区银行）。中央财政部长兼西北分行行长的林伯渠调西安八路军办事处工作，边区政府任命曹菊如为财政厅长和边区银行行长。因此，以边区银行总行为核心，逐步建立起陕甘宁边区的银行体系。

边区银行成立之初，机构分设会计科、出纳科、营业科。边区银行后来决定把营业科改为业务处，经管光华商店和银行一般业务。1940 年，曹菊如专任边区银行行长。[1] 边区银行注重自身的组织建设，最终设有业务处、总务处、稽核处，以及由三处分管的券务科、管理科、收发科等机构。为了加强对银行工作的领导，1940 年 12 月初，边区政府任命林伯渠、高自立、霍维德、曹菊如、

---

[1] 中共龙岩市新罗区委党史研究室，中国人民银行龙岩市支行：《金融先驱曹菊如》，中国文联出版社 2001 年版，第 61 页。

李六如、叶季壮、谢觉哉 7 人为边区银行委员会委员，林伯渠为主任，组成银行委员会。1940 年，陕甘宁边区银行总行的内部组织结构详见图 2。①

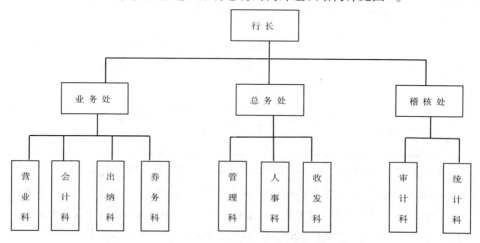

图 2　1940 年陕甘宁边区银行内部组织结构示意图

陕甘宁边区银行还设立了众多的分支机构（详见图 3）。1938 年秋成立西安银行办事处，系由八路军驻西安办事处的会计科代理，主要是办理学生的汇兑。1939 年春先成立定边办事处，1939 年冬天改成分行，主要是办理汇兑，也有商业上的业务。1940 年春建立绥德分行，而且是以光华商店的分店出现的，1941 年 1 月始正式改行。1940 年 3 月成立重庆办事处，系委托八路军驻重庆办事处为代理汇兑机关。1940 年 8 月成立陇东分行，主要是开展大盐店的工作，经营商业。办事处过去没有，直到 1941 年 2 月，才在靖边、甘泉两地设代办处，由光华商店代办。② 由于边区经济发展不平衡以及银行人力、财力不足，这时候支行与办事处未能普遍成立。

---

① 参阅中国人民银行陕西省分行，陕甘宁边区金融史编辑委员会编的《陕甘宁边区金融史》（中国金融出版社 1992 年版）第 45 页的内容绘制。

② 陕甘宁边区财政经济史编写组：《抗日战争时期陕甘宁边区财政经济史料摘编》（第五编），陕西人民出版社，第 70 页。

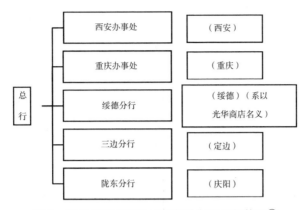

图 3 1940 年陕甘宁边区银行外部组织机构图①

1941 年到 1942 年，边区银行在组织建设方面取得了较大的发展。1941 年 3—4 月间聘请在延安的经济专家王学文、王思华、丁冬放等为边区银行顾问团顾问。10 月，又聘请鲁佛民为边区银行常年法律顾问。1942 年，将原业务、总务、稽核三处改为两处一室，即总管理处、业务处、秘书室。之后，又增设发行处、金库处、商业处（贸易局的对内称呼）、研究处、农贷处等（详见图 4）。1942 年上半年，边区银行设立关中分行，由周崇德担任行长。1942 年，还在各地设立了大量的办事处，首先在延安市文化沟设立办事处，由钱希钧负责，主要办理储蓄业务。另外，在延安、安塞、志丹、延川、固临、甘泉、延长、富县、子长 9 个县设立直属办事处。在延安市还设立商业代办处，其性质是银行的基层组织。在各分行之下，也设立了一些办事处和代办处，如三边分行下设盐池、靖边两个代办处；陇东分行下设曲子、西华池、驿马关三个办事处（详见图 5）。1942 年边区银行对机构进行合理调整和人员整编。在整编前，边区银行共有业务人员 108 人，事务人员 47 人。经过整编，减至 102 人，编余 53 人，分别充实银行基层或调往其他系统。② 由此，陕甘宁边区银行形成了总行—分行—办事处三级组织体系。

① 中国人民银行陕西省分行，陕甘宁边区金融史编辑委员会：《陕甘宁边区金融史》，中国金融出版社 1992 年版，第 46 页。

② 中国人民银行陕西省分行，陕甘宁边区金融史编辑委员会：《陕甘宁边区金融史》，中国金融出版社 1992 年版，第 78 页。

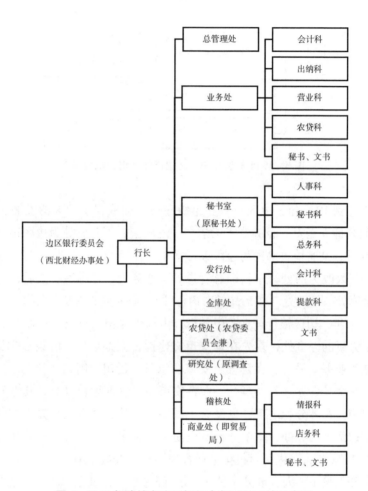

图4 1942年陕甘宁边区银行内部组织系统示意图

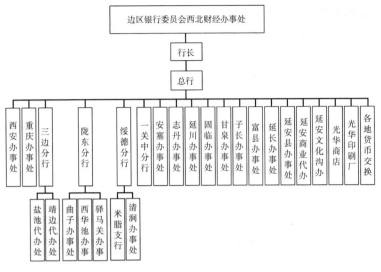

图 5　1942 年陕甘宁边区银行分支机构示意图

2. 晋察冀边区的银行组织建设

1938 年 1 月 10 日，晋察冀边区军政民代表大会在阜平县城召开，产生了晋察冀边区临时行政委员会，代表们提出了"筹设边区人民银行"案。晋察冀边区军政民第一次代表大会通过了"边区为统制与建设经济得设立银行发行钞票"的决议案，于 1938 年 3 月 20 日正式宣布成立晋察冀边区银行，总行驻地设在山西省五台县的石嘴村。总行设有发行课、营业课、会计课、出纳课、秘书课、运输队和警卫队。后行址辗转于河北完县、阜平、灵寿一带。① 因此，以晋察冀边区银行为中心，逐步形成晋察冀边区的银行体系。

总行成立初期，人员较少，条件也差，职员和印刷工人总共只有 20 余人。1939 年初，边委会决定在各县普遍设立银行机构。经理关学文根据边委会的决定，向边委会提出了建立基层银行机构的《筹设计划书》。边委会审查通过后，并于 1939 年 3 月 30 日通令各专员、县长执行。《筹设计划书》明确提出基层银行的任务和机构建立的要求。在晋察冀边区直属的北岳区设有六个办事处，到1942 年日寇发动"五一大扫荡"前，冀中设有分行，历任经理为陈尚孔、戴季农。1941 年，总行直属下的第六办事处改称冀察分行，经理为毕锡侯。1941 年5 月 27 日，边委会决定银行的分行、办事处、营业所，除受上级银行的领导外，

---

① 河北省政协文史资料委员会：《河北文史集粹》（经济卷），河北人民出版社 1992 年版，第 247 页。

并受同级政府的领导——确定双重领导的关系。到1943年3月，总行编制为86人。营业所只剩下山代湾、忻定阳、广灵、涞源、龙华、徐定、满城、完县、曲阳、云彪、定唐，西大洋、平定、建屏、昌苑等15个。1944年3月4日，晋察冀边区行政委员会决定调整银行业务组织，总行编制减为12人，与边委会财政处靠拢，经理由财政处长兼任，现任经理改为副经理，办事处主任由各专署财政科长兼任，三、四、五专区各设行员4人，一、二、六专区各设行员3人。① 因此，晋察冀边区银行形成了总行—分行—办事处或营业所三级组织体系。

可见，晋察冀边区银行的组织机构规模在逐渐缩小，主要是由于日寇接连扫荡、疯狂破坏根据地，边区银行的机构不得不化整为零或临时合并。到1945年，随着晋察冀边区的恢复、扩大和巩固，边区银行机构的设置又开始扩大，并且相对稳定了。

3. 冀南银行的组织建设

抗战时期，晋冀鲁豫边区形成了以冀南银行为代表的区域性银行组织体系。1939年10月15日，冀南银行在山西黎城县小寨村正式成立，共有人员100~200人。总行内部按部队编制，下设五科、三部、一处。五科是会计科科长崔蕴清（女）、出纳科科长王信哲、检查科科长崔启仪（女）、材料科科长肖利必、总务科科长傅之光。三部是发行部、营业部和总务部。发行部主任梁绍彭，负责领导印刷厂，印刷发行冀南银行钞票。下设四个印刷厂、所，每厂所都设有厂长、所长、政治指导员。营业部主任杨介人，工作任务是发行贷款，管理外汇，组织货币流通。总务部主任是胡景沄，不久便撤销。② 总行从成立起开始营业，发行冀南银行钞票，简称"冀南币"。

冀南银行下设冀南（在垂阳）、太行（在涉县）、太岳（在阳城）3个区行。太行区行又下设5个分行：一分行在赞皇（河南）；二分行在左权，下辖平定、襄垣、太谷等11个县支行；三分行在长治，下辖黎城、长治、平顺等6个县支行；四分行在焦作（在河南）；五分行在林县（在河南）。太岳区行下设4个分行：一分行在沁源，下辖灵石、赵城、安泽、长子等9个县支行；二分行在翼城，下辖浮山、沁水、临洪襄等4个县支行；三分行在闻喜，下辖河稷、平陆、夏县等6个县支行；四分行在晋城，下辖高平、阳城、垣曲等4个县支行。总计，冀南银行在山西境内有40个县支行。冀南银行首任经理高捷成，第二任经

---

① 河北省金融研究所：《晋察冀边区银行》，中国金融出版社1988年版，第25-27页。
② 武博山：《回忆冀南银行九年（1939—1948）》，中国金融出版社1993年版，第43页。

理赖勤，副经理胡景沄。冀南银行属晋冀鲁豫边区政府直接领导，所属各级银行为双重领导，以地方为主。① 从 1941 年开始，逐步设立县级银行机构。1942 年，为了加强干部政治生活，保证行政任务的完成，总行确定，各分行增设政治指导员一人。1943 年又决定改设监委，实行监委制。② 因此，冀南银行组成了总行—区行—分行—支行四级组织体系。

4. 晋西北抗日根据地（晋绥边区）银行的组织建设

抗日战争时期，晋绥边区逐步形成了以西北农民银行为中心的银行体系。1937 年 9 月，刘少白（共产党员）根据党的指示和抗战需要，以战地总动员委员会的名义创办兴县农民银行，地点设在兴县城内孙府前面的一个院子里。初建时工作人员仅有保管、出纳、总务、会计等 6 人。银行资金主要来自：动员全兴县 100 多家富户，捐献资金最低 100 元，多者不限。杨家坡一家地主将房地产全部捐出，价值 15000 元；牛友兰捐献 3 万元；刘少白自己也捐献了一部分资金，共计资金 6 万元。1938 年春晋西北抗日根据地（后改为晋绥边区）建立，1940 年成立晋西北行政公署。行署决定以原兴县地方农民银行为基础建立西北农民银行。1940 年 5 月 10 日，西北农民银行在兴县建立，刘少白任经理。

银行刚刚建立时正逢日军连续对根据地扫荡，而且缺乏金融干部，银行机构多不健全，只设立了总行，银行的业务几乎没有开展，由行署财政处代办。到 1940 年冬，银行在健全总行机构的基础上，开始拓展银行地方分支机构。行署也明确规定银行机构的设置标准，即"行署级设总行，专署级设分行，县级设办事处，各重要城镇设兑换所，惟银行在专署以下，均与贸易部门合一"。③ 为了精简机构，将专署及其专署以下的银行分行、办事处与贸易部门合而为一。实际上，就是对外两块牌子，对内一套人马和机构，统归行署财政处领导。

随着根据地的巩固和发展，西北农民银行在二、四、八分区及兴县等地设立兑换所。1941 年 2—3 月，中共晋绥分局派狄景襄担任西北农民银行协理。行署决定在各专区、各县设立西北农民银行分行或兑换所。同年 5 月，第四行政区分行及碛口分行成立，并在白文、克虎寨、离东、临南、方山等地设立兑换所。贸易总局也曾兼办西北农民银行代办所业务。1942 年，晋西北行政公署政

① 孔祥毅：《民国山西金融史料》，中国金融出版社 2013 年版，第 569 页。
② 政协长治市委员会文史资料委员会：《长治文史资料》第十九辑，2006 年编印，第 287 页。
③ 杨世源：《西北农民银行史料》，山西人民出版社 2002 年版，第 9 页。

务会议决定，由建设处处长张韶方兼任西北农民银行经理、贸易总局局长，狄景襄、王磊任协理兼副局长。同年，晋绥边区实行精兵简政时，银行及稽征局并入贸易局，牛荫冠任经理，狄景襄、王磊任副经理。① 西北农民银行主要分支行开始工作日期详见表4。

表 4　西北农民银行主要分支行开始工作日期一览表

行别	开始工作日期	备考
总行	1941 年 11 月 1 日	
兴县支行	1941 年 11 月 1 日	
二分行	1941 年 11 月 10 日	
八分行	1941 年 11 月 24 日	
三分行	1941 年 11 月 27 日	
五分行	1941 年 12 月 1 日	当时尚未与总行联络上
四分行	1941 年 12 月 6 日	
六分行	1942 年 1 月 1 日	

资料来源：晋绥边区财政经济史编写组，山西省档案馆编：《晋绥边区财政经济史资料选编（金融贸易编）》，山西人民出版社 1986 年版，第 62 页。

从表4来看，总行虽然于 1940 年 5 月建立，但是实际开始工作日期却是 1941 年 11 月。其他几个分支行也基本都是 1941 年开始工作。据不完全统计，截止 1942 年 1 月，除总行外，根据地内共有分行 6 个，支行 1 个，办事处 4 个，代办所 11 个。基本上完成了银行机构的建设工作。② 西北农民银行组成了总行—分行—办事处（兑换所）三级组织体系。

西北农民银行总行的内部机构则分为 2 室 4 科 1 金库。2 室为秘书室和研究室。秘书室有秘书、秘书干事、文书、电话员、练习生；研究室有主任、研究员、练习生。4 科为会计科、营业科、出纳科、总务科。各科人员设置相同，都分为科长、科员、练习生。1 个后方金库，设金库由主任、司库、练习生组成。

---

① 山西省地方志编纂委员会：《山西通志》（第三十卷），中华书局 1991 年版，第 131 页。
② 刘欣等：《晋绥边区财政经济史》，山西经济出版社 1993 年版，第 114 页。

5. 北海银行的组织建设

抗战时期，山东解放区形成了以北海银行为代表的区域性银行体系。1938 年 11 月，由中共胶东特委领导的山东人民抗日救国军第三军在掖县沙河镇与三支队合编为八路军山东游击队第五支队（不久改称为八路军山东纵队第五支队），统一了掖、黄、蓬三县抗日根据地。三支队与三军合编后，正在筹建中的掖县银行交由胶东特委领导，但银行的后期筹备工作仍由原三支队人员负责，具体事务还是张玉田等人操办，地点仍在掖城。因三县根据地处于胶东北海地区，且已成立了"胶东北海行政督察专员公署"，在五支队司令员高锦纯的提议下，银行改称为"北海银行"。北海银行归胶东特委领导后，决定将原定在掖县范围内募集扩大为在三县范围内募集，同时将原定的全部向社会招股改为公私合营。这时议定银行资本金 25 万元，包括五支队司令部出资 7500 元，作为公股；私股部分 175000 元，分别由掖县（65000 元）、黄县（55000 元）、蓬莱（55000 元）三县财经委员会招股。实募股金 101336 元。[1]

1938 年 12 月 1 日，北海银行正式运行，总行设在掖城。下设黄县、蓬莱（当时正在筹备）两处分行。总行行长张玉田、副行长兼黄县分行行长陈文其，经理邢松岩。总行设文书（刘翙初）、庶务（杨崇光）、发行（王苇村）、存贷（王复生兼）、会计（王复生）和出纳（方德卿），全行职工20 余人。1939 年 1 月由于敌伪进犯，北海银行随军撤出掖城，业务停办。同年 8 月，根据中共胶东区党委（前身为胶东特委）指示，北海银行在莱阳县北的张格庄重建。1940 年 6 月，山东省战时工作推行委员会在临沂成立"山东北海银行总行"，并相继在省内各区和省界边区设立分行，原胶东北海银行改称为"山东北海银行胶东分行"。此后，根生于掖县、成树于胶东的北海银行，林漫齐鲁。[2]

1940 年 11 月，北海银行胶东分行设立西海支行和南海支行，1941 年 3 月又设立北海支行和东海支行。南海支行由于行政区狭小，工作寥寥，1941 年撤销了支行，改为办事处。1942 年各区支行又在各县设立了办事处。东海支行设立了牟平、荣成、文登、海阳、牟海五个办事处。西海支行设立了招远、平度、掖北三个办事处。1943 年 2 月，建立南海区支行。西海支行又增设了掖南办事

① 莱州市政协文教和文史委办公室：《永远记住》（莱州文史资料专辑），人民日报出版社 2005 年版，第 224 页。

② 莱州市政协文教和文史委办公室：《永远记住》（莱州文史资料专辑），人民日报出版社 2005 年版，第 227 页。

处、莱阳办事处；北海支行设立了西栖办事处、东栖办事处、蓬福办事处、黄招办事处。①

1943 年北海银行总行迁移到滨海区时，北海银行已形成了从总行、分行、支行、县办事处到代办所的机构系统。北海银行在胶东区有东海、北海、西海、南海 4 个支行和 12 个办事处；清河区有清东、清中、清西 3 个支行和 9 个办事处；鲁中区有泰山、泰南、沂蒙 3 个支行和 14 个办事处；滨海区有 7 个办事处；鲁南区有 5 个办事处。1944 年 7 月，北海银行鲁南支行升格为分行，开始独立开展业务。②

在 1943 年 6 月 12 日公布的《北海银行组织章程》详细规定了北海银行的组织架构，分为五级管理体制：

一是总行设总经理一人、副经理一人，下设秘书一人、科长三人。发行科：分发行、鉴定、收支各股及印刷所。会计科：分稽核、会计、金库三股。营业科：分营业、汇兑二股。另外，单设庶务股。各股设股长一人，并视事务之繁简，得设股员若干人；二是分行设经理一人，下设秘书一人、科长三人，包括发行科、会计科、营业科；三是支行设主任一人、行员三人、办事员一人至二人，分掌会计、营业、出纳等事宜；四是县办事处设主管员一人、办事员二人，分掌会计、营业、出纳等事宜；五是各县得在重要集镇酌设代办所。③ 因此，北海银行形成了总行—分行—支行—办事处—代办所五级组织体系。

三、解放战争时银行组织的集中与统一

解放战争时期，随着解放区面积的不断扩大，以至于很多解放区都连成一片。如果解放区仍继续维持原先的分割状态，势必严重阻碍解放区经济、政治、军事与文化的发展。财经工作的统一成为解放区合并的一项重要工作。在这个过程中，解放区的银行组织逐步合并与统一并最终形成大一统的人民银行组织体系成为必然的趋势。

---

① 中国农业银行烟台市分行：《烟台农村金融志（1840—1985）》，1988 年（内部印发），第 100 页。

② 山东省钱币学会，临沂市钱币学会：《北海银行在沂蒙》，中国金融出版社 2014 年版，第 10 页。

③ 中共山东省委党史研究室，山东省中共党史学会：《山东党史资料文库》第 10 卷，山东人民出版社 2015 年版，第 404 页。

1. 对原有解放区银行组织体系的调整

抗战胜利之后，原有的几大区域性银行，包括陕甘宁边区银行、晋察冀边区银行、冀南银行、西北农民银行和北海银行仍然继续存在和运行。党和政府根据实际情况，对这些银行的组织制度进了必要地调整。

（1）晋察冀边区银行组织的调整

日寇投降后，晋察冀边区银行在张家口重新组建，由三部分人员组成，一部分是晋察冀边区银行的老同志，如关学文、武子文；第二部分是从延安来的，如尚明、孙及民、詹武等；第三部分是蒙疆银行的留用人员。边区银行行址设在原伪蒙疆银行的所在地（张家口市长清路）。由于国民党军进攻边区首府张家口，边区银行于1946年8月随边区政府撤出，重回老根据地。先到灵丘县城，后转移到阜平县的光城村。1947年11月石家庄解放后进驻石家庄市。①

1946年，晋察冀边区银行从机构设置到业务开展，范围逐渐扩大。银行的外部组织系统的设置为：总行—分行—支行（或办事处）—营业所、代办所—兑换所—派出所。总行设在边区政府所在地，冀中、冀晋、冀热辽各设分行，为该地之管辖行。其中，冀热辽分行成立冀东、赤峰两支行，所辖有支行以下的办事处、营业所，冀察地区因处总行所在地，该区各级银行机构由总行直接领导，先后成立宣化支行、怀来支行及阳高、张北、西合营之办事处。7月15日，晋察冀边委会在"关于各级工商部门的职权范围"的决定中指出，边区银行由边委会财政处领导，但边区银行有关提高边币比值，驱逐杂钞、平衡境内物价，发放工商贷款等有关工商之事项应接受工商处之指导。②

1946年1月，晋察冀边区银行总行设经理、副经理各一人，秘书一人，办公室、业务部、会计部、发行部、调研室、营业部、人事科、出纳科。

（2）冀南银行组织的调整

1945年12月，冀南银行总行移至河南武安（现河北省管辖）。太行、太岳、冀南、冀鲁豫四大行署区行直接划归冀南银行总行领导。边区政府任命胡景沄为冀南银行总经理。太行区行设于涉县，下辖5个分行；一分行设在赞皇；二分行在左权，下辖平定、寿阳、武乡、榆社、和顺、昔阳、襄垣、祁县、左权、太谷、榆次11个支行；三分行在长治，下辖黎城、潞城、平顺、壶关、长治、

① 河北省金融研究所：《晋察冀边区银行》，中国金融出版社1988年版，第16页。

② 河北省金融研究所：《晋察冀边区银行》，中国金融出版社1988年版，第30页。

长治市 6 个支行；四分行在焦作；五分行在林县。太岳区行设在阳城，辖 4 个分行：一分行在沁源，下辖平介、灵石、霍县、赵城、屯留、沁县、沁源、长子、安泽 9 个支行；二分行在翼城，下辖浮山、沁水、曲绛翼、临洪襄 4 个支行；三分行在闻喜，下辖闻喜、河稷、新绛、万安、平陆和夏县 6 个支行；四分行在晋城，下辖高平、阳城、垣曲、晋城 4 个支行。①

1946 年 1 月 15 日，冀南银行召开第一次区行经理会议决定，银行开始走上统一，银行机构和工商局分开，银行设总、区、分、支四级机构，各级行负责人都称经理。同时指出，根据战争形势的发展，银行要在外围各大城市设立必要的组织机构。② 2 月，冀南银行根据"峰峰会议"的决定，和鲁西银行实行统一。同时，依行政区划建立和健全银行的组织机构。总行设在邯郸市，在总行之下依行政区划分设：太行区行（驻涉县），辖 4 个分行，35 个县支行，2 个市行；太岳区行（驻阳城），辖 4 个分行，32 个县支行；冀南区行（驻威县），辖 5 个分行，36 个县支行；冀鲁豫区行（驻菏泽），辖 5 个分行，42 个县支行，3 个市行。③

1946 年 3 月 9 日，冀鲁豫行署也专门发出"关于加强银行工作改变银行编制的训令"，决定前颁发编制表作废，决定新编制表，并提出统一银行名称为：总、区、分、支行，县、市一律改设支行。根据工作情形决定，濮阳、菏泽、济宁为甲等支行，滑县、道口、曹县、单县、范县、东平、平阴、牛角店为乙等支行，其他各县皆为丙等支行。④ 1946 年冀南银行总区分支行机构系统，详见图 6。

---

① 山西省地方志编纂委员会：《山西通志》（第三十卷），中华书局 1991 年版，第 102 页。
② 尚明：《前进中的金融事业（纪念中国人民银行建行四十周年文集）》，中国金融出版社 1988 年版，第 16 页。
③ 赵秀山、冯田夫、赵军威等：《华北解放区财经纪事》，中国档案出版社 2002 年版，第 113 页。
④ 中共冀鲁豫边区党史工作组财经组：《财经工作资料选编》（下册），山东大学出版社 1989 年版，第 79 页。

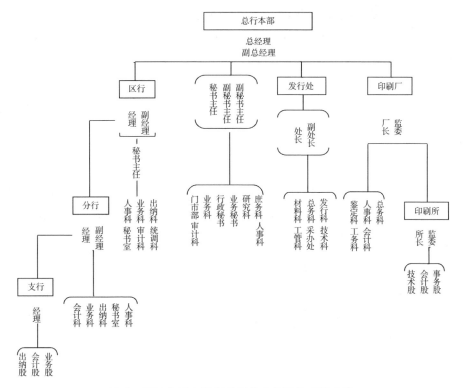

图6　1946年冀南银行总区分支行机构系统表①

到1948年6月30日，冀南银行机构冀鲁豫区行改设观城，此时已经由之前5个分行增加为9个分行。第一分行所属支行：泰西、肥城、长清、宁阳、平阴；第二分行所属支行：郓北、郓城、郓巨、巨野、临泽、鄄城；第三分行所属支行：丰县、金曹、沛县、成武、单县、单虞、沛铜、巨南、鱼台；第四分行（滑县）所属支行：滑县、浚县、延津、高陵、长垣、原阳、封邱、曲河；第五分行所属支行：曹县、定陶、南华、东明、东垣、考城、齐滨、复城、菏泽；第六分行所属支行：齐禹、河西、茌平、博干、筑先、东阿、徐冀、聊阳；第七分行所属支行：昆山、东平、汶上、南旺、加祥、济宁、济北；第八分行（清丰）所属支行：清丰、南乐、内黄、濮阳、昆吾、卫河、尚和；第九分行（阳谷）所属支行：范县、寿张、观城、濮县、南峰、阳谷。②

①　中国审计学会，审计署审计科研所：《中国革命根据地审计史料汇编》，北京工业大学出版社1990年版，第247页。

②　中国人民银行金融研究所，中国人民银行山东省分行金融研究所：《冀鲁豫边区金融史料选编》（下册），中国金融出版社1989年版，第192页。

1946 年，冀南银行内部组织结构也发生了变化，调整了原先的五科三部一处的设置，增设了研究室、门市部和审计科等，而且对每个科室的人员数量进行了严格限制（详见表 5）。

表 5 1946 年冀南银行总行组织机构人员编制表

总经理	副经理	秘书主任	副秘书主任	秘书室					门市部					审计科	业务科		研究科				从事科		总人数			发行处
				秘书	交书收必	科员	勤务	交通员	主任	出纳股	汇兑兑换	存放款	会计	科长	科员	科长	科长	编辑	情报	统调	科长	科员	干部	公杂人员	合计	
兼	1	1	2	2	2	2	3	1	2	5	1	3	1	1	1	2	2	2	1	1	1	1	36	4	40	另外拟定

资料来源：中国审计学会、审计署审计科研所：《中国革命根据地审计史料汇编》，北京工业大学出版社 1990 年版，第 246 页。

（3）北海银行组织的调整

抗战胜利后，北海银行也进行了组织体系的调整。1945 年底，山东北海银行专门出台了《各级行处组织暂行规定》。第一，各级行处定名为：总行——山东北海银行总行；分行——各行署区为山东北海银行××分行；支行——以支行所在地之名称命名；办事处——以办事处所在地之名称命名。第二，总行编制及分工：总行设正、副行长 2 人至 3 人；秘书室设秘书主任 1 人；总务科设科长 1 人，下设庶务、管理两股，各设股长 1 人；会计科设科长 1 人，下设会计、稽核两股，各设股长 1 人；出纳科设科长 1 人，下设出纳、保管两股，各设股长 1 人；发行科设科长 1 人，下设工厂及发行股。工厂设正、副厂长各 1 人，正厂长由科长兼，发行股设股长 1 人。第三，分行编制及分工：分行设正、副行长各 1 人。另设秘书 1 人；总务课设课长 1 人，会计科（课）设正、副科（课）长各 1 人，营业课设立正、副课长各 1 人，下设营业、汇兑二股，各股股长 1 人；出纳课设正、副课长各 1 人；仓库设主任 1 人。第四，支行编制及分工：设正副行长各 1 人，会计股设股长 1 人。第五，办事处编制及分工：设正副主任各 1 人，会计设主管员 1 人，营业设主任 1 人，出纳设主管员 1 人，仓库设主管 1 人。[①] 1945 年底北海银行各级行处组织系统详见图 7。上述暂行规定将原先的五级组织体系调整为四级，即取消代办所这一设置。

---

① 中共山东省委党史研究室，山东省中共党史学会：《山东党史资料文库》第 21 卷，山东人民出版社 2015 年版，第 258-259 页。

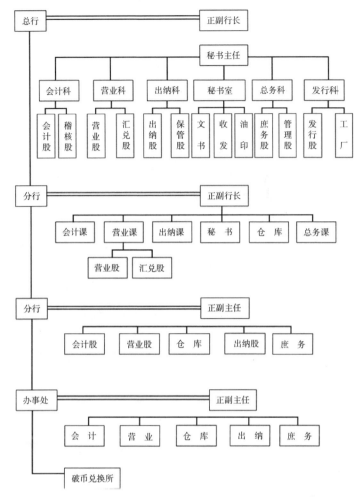

图7 1945年底北海银行各级行处组织系统示意图①

1946年9月18日，山东省北海银行召开总行分行行长联席会议，其中关于增设组织机构问题议决如下：

一是胶东除烟台、威海两支行仍固定不动外，其他专署区还要恢复支行组织，以便领导所辖办事处。支行之下办事处的设立，不一定按每县普遍设立，可划归二、三县暂设一个办事处并兼顾城乡工作。

二是渤海分行之下是否按专署区普设支行，应由分行按干部地区调整，如干部缺乏可分行之下先直设几个办事处，直接受分行领导。这样比较精干，减

---

① 中共山东省委党史研究室、山东省中共党史学会：《山东党史资料文库》第21卷，山东人民出版社2015年版，第260页。

免许多层序。

三是鲁中、鲁南二分行之下不另设支行组织，可按地区大小分设几个办事处。决定鲁中除青州办事处移到鲁中北部外，再增设三个办事处，分布泰山、泰南、沂蒙地区。鲁南除枣庄办事处稍可北移外，滕县与北部另分设两个办事处。滨海地区暂成立补充支行组织机构外，领导石臼所与临沂两办事处，支行直受总行领导。

四是各分支行办事处名称区别，还是依所在地区名称分别之，如烟台设支行即名烟台支行，鲁中地区设分行即名鲁中分行，其他类称。①

昌潍战役后，胶济铁路南北广大地区已连成一片，为适应行政区划之变更，山东省北海银行总行于 1948 年 7 月 26 日发出"关于调整部分分支行处的通知"。通知要求分支行处做如下部分调整：第一，原鲁中、鲁南两分行合并为鲁中南分行；第二，原滨海直属支行划归鲁中南分行领导，原滨北直属支行划归胶东分行领导；第三，原属渤海分行之周村支行、张店办事处，与原属鲁中分行之博山支行、博山办事处及淄川办事处，设立淄博支行，归鲁中南分行领导；第四，新设昌潍直属支行，管辖原属鲁中之昌乐及由潍坊、胶东、渤海划设之临益、潍县等五个办事处。② 因此，根据此时形势的变化，北海银行对分支行进行了合并或者将调整其隶属关系。

2. 解放区一批新银行组织机构的增设

抗战胜利后，新的解放区不断出现。为了适应战争的需要，大力发展根据地，搞好解放区的经济建设，在解放区又相继增设了一批新的银行。解放区增设银行的情况详见表 6。

---

① 中共山东省委党史研究室，山东省中共党史学会：《山东党史资料文库》第 22 卷，山东人民出版社 2015 年版，第 225–226 页。

② 中共山东省委党史研究室，山东省中共党史学会：《山东党史资料文库》第 24 卷，山东人民出版社 2015 年版，第 392–393 页。

表6　解放战争时期解放区增设的银行组织一览表

成立时间	行名	总行地点	负责人	备注
1945 年 8 月	华中银行	盱眙孙公埠—淮阴	行长陈穆，副行长徐雪寒	把抗日战争时期建立的江淮银行、淮南银行、盐阜银行、淮北地方银号改组为华中银行分行。1948 年 12 月，华中银行的各级机构改组为中国人民银行的分支机构
1945 年 10 月	东北银行	沈阳	经理先后为叶季壮、曹菊如、朱理治、王企之	东北地区的合江银行、牡丹江实业银行、吉林省银行、嫩江省银行、辽东银行等一些地方银行，后来都分别并入东北银行的分支机构发行东北币
1946 年 3 月 27 日	吉林省银行	吉林市，后迁至延吉县图们镇	—	吉南银行、吉北银行于 1946 年 8 月并入吉林省银行。1947 年 10 月 25 日，吉林省银行并入东北银行
1946 年 1 月	合江银行	佳木斯市	—	1946 年 6 月东北银行合江省分行成立后，合江银行被撤销
1946 年 1 月	牡丹江实业银行	—	—	1946 年 10 月并入东北银行绥宁省分行
1946 年 5 月	东安地区实业银行	—	—	1946 年 11 月并入东北银行鸡宁支行
1946 年 5 月	大连银行	大连	—	将大连工业、商业、农业三家银行合并成立大连银行。1947 年 4 月，旅大解放区又把大连银行改名为关东银行，发行关东币。1949 年春，关东银行并入东北银行
1948 年 2 月	长城银行	热河省承德市	行长史立德	长城银行东冀东、冀热察、热河设立了 3 个分行、17 个支行和办事处、50 多个营业所和兑换所

成立时间	行名	总行地点	负责人	备注
1946年3月	东蒙银行	—	行长杨荫贵，后为胡子寿	1947年6月，将东蒙银行改组为内蒙古银行。1948年6月内蒙古银行停业
1948年6月	内蒙古人民银行	—	行长胡子寿	1951年改组为中国人民银行内蒙古自治区分行
1948年6月	中州农民银行	河南宝丰—禹县—郑州	总经理陈希愈	1948年年底，发展到8个分行和19个支行、办事处。1949年3月，中州农民银行及所属机构兼理中国人民银行中原区行及所属机构的业务，发行中州币
1949年2月	裕民银行	老根据地南山圩，后迁至潮汕河婆镇	经理刘化南	1949年7月改组为南方人民银行潮汕分行
1949年5月	新陆银行	陆丰县河田镇	总经理郑达中	1949年7月改组为南方人民银行河田办事处
1949年7月	南方人民银行	潮汕河婆镇	总经理蔡馥生、副总经理赵元浩	中华人民共和国成立后，改组为中国人民银行的分支机构
1946年5月	瑞华银行	邯郸，后迁至石家庄	董事长胡竹轩（胡景沄）	具有民营性质的股份制商业银行，北平和平解放后停业

资料来源：姜宏业：《中国金融通史》第5卷（中国金融出版社2008年版）第240-249页的相关内容资料制作。

从表6来看，抗战胜利后，新解放区创建了一大批新的银行组织。例如，东北解放区成立6家银行，华中解放区成立2家，华南解放区也成立了3家。解放区的银行进入一个大发展时期。以下简要介绍其中几家主要的新设银行。

（1）华中银行组织体系的创建

1945 年 8 月 1 日，新四军政治部发布华中银行成立通告，指出："抗战进入最后阶段，对敌经济斗争日益激烈，而各种生产建设事业亦须努力推进，为在华中必须建立强固之金融堡垒，着即成立华中银行，并授权发行华中券，适应各地金融斗争及经济建设之需要。""现本行业已筹备就绪。正式成立，设总行于华中，并于各解放区设立分行，积极开展业务。"① 9 月初，总行由盱眙县张公铺迁至淮阴。10 月 10 日，清江直属支行也接着开幕营业。12 月 9 日，苏皖边区政府成立，华中银行就成为边区政府组成部分之一，为边区唯一的地方银行。各地原有的地方银行也先后改组为华中银行分行。在华中银行系统中，共有工作人员一千数百名。② 华中银行的组织机构是由上而下建立的，即先成立总行，后组建分行，再逐步设立支行、办事处。华中银行设董事会，董事会董事长为边区政府副主席、财政厅厅长方毅。总行领导成员：行长陈穆，副行长徐雪寒、龚意农；内设机构：秘书处（下设文书科、总务科）、发行局、运输科、采购科、稽核处、调研室、业务局、总行营业部（先后改为总行直属淮阴办事处和总行直属清江支行）。③

从 1945 年 11 月至 1946 年 3 月止，华中银行完成了下属机构的设置工作。主要包括：（1）原苏中三、四分区改为苏皖边区第一行政区。苏中一、二分区改为第二行政区，以华中银行苏中分行为基础分别建立华中银行第一分行与第二分行。（2）原淮南地区津浦路东划为苏皖边区第三行政区，淮南津浦路西为苏皖边区第四行政区。以华中银行淮南分行为基础组建华中银行第三分行，第四行政区未设华中银行机构。（3）原苏北盐阜地区划为苏皖边区第五行政区。以华中银行苏北分行为基础，组建华中银行第五分行。（4）原苏北淮海地区划为苏皖边区第六行政区。以华中银行淮海分行为基础，组建华中银行第六分行。（5）原淮北津浦路东改为第七行政区，淮北路西改为第八行政区。以华中银行淮北分行为基础，组建华中银行第七分行，第八行政区未建华中银行机构。④ 因此，通过把各地原有的地方银行改组为华中银行分行，最终一共设立 7 个分行。1947 年 7 月，华中银行总行奉令并入北海银行总行。

---

① 高贯成：《华中银行历史资料选编》，中国广播电视出版社 2003 年版，第 175 页。
② 高贯成：《华中银行历史资料选编》，中国广播电视出版社 2003 年版，第 177 页。
③ 高贯成：《华中银行史》，江苏人民出版社 2001 年版，第 22 页。
④ 高贯成：《华中银行史》，江苏人民出版社 2001 年版，第 23-24 页。

（2）东北银行组织体系的创建

日本投降后，东北地区金融混乱，迫切要求建立银行，发行货币，解决财政困难，保障部队供给。1945年10月，中共中央东北局决定成立东北银行，发行东北银行地方流通券。总经理由东北人民自治军后勤部部长叶季壮兼任，副经理为王企之，负责筹备事宜。东北银行总行于同年11月12日在沈阳开业。由于国民党政府军队进犯解放区，受中苏条约限制，东北银行总行奉命于11月26日撤离沈阳，经本溪、抚顺、梅河口于1946年1月到达通化，后又迁到佳木斯市。6月组建东北银行工业处（即造币厂）。总行在北满地区先后组建了合江省分行、黑龙江省分行、嫩江省分行、东安分行、绥宁省分行（后改为牡丹江省分行）。形势稍稳，东北银行总行于9月2日在哈尔滨市道里继续营业，并根据业务发展需要，内部设置了秘书处、稽核处（主管调拨、保管、调查、金银业务）、人事科。[①]

1948年12月，东北银行总行设总经理、副经理、人事秘书、业务秘书；业务处，下设调查统计局、会计科；生金银处，下设采购科，印刷厂；发行科；分行支行办事处有辽东总分行，辽宁分行，辽北分行，吉林分行，牡丹江分行，合江分行，龙江分行，嫩江分行，哈尔滨分行，分支行处共58所。[②] 截至1949年5月，东北银行分支行、处、所已达140余处，人员7400余名。[③]

（3）瑞华银行组织体系的创建

1946年初，中共晋冀鲁豫中央局、边区政府和军区陆续进入邯郸。3月下旬，根据中共晋冀鲁豫中央局的指示，冀南银行区行经理会议向正在邯郸召开的第一届第二次边区参议会提出了建立瑞华银行的议案。4月，由邯郸金融界、工商界和晋冀鲁豫区工商企业界以及参议会等方面的知名人士，如原冀南银行行长胡景沄、济宁市商会会长黄一实、邯郸大华实业公司经理李吉瑞等60余人为发起人，成立了瑞华银行筹备处，由胡景沄（字竹轩）负责。4月19日，以胡竹轩的名义在《新华日报》上刊登了《瑞华银行募集股金启事》，并由冀南银行出面，分别在长治、晋城、邢台、临清、南宫、菏泽、济宁等地成立了瑞华银行分行，开始筹集股金。资金总数包括冀南银行投资和工商企业股金在内

---

① 姜宏业：《中国地方银行史》，湖南出版社1991年版，第843页。

② 东北解放区财政经济史编写组：《东北解放区财政经济史资料选编》第三辑，黑龙江人民出版社1988年版，第489页。

③ 东北解放区财政经济史编写组：《东北解放区财政经济史资料选编》第三辑，黑龙江人民出版社1988年版，第569页。

共计300亿元（冀钞）。① 瑞华银行是解放区创建的一家股份制的民营金融组织。边区政府和冀南银行对瑞华银行的创立给予了大力支持，不仅主导了筹备工作，而且在资金资产和输送领导干部和业务骨干等方面也起到重要作用。

同年5月17日，召开首届股东大会，到会股东代表80余人。会议讨论修改了瑞华银行章程，选举董事13人，监察5人；选举胡竹轩为董事长，王化甫等12人为董事，张子厚等5人为监察，并推选张子厚为常驻监察。董事会决定，瑞华银行总行于6月11日在邯郸市正式公告营业。所辖分行相继于8月5日前成立，进行营业。

瑞华银行总行机关设在邯郸，董事长胡竹轩兼任总经理，董事王沛霖、贾星五任副总经理；聘请私营金融者张文华任营业部主任，阎达寅任副主任。总行机关创立时有40余人，由于各项业务的开展，人员迅速增加到200余名，其中绝大部分来自冀南银行。在边区主要城市设有分行。长治分行经理张茂甫，晋城分行经理赵志诚，邢台分行经理武博山，南宫分行经理姚国桐。另外，还有临清分行、济宁分行、菏泽分行。总行迁往石家庄后又设立了邯郸分行，经理曹印堂。② 1948年春总行迁往石家庄，1949年北平和平解放后，瑞华银行撤销。

（4）中州农民银行组织体系的创建

中州农民银行是中原解放区为支援解放战争和发展经济而创建的。其组织体系随着解放区的扩大和经济建设的需要而逐步建立和发展。

与其他解放区不同的是，中原解放区是先成立中州农民银行支行，发行中州币，后成立总行。1948年6月，中原行署决定正式发行中州币。正式发行前，先在部分地区试发。最早发行中州币的地方是沙河沿岸，时间为1948年5月。当时，发行中州币是由各地中州农民银行支行负责发行。发行时间由各地党委自行决定。同年5月至8月间，豫西、桐柏、豫皖苏、陕南、江汉等解放区的中州农民银行分行先后建立。③

中州农民银行总行建于1948年8月23日，初设于宝丰县商酒务村，11月12日迁至禹县，11月25日迁至郑州，1949年5月迁至武汉。总行建立之前，中原各解放区先后设立了区行、分行、县行或办事处。多与工商管理局合署办

①　中国工商银行邯郸中心支行：《邯郸城市金融史料（1945—1989）》，文津出版社1993年版，第147页。

②　中国工商银行邯郸中心支行：《邯郸城市金融史料（1945—1989）》，文津出版社1993年版，第147页。

③　王光霞：《中原解放区财政经济简史》，湖北人民出版社2007年版，第196页。

公，工商管理局正副局长兼任中州农民银行正副经理。有的还同贸易公司合署办公，一套班子三个牌子。陈希愈任中州农民银行总经理。到1948年底，全行机构：总行直辖的经营行处有郑州、开封、洛阳、许昌分行和白坡办事处。总行所辖管理行有：豫皖苏分行（1948年6月建行，辖8个支行，52个县、市支行）、豫西分行（1948年6月建行，辖6个支行、38个县、市支行）、桐柏分行（1948年6月建行，辖3个支行）、江汉分行（1948年8月建行，辖3个支行）、陕南分行（1948年8月建行，辖1个支行）。可见，中州农民银行形成了总行—分行—支行—县市支行四级组织体系。

1949年3月，中原区建立人民银行区行，中州农民银行各级行兼理人民银行业务，各级中州农民银行经理同时兼任各级人民银行经理职务。3月22日，中原临时人民政府决定：原豫皖苏、豫西、桐柏3个区的工商分局、银行分行、贸易分公司立即撤销，在河南境内分别成立机构。由此，撤销上述3个分行，同时成立了中州农民银行河南省分行，经理李绍禹。到年底，历时19个月的中州农民银行正式结束。①

3. 解放区银行组织的集中与走向统一

解放战争时期，随着政治和军事形势的变化，以及解放区逐步扩大和连成一片，解放区的银行机构逐步开始合并、集中，最终走向统一。

（1）解放区银行组织的初步合并、集中

第一，鲁西银行并入冀南银行。1945年11月，中共晋冀鲁豫中央局峰峰会议决定，太行、太岳、冀南、冀鲁豫四个边区的货币实行统一发行、统一管理、等价流通。晋冀鲁豫边区政府于12月1日发出指示，确定鲁西银行并入冀南银行，自1946年1月1日起在冀鲁豫区发行冀南银行币，与鲁钞等值流通，但对外仍然保留鲁西银行名义，各级金融机构悬挂冀南银行和鲁西银行两个牌子，目的是维护仍然在市场流通的鲁钞在群众中的信誉。冀鲁豫行署于1945年12月30日发出通知，决定1946年1月1日建立冀南银行冀鲁豫区行，并与工商局分开，由张廉方任区行经理。接着充实与建立各级银行组织，建立健全了全区金融网。② 因此，鲁西银行并入冀南银行，改建为冀南银行冀鲁豫区行，冀鲁豫边区的金融机构从此纳入冀南银行系统，实现了晋冀鲁豫边区银行机构的统一。

第二，华中银行与北海银行的合并。1947年4月1日，华中银行总行、北

---

① 河南省地方史志编纂委员会：《河南省志·金融志》，河南人民出版社1992年版，第41页。

② 中国人民银行金融研究所，中国人民银行山东省分行金融研究所：《冀鲁豫边区金融史料选编》（上册），中国金融出版社1989年版，第9页。

海银行总行发出通函，指出：奉山东省政府指示，华中银行总行与北海银行总行在组织机构上统一合并，并在名义上仍然保留两个银行名义，分别处理两行业务。除省政府已分别通知公布外，现在两行组织机构已调整就绪，开始合署办公。同时还详细说明两总行合并后的总行组织系统及干部分工。①

第三，陕甘宁边区银行与晋绥西北农民银行合并。为适应解放战争的需要，统一陕甘宁晋绥两边区，陕甘宁晋绥联防司令部已征得边区政府与晋绥行政公署之同意，将两边区银行和贸易公司合并。1947年11月，中共西北局常委办公厅发出通知，根据西北局兴县会议决定，陕甘宁边区银行与晋绥西北农民银行合并，统称西北农民银行。陕甘宁贸易公司与晋绥贸易公司合并，统称西北贸易公司。而西北农民银行与西北贸易公司在组织上亦合而为一，以利工作之推行。② 两行合并后，原陕甘宁边区银行总行为西北农民银行总行。

第四，晋察冀边区银行与冀南银行合并为华北银行。1947年11月12日，解放军攻克石家庄。自此，晋察冀解放区与晋冀鲁豫解放区已完全连成一片。晋察冀边区行政委员会和晋冀鲁豫边区政府联合发布命令，从1948年4月15日开始，晋察冀边区发行的"边钞"与冀南银行发行的"冀钞"在两区各个地方都准许相互流通，所有税收及公私款项两币一律通用，并规定两币的固定比价为"边币"10元等于"冀钞"1元。1948年4月，冀南银行总经理胡景沄，副总经理陈希愈及晋察冀边区银行经理关学文共同发出通告，两行总行于4月12日迁至石门市（今石家庄）中华路联合办公。7月22日，晋察冀边区银行与冀南银行奉命合并，改称华北银行。③ 8月8日，华北银行颁发各级行组织机构与编制的通令，关于各级行组织领导关系问题进行了明确规定。10月11日，华北银行总行"关于华北银行成立"的通函正式宣布，华北人民政府决定，"原冀南、边区两银行实行合并，改名华北银行，于本年10月1日成立，华北总行所属各级组织，自收到通知之日起，改名为各级华北银行对外，一切债权债务完全由华北银行负责与承受。特此通知各行署、分行直属办事处。总经理副经理南汉宸胡景沄关学文"。④ 华北银行也形成了总行—分行—办事处—县市支行四

---

① 中共山东省委党史研究室，山东省中共党史学会：《山东党史资料文库》第23卷，山东人民出版社2015年版，第237页。

② 杨世源：《西北农民银行史料》，山西人民出版社2002年版，第16-17页。

③ 河北省政协文史资料委员会：《河北文史集粹》（经济卷），河北人民出版社1992年版，第252页。

④ 中国人民银行金融研究所，中国人民银行山东省分行金融研究所：《冀鲁豫边区金融史料选编》（下册），中国金融出版社1989年版，第313页。

级组织体系（详见图8）。

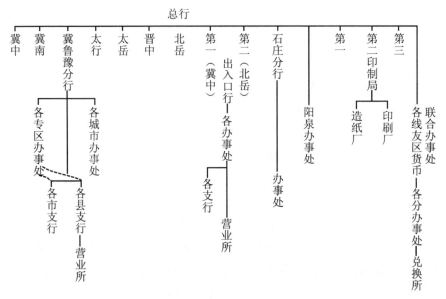

注：1.直线代表 直属领导关系
　　2.虚线系表示指导关系，负检查督促、协助之责

图8　1948年华北银行组织系统示意图①

（2）解放区三大行合并创建中国人民银行组织体系

解放战争时期，经过初步合并、集中之后，形成了的三大银行（北海银行、西北农民银行、华北银行）合并统一，组建中国人民银行。1948年12月1日，陕甘宁边区政府、晋绥边区行署发布布告，指出："兹商得山东省政府、华北人民政府同意，决定统一华北、山东、西北三区货币。华北银行、北海银行、西北农民银行合并为中国人民银行，以华北银行为中国人民银行总行。所有三行发行之货币及其对外之一切债权与债务，均由中国人民银行负责承受。"② 12月16日，中国人民银行总行发布命令：除华北银行总行已遵照改为中国人民银行总行外，北海银行总行即改为中国人民银行华东区行，西北农民银行总行改为中国人民银行西北区行，原华北银行、北海银行、西北农民银行之各分支行处

---

① 华北解放区财政经济史资料选编编辑组：《华北解放区财政经济史资料选编》第二辑，中国财政经济出版社1996年版，第286页。

② 晋绥边区财政经济史编写组，山西省档案馆：《晋绥边区财政经济史资料选编》（金融贸易编），山西人民出版社1986年版，第391页。

所，于 12 月 1 日一律改为中国人民银行分支行处所。①

西北农民银行改为中国人民银行西北区行后，由于西北农民银行币尚在流通，对外仍称西北农民银行。华中银行总行兼为中国人民银行苏北分行，华中银行合肥分行兼为中国人民银行皖北分行。但两行实际是一个机构、一套班子，负责办理两行的业务，对外挂两块牌子。此后，对内对外行文，发放对外存、放、汇兑等业务凭证，一律用中国人民银行名义。直至收回华中币，撤销华中银行机构。1949 年 3 月，中州农民银行总行改组为中国人民银行中原区行，武汉解放后又改称中国人民银行中南区行。另外，由于华南地区解放较晚，中国人民银行分支机构的建立也相对较晚。南方人民银行总管理处于 1949 年 7 月 8 日在广东省揭西县河婆镇成立。10 月广州解放后，先后成立中国人民银行华南分区行和广东省分行，因而南方人民银行并入各地人民银行。

因此，中国人民银行成立后，就逐步把我们在各解放区已建立的银行改组为中国人民银行的一部分，成立中国人民银行西北区行、华东区行、中南区行和华南区行。中华人民共和国成立后，除西南几省尚待解放而未成立西南区行外，中国人民银行已成为全国金融领导中心，全国基本上形成集中统一的金融体系，为迅速建立社会主义金融体系奠定了基础。

第三节　集体金融组织——信用合作社的创建及其演变

信用合作社是劳动群众根据自愿互助原则建立的集体金融组织，相对银行来说，营运资金和规模都比较小，但是创立起来比较方便迅速，而且与农民联系更紧密，是可以便利工农群众资金周转以发展生产、抵制高利贷剥削的金融合作组织。中国共产党认识到信用合作社的这一特性，早在大革命时期就已经开始尝试创办信用合作社，因而此后不同的历史阶段都在革命根据地大力发展信用合作社组织。

一、土地革命时期信用合作社的普遍建立

1. 土地革命时期有关信用合作社法令文件的制定

土地革命时期，党和革命根据地政府就曾制定、出台了很多有关信用合作

---

① 中国人民银行金融研究所，中国人民银行山东省分行金融研究所：《中国革命根据地北海银行史料》第一册，山东人民出版社 1986 年版，第 126 页。

社的法令和文件。1930 年 3 月，《闽西第一次工农兵代表大会宣言及决议案》中提出了"普遍发展信用合作社组织，以吸收乡村存款"的任务。[1] 1933 年 6 月，中央国民经济人民委员部颁布《发展合作社大纲》，其中指出："信用合作社是专门管理社员金融之借贷及存储的机关，非社员无向合作社借贷或存储的权利。这个组织对于工农群众有很大的便利"，"目的是为社员全体谋利益，其所得利润则为全体社员所有，其作用在于社员间既可有无相通，又可免去高利贷资本的剥削。"[2] 该大纲还对信用合作社的组织系统，及如何办理改善和扩大现有的组织并发展新的组织进行了明确说明和阐述。9 月 10 日，中华苏维埃临时中央政府专门颁布了《信用合作社标准章程》，主要规定：凡苏区工农劳苦群众均可加入，富农、资本家、商人及其他剥削者不得加入；信用合作社资本由社员集股筹集。每股 1 元至 5 元，1 家 1 股或数股不限；缴足股金后发给股票。社员可优先获得信用社的低息贷款；信用社 3 个月结算一次，每期纯利以 50% 为公积金，10% 为管理委员及职员奖金，10% 为社员公益金，30% 照社员所付利息额为标准比例分还社员之借款者。社员大会为信用社最高组织，并由社员大会选举产生管理委员会、审查委员会，分别负责日常事务及监督等。[3] 10 月 18 日，湘赣省经济建设会议要求积极扩大消费、信用和粮食合作社，并明确提出"以县为单位开始建立信用合作社"。[4] 因此，中央苏区和湘赣省苏区等都明确提出大力发展信用合作社组织。其中，中华苏维埃临时中央政府颁发的《信用合作社标准章程》是中共领导的红色政权制定的第一部有关信用合作社的章程，对创办信用合作社的相关问题进行了详尽的规定。

1934 年 5 月 1 日，中华苏维埃共和国中央政府国民经济、财政人民委员部联合颁发了《为发展信用合作社彻底消灭高利贷而斗争》的布告，指出：信用合作社"在彻底消灭高利贷，更进一步发展苏区经济，改善工农生活是有着极重大的意义"，为广泛发展信用合作社组织起见，"准许各地群众将二期公债本息作为各人加入信用合作社股金，并特许各地信用合作社吸收此项债票持向各地银行抵押借款""望各地工农群众在国民经济部领导银行帮助之下，踊跃入

---

① 江西省档案馆，中共江西省委党校党史教研室：《中央革命根据地史料选编》（下），江西人民出版社 1982 年版，第 49 页。

② 《中华苏维埃共和国消费合作社史料选编》编委会：《中华苏维埃共和国消费合作社社史料选编》，第 25 页。

③ 中国社会科学院经济研究所中国现代经济史组：《革命根据地经济史料选编》（上册），江西人民出版社 1986 年版，第 381–382 页．

④ 杨德寿：《中国供销合作社史料选编》第二辑，中国财政经济出版社 1990 年版，第 128 页。

股，组织信用合作社并与国家银行发生密切关系，以充实工农商业的资本，并便利个人借款，促进苏区经济更进一步的发展"。① 由国民经济和财政人民委员部联合颁发的布告再次强调了信用合作社组织的重大意义，进一步推动了信用合作社在各革命根据地的兴办。

2. 革命根据地创办信用合作社的概况

闽西革命根据地是土地革命时期较早建立信用合作社的。1929 年闽西革命根据地建立后，闽西苏维埃政府于当年秋，首先在上杭县北四区和永定县太平区建立信用合作社。之后，永定的第一区、第二区、第三区、第九区、第十区、第十一区先后建立起信用合作社。由于当时斗争环境复杂，信用合作社组织或停业，或迁移，或遭破坏。1930 年 11 月，中共闽西特委报告中总结，比较大的有上杭北四区信用合作社，营金约 2000 元，即发行数毛纸币票。永定第一、二区信用合作社，营金 5000 余元；永定太平第九、十、十一三区信用合作社，营金 3000 余元，都发行纸票。永定合溪及各县区信用合作社，营金 1000 元、数百元不等，低利借贷，颇便于农民。② 1934 年 1 月，苏维埃政府再次掀起办信用合作社的高潮，闽西根据地的长汀县、兆征县（今长汀县境内）及汀州市东郊区、江鄘区等县区都相继建立信用合作社。同年 10 月，工农红军长征北上，信用合作社又被迫停办。③

江西赣南苏区也建立了许多信用合作社。1934 年 4 月，瑞金县信用合作社成立，设管理委员会，主任胡会锟。社员以户为单位入股，股数不限，每股一元。信用合作社与国家银行瑞金支行同屋办公，工作人员有会计、营业员等 3人。1934 年 7—8 月，兴国县信用合作社成立，管理委员会主任黄承方。此外，宁都、于都、会昌、寻乌、石城、安福等县也先后组织信用合作社。④

鄂豫皖苏维埃政府于 1930 年至 1932 年积极组织信用合作社，皖西的金寨地区建立的信用合作社尤多。据记载："当时金寨县境内包括有六安等五个县的部分乡，共 106 个完整乡，绝大部分设了合作社，其中有一部分专业信用合作社，有一部分是兼营信用业务的合作社。"1931 年前后，第五乡（现在的南湾乡）

① 中共江西省委党史研究室，中共赣州市委党史工作办公室，中共龙岩市委党史研究室编：《中央革命根据地历史资料文库·政权系统》第 8 册，江西人民出版社 2013 年版，第 1640 页。

② 中央档案馆等：《福建革命历史文件汇集（闽西特委文件）》，福建新华印刷厂 1984 年版，第 213 页。

③ 福建省地方志编纂委员会：《福建省志·金融志》，新华出版社 1996 年版，第 180 页。

④ 《江西省金融志》编纂委员会：《江西省志·江西省金融志》，黄山书社 1999 年版，第 446 页。

办过信用合作社，主任张贻中，社址在老学堂内。第四乡也办有信用合作社，主任余跃南，社址在双河桃岭。①

湘赣革命根据地发动农民集资组织信用合作社，允许农民低利借贷，以解决生产所需的资金。据1932年10月统计，全省共建立信用合作社470多个，仅永新一县就建立信用社近300个。②川陕革命根据地曾经设立了南江县秧田沟信用合作社，苍溪县大的场镇设有信用合作社。城口县当时并没有成立信用合作社，只有经理处（红军部队设）代办类似的业务活动。③

二、抗战时期信用合作社的广泛建立

抗日战争时期信用合作社得到进一步发展。各抗日根据地出台了相关发展信用合作社的政策措施。在党和边区政府的高度重视和直接指导下，信用合作社广泛建立，信用合作事业得到了迅速发展。

1. 鼓励发展信用合作社的主要政策措施

一是陕甘宁边区、山东抗日根据地在政务会议、机关报社论或施政纲领中鼓励创办信用合作社。1938年5月，陕甘宁边区政府第二十七次政务会议，专门总结了边区合作社工作，提出发展生产合作社、信用合作社和运销合作社的任务。④1939年10，陕甘宁边区合作总社在成立大会上讨论通过五项重要议决案，其中包括：设立信用合作社，办理储蓄汇兑，借贷业务，流通各县金融，繁荣边区农村案。⑤1941年9月，中共山东分局的机关报——《大众日报》发表《怎样办信用合作社》，指出："信用合作社是老百姓的金融机关，是调剂农村经济，帮助生产的堡垒。"⑥1943年10月，山东战时工作推行委员会主任黎玉在施政报告中提出：还可组织贷款的"信用合作社"，耕牛农具的"利用合作

---

① 谭克绳、马建离、周学濂：《鄂豫皖革命根据地财政经济史》，华中师范大学出版社1989年版，第194页。

② 中共江西省委党史资料征集委员会，中共吉安地委党史工作办公室等：《湘赣革命根据地史研究》，江西吉安县印刷厂1991年版，第352页。

③ 中国人民银行四川省分行金融研究所：《川陕省苏维埃政府工农银行》，四川省社会科学院出版社1984年版，第197页。

④ 陕甘宁边区财政经济史编写组，陕西省档案馆：《抗日战争时期陕甘宁边区财政经济史料摘编》（第七编），陕西人民出版社1981年版，第549页。

⑤ 澜：《边区合作总社成立大会圆满闭幕》，《新中华报》1939年10月27日。

⑥ 中国人民银行金融研究所，中国人民银行山东省分行金融研究所：《中国革命根据地北海银行史料》，山东人民出版社1986年版，第500页。

社"等。为着扶助合作事业，政府的一切生产贷款，应当尽量通过合作社。①

二是晋察冀边区、晋冀鲁豫边区和山东抗日根据地颁发了专门的信用合作社章程。

1939 年 11 月，晋察冀边区制定的《信用合作社联合社章程》规定："社员之入社出社，须经本社代表大会之通过。""凡在本联社社务区域内曾经完成登记之信用合作社，无论兼营与否，均得依前条规定，加入本联社。但有限或保证责任信用合作社之加入，其社股必须达所认本联社社股之保证金额以上。""本联社社员欲出社者，须于大会开会 6 个月以前，提交理事会，并须于大会开会前，将欠本联社债务及本联社代该社员保证之债务完全清偿。"② 此外，该章程也对信用社管理机关、社股社费等进行了相应说明。

1941 年 8 月，晋冀鲁豫边区政府制定《晋冀鲁豫边区信用合作社模范章程》，规定：信用合作社"以贷放生产上之资金并收社员之存款与储金为目的"，"为保证责任组织，各让社员之保证金额所认股额之五倍，并以其所认股金及保证金为限负其责任。有限责任金组织社员以其所认股额为限负其责任"。③ 10 月 15 日，晋冀鲁豫边区政府正式颁布了《晋冀鲁豫边区合作社条例》，规定兴办的合作社分为生产合作社、运销合作社、消费合作社和信用合作社四种。1943 年 4 月，《晋冀鲁豫边区合作社条例》修正公布，明确规定：信用合作系经营农工业生产之放款及农村储蓄者，合作社非有社员 15 人以上，不得设立；社员分配金之分配标准：信用合作社，按各借款社员已交借款利息之多寡及储金社员已支付储款利息多寡，比例分配之。④

1943 年 4 月，山东抗日根据地专门制定《信用合作社章程》，主要规定："本社业务区域内或附近之居住之人民，不分性别、年龄，除汉奸外均可入股，为本社社员。""社员之社股，非经理事会之同意，不得以之担保债务，若欲转让其社股时，须经社务会批准，其继承人若非社员时，须先行入社手续。""本社设理事三至十五人，组织理事会，执行本社社务，设监事三至十五人组织监事会，负责检查本社社务，理事监事均得由社员大会选举之，并选举候补理监

---

① 中国人民银行金融研究所，中国人民银行山东省分行金融研究所：《中国革命根据地北海银行史料》，山东人民出版社 1986 年版，第 501 页。

② 杨德寿：《中国供销合作社史料选编》第二辑，中国财政经济出版社 1990 年版，第 371 页。

③ 河北省供销合作联合社史志编辑室：《河北革命根据地合作史料选编》，石家庄铁道学院印刷厂 1988 年版，第 302 页。

④ 邓辰西：《财政经济建设——太行革命根据地史料之六》，山西人民出版社 1987 年版，第 964 页。

事各一至三人"，信用合作社的组织机构为社员大会、社务会、理事会和监事会。①

三是冀南银行总行还制定了扶持信用合作社的相关办法。1945年5月，冀南银行总行提出"通过放款工作，逐步扶植合作社的信用业务，恢复群众的借贷关系，以活泼农村经济"的方针，并制定了几种组织方法：其一，在组织群众生产中，发现有资金困难的，启发其筹集游资，在供销合作社内设立信用部，银行以往来方式，给予贷款支持；其二，将银行贷款转为信用合作社，或信用部贷款，由信用社、部获得利差；其三，动员合作社的社员集股设信用部；其四，在没有供销合作社的地区，动员群众集股成立信用社，帮助它由小而大逐步发展。②

因此，抗日根据地政府非常重视信用合作社建设，不仅在政务会议或施政纲领中有所体现，而且多个抗日根据地相继出台了专门的信用合作社章程，有力地推动了抗日根据地信用合作事业的发展。

2. 抗日根据地创办信用合作社的概况

陕甘宁边区在创办信用合作社组织方面取得了不错的成绩，不仅创办时间较早，而且非常普及和广泛。1938年，陕甘宁边区南区合作社就试办过信用合作社，曾吸收社员500多人，集资2000多元，其中股金1000多元。但因资金有限，周转很难，于是将股金合并于消费合作社。1943年初，南区沟门消费合作社转变为信用合作社，吸收股金10万多元。此后，延安县的信用合作社普遍发展起来。到1943年5月，延安县先后建立姚店、蟠龙、罗家岩、河庄、清华、丰富、川口等信用合作社。1944年6月，延安、安塞、曲子、赤水、米脂等县已发展信用合作社共22个。到9月延属分区召集信用社联席会议时，信用社已普及各县，共23处，存款120312100元、股金44156896元、放款182350625元。年底，全边区已有信用社30多个，存款总额5亿元。到1945年5月时，仅延属分区已有信用社35个，资金总额75500万元。③

值得特别提出的是，陕甘宁南区沟门信用合作社成绩最突出。1943年3月，延安南区沟门正式成立信用社。这是边区第一个规模完备的信用社。当时合作社全部资产仅10.8万元，除去房产等外，流动资金仅有3.8万元。至1944年2

---

① 中国人民银行金融研究所，中国人民银行山东省分行金融研究所：《中国革命根据地北海银行史料》，山东人民出版社1986年版，第502-505页。

② 武博山：《回忆冀南银行九年（1939—1948）》，中国金融出版社1993年版，第228页。

③ 张杨等：《抗日战争时期陕甘宁边区财政经济史稿》，长江文艺出版社2016年版，第433页。

月，一年之内股金扩大至 360 万元，存款累计至 580 万元，放款累计至 954 万元。1944 年春，因西北局研究室在报上介绍了沟门信用社经验，南区刘主任的推动及银行投资帮助，先后在延安各区成立信用社 7 个，安塞、曲子亦各成立 1 个，完全采用沟门办法。①

山东抗日根据地胶东地区，1940 年下半年共建立各类合作社 54 处，发展社员 12112 人，其中，信用合作社 19 处，社员 1230 人；滨海区 1941 年 3 月间共开设各种合作社 28 处，基金 50908 元，其中信用合作社 1 处，基金 3400 元。②

1943 年，晋冀鲁豫边区太行区管辖的安阳县、林北县（辖林县之一部分）共建立信用合作社 26 个，有社员 6844 人，资金 91982 元。③ 在太岳区，阳城东冶村合作社为解决余缺问题，于 1945 年 5 月成立信用社。7 月 13 日，太岳区屯留县罗村信用合作社在原医药社的基础上筹办成立。罗村信用合作社的成立，改变了 1939 年低利借贷所时期单纯用行政手段筹措资金的方法，采用动员广大农民群众集股入社的办法筹集信用合作社资金。这样农村信用合作社就有了广泛的群众基础，农民成了信用合作社的主人。罗村信用合作社初成立时，筹集股金 94000 元，同时得到了冀南银行的帮助和支持。④

1945 年，晋察冀边区创办了一个综合性信用社，即行唐李常山的合作社。该社也同时经营粮食信用合作社，专办存粮、借粮，按期交还原主或代交公粮，利息 1 分。该粮食信用合作社并与劳互社结合，经常借给 8000 元作为缺钱人支工资用。⑤

因此，由于党和各边区政府的积极倡导，信用合作社得到了广泛的发展。虽然信用社是自负盈亏、独立核算的集体合作组织，但又与边区银行和政府保持着密切联系。信用合作社对于边区人民融通资金、互济互利及发展边区经济都起到了重要作用。

三、解放战争时期信用合作社的深入发展

解放战争时期，中国共产党仍旧重视信用合作社事业，信用合作经济在全

---

① 杨德寿：《中国供销合作社史料选编》第二辑，中国财政经济出版社 1990 年版，第 931 页。

② 山东省钱币学会，临沂市钱币学会：《北海银行在沂蒙》，中国金融出版社 2014 年版，第 212 页。

③ 贾灿宇：《河南金融百年》，中国金融出版社 2013 年版，第 77 页。

④ 孔祥毅：《民国山西金融史料》，中国金融出版社 2013 年版，第 579 页。

⑤ 杨德寿：《中国供销合作社史料选编》第二辑，中国财政经济出版社 1990 年版，第 937 页。

国解放区的经济工作中占有越来越重要的地位。很多解放区，信用合作社得以深入发展，遍及解放区的绝大部分地区，为群众借贷提供了极大便利。以下选择两个具有代表性的解放区加以分析。

1. 晋冀鲁豫解放区信用合作社发展概况

在太岳区，1945 年 10 月成立的沁源县李城镇供销合作社信用部除集股 4 万元外，又得到银行贷款 25000 元，充实了信用部的资金力量。紧接着又于 1945 年底至 1946 年春，在阳城、沁源等县先后组织起 19 个信用合作社（部）。① 1946 年 4 月 1 日，太行区第一个农村信用合作社——涉县索堡信用合作社正式开张营业。其主要业务为吸收存款、发放农副业生产贷款、运输小商品贷款等贷款业务等。② 太行区在 1946 年底新建信用社（部）58 个，股金达 11813455 元，至 1947 年元月底，太行区和太岳区的信用合作社（部）就发展到 654 个。壶关县百尺信用社后来成为山西省信用合作社的一面红旗。③

据 1947 年 8 月份的统计，晋冀鲁豫解放区共有信用合作社和合作社内的信用部 663 个，资金 262574596 元。其中：太行区 613 个，资金 209258161 元；太岳区 41 个，资金 40340435 元；冀南区 9 个，资金 12990000 元。全解放区银行贷款扶助的信用社（部）共 411 个，约占信用社总数的 62%；银行贷款金额 85931765 元，占信用社资金总额的 33%。④ 根据 1948 年 10 月的调查，太岳区建立的信用合作社有三种类型：一是单独集股成立的信用社（郭道城镇信用社、演礼联防信用社、王陶村信用社都属此性质）。二是在原有的合作社里建立信用部，统一收股，整体分红（阳城二区联社信用部和一般村合作社信用部都属此）。三是劳资结合、农副业结合的小型信用社。⑤ 晋冀鲁豫解放区创办的主要信用合作社情况列表详见表 7。

---

① 孔祥毅：《民国山西金融史料》，中国金融出版社 2013 年版，第 579 页。

② 中国工商银行邯郸中心支行：《邯郸城市金融史料（1945—1989）》，文津出版社 1993 年版，第 6 页。

③ 孔祥毅：《民国山西金融史料》，中国金融出版社 2013 年版，第 580 页。

④ 姜宏业：《中国金融通史》第 5 卷，中国金融出版社 2008 年版，第 253 页。

⑤ 中共山西省委党史研究，山西省档案馆，太岳革命根据地财经史料编委会：《太岳革命根据地财经史料选辑》下册，山西经济出版社 1991 年版，第 1338 页。

表7 晋冀鲁豫解放区创办的主要信用合作社一览表

名称	开业时间	筹资方式	备注
涉县索堡信用合作社	1946年4月1日	集股	该社是混合业务合作社，在原有山货部、营业部的基础上增设了信用部，银行给予低利贷款25万元
焦作豫生信用合作社	1946年4月1日	集股	属于混合业务信用合作社，社内分信用部和营业部两部，营业部设门面买卖日用品，信用部发放手工业及小商业贷款。1946年5月12日，成为全部工人和市民的信用合作社，银行给予低利贷款42万元
涉县共和乡信用合作社	1946年4月	集股	冀南银行涉县支行配合区召开干部会议，动员成立信用合作社，后银行给予贷款10万元
武西县阳邑裕丰信用合作银号	1946年4月23日	集股	冀南银行武西支行和县联社、阳邑商联会等单位发起成立筹委会，招股成立银号，冀南银行武西支行给予低利贷款50万元
涉县河南店信用合作社	1946年6月5日	集股	县政府干部配合区村干部以"贷款方便，虽赚钱不多，但不会赔钱"的号召，动员群众和商人等成立信用合作社
磁县彭城信用合作社	1946年7月1日	集股	该社是由冀南银行太行区三分行创办的
阳城演礼村信用合作社	1947年1月	集股	银行给予贷款50万元
郭道信用合作社	1946年12月20日	集股	互相调剂借贷，解决群众运输搞生产、婚丧嫁娶等用钱困难

名称	开业时间	筹资方式	备注
兴业银号	1947年7月16日	集股	阳城一区和城关群众自己的金融活动机关，资金互助，调剂借贷，银行扶助200万元

资料来源：根据姜宏业的《中国金融通史》第5卷（中国金融出版社2008年版）第253-254页和太岳根据地金融史编写组编的《太岳革命根据地金融资料选编（初稿）》（内部资料1987年版）第502-507页的相关内容制作。

因此，解放战争时期，晋冀鲁豫解放区较好地开展了信用合作事业，在太行区的索堡、河南店、共同乡、焦作市的豫生、磁县的彭城、武西的阳邑以及太岳区的阳城和郭道等创办了9个信用合作社。而且都采用股份制的方式筹集资金，并且都得到了当地银行的资金支持，因而有几家信用合作社就是由银行发起成立的。

值得注意的是，信用合作事业取得了重要成绩，但也存在一些问题。例如，1947年12月以来的一年间，太岳区在短时期内，曾由46个信用社、部发展到78个（内有社34个，部44个）。完全垮台的有21个（内有社7个，部14个），占总数的27%。垮台的社部与原有的社部相比，社垮20.5%，部垮31.8%。[①]因此，可以看出合作社信用部比信用合作社垮得更多。原因在于有些地区运用行政命令和政治动员的手段来推进信用合作事业，势必造成基础不稳。所以，缺乏细密的研究与情况分析也是造成垮台的主要原因。

2. 山东解放区信用合作社发展概况

解放战争时期，山东解放区并未建立专门的信用合作社，而是在综合性或其他专业性的合作社基础上设立信用部来开展信用业务的。山东解放区设立的合作社信用部详见表8。

---

① 中共山西省委党史研究，山西省档案馆，太岳革命根据地财经史料编委会：《太岳革命根据地财经史料选辑》下册，山西经济出版社1991年版，第1340页。

表 8 山东解放区设立的合作社信用部一览表

名称	设立时间	资金	备注
海阳县济源合作社信用部	1946 年 12 月	30 万元,从济源本社抽出	服务对象以贫苦渔、农民为主。信用部每半年结账一次,结余款交济源社统一分红
潍坊市群众运销合作社信用部	1948 年 11 月	活动资金由最初 500 万元增至 3200 万元	得到政府与银行支持,成为本市运输工人自己的金融机构。至 1948 年年底,共贷款 72 次,融通资金 8 120 万余元
石岛渔业推进社信贷部	1949 年 2 月	40 万元(人民币)	帮助渔民解决困难

资料来源:根据中国人民银行金融研究所,中国人民银行山东省分行金融研究所编的《中国革命根据地北海银行史料》第三册(山东人民出版社 1987 年版)第 486-498 页的相关内容制作。

此外,山东解放区还有几个合作社信用部是抗战时期设立,也存续到解放战争时期。海阳县留格区济源渔民合作社信用部于 1945 年春组织,负责给渔民存放款。渔民有钱可随时到合作社去存,有特殊情况也可随时到合作社去借贷。沂北朱葛区联社[①]于 1944 年 6 月成立全区联合社,不久即筹设信用贷款部,凡贫苦患病无钱治病的、贫苦群众因意外灾害而没有饭吃的、贫苦群众因红白公事临时措手不及的,都可以无利或低利贷款。[②]

然而,山东解放区有几个地方举办合作社信用部并不成功。例如,海阳三个区渔盐业联合社在 1946 年 6、7 月份各社均先后设立了信用部,并由社内派出一定干部和少数基金,从事信用部工作。但由于各社对此工作在认识上有些模糊,尤其缺乏实际经验与办法,故至今(至 1947 年 4 月)各信用部之业务并没能有效地开展起来,如较好的济源合作社自开始到现在仅吸收存款 20 余万元,

---

① 姜宏业的《中国金融通史》第 5 卷第 255 页(中国金融出版社 2008 年版)提到"沂蒙地区沂北米格区联社信用部",经笔者核对后,发现未曾有"米格区"联社信用部,只有"朱葛区"联社,应该是笔误。

② 中国人民银行金融研究所,中国人民银行山东省分行金融研究所:《中国革命根据地北海银行史料》第三册,山东人民出版社 1987 年版,第 486、495 页。

放出 10 余万元，聚兴社之信用部则更是有名无实，存放近无。① 再如，北海银行渤海分行 1947 年在原有纺织社建立信用部，吸收入股，发动存贷业务。又在蒲台两个区，通过重点社发放副贷，以后因预见性不足，力量来不及，又加合作社在贫雇农路线下受到波折，经营方针业务原则有错误，故信贷工作大部陷于停顿状态，有的则已垮台。②

1948 年 7 月，北海银行第一次全省行处会议做出决议：组织农村信用合作事业，必须是群众集股，是群众自己推选出的干部，在群众民主监督之下组成。在已有真正群众性合作社的地方，信用合作社应是综合性合作社的一个部分，并可用另一种方式组织，即在合作社基金中划出一部分基金及指定干部成立信用部，信用部的基金可与合作社基金统一计算损益。银行对群众信用合作社有组织的任务（在组织过程中应与实业部门密切结合），应指导其业务，扶助其发展。信用合作社或合作信用部不是银行的下属组织，但其前途是银行在农村中金融活动的基础。③ 因此，北海银行的上述决议对此后信用合作事业发展指明了方向。

第四节　辅助型金融机构的创建与发展

新民主主义革命时期，中国共产党除了创建政府银行、信用合作社等金融组织外，还非常重视辅助型金融机构。辅助金融机构主要包括造币厂、印钞厂、票据交换所和货币交易所等，是为满足金融业不同发展阶段的需要而创办的，承担特定职能或提供某种专业服务，为金融业发展起到重要支撑作用的机构。

一、革命根据地造币和印钞厂的创建与发展

新民主主义革命时期，革命根据地的银行或信用社等机构都有发行货币的职能，铸币和纸币都是由根据地的造币厂、印钞厂铸造或印刷的。因此，造币厂、印钞厂是非常重要的辅助型金融机构，也是当时中国共产党金融组织建设

---

① 中国人民银行金融研究所，中国人民银行山东省分行金融研究所：《中国革命根据地北海银行史料》第三册，山东人民出版社 1987 年版，第 493 页。

② 中国人民银行金融研究所，中国人民银行山东省分行金融研究所：《中国革命根据地北海银行史料》第三册，山东人民出版社 1987 年版，第 497 页。

③ 中国人民银行金融研究所，中国人民银行山东省分行金融研究所：《中国革命根据地北海银行史料》第三册，山东人民出版社 1987 年版，第 30 页。

的重要组成部分。

1. 土地革命时期革命根据地造币和印钞厂的创建

大革命时期，湖南浏东平民银行就设有石印局，拥有石印机3台，印刷工人六七人，主要印刷浏东平民银行临时兑换券和信用券。土地革命时期，各根据地出于发行货币的需要，很多都成立了专门的造币厂或印钞厂。当时苏区铸造硬币的厂主要有：上井造币厂（1928年5月创办，厂址在井冈山上井村）、湘赣边界造币厂、闽北铸币厂（1932年9月筹建，1933年1月开铸，厂址在崇安县大南坑）、鄂豫皖区苏维埃造币厂等。

中央造币厂是土地革命时期规模较大的造币厂，其前身是东村造币厂。1929年8月，兴国乡政府在东村石角背建立了东村造币厂，由周仁根负责。为了解决银料问题，采用集股办法，发动干部及其家属，将银器首饰献出来当作成本。造币厂的设备较为简单。1930年初，东村造币厂由兴国县苏维埃政府接管。厂址由石角背迁到了东村的东龙庵，周仁根任厂长。江西省苏维埃政府成立后，即改为江西省苏维埃政府造币厂，人员增加到20多人。1931年冬，中华苏维埃共和国中央政府成立后，江西省苏维埃政府造币厂迁往瑞金，成立中央政府造币厂，谢里仁为厂长。造币厂的组织机构进行了重新组合，厂长下辖行政处和业务处。行政处设有文书、会计、出纳等，业务处下设熔银部、绞皮部、冲床部、滚边部、洗银部、印花部、包装部和一个修理部以及银库等。全厂有干部和工人170余人。1932年春，陈祥生任厂长，谢里仁任业务处长。1934年8月，杨其鑫接任造币厂厂长。① 红军开始长征后，造币厂的业务随之结束。

鄂豫皖区苏维埃造币厂于1931年5月初在安徽金寨建立。该厂铸造的货币有：鄂豫皖省苏维埃工农银行银币，皖两北苏维埃铜币和皖西北道区苏维埃铜币等。湘赣省造币厂筹建于1932年7月。10月间，湘赣省造币厂在永新正式建立，厂址初设才丰陂下村，后迁至龙门黄岗老炉下村。为了保密，对外称湘赣省弹药厂，对内则称湘赣省造币厂，隶属湘赣省财政部领导。厂长先后由李明初、陈玉林、肖石吉、袁汉秋4人担任。造币厂设有模型、翻砂、锉坯、锻工、对花5个部，每部配备5~6人，还设有1个检验处和1个保管室。此外，尚有警卫、采买、杂务等，共有员工44人。1934年初，湘赣省造币厂先后转移到石桥、牛田。8月，国民党军队加紧了对根据地的进攻，湘赣省造币厂不得不埋藏好铸币工具，与省苏维埃机关一同向西转移。不久，红军撤出湘赣革命根据地，

---

① 陈毅，肖华等：《回忆中央苏区》，江西人民出版社1981年版，第401-406页。

湘赣省造币厂于 11 月解散。①

除了造币厂外，革命根据地还建立了多家负责印刷票券的印刷厂或石印局。

中央印钞厂亦称中央印刷厂，专印票券及公债等。该厂是东固印刷厂扩大为兴国印刷厂再与其他厂合并之后，于 1931 年成立的。厂址设在瑞金叶坪，先后担任厂长的有陈样生、杨其窑、古远来等。开始时有圆盘机和石印机各四台，除分铅印、石印两部分外，另有浇铸、装订、排字、刻字等部及账票股，全厂有职工三四十人。1933 年 4 月，印刷厂搬到沙洲坝后，石印机增加到 12 台，铅印机增加了对开机 6 台，照相机 1 台，人员发展到 160 多人。中央印钞厂从 1932 年 7 月到 1934 年 10 月红军主力撤离中央根据地，印制发行了各种面额纸币以及战争公债券等多种有价证券。②

湘赣省赤色石印局的前身是永新县石印厂，1929 年初创建于永新县三湾。湘赣革命根据地创建后，永新县石印厂与湘东南石印厂合并成立湘赣赤色石印局，隶属于湘赣省苏维埃政府领导。赤色石印局局长先后由曾超、熊飞、潭湘生 3 人担任，全局员工 66 人。湘赣省工农银行成立后，开始负责印刷工农银行的纸币。1933 年 1 月，湘赣省赤色石印局负责印刷中华苏维埃共和国国家银行湘赣省分行新银币券。1934 年 8 月，部分工人随湘赣主力红军突围西征，赤色石印局便告结束。③

鄂豫皖区苏维埃政府在鄂豫边和皖西地区分别成立了印钞机构。1929 年，在鄂豫边区成立了石印局，次年将石印局改为石印科。苏维埃特区银行成立后，石印科以承印纸币为主，基本上成了印钞专业厂。石印科刚成立时职工 10 余人，印刷机 2 部。后来，职工发展到三四十人，印刷机也增加到四部。1931 年 5 月，在安徽麻埠成立了皖西北印刷局，局址在麻埠镇，承印苏维埃银行纸币。④ 石印科和皖西北印刷局大量印制了鄂豫皖苏区各银行发行的纸币。

土地革命时期，各革命根据地创建的重要造币厂、印钞厂的基本情况列表详见表 9。

---

① 陈阜东：《吉安地区志》第二卷，复旦大学出版社 2010 年版，第 1632 页。
② 《中国革命根据地印钞造币简史》编纂委员会编：《中国革命根据地印钞造币简史》，中国金融出版 1996 年版，第 19 页。
③ 陈阜东：《吉安地区志》第二卷，复旦大学出版社 2010 年版，第 1632 页。
④ 谭克绳、马建离、周学潍：《鄂豫皖革命根据地财政经济史》，华中师范大学出版社 1989 年版，第 196 页。

表9 土地革命时期根据地重要造币厂、印钞厂一览表

名称	领导机关	起讫时间	职工人数	负责人	建厂或转移地点
上井造币厂	湘赣边界工农兵苏维埃政府	1928.6—1929.1	谢火荣、谢阿五、甲妹子等10多人，后发展到30多人	主要负责人王佐，监制黄华菊	江西井冈山上井村凹下邹家
中央印钞厂（亦称为中央印刷厂石印部）	中华苏维埃政府国家银行	1931.11—1934.10	最多时有160多人	陈祥生、杨其鑫、古运来等先后负责，票券设计黄亚光	瑞金叶坪下坡湖村—沙洲坝拉犁笃下
中央造币厂	中华苏维埃政府财政部	1931.11—1934.9	最多180人左右（内党员10人）	陈祥生、杨其鑫、谢里仁等先后任厂长、副厂长	江西瑞金洋溪
湘赣省苏维埃石印局（湘赣印钞厂）	湘赣苏维埃政府、湘赣省工农银行	1931.10—1934.2	60多人	曾超、熊飞、谭相生先后任局长	设于永新县城，转移经酃阳、象形石桥至永新西乡下坡堂结束
湘赣省造币厂	湘赣省苏维埃政府	1932.10—1933.9	最多时40多人	陈玉林、肖石清、袁汉秋先后任厂长	永新黄冈村迁石桥梅田等地
湘鄂赣省苏维埃石印局	湘鄂赣省苏维埃政府工农银行	1931.11—1933.12	30~40人	胡中良	浏阳杨坪，后迁至鹅鸭池万载县小源
湘鄂赣省造币厂	湘鄂赣省工农银行	1931.9—1933	80多人（党员10多人）	厂长胡中良、钟学槐，总技师汤宝祺	万载县黄茅，1932年迁浏阳严坪、万载南江
赤色造币厂	鄂西银行、湘鄂西农民银行、国家银行、湘鄂西特区银行	1930.12—1932	30余名工人	刘作甫	湖北石首汋家坛迁谢容场秦家祠堂

名称	领导机关	起讫时间	职工人数	负责人	建厂或转移地点
赣东北地区印钞厂	赣东北苏维埃银行、闽浙赣省苏维埃银行	1930.7—1934.10	30多人	李崇钦（印钞厂）	—
陈显东（造纸负责人）	横峰县葛源山茅凸，后迁至黄鹏坑、德兴县重溪	—	—	—	—
闽北分区印刷厂	闽北分行	1932.1—1935	30多人	连福生	太安县下东坑，后迁至磨石坑
鄂豫皖石印科	鄂豫皖特区苏维埃银行，后改称省苏维埃银行	1930.10—1932.10	50~60人	科长崔兴远，副科长江少华、卢楚桥	黄安县七里坪杨家畈，后迁至新集扒棚
川陕苏维埃石印局	川陕工农银行	1933.10—1935.4	30~40人	郑义斋直接领导，石印局长周北海	得汉城，迁通江永安乡苦草坝，再迁旺苍县
川陕造币厂	川陕工农银行	1933.7—1935.4	130多人	郑义斋兼任	通江苦草坝，后迁至旺苍县

资料来源：《中国革命根据地印钞造币简史》编纂委员会：《中国革命根据地印钞造币简史》，中国金融出版1996年版，第471-481页。

表9显示，从数量上来看，革命根据地创建的造币厂共有6家，印钞厂或石印局有7家。从人员规模来看，规模较大的是中央造币厂和中央印刷厂，分别达到180人和160人。川陕造币厂也达到130多人的规模。

2. 抗日根据地造币和印钞厂的初步发展

抗日战争时期，由于通行的货币基本上为纸币，很少有使用银圆或银币的。因此，这时候抗日根据地创建的都是印刷厂或石印局，负责印刷各抗日根据地银行发行的钞票。抗日战争时期，各抗日根据地创建的印钞厂列表详见表10。

表10 抗日战争时期根据地重要印钞厂一览表

名称	领导机关	起讫时间	职工人数	负责人	建厂或转移地点
光华印刷厂	陕甘宁边区银行	1940.10—1949.2	70人左右	曹承宗、高秉仁、范耀武、师兆祥	延安新市场孤魂沟，解放战争时撤，经保安、长临县回延安
洪涛印刷厂	晋绥边区政府财政处、西北农民银行	1940.2.4—1949.5.20	抗战时最多100多人，解放战争时最多500人，结束时287人	李吉宇、那文英、张静山、李生忠、阎清云、任直卿	兴县石愣子村—路家南湾村—贾家沟—兴县杨家坡—韩城
晋察冀边区印刷局	晋察冀边区银行	1937.12—1945.8	最多时200余人	局长吕东、罗琦、解其宵、王文焕、贺晓初	阜平—完县—蠡县—阜平油盆村—苍鹰沟—水磨湾—张家口
冀南银行太行印刷一厂	冀南银行发行部	1941—1945秋	200人左右	王立章、郭会亭、刘宪章等	黎城东崖底小寨沟
冀南银行太行印刷二厂	冀南银行发行部	1941—1945秋	200人左右	郭金文、王天祥、马敬禹、李业夫等	冀西，英谈村
鲁西银行第一印刷所	115师供给部（鲁西银行）	1940.5—1942.1	60~70人	所长魏仁斋	梁山县土山村—金山村—七胡屯—孙那里
鲁西银行第二印刷所	鲁西银行	1941.5—1942.1	不详	所长仇孟海、张海函	山东昆山县—岱庙村
鲁中印钞厂	北海银行发行局	1940.2—1947.1	300人左右	任志明、王志成（兼）、任子敏、徐德、李伦、李维功、常狄、徐杰等	沂南夏庄—沂南东西柳沟
渤海印钞厂	北海银行、渤海银行	1943—1945	120人（最高时）	李聘周、侯荫南、曹子明	杨家沟—利津郭家局—南当铺

名称	领导机关	起讫时间	职工人数	负责人	建厂或转移地点
江淮印钞厂	新四军军部江淮银行，后转苏中区江淮银行	1941.4—1945.8	最多时近500人	胡金魁、李人俊、管文炳	东台大中集—阜宁洪庙—宝应曹店村—宝应安丰新舍庄
盐阜印钞厂	苏北行署盐阜银行	1942—1945.8	80人左右	周振，副厂长黄利锋	阜东县东辛庄—八滩海边—阜宁苏咀—高邱王庄—淮安圆明寺
淮北印钞厂	淮北行署、淮北地方银号	1942—1945.8	开始10多人，最多时130人	赵醒华	泗东县—天长县—洪泽县王沙庄—泗东县河梢店
大江印钞厂	皖江行署财经处、大江银行	1943.7—1946	70余人	许开良、郭雪川、石楚玉	安徽无为姚皇庙大池州
建设银行第一印钞厂（江南印钞厂）	豫鄂边区行署财政处建设银行	1941.1—1945.10	50余人	齐光、李琢章、蔡俊	江汉天汉湖区杨叶背新陈湾—汉州十大胜—潜江熊口—大洪山
建设银行第二印钞厂（黄坡印钞厂）	豫鄂边区行署财政处建设银行	1942.9—1945.11	100余人	王正道、张克固（代理）、李向明	大悟山区—青山口—杨家冲—河南西望山

资料来源：《中国革命根据地印钞造币简史》编纂委员会：《中国革命根据地印钞造币简史》，中国金融出版1996年版，第482–495页。

从表10可以看出，印钞厂基本上都是由抗日根据地银行主管或领导承担各自本币的印刷任务。其中，光华印刷厂和洪涛印刷厂一直持续到解放战争时期。从人员规模上看，大小不等。小规模的印钞厂起步的时候仅有10余人。超过100人的也有达到8家。其中江淮印钞厂最多的时候人员达500人。

3. 解放区造币和印钞厂的广泛建立

解放战争时期，各解放区根据实际情况和需要，同样创建了数量众多的印钞厂。其基本情况详见表11。

表 11　解放战争时期根据地重要印钞厂一览表

名称	领导机关	起讫时间	职工人数	负责人	建厂或转移地点
洪涛印刷厂临汾分厂	西北农民银行	1948.5.1—1949.2	开始 20 多名骨干，后发展到 200 人	李生忠，副厂长张德胜	临汾侯村—朱元村—陕西韩城与总厂合并
印刷总局（总厂）	晋察冀银行	1945.8—1948.8	700~800 人	王文焕、贺晓初	张家口—阜平县
冀东分局（冀东行署印刷厂）	晋察冀印刷总局	1945—1948.7	从 100 多人到 470 多人	郭建亭、冯景长	遵化玉田—甘庄子—辽西县
冀热辽分局	晋察冀印刷总局	1945.9—1946	60~70 人	杨玉森	锦州
冀晋分局（华北银行第一印刷局）	晋察冀印刷总局	1945.12—1949.12	200 多人，献县时最多 600 人	孟冠洲、黄岭松	平山县水磨湾—石家庄
冀中分局（献县）（华北银行直属厂）	晋察冀印刷总局	1946.1—1950	武强时精简，进石家庄后为 300 多人	王尚明、张惠中、孟冠洲	献县—武强—石家庄
新新印刷局（寺口分厂—大华营业分厂）	晋察冀印刷总局	1945.12—1948.9	160 多人（石家庄时）	甄全忠、吴子均、甄全忠	张家口明德街—东山坡—阜平寺口村
冀南银行第一印刷厂	冀南银行总行发行部	1945—1949	434 人（1948 年 5 月数）	厂长梁绍彭、白文晋	东崖底索堡
冀南银行第二印刷厂	冀南银行总行发行部	1945.6—1949	全厂 393 人（1948 年 5 月数）	厂长姚国栋、魏仁斋，副厂长李业富	白杨堡下堤—范县上堤—清丰县城—涉县索堡
冀南银行第三印刷厂	冀南银行发行局	1947.7—1949.12	362 人	张子重、宋挺捷、赵荣轩、刘景禹等	索堡县钟村—茅岭底

名称	领导机关	起讫时间	职工人数	负责人	建厂或转移地点
冀南银行发行处（华北银行第二印刷局）	冀南银行总行、华北银行	1945—1949	局部 134 人	梁绍彭、张子重	涉县—邯郸—武安百石—涉县李堡宁庄
太岳区印刷所	冀南银行太岳区行	1945.10—1947.3	140 余人	所长张逢奇，副所长王克昌	山西阳城孙庄—南苏村
济宁印刷所	瑞华银行	1946.2—1946.8	40 余人	赵荣轩	济宁东门里—清丰县城
北海银行发行局印钞总管理处	北海银行	1945—1950	约 350 人	局长杨秉超、王志成	临沂—莒南—莱芜—胶东乳山—临朐辛寨—冀南
胶东印刷厂	北海银行发行局	1945.8—1947.12	240 人左右	厂长荣世潍、副厂长肖一心	乳山县崖子区
北海银行印钞一厂	北海银行发行局、总管理处	1947.4—1949.12	1949 年与二厂合并，发展后人数 1047 人	林立、王龙宝、傅一尘、张腊良	李家营—北庄—胶东—去东北一部分—临朐朱位庄—济南城内
北海银行印钞二厂	北海银行发行局、总管理处	1947.4—1949.3	300 人左右（与一厂合并）	张瀛、张腊良、刘鸿兴、肖一心、郝世德	王路庄插旗崖—店头—北庄—南流—济南
北海银行印钞三厂（进济南后改为印钞二厂）	北海银行发行局、总管理处	1947—1949.12	850 人	荣世潍、张瀛、郑耀祖、石楚玉、李维功	—
北海银行印钞四厂（东记仓库）	北海银行发行局、总管理处	1948—1949.6	约 300 人	冯景章、郑耀祖、李维功	济南东记仓库
华中印钞一厂	华中印钞厂总管理处	1945.8—1947.3	350 人左右	厂长林立	宝应安丰新舍—山东莒南店头

续表

名称	领导机关	起讫时间	职工人数	负责人	建厂或转移地点
华中印钞二厂	华中印钞厂总管理处	1945.8—1947.3	250人左右	杨展云、黄利锋、张瀛、陶菊等	淮安园明寺—宝应安丰—阜宁—山东莒南县
华中印钞三厂	华中印钞厂总管理处	1945.8—1947.8	150人左右	石楚玉、张瀛、陶菊、郑耀祖	宝应县安丰—阜宁头渡口—山东莱芜东北小诸葛庄—胶东
华中银行苏北印钞厂	华中银行	1948.1—1949.12	400人	石楚玉、吕风沙	江苏合德的藕塘和小林集
白象店中州第一印刷厂	中州农民银行	1948.6—1948.11	约100人	厂长向仲豹	豫西鲁卫白象店
豫皖苏行署中州农民银行印钞厂	中州农民银行	1948—1948.12	30人左右	厂长王力生	界首—开封
中原益民公司开封第二分公司	中州农民银行	1948.10—1949.4.6	120多人	厂长罗琦、王力生	开封市山货店街
东北银行工业处（暨第一印刷厂）	东北银行总行	1946.5—1949.11	创建时不足100人，合并后增至700多人	处长王纪元，副处长兼一厂长陈子良	佳木斯—沈阳
辽东省银行印刷局（东江印刷局）	辽东省银行、东北银行总行	1945.10—1948.6	临江时最多达250多人（其中包括山东印钞一厂100多人）	任子敏、黄川农	安东建厂—经朝鲜—长白山内—临江
嫩江省银行印钞厂（西方印刷厂）	嫩江省银行、西满军区	1946.3—1947	100多人	鲁前、朱文恭	嫩江县兴农合作社—齐齐哈尔—嫩江

名称	领导机关	起讫时间	职工人数	负责人	建厂或转移地点
吉林省银行印刷厂	东北银行、吉林省银行	1946.3—1947.7	100人	赵元彩、孟继尧	吉林—图门—佳木斯
南方人民银行印刷厂（对外称永泰印刷厂）	南方人民银行中华管理处印务局	1949.4—1949.10	140多人	厂长王光斗	广东揭西县河婆镇贸易分公司，后转移到八乡山良田乡田心村中心小学

资料来源：《中国革命根据地印钞造币简史》编纂委员会：《中国革命根据地印钞造币简史》，中国金融出版1996年版，第496-510页。

从表11来看，解放战争时期创建的印钞厂分别由当时的几大银行统筹领导，包括冀南银行、北海银行、中州农民银行、华中银行和东北银行等。其中规模最大的当属北海银行印钞三厂（进济南后改为印钞二厂），人员达到850人；其次是东北银行工业处（暨第一印刷厂）人员最多时也达700多人。

另外，还可以从数量上对新民主主义革命时期根据地造币厂、印钞厂进行统计分析，详见表12。

表12　新民主主义革命时期根据地造币厂、印钞厂的数量统计表

时期	北伐战争时期	土地革命时期	抗日战争时期	解放战争时期	总计
印钞厂	4	25	53	51	133
造币厂	—	14	—	—	14
造纸厂	—	—	1	4	5
织布厂	—	2	—	—	2
铁工厂	—	—	—	1	1
合计	4	41	54	56	155

说明：①限于资料，本表统计尚有不少遗漏；②很多印钞厂连续存在，如陕北的光华印刷厂、晋绥的洪涛印刷厂、山东的胶东印钞厂统计在抗日战争时期内，解放战争时期不再统计；③本表所列造纸厂、织布厂、铁工厂是指由银行直接领导并专为印钞厂服务的专业工厂，其他虽为印钞厂服务，但组织体制未划归银行系统的均未列入。另外，有些因资料不全，也未列入统计。

资料来源：《中国革命根据地印钞造币简史》编纂委员会：《中国革命根据地印钞造币简史》，中国金融出版1996年版，第468-469页。

据表 12 不完全统计，整个新民主主义革命时期，在中国共产党领导下创建的各类造币厂和印刷厂达到 155 家之多。其中印钞厂有 133 家，数量占了绝大部分。抗日战争和解放战争时期，是根据地印钞厂发展的两个高峰时期。

二、革命根据地其他类型辅助金融机构的创建

新民主主义革命时期，革命根据地还创建了诸如货币交换所、外汇兑换所、金银交易所、票据交换所和证券交易所等机构。这些机构承担着重要的金融功能。

1. 货币交换所或外汇兑换所的创办

货币交换所或外汇兑换所专门负责本区域进出口的货币兑换。例如，本地商人外出时用本币兑换外汇（主要是法币），返回时再用法币外汇兑换成本币。因此，货币交换所的创办可以说是抗日根据地货币史的一个创新，货币交换所对于对敌货币斗争、推行边币及维护边币币值的稳定方面都发挥了重要作用。货币交换所有由边区政府组建的，也有由边区银行负责组建的。

1941 年 12 月 1 日，陕甘宁边区政府还专门发布"关于设立货币交换所"的布告，明确要求：（1）所有买卖，均须以边币作价交换，如有以其他货币作价交换者，钱货一概没收；（2）边币为边区内唯一流通货币，如有拒用边币者，任何人均得将其扭送当地军、政、公安、司法机关从严惩办；（3）为便利出入口商人买卖计，本府授权各地贸易局联合当地商民组织货币交换所，凡为对外贸易欲买进或卖出其他货币者，均应到该所依公平价格按章自由交换，任何人不得强迫兑换，或借故没收；（4）除货币交换所外，任何人不得以买卖货币为营业，如有专事买卖货币从中渔利，操纵外汇破坏边币者，一经发觉，立予严惩。① 该布告阐明了货币交换所设立的目的缘由，并且指定授权各地贸易局联合当地商民组织货币交换所。

上述布告发布后，陕甘宁边区随即在延安由贸易局组设交换所，在各个分区相继设立了各种类型的交换所，大体可以分为三种类型：一是银行自办的固定交换所（包括光华商店代办的比较起来作用最大的）。二是自己主办的小型流动交换所和临时交换所，如在富县收公盐代金时收法币数万，陇东在收公粮代金时，以 10 个临时交换所，供给了农村缺乏的边币。三是银行找合作社代办的，其中除延川、永坪少数合作社外，多数都是利用货币交换基金做了买卖，

---

① 《红色档案 延安时期文献档案汇编》编委会：《陕甘宁边区政府文件选编》第四卷，陕西人民出版社 2013 年版，第 318 页。

对于金融可以说没起作用。①

陕甘宁边区创建了许多由银行组织的货币交换所。例如，1940 年 7 月，陕甘宁边区银行陇东分行成立后，其下设的各办事处附设货币交换所。1942 年 1 月，随着对外贸易的不断扩大和边币、法币兑换业务的开展，陇东分行又在孟坝、三岔两地设立了货币交换所。1944 年春，又增设了赤城、环县、苦水三个交换所。至此，陇东分行共下设庆阳、西华池、驿马关、曲子、孟坝、三岔、赤城、环县、苦水 9 个银行办事处和货币交换所。②

此外，华中解放区则创办了外汇兑换所。1945 年 11 月，华中银行第七分行在五河、盱风嘉、宿迁、铜睢、邳睢五县境内设立外汇兑换所。该所规定，凡内地经营进口的商人需要外汇时，可向所在地银行、货管局提出外汇申请书，持申请书到兑换所兑换外汇。凡外地经营出口的商人携带银圆、法币来解放区购买土产的，可向各进口地的外汇兑换所兑换华中币。③

2. 外汇交易所或货币交易所的创办

外汇交易所或货币交易所是专门负责本区外汇或者外汇票据买卖交易的机构。将一切外汇交易都集中于交易所，可以避免非法的黑市交易，对于边区金融稳定具有重要作用。

抗战时期，山东胶东地区就广泛设立了汇票交易所，集中进行外汇的买卖。1943 年 7 月，胶东东海地区各县都成立了汇票交易所。主要有：文登 4 处（高村、大水泊、侯家、黄山），荣成 6 处（崖头、滕家、荫子阜、埠柳村、寻山所、林村集），牟海 11 处（海阳所、白沙滩、孤山、石头圈、南黄、冯家、下初、芦家、玉林、崖子、夏村），海阳 5 处（留格庄、东村、小纪、郭城、徐家店），文西 4 处（葛家、泽头、宋村、界石）。交易所由贸易公司负主要责任，银行配合掌握，当地商会设一人负责登记。交易所还规定：买汇须有保人，保证在一定时期内运回必需品。敌区商人买汇，能在运货的原则下，有税务局证明，可买汇。买汇还债，经商会或住村的证明，经政府许可方可买。机关购买汇票须由贸易公司批准。④

---

① 陕甘宁边区财政经济史编写组，陕西省档案馆：《抗日战争时期陕甘宁边区财政经济史料摘编》（第五编），长江文艺出版社 2016 年版，第 434 页。

② 《陇东革命根据地》编委会编：《陇东革命根据地》，中共党史出版社 2011 年版，第 251 页。

③ 高贯成：《华中银行史》，江苏人民出版社 2001 年版，第 367 页。

④ 中国人民银行金融研究所，中国人民银行山东省分行金融研究所：《中国革命根据地北海银行史料》，山东人民出版社 1986 年版，第 594-595 页。

抗战胜利后，苏皖边区也创建了多家外汇（汇票）交易所。根据 1945 年 11 月苏皖边区政府颁布的外汇管理办法，边区各分区的主要进出口城镇的华中银行办事处都设立了外汇交易所，为进出口商人办理外汇供应或收兑结算。外汇交易所由华中银行派员组织、管理，其任务是掌握外汇牌价、监督买卖并进行吞吐调剂，规定外汇买卖在交易所进行，交易对象主要是法币现钞和汇票，银行主要掌握外汇牌价和兑出收进的管理。对成交的买卖，外汇交易所进行逐笔登记，主要记录买卖双方人名、商号、汇票金额、成交金额、用途、付款行庄名称。登记后开始证明。① 其中具有代表性的黄桥汇票交易所是 1946 年 2 月初由华中银行发起，由商联会 5 人，货管局、银行各 2 人，组织筹备会，成立交易所委员会，并通过该所章程。汇价以银行挂牌为主要参考。其工作的具体进行由三人组成，银行一人，商联会二人；一系联络员，一系招待员，并附设一茶会。该所于 2 月 25 日正式开幕。最多一天营业额达 900 万元法币，合抗币 20 万元之数。自开幕至 3 月 20 日止，进出总额达 50940500 元，以 1∶37 折合抗币为 1324924 元，该所交易总额中有三分之二是由银行吸收的。另外，3 月下旬还成立了靖江外汇交易所。但是该所业务进行数日后，就有名无实地消失了。②

此外，晋察冀解放区也创建了邯郸货币交易所和冀中区安国外汇交易所。

1946 年 7 月，专门出台了《邯郸市货币交易所暂行章程》，其主要内容如下：（1）本所交易先行现期买卖一种，必要时再增加定期买卖，成立日起，黑市禁止；（2）本所设理事 5 人，由市政府聘请，推选理事长 1 名，另由市政府聘监事 3 人并推一监事长，其任期均为 1 年，另设一人以鉴定交割品成色；（3）本所经纪人暂定 10 人，由本所发给徽章，入场办理交易：经纪人对于交易应负买卖上的一切责任；（4）本所买卖生金银、各种货币和各种票据，本所每日决定公布市价及各经纪人买卖数额；（5）经纪人违约后，要予以罚金，取消资格或交政府依法处理，违约处分权属于理事会，但必要时需取经纪人公会意见。③ 7 月 29 日，邯郸货币交易所成立，由 11 名合法经纪人集体组建。地址在和平路万宾楼西边，由邯郸商行即晋冀鲁豫贸易公司直接管理，公开成交黄金、白银、法币、关金。1948 年撤销。④

1947 年 7 月，为更进一步集中外汇市场、便利商民起见，晋察冀边区冀中区安国县政府发出布告，宣布成立外汇交易所。布告规定：（1）外汇交易所之

---

① 高贯成：《华中银行史》，江苏人民出版社 2001 年版，第 93 页。

② 高贯成：《华中银行历史资料选编》，中国广播电视出版社 2003 年版，第 218 页。

③ 尚明，白文庆等：《金融大辞典》，四川人民出版社 1992 年版，第 545 页。

④ 邯郸市地方志编纂委员会：《邯郸市志》，新华出版社 1992 年版，第 508 页。

经营范围只限于汇票一种，其他如外币金银等一律不准交易（仍归银行）；（2）凡欲供需汇票者必须在工商管理所取得合法手续后，经过交易员（各银号）到交易所成交。否则，以扰乱社会金融论。外汇交易所定于 7 月 5 日开始营业。① 安国县外汇交易所受当地银行之业务领导及管理，定期向银行报告自己之业务情况，参加银行召集之一切有关会议。设主任 1 人，会计 1 人，跑街 1 人，交易员 9 人。交易所经营票据之买卖，双方均须先至工商所申请通过交易所登记，由交易员成交，款项之收付亦由交易员直接办理，交易所本身不作直接买卖，更不能负担保点票及倒账责任。地区暂定安国、安定、定县境内。②

3. 票据交换所的创办

票据交换所是专门负责银钱业之间资金结算的金融辅助机构。在中共领导下的革命根据地出现的时间比较晚，只有在东北解放区才出现过两家票据交换所：一是哈尔滨市票据交换所。该所是 1948 年 9 月 1 日伴随着对私营行庄的管理而建立的，并指定以道外松花江工商银行为转账行。自 1948 年 9 月 1 日开始到 1949 年 6 月末止共交换 249 次，交换票据 48733 张，过码金额达 39680 亿元，差额 20210 亿元。③ 二是沈阳市票据交换所。该所是东北银行于 1949 年 3 月 7 日在沈阳正式成立，并于当日开始交换。参加交换者（的）共 12 个单位，计：东北银行分支行 4 单位，信用较良私营行庄 8 单位（其中志诚银行总分行 4 处，益发银行分支行 2 处，哈尔滨银行、功成银行各 1 处）。④

4. 天津证券交易所的开办

天津解放后，当地的证券交易所被接管和清理。然而，社会上还存在一部分游资，对金融市场造成巨大冲击。为稳定市场，天津市军事管制委员会和华北财委会指示要恢复证券交易所，通过由政府控制的公开证券交易，逐步吸引游资使之用于生产。1949 年 4 月 26 日，中国人民银行天津分行正式发布成立天津市证券交易所公告。公告指出："为有效的管理金融市场，导游资于正轨，已呈请军管会批准将原天津证券交易所清理结束，另成立天津市证券交易所，并委任孙及民为经理、刘希武为副经理，负责筹划该所一切事宜。"⑤ 1949 年 3 月至 5 月筹备期间，制定并出台了一系列相关的组织规则、买卖办法或营业规则

---

① 河北省金融研究所：《晋察冀边区银行》，中国金融出版社 1988 年版，第 150 页。
② 河北省金融研究所：《晋察冀边区银行》，中国金融出版社 1988 年版，第 151 页。
③ 黑龙江省金融研究所：《黑龙江根据地金融史料（1945—1949）》，1984 年版，第 73 页。
④ 《东北解放区财政经济史资料选编》第三辑，黑龙江人民出版社 1988 年版，第 553 页。
⑤ 天津市档案馆：《近代以来天津城市化进程实录》，天津人民出版社 2005 年版，第 610 页。

等，如《天津市证券交易所组织草案》《天津市证券交易所组织方案》《管理证券交易暂行办法》《天津市证券交易所场务管理暂行规则》《天津市证券交易所零股买卖办法》《天津市证券交易所暂行营业简则》《天津市证券交易所经纪人申请登记办法》《天津市证券交易所经纪人业务守则》《天津市证券交易所股票交割办法》等。这些规章成为天津市证券交易所开业及有序运营的重要保证。

　　经过数月的筹备，于1949年6月1日由天津市人民政府控制的，人民银行天津市分行领导的天津市证券交易所成立了。天津证券交易所是在接收原来天津证券交易所官僚资本部分（约占总资本的60%）及原交易所旧址的基础上建立起来的。经纪人39家，总计资本8452万元，平均每户216万元。① 该所开业之后，吸收了一部分游资，从而缓解了市场的压力。1952年7月，天津证券交易所关闭。这是中华人民共和国成立之前由中国共产党创办和管控的第一家证券交易所，也是中国共产党利用证券市场的最早尝试。

本章小结

　　通过对新民主主义革命时期中国共产党推进金融组织建设的梳理和分析，还可以进一步得出以下总结或认识：

　　第一，相对重视银行和信用合作社组织的建设。银行是商品货币经济发展到一定阶段的产物，只要存在商品货币的地区都有建立、发展银行的必要性，因而银行是最为重要的金融组织之一。信用合作社是通过个人集资的方式联合组成，以互助为主要宗旨的合作金融组织。信用合作社经营的手续简便，向社员提供信贷的利率较低，从而帮助社员解决资金困难，以免遭高利盘剥。处于敌人封锁和包围之中的根据地，如果不创办自己的银行，发行货币，就无法发展根据地的经济并解决军政费用支出。因此，在开展武装斗争和根据地建设的同时，必须掌握自己的银行并运用银行的职能为革命服务，这样才能把革命进行到底并取得政权。各个根据地都建立了自己独立的区域性银行组织体系和信用合作社机构，并发挥了重要作用。

　　第二，金融组织体系的创建都是为适应当时需要而创建且真正为工农群众服务的。根据地创立的各类金融组织，包括银行、信用合作社、辅助金融机构

---

　　① 《中国深圳证券大全》编委会：《中国深圳证券大全》（上），新华出版社1994年版，第3页。

等，都是为适应当时的需要建立起来的，而且都是真正为工农群众服务的。实际上，银行本身没有阶级性。革命根据地或社会主义制度下设立的银行必定是人民大众的或社会主义性质的。革命根据地的金融组织通过发行货币，吸收存款，发放贷款，为经济建设服务，并真正为工农群众服务，是真正工农群众的金融组织，完全为人民谋福利。因此，这些金融组织被根据地群众所爱戴，对活跃当地的货币流通，促进生产的发展，担负起对敌经济斗争的任务，对巩固和发展革命根据地的经济和金融起到重要作用。

第三，金融组织体系建设较为全面地进行了尝试和努力。在革命根据地，党和政府较为全面地进行了金融组织建设，不仅创立了各类银行、信用合作社，同时还创建了大量的辅助金融机构。这样才能保证完成特定的金融服务功能。银行或信用合作社要发行货币，就必须建立相应的造币厂和印钞厂。要稳定金融，控制外汇，就必须成立货币兑换所、汇票交易所。中华人民共和国成立前夕，为稳定金融、吸引游资尝试开办了天津证券交易所。因而，当时建立了各种类型的金融组织，以满足根据地或新解放城市金融发展的不同需要。

第四，金融组织的建设随着客观形势的变化而不断调整，体现了较大的灵活性。金融组织建设始终随着战争的形势及根据地经济建设需要不断调整。在土地革命时期和抗日战争时期，金融组织都是相对分散独立的体系。抗战时期，因为根据地遭遇敌人扫荡或其他艰难处境，有些银行不得不关闭或转移。到了解放战争时期，随着解放区不断扩大，有些解放区逐渐连成一片，因而很多银行开始合并，走向统一。

第五，对新中国成立之初的金融组织建设起到重要作用。新民主主义革命时期，金融组织建设的路径是各自分散独立的政府银行到统一的中央银行体系，期间也曾尝试建立国家银行体系，因而金融组织的统一，中国人民银行的创建，对于中华人民共和国经济金融的建立和发展发挥了不可替代的作用。东北银行在中华人民共和国成立后的一段时间，仍然发挥着重要作用。直到1951年4月1日，东北银行才改组为中国人民银行东北区行，胜利地完成历史使命而结束。

第六，新民主主义革命时期在金融组织建设方面也存在不足，给我们提供了一些借鉴和启示。这主要体现在有些地方创办的信用合作社没有发挥应有作用或者存在认识上的误区。例如，延安县的信用合作社就存在一些问题，主要有：一是许多信用社还未做到"民办公助"，大多是"靠上面"总社放款成立的，还未把脚跟立定，都是把上面放的款放完就算"大吉"，并没有想出办法把民间的游资集中起来；二是干部思想上存在严重"营利"的问题，认为办的目的是专为赚钱，不易亏本，业务上出现偏向；三是多数干部经验少，缺乏调查研究，所以不能从实际工作中想出适合自己工作环境和需要的办法来，从而产生硬搬教条的现象。①

---

① 陕甘宁边区财政经济史编写组，陕西省档案馆：《抗日战争时期陕甘宁边区财政经济史料摘编》（第五编），长江文艺出版社 2016 年版，第 498 页。

第三章

新民主主义革命时期货币信用制度的建设

信用是商品买卖的延期付款或货币的借贷。金融是货币流通和信用活动的总称。因此，货币信用是金融的核心内容。信用货币是货币进一步发展的产物，是指国家或机构统一发行代表一定金属货币的价值符号，用于在流通中发挥等价物作用。根据货币符号是否能兑现成贵金属，信用货币包括可兑现信用货币和不可兑现信用货币。从货币制度角度看，可兑现信用货币与金属货币，制度无论在内容还是在性质上都有众多相同之处。① 信用货币的面值高于其实质，主要包括辅币、纸币、劣质金属铸币和票据等。纸币是信用货币的基本形式。

一般来说，作为贵金属的货币，银币只要成色和分量足，其发行和流通便无所顾虑。铜币虽然是贱金属货币，但在中国有几千年的使用传统，商民也乐于使用。然而，布币和纸币只是代表金属货币的一种货币符号，尤其是不可兑现的纸币，其能否顺利发行，完全取决于货币的信誉度，包括纸币发行数量及发行准备金是否充足和能否及时兑换等。如果纸币失去了信用，就和假钞没有什么区别。

中国共产党很早就认识到信用货币对根据地经济社会稳定发展的作用，因而始终都很重视以纸币为核心的信用货币制度建设。

第一节　设计和发行自己的信用纸币——从可兑现到不可兑现

从大革命时期开始，中国共产党就开始领导和推进货币信用制度建设，设计和发行了形式多样的纸币，而且明显体现出从可兑现到不可兑现转变的特点。由于纸币是信用货币的基本形式，所以这里主要讨论纸币的情况。

一、大革命时期发行可兑现信用货币的初步尝试

大革命时期，随着当地农民运动的发展，很多豪绅地主携带现银逃跑，有

---

① 申尊焕：《资产定价与风险管理》，西安电子科技大学出版社 2016 年版，第 17 页。

些将现银藏匿，因而造成市场资金匮乏，流通不畅。为了增加市场流通筹码，农民协会创办的金融组织便开始尝试设计和发行自己的纸币，包括兑换券、流通券和信用券等。这些纸币都属于可兑换性质的信用货币，是中国共产党对信用货币制度建设的初步尝试。虽然是可十足兑换同等数额的金属货币，但其发行流通仍然需要当地群众对其十分信任，否则群众也不会接受。虽然这些纸币流通时间较短，但对此后根据地发行信用货币积累了丰富的经验，因而影响深远。

浏东平民银行票币据查为中国历史上由劳动人民发行的最早货币。一种是1927年1月发行的常洋伍角临时兑换券，还有一种是同年3月发行的常洋①贰角信用券，各发行12万元。常洋临时兑换券正面印有"浏东平民银行临时兑换券"和"伍角"等字样，还印有发行时间，编有号码，盖有"平民银行"小印章。背面印有"浏东平民银行试办章程"的摘录，盖有"浏东平民银行监事会之图记"的方印。常洋贰角信用券正面左右两方还印有"打倒资本主义""拥护工农政府"等字样。浏东平民银行的票币发行后，在县城和浏东的古港、永和、高坪、张坊、东门、达浒等地区广泛流通，信誉很高。同年6月，浏东平民银行被迫停办，它所发行的票币也停止流通。②

1927年2月，黄冈县信用合作社总社发行了"农民协会信用合作社流通券"，限在本区流通使用。1927年7月15日后，农民协会和信用合作社被解散，流通券随之停止发行流通。③ 该流通券也是迄今发现的第一次国内革命战争时期最早的信用合作社流通券。

柴山洲特别区农民银行还创造性地用白竹布制作发行布币。这种布币用手工制作，长约4寸，宽约2寸，面额壹圆。票面盖有农民银行公章及正副经理文海南、夏兆梅私章。发行准备金为现银5800元，布币一元共发行5000元，布币兑银圆一元，农民银行负责随时兑现，信誉甚佳。布币在流通中不易磨损，便于携带，农民称便。随后，柴山洲特别区第二农民银行也仿照发行了布币。两个银行的布币在特区内流通使用。但为时不到半年，柴山洲特别区为国民党

---

① 常洋是一种币面凿有小孔的银圆。由于银圆使用初期版面较多，真伪混杂，为便于识别真假，一些钱庄和银楼往往在银圆上凿一板小的孔，以鉴定成色。世人称这种银圆为常洋。早期流通时与一般银圆等值，后因有眼，价值比银圆约低百分之一。

② 湖南省浏阳市地方志编委会：《浏阳县志》，中国城市出版社1994年版，第395页。

③ 中国人民银行金融研究所、财政部财政科学研究所：《中国革命根据地货币》上册，文物出版社1982年版，第9页。

"清乡队"所控制，农民银行遭破坏，布币被迫退出流通。①

另外，浏阳金刚公有财产保管处成立后，发行了 1927 年 6—8 月兑现的常洋壹元券及陆角、贰角券期票。期票背面印有公告："因外感现金之缺乏，内负民众之需求，不得已本处暂出两种元票、角票有期证券，以金刚公有财产作担保，疑团永释，信用自昭，仰各民众一律遵行。如有藉故阻挠者，定当严行呈究，决不姑息。此布。"这种期票信誉很好，当时在金刚、大瑶一带都能流通。同年"马日事变"后，金刚公有财产保管处被迫停办，它所发行的期票也停止流通。②

大革命时期，农民协会领导创办的银行或信用社发行的纸币详见表 13。

表 13　大革命时期农会创办金融组织发行的纸币一览表

名称	发行机构	面额种类	发行额	币材形制	流通范围	流通时间
第一农民银行银圆票	柴山洲特别区第一农民银行	壹元	5000 元	白竹布毛笔书写，竖式	湖南衡山柴山洲	1926.12—1927.6
第二农民银行银圆票	柴山洲第二农民银行	壹元	—	白竹布毛笔书写，竖式	湖南衡山柴山洲	1926.2—927.6
浏东平民银行临时兑换券、浏东平民银行信用券	浏东平民银行	壹角、贰角、叁角、伍角、壹元	各 12 万元	土纸石印	湖南浏阳东乡	1927.1—7
醴陵地方银行银圆票	醴陵地方银行	壹角、贰角、叁角、壹元	—	土纸石印	湖南浏阳县城乡	1927.1—8
浏阳公有财产保管处有期证券	浏阳公有财产保管处	壹角、贰角、壹元	—	土纸石印，横式、竖式两种	湖南浏阳金刚大瑶地区	1927.3—8
浏南文市生产合作社常洋券	浏南文市生产合作社	壹角、贰角、伍角、壹元	—	土纸印刷	湖南浏阳文家市	1927.3—6
醴陵工农银行币	醴陵工农银行	壹角、贰角、伍角	—	毛边纸石印	湖南醴陵	1927.3—6

---

① 吉振兴：《湖南金融若干历史经验》，湖南人民出版社 2009 年版，第 40 页。
② 湖南省浏阳市地方志编委会：《浏阳县志》，中国城市出版社 1994 年版，第 396 页。

名称	发行机构	面额种类	发行额	币材形制	流通范围	流通时间
黄冈县农民协会信用合作社流通券	黄冈县农民协会信用合作社	壹串文	5万串	雕版印刷	湖北黄冈县团风镇	1927.2—7
鄂城商民协会信用券	鄂城商民协会	壹角	—	—	湖北鄂城县	1927

资料来源：许树信：《中国革命根据地货币史纲》，中国金融出版社 2008 年版，第 21 页。

上述纸币名称各异，如银圆票、常洋券、兑换券、流通券、期票和信用券等，都是以银圆或常洋为本位，而且是可以十足兑现的。纸币的材质较为简陋，多为土纸石印，而且流通时间较短。有些纸币上还印有政治宣传口号，如"浏东平民银行信用券"上印着"打倒资本主义""拥护工农政策"的口号。虽然这些并不是严格意义上的信用货币，但是当地老百姓都愿意接受和使用，也反映了这些纸币有着较好的口碑和信用。农民协会发行的货币是中国共产党对发行可兑换信用货币的早期尝试。

二、土地革命时期可兑现信用货币制度的继续推行

土地革命时期，根据地发行的纸币基本上还是可兑现性质的，无论是种类还是数量，都大大超越了大革命时期。在发行纸币的时候，都强调可十足兑现，以便增强群众对纸币的信任。

1927 年 11 月间，闽西蛟洋农民银行开业不久，便发行以银圆本位制的流通券，与袁头银圆等值，随时可兑现，实际是银行兑换券。蛟洋银行流通券流通的区域主要是蛟洋一带，颇有信誉。1928 年 3 月，中共北四区（即蛟洋乡）委成立后，决定区乡征收的杀猪、宰牛税、土地税存入蛟洋农民银行，群众交纳税款也可使用流通券。流通券成为蛟洋一带方圆百余里市场流通的主要货币之一，对活跃商品交易起到积极作用。1928 年 6 月 25 日，蛟洋农民银行被迫停业，其发行的流通券随之停止流通使用。① 蛟洋农民银行流通券是土地革命时期革命根据地较早发行的可兑现信用货币。

---

① 福建省钱币学会：《福建货币史略》，中华书局 2001 年版，第 365-366 页。

1928 年 2 月下旬,耒阳县工农兵苏维埃政府发行了劳动券,流通于耒阳根据地。一元劳动券为石版印制,正面印马克思、列宁像,下方印"中华苏维埃元年"字样;背面盖"耒阳工农兵苏维埃政府"圆形印章。劳动券与光洋同价,可随时兑现。4 月初,耒阳苏维埃政府撤销后,劳动券随之停止发行流通。① 与此同时,耒阳第十三区工农兵苏维埃政府也发行了类似的劳动券。这是土地革命时期以工农兵苏维埃政府名义发行的可兑现纸币。

1929 年,闽西革命根据地的永定、上杭等县的信用合作社也发行了纸币,以满足市场对辅币的需要。例如,永定第三区信用合作社银毫票(系永定第一区信用合作社发行)、永定县太平区信用合作社银圆票(纸币与银圆等价使用,流通使用的范围除太平区管辖地区外,龙岩县城的"谦记"金银店可办理纸币兑换)、上杭县北四区信用合作社流通券、杭武县坑口墟消费合作社银毫票。②

1930 年 11 月 25 日,闽西工农银行首期发行面额一元的银圆票 3 万元。闽西苏维埃政府在《通行闽西工农银行纸币的布告》中指出:"目前为要使金融便利流通,特先印发暂行纸币三万张,每张一元,与光洋同价,自布告之日起开始通行。凡缴纳土地税以及一切政府税收和市面交易都当光洋使用。在目前为提高信用起见,各级政府以及合作社一律负责兑现。"③ 闽西工农银行所发行纸币为暂行纸币,并规定与银圆等值流通,各级政府和合作社负责兑现。

然而,闽西工农银行纸币的推行并不顺利,闽西苏维埃政府多次发出布告力推该行纸币。1931 年 1 月 5 日,闽西苏维埃政府发布通告指出:"本政府前已布告,凡各政府,各合作社,对于工农银行纸币一律负责兑现,照大洋行使。乃近来有些地方竟不行用,这一影响,实足以破坏工农银行的信用。为此再行通告,以后我们大家应一致拥护工农银行的纸币,维持工农银行的信用,同时各政府各合作社须切实负责兑现,如有藉端不用者,应予以相当的处分。"④ 8 月 14 日,闽西苏维埃政府又发出第 21 号布告,指出:"这工农银行发行的纸票是永远十足通用随时可以兑现的,各地普遍设立兑换处(现在已建立了好几处),实在比现银还过好。因为轻便好带,苏区内又到处流通,基金充足,非常

① 中国人民银行金融研究所财政部财政科学研究所:《中国革命根据地货币》上册,文物出版社 1982 年版,第 15 页。
② 福建省地方志编纂委员会:《福建省志·金融志》,新华出版社 1996 年版,第 41 页。
③ 中央档案馆,福建档案馆:《福建革命历史文件汇集(苏维埃政府文件)·一九三〇年》,福建新华印刷厂 1985 年版,第 280 页。
④ 中央档案馆,福建档案馆:《福建革命历史文件汇集(苏维埃政府文件)·一九三一年——一九三三年》,福建新华印刷厂 1985 年版,第 3 页。

巩固，并从来没有受过丝毫损失。""兹特再出布告，闽西工农银行纸票无论什么交易都应一律十足通用，缴纳政府的土地税可尽量用工农银行纸票来缴纳。"①

1930年11月27日，江西省苏维埃政府发出《创设江西工农银行》的通令中明确提出：发行钞票一百万元，"而工农银行的票子因材料缺乏尚未印好，因此特将吉安临时辅助货币一角价值的加盖我'江西工农银行暂借发行券'与盖五角形赤区通用的图印，后面并加盖'江西省苏维埃政府财政部'方印以昭信用，藉防假冒。同时该钞票并可随时持到本政府财政部兑换现洋"，"该钞票在赤区一律通行，同时并预先说明俟江西工农银行的钞票一律印好后，即将该钞票收回"。②

浏阳工农兵银行于1931年元月发行了银洋壹角、贰角、叁角、伍角和壹元券流通票币。该行发布了发行票币的宣言："工农银行是工农劳苦群众自己的钱庄，银行票币是工农劳苦群众活跃金融的信用券。这种票币，是不比往昔的票币，要买货，就可买货，要兑现金就可兑现金。在苏维埃区域都可通行无阻。因此愿你们认识这种票币的好处，一致的行用起来。"③这种票币一直在浏阳苏区广泛流通。同时流通的还有湘鄂赣工农银行1931年发行的银洋壹元券和1932年发行的银洋壹角、贰角及叁角券。

1932年6月，中华苏维埃共和国临时中央政府人民委员会发出命令，明确要求：（1）在国家银行各地兑换处未普遍设立以前，各级政府、各部队的经理机关要代理兑换国家银行发行之各种钞票，并须挂起"国家银行钞票代兑代"的招牌，指定专人负责；（2）对持票要求兑换者，须尽量兑付现洋，不得拒绝；同时要向持票人宣传，以提高他们对国家银行钞票之认识和信仰；（3）一切税收要完全缴纳国家银行钞票及苏维埃二角银币，其他什币，概不收受；（4）各级政府、各部门的经理机关，不但要代理兑换而且要帮助发行国家银行的钞票，其收入之钞票，要从各方面使用出去，俾得在市面继续流通，但须向群众做广大的宣传，不得强迫人使用；（5）各级财部及各级部队的经理机关，在目前应相当积蓄一部分现金来兑换国家银行所行之货币。④ 上述命令特别强调了国家银

---

① 柯华：《中央苏区财政金融史料选编》，中国发展出版社2016年版，第363页。

② 柯华：《中央苏区财政金融史料选编》，中国发展出版社2016年版，第236页。

③ 中国人民银行金融研究所、财政部财政科学研究所：《中国革命根据地货币》下册，文物出版社1982年版，第23页。

④ 《临时中央政府人民委员会命令第14号——关于兑换国家银行钞票问题》，《红色中华》第25期，1932年6月30日。

行纸币有充分的保障的且可兑现的货币。7月，苏维埃国家银行开始发行统一的新纸币，称"苏维埃国币"，为石印，有5分、1角、2角、5角、1元5种面额，在中央苏区内流通。原江西工农银行发行的纸币随即停止流通，并用现金收回。到1933年初，国家银行先后发行苏维埃国币200万元。国家银行纸币发行后，为保证纸币可以随时兑换成银圆，从1932年8月起，陆续在福建的南阳、白砂及江西瑞金等地设立了兑换处，在各县政府及红军经理机关设立了代兑处数十处。① 7月10日，中华苏维埃共和国临时中央政府人民委员会发布命令："国家银行所发行的货币，为苏维埃国币，凡苏区境内，均一律十足通用，无论何人，不得阻碍通行或抑低价格以破坏国币信用"，还要求"对于兑换办法没有依照中央命令办理，而奸商市侩，乘机操纵，如此现象，绝不能允许再继续下去。因此再行严令各级政府，今后须将发行国币的意义，向群众作广泛的宣传……以鼓起群众爱用国币的热情，同时对拒用国币或私抑价格之奸商，则须严密侦查，从重处罚，以维国币之威信"，同时"如地方政府忽视此一工作，故意怠工而不积极执行此令者，则按苏维埃纪律制裁"。②

中华苏维埃共和国成立后，除中央苏区外，各省苏区仍以"中华苏维埃共和国国家银行××省分行"的名义发行纸币，如1933年闽浙赣省苏维埃银行就发行过10枚铜元、1角、1元3种纸币。土地革命时期农村革命根据地发行的纸币和布币情况详见表14。

表14　土地革命时期农村根据地发行的纸币和布币统计表

根据地名称	纸币	布币	面额种类	发行机构			
				行政机构	金融机构	经济机构	合计
湘南	2	—	5	3	—	—	3
海陆丰	1	—	3	—	1	—	1
井冈山	—	—	1	1	—	—	1
中央苏区	14	—	18	2	6	4	12
湘鄂西	9	1	15	4	5	—	9
湘鄂赣	24	—	18	7	14	3	24
湘赣	15	—	8	1	2	—	3

① 罗华素、廖平之：《中央革命根据地货币史》，中国金融出版社1998年版，第145页。

② 中国社会科学院经济研究所中国现代经济史组：《革命根据地经济史料选编》上册，江西人民出版社1986年版，第373页。

根据地名称	纸币	布币	面额种类	发行机构			
				行政机构	金融机构	经济机构	合计
闽浙赣	7	——	7	1	5	——	6
鄂豫皖	6	1	15	2	5	1	8
川陕	4	2	11	1	1	1	3
陕甘陕北	8	6	9	——	7	——	7
琼崖	1	——	2	1	——	——	1
闽东	7	——	7	7	——	——	7
左右江	——	——	1	1	——	——	1
合计	98	10	120	31	46	9	86

资料来源：许树信：《中国革命根据地货币史纲》，中国金融出版社2008年版，第37页。

表14显示，土地革命时期农村革命根据地发行了各种信用货币，其中纸币多达98种，布币也有10种。信用货币的面额种类则更多，其中中央苏区和湘鄂赣都达到18种之多。从发行机构来看，金融机构发行的居多，由行政机构发行的比重也比较高。前文提到的耒阳县工农兵苏维埃政府和第十三区工农兵苏维埃政府都分别发行过劳动券。

三、抗日战争时期信用货币开始向不可兑现的转变

抗日战争时期，抗日根据地都建立了各自的区域性银行组织，先期发行的都为可兑现的纸币，随后规定作为根据地唯一本位币，其性质就转变为不可兑现的纸币。其中还有少数抗日根据地仍然发行了可兑现信用纸币。因此，可以说是兑现与不可兑现信用货币并行，并以不可兑现货币为主。当然，转变为不可兑现信用货币，也为日后抗日根据地出现大量财政发行，导致通货膨胀提供了可能性。

1. 晋绥（晋西北）抗日根据地发行纸币的性质转变

晋绥（晋西北）抗日根据地先发行可兑现的纸币，之后发行的西农币就成为不可兑现的本位币。1937年11月底，兴县农民银行开办月余时间，就印出了五分、二角、五角、一元等几种券别的票子3万元，1938年春又印出了第二批

票子 5 万元。接着又印出了第三批质量较好的票子 7 万元，兴县农民银行前后共印发了 15 万元票子。兴县农民银行印发的票子虽然纸质差，但面额小，流通方便，币值稳定，信誉很高，群众非常拥护，迅速打开了流通市场，流通范围曾扩大到河曲、保德、偏关一带。兴县农民银行印发的钞票名为法币和阎锡山省钞的兑换券，实际上是用抗日捐献出来的大宗银洋为基金发行的独立货币。①此后，西北农民银行发行的货币，可分兑换券和本位币两种。从 1940 年 5 月底到年底，所发行的货币注明"凭票即付国币×元"字样，即西农币可兑换等额的国民党中、中、交、农纸币。这一时期的西农币是兑换法币的兑换券。自 1941 年 1 月晋西北行署宣布西北农民银行发行的货币为本边区唯一合法的本位币之后，西农币就成为本位货币了。② 1942 年 11 月 9 日，晋西北临时参议会通过《关于提高和巩固西农币的决议》。大会一致拥护把西农币作为本根据地之唯一合法的单一本位货币，并指出"今年土产大增，对外贸易转趋平衡，基金充足，西农币已有充分保证，大会一致具有高度信心，认为今后提高和巩固西农币，使成为三百万人民生活之命脉，实为万分必要"，要"确实向人民宣传解释，爱护它、拥护它、信任它以外，并责成各地银行经常检查工作，研究市况，发展银行业务，以保证西农币之提高与巩固"。③

2. 晋察冀边区银行和冀南银行发行纸币的性质转变

1938 年 3 月 20 日，晋察冀边区银行成立后即开始发行边区银行钞票。当时的晋察冀边币的性质为可兑换。1939 年版本的晋察冀边区银行伍元币，票面上明确注明"凭票即付国币伍元"字样。边币壹角的票面则注明"积成拾角兑换国币壹元"字样。④ 据晋察冀边区行政委员会主任宋劭文回忆，"边币在当时（成为本位币之前）是一个兑换纸币，为了树立边币信用和便利边币的推行，边币就与法币携手做朋友，并以之为准备，随时兑换"。⑤ 1940 年 2 月底，为维护法币，晋察冀边区宣布停止法币在市面流通，用边币兑换收回，其比值是 1 : 1。因此，边币由此成为晋察冀边区的本位币，因而其纸币性质也发生了本质转变。

冀南银行在筹建时，就同时在准备发行纸币的工作。一二九师供给部不仅

---

① 杨世源：《晋绥革命根据地货币史》，中国金融出版社 2001 年版，第 21 页。

② 杨世源：《晋绥革命根据地货币史》，中国金融出版社 2001 年版，第 47-48 页。

③ 杨世源：《晋绥革命根据地货币史》，中国金融出版社 2001 年版，第 165 页。

④ 中国人民银行金融研究所财政部财政科学研究所：《中国革命根据地货币》上册，文物出版社 1982 年版，第 231 页。

⑤ 中国人民银行河北省分行：《回忆晋察冀边区银行》，河北人民出版社 1988 年版，第 3 页。

千方百计地采购印刷钞票所需的器材，招募技术工人，而且为银行准备了一批业务干部。1939年6月，冀南银行的筹建工作基本就绪。9月16日，冀南行政主任公署以财字17号通令宣告成立冀南银行并发行冀南银行币（一般称冀钞）。① 冀钞发行初期，仅限于冀南、太行两区流通。1941年2月，冀太联办（即冀南、太行、太岳行政联合办事处）颁发布告，指出"为了稳定金融，保护法币，打击伪钞，统一货币，决定以冀票为本位币，彻底清收杂钞"，并明确宣布：（1）凡本区内一切贸易，一律以冀南银行钞票为本位币，不得再以法币、银币交易施行。如持有法币及白银者，须向银行兑换冀钞行使。（2）私人原藏之法币、银币，不愿行使者，可以妥为保存，政府、机关、团体不得加以干涉。（3）凡持有法币前往敌占区或出本区境内者，一律须有证明文件，否则经查获后，以走私资敌论罪。（4）凡持白银运往敌占区者，经查获除没收外，并依法重惩。② 由此，冀钞确定为冀南、太行、太岳三大战略区的本位币，其性质也开始转变为不可兑换了。

3. 陕甘宁边区银行发行纸币的性质转变

陕甘宁边区银行先后发行了可兑换的光华商店代价券和不可兑换的陕甘宁边区银行币和陕甘宁边区贸易公司商业流通券。

边区银行开办之初，市面辅币奇缺，买卖货物用邮票找零，人民甚感不便。1938年6月间，边行根据市面需要，用光华代价券名目发行二分、五分、一角、二角、五角钞票五种流通边区市面，持券者随时可到光华商店如数兑换法币。商人自动使用，光华代价券信用很好，流通范围甚至扩到边区以外。光华券的发行到1940年7月底为72万余元，8月以后，外援接济困难，即大量发行。1941年加发了七角五分的代价券，连前五种共计六种。到1941年底，共计发行4307215万元。③ 在这一时期，法币是边区流通的主币，光华券是当作法币的辅币而流通。

在停止法币流通之后，陕甘宁边区银行决定发行边币。1941年2月22日，陕甘宁边区政府发布告，阐释发行边币一元、五元、十元券是金融上的一种新的重要措施。同时还指出：（1）发行边钞是为了建立正规的边区金融制度，逐

---

① 《涉县文史资料》第6辑，政协涉县委员会文史委员会2008年编印，第63页。

② 晋冀鲁豫边区财政经济史编辑组，山西、河北、山东、河南省档案馆：《抗日战争时期晋冀鲁豫边区财政经济史资料选编》第二辑，中国财政经济出版社1990年版，第711页。

③ 陕甘宁边区财政经济史编写组：《抗日战争时期陕甘宁边区财政经济史料摘编》（第五编），陕西人民出版社1981年版，第21页。

渐换回光华代价券，使边币成为唯一的边区通货本位；（2）边钞发行是有限制的，它以盐税货物税作保证：法币影响之下解放出来，回到能兑换现金的地位；（3）发行边钞是使人民免受法币狂跌的损失；（4）因为法币何止流通之后，法币在边区的市场就腾出来了，而光华券没有一元以上的，故须发行边钞以资周转；（5）因为要发行公债，使人民能够认购公债，所以要发边钞。① 该布告明确提出，边币是唯一的本位币，而且是充足保证的，以便提高边钞在民众中的信用。

1941 年 12 月 1 日，陕甘宁边区政府的布告再次强调："（1）所有买卖，均须以边币作价交换，如有以其他货币作价交换备钱货一概没收；（2）边币为边区内唯一流通货币，如有拒用边币者任何人均得将其扭送当地军政公安司法机关从严惩办；（3）除货币交换所外，任何人不得以买卖货币为营业，如有专事买卖货币从中渔利，操纵外汇破坏边币者，一经发觉，立予严惩。"②

1944 年 5 月，西北财经办事处第五次会议决议指出：发行贸易公司商业流通券"目的为打击法币，整理金融，活动市面。做到以流通券代替边币在市面流通，而将边币逐渐收回至一定程度后，再以新边币收回流通券，今后须用全力支持流通券和边币的信用，无论何人不得搞乱金融，使边币跌价"。发行办法主要规定：（1）名称定为"陕甘宁边区贸易公司商业流通券"。名义上为贸易公司，实际上仍由边区银行发行。由贸易公司呈清边区政府批准，布告全边区还粮纳税商业交易一律通行；（2）票面额暂定为五十元和十元两种。每元规定当边币十五元，与边币比价固定不变；（3）开始发行时，暂定流通券一元当法币二元，边币牌价则提至七元五角比法币一元。在流通券未发行前第一步可提至八元五角。以后依照法币跌价的比例来提高流通券和边币与法币的比价，使物价相当稳定；（4）开始一个时期，卖货物价，银行挂牌，均以边币为本位，流通券只以一当十五折合计算；（5）以流通券和边币的总发行额百分之二十五为准备金，照现在情况，准备金可以有一部分物资。准备金全部存银行，其他机关不得动用。③

1944 年 7 月，西北局常委会致电各地委特别强调："一切党、政、军机关的

---

① 陕甘宁边区财政经济史编写组：《抗日战争时期陕甘宁边区财政经济史料摘编》（第五编），陕西人民出版社，第 99 页。

② 中国人民银行金融研究所，财政部财政科学研究所：《中国革命根据地货币》下册，文物出版社 1982 年版，第 32 页。

③ 陕甘宁边区财政经济史编写组：《抗日战争时期陕甘宁边区财政经济史料摘编》（第五编），陕西人民出版社，第 102-103 页。

供给部门、公营商店、合作社、贸易公司以及一切财经税收机关均须用全力来支持流通券，并帮助其建立信用，使流通券在上述一切机关部门都能畅行，有了这个条件，在群众中推行就有基本保证了。""在流通券行使后，可能引起对边币的动摇与不稳，甚至以边币到银行去兑换法币的现象，我们的政策是对流通券与边币同样维持，绝不因发行流通券而使边币不稳，这一政策，一切财经机关和部门均应坚决执行，绝不应以边币去兑换法币。"①

4. 北海银行发行纸币的性质转变

北海银行在筹建时，张玉田等人就在研究和设计将来要发行的纸币。在此以前已陆续从青岛等地搞到印模机、钢板（镌纹）及有经验的二人，做过多次试验，终于在 1938 年 10 月份正式印出票子，票面有壹角、贰角、伍角及壹元几种。11 月 1 日，北海银行正式宣布成立后，布告全蓬、黄、按，定为通用货币，与法币等价流通，随时可兑换收归。北海银行币一经发行，立即在蓬、黄、被三县及邻县流通，信誉极好，人民开始有了自己的货币。1939 年 2 月我们又撤出蓬、黄，北海币没有受到任何影响，反而扩大使用到栖霞、莱阳、招远、平度各县。② 1940 年 11 月，山东省财委会发出《关于发行北海银行辅币的通知》，提出：山东敌后财政经济政策急需发行辅币，以便维护法币之信仰和整理地方金融之需要，"拟发行北海银行辅币，以资周转而利抗战"，"计分一角、二角、五角等三种（计有二十七年度及二十九年度），十足兑换（凑足十角换法币一元）。凡我各地民选政府、部队及附属机关、合作社等，均得负责兑换"。③ 显然，这时候发行的北海银行币都明确提出是可兑换性质的。

1941 年 4 月，北海银行总行发布《推行新钞宣传大纲及三个附件》，指出发行新钞是为了统一山东的币制，避免土票充斥，澄清金融市场，解除人民痛苦，是为了便利市面的金融流通，补救辅币缺乏。提出推行北海银行纸币的标语口号是："北海银行纸币是统一山东通货的法偿纸币。""北海银行纸币是一种国有的地方法币。"④ 上述大纲中明确指明了北海银行纸币的性质为法偿纸币。

随后，北海银行又相继发行了一元和五元新钞。1941 年 5 月，山东省战时

---

① 陕甘宁边区财政经济史编写组：《抗日战争时期陕甘宁边区财政经济史料摘编》（第五编），陕西人民出版社，第 100-102 页。

② 中国人民银行金融研究所，中国人民银行山东省分行金融研究所：《中国革命根据地北海银行史料》，1986 年版，第 23 页。

③ 中共山东省委党史研究室，山东省中共党史学会：《山东党史资料文库》第 7 卷，山东人民出版社 2015 年版，第 749-750 页。

④ 山东省金融学会：《北海银行五十周年纪念文集》，1988 年，第 171 页。

工作推行委员会发出《关于发行北海银行一元新钞的通知》，提出："继续印发胶东区民国三十年度北海一元票币，以期维持金融之流通，抵制伪钞之行使。除经山东省临时参议会核准在山东省一律通用外，并可与华北各抗日区域之各银行互相建立汇兑制度，以资流通。"① 10 月 18 日，山东省战工会又发出通知，指出北海银行总行"现发行新五元券一种，该券正面为淡黄，底套以蓝色花纹，背面为深绿色，在'伍'字两旁有经理图章，在行名两旁反正面打有双号码，特印制票样，请转发各机关团体部队以资识别"。②

1942 年 1 月，山东省战工会财政处发出《关于一九四二年财政工作的指示》，其中明确提出："为提高北票信用，巩固我抗战金融，各地区应迅速确定以北票及民主政权所发行之纸票为本位币，对法币实行七折八折、九折等使用。对伪杂钞在我占区流通者，一律禁止使用（如民生银行、平市官钱局等票）"，并"通过各级机关、团体、部队向民众宣传动员后方限期执行，反对不加解释强迫执行"。③ 4 月 5 日，中共山东分局财委会对各财委会发出指示，提出："决定一九四二年发行新钞总数一千万元，胶东五百万元，总行五百万元。胶东发行的新钞调剂胶东，清河、冀鲁边三地区，总行调剂泰山、沂蒙、滨海、鲁南等地区。发行额数规定一元以下之辅币（五角、二角五分、二角、一角）占三分之一，一元以上货币（一元、二元、五元、十元）占三分之二，十元票尽量少印。"④ 因此，北海银行纸币成为本位币之后，其性质就由可兑换转变为不可兑换了。

5. 琼崖抗日根据地发行的可兑现纸币

琼崖抗日根据地曾经发行了多种可兑现纸币，如琼崖东北区抗日民主政府代用券、临高县人民券、琼崖东北区政府代用券等。这些纸币一般都注明凭券兑换国币，其币值与光洋、法币等值流通使用。1940 年初，琼崖特委决定由特委机关消费合作社发行用蜡纸刻印的"代用券"（也叫消费流通券），面额有一元、五角、二角、五分四种，"代用券"的币值与光洋、法币、"王毅币"（国民党琼崖守备司令王毅印发的钞票的俗称）等值一起流通。这种"代用券"不对外发行，只供根据地内党政军民作为内部核算互相交易的一种临时性的"代用券"。1942 年初，琼崖东北区抗日民主政府印刷发行了 1 元面额的代用券，券面印有"琼崖东北区政府代用券""凭券在琼崖区兑换国币"等字样。因战争

---

① 山东省金融学会：《北海银行五十周年纪念文集》，1988 年，第 177 页。
② 山东省金融学会：《北海银行五十周年纪念文集》，1988 年，第 181 页。
③ 山东省金融学会：《北海银行五十周年纪念文集》，1988 年，第 184 页。
④ 山东省金融学会：《北海银行五十周年纪念文集》，1988 年，第 184 页。

环境的限制，仅在琼山树德乡及文昌老区等地与光洋等值兑换流通，它是琼崖革命根据地发行最早的一种钞票。到 1942 年下半年，日寇实行三光政策，社会经济受到严重破坏，因代用券的印刷无法继续而停止发行，发行量约 20 万元。[1]1942 年春，琼崖特委和东北区政府决定印刷发行壹元面额的琼崖东北区政府国币代用券，计划发行总额 40 万元，支持抗日民主政府和部队军政经费的需要。代用券图版是当时任民政科科长吴乾鹏设计的。代用券的正面：用蓝黑色油墨印刷，上端中间印有"琼崖东北区政府"七个字，下面印有"代用券"三个字，票面正中是二位农民在田间劳动的图案，下边刻有"凭券在琼崖区兑换国币"字样，发行时间为民国三十一年（1942），左侧标有"壹元"金额两个大字。[2] 临高县民主政府于 1943 年上半年印发"临高县人民券"，有 1 角、2 角、5 角 3 种面额，发行量约 1000 元，在木排地区与光洋等价流通。[3]

值得一提的是，有学者提出："到了抗战时期，抗日根据地的纸币已不再是可兑现的兑换券性质的货币了，而成为与金属币脱离联系，以大量商品物资、外汇和金银储备基金为基础，由各根据地政府立法推行的信用货币，只不过有的纸币面额还保留了某些金属币的痕迹而已。"[4] 笔者认为，"抗日根据地的纸币已不再是可兑现的兑换券性质的货币了"这一观点与当时的实际并不相符，上述观点中也未给出充分的论据。早期的许多纸币仍然提出可以兑换国币（法币）的，而且很多抗日根据地仍然发行的是代用券、流通券和兑换券，是可以兑换性质的。例如，晋察冀边区银行币、西农币等可兑换等额的法币。只是到后期边币成为唯一通行的本位币时，就转变为不可兑现性质了。所以，不能笼统地说"抗日根据地的纸币已不再是可兑现的兑换券性质的货币了"。

四、解放战争时期可兑现与不可兑现信用货币的继续并行

解放战争时期，很多解放区沿用此前发行的信用货币，如晋察冀边区银行币、冀钞、北海银行币等，当然都是不可兑现性质的，但是也有少数解放区仍发行过可兑换性质的流通券、代用券等信用货币。因此，解放战争时期，解放区是以不可兑现的纸币为主，可兑现与不可兑现信用货币并行，最终都统一于

---

① 海南省地方志编纂委员会：《海南省志·金融志》，南海出版公司 1993 年版，第 21 页。
② 中国钱币学会广东分会，海南钱币学会，汕头钱币学会，珠海钱币学会筹备组：《华南革命根据地货币金融史料选编》，广东省怀集人民印刷厂 1991 年版，第 148 页。
③ 中国钱币学会广东分会，海南钱币学会，汕头钱币学会，珠海钱币学会筹备组：《华南革命根据地货币金融史料选编》，广东省怀集人民印刷厂 1991 年版，第 146-147 页。
④ 许树信：《中国革命根据地货币史纲》，中国金融出版社 2008 年版，第 48 页。

人民币。

除了原先流通的各种边币之外，为了解决流通中的货币筹码严重不足问题，晋冀鲁豫和中原等解放区还发行了临时流通券作为主币的辅助或补充。

例如，上党战役以后，太岳区区域与人口大大增加，冀南票太岳版地名券发行量较小，流通中的货币筹码严重不足。为此，太岳区党委指令太岳区经济局发行区域性货币——太岳区经济局商业流通券。1945 年 10 月间，该流通券正式发行。太岳区经济局商业流通券背面印制了告示："（1）此券业经晋冀鲁豫太岳区行署批准发行，并布告全区境内所有纳税、交易、还债一律通用。（2）此券规定每元当冀南银行（太岳版）票壹元，并得与冀南银行票相兑换。（3）此券以太岳经济局及其所属盐业公司、工厂、商店之型部财产作为基金，并由太岳区冀南银行作保证。"① 太岳区经济局商业流通券从 1945 年 10 月间开始发行，到 1946 年 12 月陆续收回，共发行 2.8 亿元。其中，壹佰圆券 7800 万元，伍拾圆券 2.02 亿元。② 商业流通券发行以后，太岳区市场上流通筹码短缺的问题逐步得到解决，其性质也属于本位币的范畴。

再如，1948 年 8 月 4 日，为尽可能缩短本币占领市场之时间，中原局指示豫西党委在中原全区普遍发行小额流通券，并规定办法如下。（1）流通券以专署名义发行仍由各级银行管理，其损益均归银行，不准透支。（2）流通券一般以一、二元两种为限，商办者以二十元以下为限，流通区域限于当地，票面须标明某某区流通券（如豫皖苏一专区流通券）。（3）行署直接掌握之印刷厂，仍以中州银行名义印刷二元小票。（4）流通票发行额如下：豫皖苏四千万，豫西二千万，桐柏、江汉各一千二百五，陕南六百万，一元券比例应占十分之一，九月底完成随印随发，以后是否续印，按当时情况再定。商办者由区党委决定报告中原局。（5）流通券票纸大小不能小于中钞二十元券六分之五，不印号码，不加底纹，洋文，经理章制在版上一次印出，磅子、牛皮纸、道林纸均可，不能用麻纸报纸。（6）流通券与中钞等价使用（商办者应实行银本位），将来以中州钞收回。③

抗战胜利后，东北地区货币流通状况异常复杂，包括各种日伪币、国民政

---

① 张转芳：《晋冀鲁豫边区货币史（上册）——晋东南革命根据地货币史》，中国金融出版社 1996 年版，第 139 页。

② 中国人民银行山西省分行，太岳革命根据地金融史编写组：《太岳革命根据地金融资料选编》，1987 年（内部资料），第 256 页。

③ 河南省金融志编辑室：《河南省金融史志资料汇编》第二辑（中州农民银行续辑），1984 年版，第 19 页。

府货币和苏联军用票等。1945 年开始，东北解放区发行了较多的信用纸币（详见表 15），并逐步统一货币的发行。

表 15　东北解放区发行的主要信用纸币一览表

名称	发行机构	发行时间	发行面值或数量
东北银行辽东地方流通券	东北银行安东省分行	1946.5—1948.4	五角、一元、五元、五十元、百元、五百元
东北银行辽西地方流通券	西满实业公司金融部	1946.3—1947.7	一元、五元、五十元、百元、二百元
吉林省地方流通券	吉林省银行	1946.4	五元、十元、五十、一百元，合计发行 194650 万元
吉东地方流通券	吉东银行	1946.4—8	十元、一百元，总发行额 3148.5 万元
宁安县银行券	宁安县银行	1945.12	一百元
牡丹江实业银行券	牡丹江实业银行	1946.1	十元、五十元、一百元
东北银行吉江流通券	东北银行吉江分行	1946.3	五元、十元、五十元、一百元，发行总额 2289.5 万元
嫩江省银行券	嫩江省银行	1946.6	五元、十元、五十元、一百元，发行总额 67153.64 万元
合江银行地方经济建设流通券	合江银行	1946.1	一角、五角、一元、十元
东安地区地方流通券	东安地区实业银行	1946.7	五角、一元、十元，发行总额为 1000 万元
黑河地方流通券	东北银行黑河办事处	1947.1	面额为一百元发行总额 900 万元
克山地方流通券	克山县大众银行	1946.2	十元、一百元，发行总额为 500 万元
克东粮谷交易存款证	克东县贸易管理局	1946.6	十元、二十元、五十元、一百元，总额为 1000 万元

续表

名称	发行机构	发行时间	发行面值或数量
热河省银行券	热河省银行	1946 秋	十元、二十元、五十元、一百元、二百元
长城银行冀察热辽流通券	长城银行	1948.2	一百元、二百元、五百元、一千元、五千元，共发行 1600 亿元
关东银行券	关东银行	1948.11	一元、五元、十元、五十元、一百元，发行总额 37 亿

资料来源：根据赵锡安等主编的《东北银行史》（中国金融出版社 1993 年版）第 36-44 页的相关内容整理。

　　解放战争时期，东北解放区被分割成若干分区，因而根据实际情况，实行分区建行，分区发行货币的政策。主要发行的信用纸币多达 14 种，名称多为流通券。其中，克东粮谷交易存款证较为特殊，用交易存款证替代信用纸币，主要为解决大批购进粮食的资金需要，经商得黑龙江省贸易管理总局同意印制。

　　解放战争时期，华南地区解放较晚，而且邻近港澳和东南亚，又同海外华侨关系密切，因而华南解放区流通货币也较复杂。中共领导华南解放区各级政府或金融机构政权发行较多信用货币。例如，1949 年 6 月 1 日，琼崖临时民主政府制定了《发行光银代用券条例》，主要内容规定：（1）光银代用券系光银辅币，限在琼崖行使，是地方性临时性的纸币，一候全琼解放，正式纸币行使，当即收回；（2）光银代用券即发一分、一角、五角三种，均按照票面，当光银十足行使，一切商民不得歧视，不得折扣，违者按情处罚；（3）光银代用券，均照票面计算，每十角兑换光银壹元，各县民主政府，均可兑现；（4）凡一分、一角、五角之光银代用券，均有其特别标志，不许有模仿伪造等行为。[①] 上述条例明确提出光银代用券照票面额当光银十足流通，并可随时兑现，属于可兑现性质的纸币。此外，琼崖根据地还发行了大众合作社临时光银代用券，西区专署光银代用券，琼崖临时人民政府光银代用券等。华南解放区发行的主要信用纸币详见表 16。

---

　　① 中国人民银行金融研究所，财政部财政科学研究所：《中国革命根据地货币》下册，文物出版社 1982 年版，第 82 页。

表 16　华南解放区发行的主要信用纸币一览表

名称	发行机构	发行时间	发行面值或数量
裕民银行流通券	裕民银行	1949. 2. 16	一元、五元、十元（主币）；一角、二角、五角（辅币），共计发行 400 万元
大埔流通券	大埔军民合作社	1949. 6	五元、一元、一角、五分，共计发行约 3 万元
闽西流通券	军民合作社闽西分社	1949. 6	十元、一元和辅币一角、五分，实际发行 77290 元
潮饶丰边县军民合作社流通券	边县军民合作社	1949. 7. 1	一角、二角、伍角和一元，发行总额为 2 万元
新陆券	新陆银行	1949	主币一元、二元、五元，辅币一角、二角、五角，发行总额 60 万元
河源县信用流通券	河源县人民政府	1948. 11	一元、二元、五元、十元、二十元和二角、五角，后增发二百元、五百元、一千元、一万元
连和县信用流通券	连和县人民政府	1949. 1	一元、二元、三元
新丰县信用欠票	粤赣湘边支队第二团	1948. 12	一元、五角、二角、一角，实际发行 4000 元
粤赣湘边区人民流通券	粤赣湘边纵司令部	1949. 8. 14	十元、五元、一元、五角、二角，共发行 29.5 万多元
海丰县民主政府临时流通券	海丰县民主政府	1949. 5	一角、二角、一元、二元、五元，发行总额为 106297 元
紫金人民流通券	紫金县人民政府	1949	壹毫、伍毫、一元、二元、五元
大众合作社临时光银代用券	大众合作社	1947. 1	一角、二角，发行总额 1400 元
西区专署光银代用券	海南西区专署	1948. 12—1949	五分、一角、二角，发行总额仅 80 元

续表

名称	发行机构	发行时间	发行面值或数量
琼崖临时人民政府光银代用券	琼崖临时人民政府	1949.6	五分、一角、五角，发行总额为30380元
鹤江县第四区人民政府粮税代用券	鹤江县第四区人民政府	1949.5	一元、二元、五元、一角、二角、五角
高明县第一、二区人民政府粮税代用券	高明县第一、二区人民政府	1949.7	一角、二角、五角、一元
高要县第二、三区人民政府粮税代用券	高要县第二、三区人民政府	1949.8	一角、二角、一元
新兴县人民政府军粮代用券	新兴县人民政府	1949.5	一角、二角、五角、一元、二元、五元、十元，实际发行9000元左右
南方券	南方人民银行	1949.7	一元、五元、十元、一角、二角、五角，实际发行一亿零九百六十七万二千三百元七角

资料来源：根据中国钱币学会广东分会、海南钱币学会、汕头钱币学会、珠海钱币学会筹备组的《华南革命根据地货币金融史料选编》（广东省怀集人民印刷厂1991年版）第497-506页的相关内容整理。

从表16可以看出，华南解放区各人民政权发行了20种信用纸币，名称以流通券或代用券为主，性质上很多都属于可兑换的。发行机构主要是当地政府或委托合作社发行，由银行发行的仅有三种。发行时间集中于1948—1949年间。发行数量最少的是西区专署光银代用券，仅80元，南方券、裕民银行流通券和新陆券发行数量是最多的三家，都是由银行负责发行的。其中新丰县信用欠票，名称较为特殊。新丰县信用欠票是粤赣湘边支队第二团于1948年12月在新丰县议决发行，以解决部队给养问题，向人民群众借款、借粮，今后凭票归还所借粮款。信用欠票比值与银圆等值流通使用。①

第二节　重视信用纸币的发行准备

发行准备是维护纸币信用稳定的一个重要手段。一般以某种贵金属或某几种形式的资产作为发行准备，使纸币发行量与某种贵金属或某些资产的数量之间建立起联系和制约关系。如果纸币发行量超过货币需要量，就会造成通货膨胀，引起纸币贬值。因此，要稳定纸币币值，一定要重视发行准备制度。新民主主义革命时期，中国共产党在推进货币信用制度建设的时候，一直非常重视发行准备制度。

一、土地革命时期的纸币发行准备概述

早在大革命时期，中共领导下的农民协会创办的银行或信用社就开始意识到纸币发行准备的重要性。到土地革命时期，党和根据地政府普遍重视纸币发行的基金问题。"有多少基金发行多少货币"成为根据地银行发行货币的原则，并具体标明在发行纸币的票面上："本行钞票，现银一律，准备基金，十分充足。"根据地银行发行的纸币是以金银和粮食为基金的。据亲历者回忆："苏维埃征收的谷子，抵价印成红票子，谷子值多少钱，只能印多少红票子。还有打土豪交来的金银和打仗缴获的金银，都折价印成红票子，在苏区流通使用。""有多少资金，才发行多少钞票，不能多发行一张钞票。"1933 年 3 月，闽浙赣省第二次工农兵代表大会的决议案也号召"鼓动群众向银行入股与贮蓄，以扩充银行基金，极力保障和提高银行钞票的信用"。② 赣东北特区方志敏主席对纸币发行工作做出指示："要有充分准备，没有准备不能发钞票。""要讲信用，要好做好宣传。"③

浏东平民银行发起筹建时，由社会各界认股筹集基金，另有无息存款 6000

---

① 中国钱币学会广东分会，海南钱币学会，汕头钱币学会，珠海钱币学会筹备组：《华南革命根据地货币金融史料选编》，广东省怀集人民印刷厂 1991 年版，第 500 页。

② 中国人民银行江西省分行金融研究所：《闽浙赣革命根据地金融史资料摘编（初稿）》，中国人民银行江西省分行金融研究所 1979 年版，第 103 页。

③ 江西财经学院经济研究所，江西省档案馆，福建省档案馆：《闽浙赣革命根据地财政经济史料选编》，厦门大学出版社 1988 年版，第 195 页。

元。六个区公有财产计值 15 万元，作为银行信用保证。① 湘鄂赣省工农银行成立后，确立的收集金银、发行票币原则是"以人民多少为原则，每人限于发行三元，多了通货膨胀，少了不能周转"。② 闽西苏维埃政府对合作社发行纸币进行严格的管理和监督，规定各合作社发行纸币须报经闽西苏维埃政府批准，发行数量不得超过资本的半数，超过部分责令其收回。1930 年 3 月，福建省第一次工农兵代表大会决定，纸币应由政府银行集中统一发行。为此，闽西苏维埃政府规定各合作社不得再增发纸币，已发行的用现金（银圆）逐步收回。③

1932 年 5 月通过的《中华苏维埃共和国国家银行暂行章程》规定："发行纸币，至少须有十分之三的现金，或贵重金属，或外国货币为现金准备，其余应以易于变售之货物或短期汇票，或他种证券为保证准备。"④ 苏维埃国家银行在白砂、南阳、会昌、瑞金、兴国等地设立了收买金银处，以保障银行的发行基金充分。1932 年底，国家银行总行及福建分行的现金准备余额为 389480 元，其中银圆 339335 元，生金银 12811 元，造币 37230 元，各种货品 104 元，而国家银行发行的纸币余额为 656175 元。现金准备占纸币发行量的 59.36%，比《国家银行暂行章程》规定的比例高出 29.36 个百分点。⑤ 因此，1932 年下半年苏维埃国家银行发行的纸币信用度高，币值稳定。

川陕省苏维埃政府也非常重视发行准备和维护苏币信用，布币、纸币的发行体现了基金充实、兑换充分、发行适度的原则，因而都能得到根据地群众的拥护。1933 年 6 月，在中共川陕省第二次党员代表大会讨论的斗争纲领中指出：要"集中大批食盐、布匹、油与现金，扩大银行的威信"。⑥ 7 月，川陕省工农银行行长郑义斋公开发文指出，有些部门的"现金仍是没有如数集中，以致银行基金不能充实，不能开兑，钞票不能取得群众信仰，就不能在苏区内普遍流通"，要求"各级经常要有经济、粮食、油、盐、衣服、布匹［棉］花等物品精确统计，报告上级，上级能了解整个经济物质情形"，必须"坚决执行现金集

① 湖南省地方志编纂委员会：《湖南省志·金融志》，湖南出版社 1995 年版，第 224 页。
② 中国人民银行湖南省分行金融研究所：《湖南省老革命根据地金融史料汇编》，1981 年版，第 190 页。
③ 福建省地方志编纂委员会：《福建省志·金融志》，新华出版社 1996 年版，第 40 页。
④ 中国社会科学院经济研究所中国现代经济史组：《革命根据地经济史料选编》上册，江西人民出版社 1986 年版，第 370 页。
⑤ 转引自沙晓芸：《中央苏区货币政策初探》，载江西省博物馆：《江西省博物馆集刊（六）》，文物出版社 2015 年版，第 59 页。
⑥ 《川陕革命根据地历史文献选编》（上册），四川人民出版社 1979 年版，第 18 页。

中，充实工农银行基金，使得银行马上开兑，扩大钞票信用"。① 因此，郑义斋提出要集中各种物资，充实银行基金，川陕苏币才能取得群众信任。

据估计，当时川陕省工农银行的基金为："鸦片烟20万斤（每两3元）、白木耳100斤（每两23儿元）、出钞票200万元以上（苏洋）、出银圆50万元以上（苏洋）、出铜元30万元以上（苏洋）、金子1000余两（值200万元）。其他活动的财产无统计。"若按当时的价格折算成银圆，其基金数量为：鸦片烟960万元、白木耳36800元、黄金200万元，基金总额为1243.68万元。这一估算数字仅为变现能力最强的部分，不包括其他如珠宝等变现较差的财产和其他活动财产，且当时实行16两秤。② 据原川陕省工农银行的杨文局回忆："银行的贵重物品都由金库保管，其中主要的有黄金、白银、银圆、铜元、布币、纸币，还有白耳、贵重药材、茶叶、金银首饰、玉器珠宝等等。由我经手保管的基金中，就有大致20公分见方、10公分高的6个铁皮小箱，其中4个装的是黄金，两个装的是珠宝等物，单是黄金估计有二千两左右，还有不少零散的金首饰、金叶子。""金库专门储藏苏区的所有金银财宝、货币和其他珍贵物资，计在1680万元以上。"③川陕根据地共发行纸币、布币200万元，而银行的基金达到1200余万元以上，基金和纸币、布币之比为6∶1，银行的基会极为充实。④ 川陕苏币在根据地内的信誉较高，得到群众的承认，从而流通极为顺畅。

湘鄂西根据地发行的货币有相当的准备金作保证。湘鄂西党和苏维埃政府在相关决议案、文件及货币条例中规定：湘鄂西苏区所建银行、印制货币是以红军作战缴获的硬币、外币和金银交银行储藏；以政府税收（土地税、营业税、关税、富农特捐及累进税）为担保；以苏维埃政府所收之公益费为担保品等作为储备基金，以保证币值的稳定。⑤ 因而，湘鄂西的纸币也能得到群众的支持和信任。土地革命时期根据地纸币的发行准备金情况详见表17。

---

① 四川省财政科学研究所，川陕革命根据地博物馆：《川陕革命根据地财政经济史料选编》，四川省社会科学院出版社1987年版，第203页。

② 袁远福，巴家云：《川陕革命根据地货币史》，中国金融出版社2003年版，第128页。

③ 郭际富等：《通江苏维埃志》，四川省社会科学院出版社1988年版，第347页。

④ 袁远福，巴家云：《川陕革命根据地货币史》，中国金融出版社2003年版，第129页。

⑤ 刘崇明，祝迪润：《湘鄂西革命根据地货币史》，中国金融出版社1996年版，第8页。

表 17 土地革命时期根据地纸币的发行准备金统计表

金融机构	发行年份	发行准备基金	纸币发行总额	占发行总额的比例	准备金构成
闽西蛟洋农民银行	1927	2000 元	4000 元	50%	——
闽西工农银行	1930	20 万元	——	30%	银圆、物资等
苏维埃国家银行	1932	38.9 万余元	65.6 万元	59.3%	银圆、物资等
湘赣省工农银行	1932	6 万元	——	200%	
赣东北省苏维埃银行	1932	18 万元	7 万余元	257%	银圆、生金银
闽浙赣省工农银行	1933 年增补基金	38 万余元	近 100 万元	38%	银圆、黄金
湘鄂赣省工农银行	1932	4 万余元	10 万元	40%	——
鄂东南工农银行	1932	10 万元	40 万元	25%	——
川陕省工农银行	1933	1200 万元	200 万元	600%	黄金、银圆、物资

资料来源：许树信：《中国革命根据地货币史纲》，中国金融出版社 2008 年版，第 124 页。

从表 17 统计数据来看，根据地在发行纸币时对发行准备是极为重视的，并设立了充足的发行准备金，以保障纸币的币值和信用。川陕工农银行发行准备基金占发行总额的比例高达 600%。比例最小的是鄂东南工农银行，仅有 25%。当时一般规定的发行准备最低要达到 30%。《中华苏维埃共和国国家银行章程》专门规定：发行纸币，至少须有十分之三之现金，或贵重金属，或外国货币为现金准备，其余应以易于变售之货物或短期汇票，或他种证券为保证准备。

二、抗日战争时期对纸币发行准备的重视

抗战时期，中共领导的各抗日根据地在发行自己的信用纸币时，更加重视纸币的发行准备，在相关文件或决议中都进行了严格的规定。

1938 年 8 月，毛泽东等人就货币政策问题指示晋察冀边区负责人，其中强调："边区的纸币应有准备金。第一货物特别是工业品，第二伪币，第三法币。边区的纸币数目，不应超过边区市场上的需要数量。这里应该估计到边区之扩大和缩小之可能。"① 1940 年 5 月，中共中央对山东分局财政工作做出指示，明确提出：各区银行所发行纸币额，需按各地每年度可能流通额为准，发行的纸币数事实上不能全部作为收入，并须以一部分为改善人民生活用；黄银资本以本地向外出售为好，并可以一部分为银行准备金，如本地确实难售，可将一部分送中央。② 7 月 1 日，李一清专员在太北区财经扩大会议上指出："我们一定要纠正用印票子解决财政问题的错误观念，票子发行是有一定数量的，超过一定限量就会形成通货膨胀"，并明确提出：保证货币信用，其中还要"发展生产事业，与生产事业密切结合，以建立货币的巩固的经济基础"，要有"实物准备——保证足充的准备金，储藏现金现银以及其他实物"。③ 7 月 20 日，中共中央北方局指示鲁西区党委，明确要求："对于现在已经发出的纸币，应该采取各项办法保障其信用，禁止伪币通行。发行数额应有规定，不能滥发，防止与反对把印刷机看成是解决财政经济困难的唯一办法。已经发出去的纸币有多少，你们计划如何，均希电告我们及山东分局。"④

西北农民银行从 1941 年起正式建立了发行制度。该项制度规定，财政借款不得超过发行额的 50%，收购生金银及非本位币占发行额的 20%，放款和投资占发行额的 15%，流通资金占发行额的 10%，印刷费等占发行额的 5%。⑤ 为了巩固西农币的信用和边区的金融基础，该行以民众自动献交给政府的法币 300 万元充当银行的基金，发行了地方钞票。用法币充当了基金，非但巩固了法币的信用，而且可使法币不致外流。……我们所发行的钞票既有充实的准备金，

---

① 中央档案馆：《中共中央文件选集》第十一册，中共中央党校出版社 1991 年版，第539 页。
② 山东省金融学会：《北海银行五十周年纪念文集》，1988 年，第 164 页。
③ 中国人民银行河北省分行：《冀南银行》（全二册），河北人民出版社 1989 年版，第90 页。
④ 山东省金融学会：《北海银行五十周年纪念文集》，1988 年，第 164 页。
⑤ 杨世源：《晋绥革命根据地货币史》，中国金融出版社 2001 年版，第 52 页。

而发行量又是有限的，所以便可以永远维持信用，永远巩固，坚强地奠定了我们金融的有力基础。① 虽然西北农民银行建立了发行制度，发行准备也相对较充实，但在实际执行当中，很多年份纸币的财政发行还是大大超过了原定的比例。

1941 年 4 月，北海银行总行明确规定发行新钞的保证：一是山东游击区有着大量的法币，这些法币可以兑换收集起来，作为新钞的准备金；二是山东游击区有着大量的白银硬币、金银首饰和现金，这些东西也可以兑换收集起来，作为新钞的准备金。② 因此，北海银行新钞的发行有了绝大的保证，也有着坚固的经济基础、政治保障，因而受到山东全体民众的拥护。

晋察冀边区的边币发行有 70% 的现金准备（早期主要是法币）及 30% 的实物准备，而不是无限制发行的军用票，也不是无准备的纯纸币。③ 事实上，边币刚开始发行时准备金很有限，最初定为 50 万元，实际上只有聂荣臻从八路军军饷中节留下的 4 万元法币，吕正操打下安国县城所缴获的 3 万元法币，再加上实物（粮食和棉花）作为准备金，就开始发行边币。由于群众不了解，加上边币纸张不好（木本纸），大家不信任，流通后，群众又很快到银行兑换法币。后来，杨成武消灭了叛军孟阁臣，搞到一大批黄金（元宝）、铜元和现钞，把这些都运到了边区银行，并在银行展览，让群众参观，从此树立了银行威信，边币也稳定了。④

三、解放战争时期纸币发行准备概述

解放战争时期，解放区的那些老银行依然保持对纸币发行准备的高度重视，新解放区创建的银行也注重建立发行准备制度。

1948 年 8 月，中州农民银行在发行本币宣传提纲中提出："中州票有很充分的准备基金，有很雄厚的物资基础。本币 200 元便可兑换银洋 1 元，这就和蒋介石的票子不大相同。它是毫无准备基金，不管兑现的一张纸，所以闹的越来越不值钱"，而且中州票的发行"根据市面交易上的需要，根据准备金及物资的力量，很慎重的有计划的往外发行。假如市面上票子多了，可能影响物价时，便及时加以紧缩；若是市面上票子少了，便及时进行调剂，竭力做到票价平稳，物价安定，绝不随便滥发，十分谨慎稳重"，因此"中州票是有充分的基金的，

---

① 杨世源：《西北农民银行史料》，山西人民出版社 2002 年版，第 37 页。
② 山东省金融学会：《北海银行五十周年纪念文集》，1988 年，第 170 页。
③ 河北省金融研究所：《晋察冀边区银行》，中国金融出版社 1988 年版，第 42 页。
④ 娄凝先纪念文集编辑组：《娄凝先纪念文集》，天津社会科学出版社 1994 年版，第 47 页。

是有深厚的物资基础的"。① 8 月 20 日，江汉行政公署在《关于发行中州农民银行钞票的指示》提出，中州票发行后，"任何机关部队干部个人一律不准擅自动用银行商店基金，或挪用对农工商业的投资与贷款作为财政透支，违者应予以严格处分"；"中州票采取通过财政经费支出（这不是透支，而是将财政收入中之银圆及伪法币兑换成中州票支出）吸收物资，农工商业投资贷款等办法发行"。② 因此，中州币的发行以中原各区全部公粮、公款、税收及一切公营事业之财产为担保，以雄厚的物资力量维持本币币值的稳定。

东北银行也有充实的货币发行准备。截至 1948 年 6 月，东北银行可靠的发行准备金有两项：一是黄金和白银。截至 6 月底存黄金 6.9 万余两，约值 1245 亿元（东北币，下同）；存白银 93.4 万两，约值 45 亿元，存银圆 36.4 万枚，约值 36 亿元；合计约值 1326 亿元，占发行总数的 28%。二是贸易贷款。截至 6 月底止，总数为 948 亿元，其中 1947 年 11 月以前为 229 亿元，12 月以后为 719 亿元。如果按当时物价计算，其值为 4267 亿元；如照 1948 年财经委员会"从 1947 年 12 月起照实物计算，以前的仍照货币计算"的决定折算则为 1809 亿元。黄金白银和贸易贷款两项合计，如以最低数计算，共计准备金约为 3100 亿元，占发行量 65%。如照最高数计算则超过发行量 800 亿元。若将南满的贸易投资和南、北满的经济建设投资计算在内，总的衡量发行准备金是充分的。③

总之，新民主主义革命的不同阶段，中国共产党始终把发行准备作为推进货币信用制度建设的重要手段。同时还充分认识到，如果没有必要的发行准备超量的发行纸币，势必会造成通货膨胀，引起纸币贬值。

第三节　票据信用的使用和逐步推广

票据是指以支付一定金额为目的可以流通转让的证券。一般情况是出票人约定自己或委托付款人见票时或在指定时间向收款人或持票人无条件支付一定金额并可以流通转让的凭据，包括汇票、本票和支票。票据也是一种广义的货币信用形式。从抗战时期开始，中共领导下的根据地和解放区开始使用和推广

---

① 王礼琦：《中原解放区财政经济史资料选编》，中国财政经济出版社 1995 年版，第493 页。

② 《河南省金融史志资料汇编》（第二辑），《河南省金融志》编辑室 1984 编印，第 36 页。

③ 赵锡安等：《东北银行史》，中国金融出版社 1993 年版，第 76 页。

票据信用，并发行和流通了一定数量的票据。

一、抗日战争时期票据信用的初步运用

早在土地革命时期，农村革命根据地就已经开始使用票据了。目前，所见根据地发行最早的期票是 1934 年发行的中华苏维埃共和国湘赣省收买谷子的期票。该期票为毛边纸石印版，上部冠名"中华苏维埃共和国湘赣省收买谷子"15 个字；中间左右为菱形花饰，花饰中间的留白书写"期"和"票"字；另外，有编号、发行期票的说明，落款时间为"一九三四年四月二十日"，并盖"湘赣省苏维埃财政部执行委员会"印章。这是中国历史上第一张由政府发行的期票，开创了政府发行期票的先河。① 实际上，由政府发行用以收买谷子的期票则显得较为特殊。从性质上来看，有点类似于本票。

到了抗战时期，抗日根据地开始更多更大范围地运用票据信用。淮南银行曾发行过一种本票，但该票据所包含的信息简单，由于条件的限制，采用钢版油印，字迹也较模糊，难以辨认，具体发行时间也无从得知。由于本票有时候可以代替货币流通，因而在抗战时期，很多抗日根据地均发行了本票。陕甘宁边区银行于 1942 年开始先后发行过面值为五百元（见图 9）、一万元和五万元的本票。五百元本票的票面说明文字简明扼要，包括发行和回收时间并注明"规定凭票十足兑付边币"。

图 9　陕甘宁边区银行五百元本票②

山东抗日根据地决定停止法币流通后，流通量顿感不足。1942 年 8 月，北海银行决定发行一定数量的本票，以代替一部分现金流通市面。本票面额分佰

---

① 洪荣昌：《红军时期的期票》，《中国钱币》2009 年第 2 期。
② 中国人民银行金融研究所，财政部财政科学研究所：《中国革命根据地货币》下册，文物出版社 1982 年版，第 199 页。

元、伍佰元、壹仟元三种。1943—1944 年，胶东北海银行发行的本票详见表18。

表 18　1943—1944 年胶东北海银行发行本票统计

时间	摘要	累计发行（千元）	累计收回（千元）
截至 1943 年 12 月 31 日	伍佰元	1297	1572
	壹佰元	260	
	平度金库兑付	15	
	合计	1572	
截至 1944 年 6 月 20 日	壹千元	2000	6802
	伍佰元	4397	
	壹佰元	430	
	合计	6827	

资料来源：中国人民银行金融研究所，中国人民银行山东省分行金融研究所：《中国革命根据地北海银行史料》第一册，山东人民出版社 1986 年版，第 558-559 页。

表 18 反映出，1943—1944 年间北海银行较多运用票据信用，1944 年的本票发行数额比 1943 年增长了 3.3 倍。1943 年的发行票据全部回收，1944 年还有25000 元票据没有收回，仍留在持票人手里。因此，这充分说明人民群众对北海银行票据的信任。

1943 年初，冀南银行总行呈请晋冀鲁豫边区政府批准决定发行本票。9 月29 日，冀南银行总行发布《关于发行本票问题的通令》。在通令中对本票及发行目的、注意事项和具体工作等做了详细解释和说明。通令指出：本票发行之目的"便利公私工商企业、政府、机关、团体、部队、人民等使用、携带、收授点数之方便，也为紧缩通货，节省及代替一部纸币之发行，并吸收一部无利存款和防止假本币流通，还可以培养与提高农村信用观念，发展票据信用事业"。票面额为贰百元、伍百元、壹千元三种，主要在太行区之根据地、游击区、敌占区等一切冀钞市场，均可与本币等值自由转让。流通时间为 1943 年 9 月 1 日至 1944 年 6 月 30 日。[①] 冀南银行本票采取分区分期的形式发行，即冀南区 1943 年发行壹佰元、贰佰元各一种，1944 年发行伍佰元（加盖"平原"）

---

① 河南省财政厅，河南省档案馆：《晋冀鲁豫抗日根据地财经史料选编（河南部分）》，中国档案出版社 1985 年版，第 581-584 页。

一种，1945 年发行贰佰元（加盖"平原"）一种，太行区 1943 年发行贰佰元、伍佰元、壹仟元各一种，1945 年和 1946 年发行伍佰元两种。① 该行本票发行后，群众普遍认为票额太大，花着不方便，无法找零，百元券就够用了，但商人还是愿要本票，便利携带，节省点款时间。

1943 年 11 月，盐阜区行政公署发出通令，宣布盐阜银行发行一百元、二百元两种本票。票据用上等棉丝纸精印，壹百元系蓝色版纹，绿色底纹。贰百元系红色版纹，黄色底纹，正面有曹荻秋董事长及总经理骆耕漠之印章。1945 年3 月，江淮银行苏中第四支行呈准上级发行本票，在东台如皋境内流通。发行本票是为增加抗币筹码，防止伪币乘虚流入，更是为了保护根据地物资，本票可以兑换抗币。②

因此，抗战时期，许多抗日根据地尝试使用本票和期票，有利于消除根据地的通货紧缩和阻止伪币的流入，同时增强了根据地群众对票据信用的认识。

二、解放战争时期解放区票据信用的推广

解放战争时期，解放区通货紧缩的现象仍时有发生，因而还必须通过发行本票来解决。因此，解放区的票据信用得以进一步推广。

经华中分局批准，苏北、苏中地区于 1947 年 4 月开始相继发行本票，包括丰民贸易公司本票、淮海贸易公司本票、华中银行苏中办事处本票、华中银行本票等。1947 年 10 月，华中银行苏中办事处专门制定了本票发行办法，主要规定：（1）本票票面暂分壹仟圆、贰仟圆、伍仟圆 3 种；（2）本票在全苏中第一、第二、第九三个行政区域范围内与华中币等价流通；（3）本票可随时向本处所辖各分支行处、各县办事处兑换小票，或抵偿银行往来债务或汇兑，并可向各地公营商店购买货物；（4）完粮纳税、缴纳公粮代金及抵缴一切款项一律通用。③ 江淮银行经总行批准，各分区（盐阜区系由丰民公司发行的）都发行了一部分本票，票额分一千、二千、五千三种。本票在各该分区内与华中币等价使用，并随时可向当地银行及其所属机构兑换小票或抵偿所欠银行贷款和各地公营商店购买货物。本票发行后有反映本票面额太大，找零不方便，影响小商

---

① 中国人民银行河北省分行：《冀南银行》（全二册），河北人民出版社 1989 年版，第178 页。

② 江苏省财政厅、江苏省档案馆、财政经济史编写组：《华中抗日根据地财政经济史料选编（江苏部分）》第四卷，中国档案出版社 1986 年版，第 189 页。

③ 江苏省钱币学会：《华中革命根据地货币史》（第 1 分册），中国金融出版社 2005 年版，第 150 页。

贩营业。当地政府即责令发行机关收回一部分大额票面之本票，增发五百元、一千元两种新本票。① 华中解放区本票规定与华中币等值，而且没有规定有效期，实际上把其当作货币在使用。

1947 年 4 月 1 日，晋察冀边区银行冀东支行公布本票发行办法，主要内容有：（1）请求签发本票人，可以本行之存单或现款换取本票；（2）本行签发之本票，在有效期间可供公私交付款随时应用；（3）本票自出票之日起 30 天内有效；（4）本票可以随时到原出票行提取现款，其他银行机构不负代取之责；（5）本票金额每张不超过五百万圆。② 可见，冀东支行本票可以随时到出票行提取现款，这就是规范意义上的本票，不同于华中解放区本票。

东北旅大地区经大连市政府批准于 1946 年 9 月至 12 月发行大连银行本票，有五百元、一千元、五千元、一万元、五万元、十万元、二十万元 7 种面额，共发行 116849 万元，因苏军管会干预后停止发行。③ 1948 年 1 月，东北银行总行决定在黑龙江的哈尔滨、牡丹江、齐齐哈尔和嫩江和吉林的延吉和辽北的洮安、洮南市等地发行五万元和拾万元本票。同年 12 月，东北银行总行决定发行新版伍万元、拾万元定额本票，将原来只限定在一个城市流通的办法扩大为 15 个城市间可以互相流通。④

1948 年 8 月，华北银行总行宣布，提经政府批准办理本票业务，具体规定：（1）本票为不记名式，可以自由转让流通；（2）本票为无息的即期票据，自出票日起 90 天内有效；（3）本票只限于在出票行支取现款，他行一律不负付现责任；（4）本票面额以冀钞为本位，为了稳定物价，防止信用膨胀，本票开出必须收进与面额相等的现款；（5）办理本票业务须经总行批准，指定下列各行先行试办：石家庄、阳泉、辛集、泊镇、安国、河间、临清、邯郸、邢台、长治、濮阳、晋城及冀中、北岳、冀鲁豫、太行、太岳、冀南分行；（6）各指定行处如感本地无发本票必要，或有其他原因暂不能举办者，可缓办；其余各行有办理本票业务必要时，得报请总行批准方得办理。⑤ 华北银行采取分区域试办，逐

---

① 章佐：《抗日战争至解放战争时期苏皖边区金融斗争回忆录》，安庆金融学会 2000 年编印，第 68 页。

② 华北解放区财政经济史资料选编编辑组等：《华北解放区财政经济史资料选编》第 2 辑，中国财政经济出版社 1996 年版，第 44-45 页。

③ 赵锡安等：《东北银行史》，中国金融出版社 1993 年版，第 44 页。

④ 黑龙江省金融研究所：《黑龙江根据地金融史料（1945—1949）》，1984 年版，第 105 页。

⑤ 中国人民银行金融研究所，中国人民银行山东省分行金融研究所：《冀鲁豫边区金融史料选编》下册，中国金融出版社 1989 年版，第 269-270 页。

步推广本票的办法。从其具体规定来看，也是规范意义上的本票。

1949 年 5 月，华中银行总行呈请上级批准发行本票，发行办法有：（1）此本票为无息即期票据，随时可持票向原发行机关兑换与票面同额之款项；（2）未经加盖流通地名及签发行行名和负责人签章之本票，概作未签发本票；（3）票面额分定额、不定额两种。定额为华中币五万元、拾万元两种，不定额户所需随时签发；（4）分记名式与不记名式两种，均可自由转汇流通，不记名者本行凭票即付，记名者须记名人连续背书，无误后方可付款；（5）此票不限流通时间，由流通签发行在必要时可收回；① 很显然，华中银行更充分地运用了本票这一信用形式，本票面额分为定额、不定额及记名、不及名等。

1949 年 5 月，北海银行颁布《北海银行公营企业票据交换清算办法》，共11 条。办法规定："交换票据种类，暂以本行所制定的期票为限，期票限额、金额，收授双方议定，各公营企业间开出的期票，不能在市面流通。此项期票必须到期才能提出交换清算。"② 该清算办法在当地公营企业间期票的使用和流通是极为频繁的，因而才提出要通过票据交换的办法进行更为便利地结算。

综上所述，新民主主义革命的不同时期，中国共产党逐渐使用和推广票据信用制度，充分发挥了票据这一金融信用工具的作用。与此同时，根据地群众对票据信用的认识也在不断增强。

第四节　纸币发行制度的集中和统一

如果一个地区的纸币流通长年杂乱无章，每个地方都自己发行纸币，那么这对社会经济的发展，对群众的生产、生活等方面势必会造成极大的障碍。因此，纸币发行制度的集中与统一，既是当时中国共产党对货币信用制度建设的一个重要内容，也是纸币发展规律的必然要求。

一、土地革命时期和抗战时期纸币发行的区域性统一

整个民主革命时期，革命根据地都分处各地，处于分割、分散的状态，因此，只能根据实际，建立了立足所在根据地的银行组织。与此相对应，推行区域性货币制度，如中央苏区、陕甘宁边区、晋察冀、晋冀鲁豫、山东抗日根据

---

① 尚明，白文庆等：《金融大辞典》，四川人民出版社 1992 年版，第 569 页。

② 尚明，白文庆等：《金融大辞典》，四川人民出版社 1992 年版，第 63 页。

地等，都发行地方性纸币，建立区域性货币制度，在区域内保持独立的发行和流通。以下介绍四个典型的区域性货币流通的统一。

1. 土地革命时期中央苏区统一流通纸币的尝试

土地革命时期，中央苏区逐步实现了纸币流通的区域性统一。1931年第一次全国工农代表大会通过的《关于经济政策的决议案》，宣布"苏维埃应发行苏维埃货币，并兑换旧的货币"，"外来之货币须一律兑换已盖苏维埃图记之货币，或苏维埃自己发行之货币"。这实际上规定了随后国家银行发行的纸币具有国币的地位。1932年6月，临时中央政府人民委员会发布命令，要求国家银行各地兑换处、各级苏维埃政府及各部队的经理机关要代理兑换国家银行发行之各种钞票，一切税收要完全缴纳国家银行钞票及苏维埃二角银币，从而实现中央苏区纸币发行的统一。不久，福建省苏维埃政府发布的通令提出：向持票人宣传，以提高他们对国家银行钞票之认识和信仰；一切税收要完全缴纳国家银行钞票及苏维埃二角银币，其他什币概不收受；各级政府各部队的经理机关，不但要代理兑换而且要帮助发行国家银行的钞票。其收入之钞票，要从各方面使用出去，俾得在市面继续流通。但须向群众做广大宣传，不得强迫人使用。[①] 7月10日，人民委员会又发布命令，重申国家银行所发行的货币是苏维埃国币，凡苏区境内，均一律十足通用，无论何人，不得阻碍通行或抑低价格以破坏货币信用，提出"苏维埃公民及一切居民，都要用苏维埃国币"的口号。9月，财政人民委员部发布训令，要求各级财政部门对"国家银行所发行的钞票与银币，必须鼓动群众使用，禁止奸商破坏，使它在市面上迅速建立巩固的信用基础，这样使银行货币逐渐代替旧时货币，把旧时不统一的货币驱逐出去，使苏区货币在国家银行货币之下统一起来，到处流通"。[②]

为了控制中央苏区内的现洋出口，稳定国币地位和金融流通，1933年4月，中央政府财政人民委员部发布训令，制定和颁发了《现金出口登记条例》。训令中提出："凡携带大洋或毫子往白区办货在20元以上者，须向市区政府登记；1000元以上者须向县政府登记取得现金出口证才准出口。无出口证及非为办货用的，一律不准出口，向银行或兑换所兑换现大洋的，也要有现金出口证为凭。

---

① 中央档案馆，福建档案馆：《福建革命历史文件汇集（苏维埃政府文件）》（1931—1933），内部资料，福建新华印刷厂1985年版，第270页。

② 《目前各级财政部的中心工作——财政人民委员部训令财字第6号》，《红色中华》第33期，1932年9月13日。

无出口证的，显系苏区内使用，则一律兑换国币及毫子。"① 现金出口登记制度的建立，有利于防止和控制现洋外流，豪绅地主、资本家无法假冒办货名义偷运大洋，从而保存苏区现金，保护中央苏区的现金流通，稳定苏区货币市场，促进苏区经济发展。

因此，土地革命时期，中央苏区在极其恶劣的环境下，中华苏维埃共和国还能推行并维持这样一种相对统一的区域性货币制度，不能不说是一个奇迹。

2. 抗战时期晋察冀边区流通货币的统一

1938 年 1 月 1 日，晋察冀边区军政民第一次代表大会通过了"边区为统制与建设经济得设立银行、发行钞票"的决议案，确定设立晋察冀边区银行，发行全边区统一货币——晋察冀边区银行币。

晋察冀边币发行初期，有雄厚的物质基础做后盾，受到群众的欢迎和拥护。从 1938 年初发行到 1940 年春，就巩固地占领了货币市场。在这场斗争中，边区政府采取了几项有力的措施：（1）1938 年 5 月，边区政府明令禁止河北省银行五元伪钞（群众称之为"大红袍"）流通，同时打击河北省铜元票，并贬值行使河北省银行钞。至 8 月，敌人利用作为"桥梁"的河北省银行钞票全部打击出境；（2）1939 年底至 1940 年初，肃清了各种土票；（3）1940 年初，肃清山西省钞；（4）1940 年 2 月，宣布停止国民党中、中、交、农币流通。这样，就使边币在边区境内通行无阻，并且成为独占货币市场的本位货币，而且币值提高很快。②

1941 年，彭真对于晋察冀边区货币的统一进行过详细论述。他指出，晋察冀边区银行的钞票发行时，是边币、法币、察钞、晋钞、杂钞及土票同时流通的阶段。因为市面通行纸币十余种，金融异常混乱。边币在边区独占发行政策决定于 1938 年 6 月、1939 年 5 月完成，其具体内容是：（1）确定边币独占发行，边币为市面唯一的交换媒介。禁止法币、杂钞等在市面流通。持有法币、杂钞者，必须在交易前先到兑换机关兑成边币，否则不得使用。这就使奸商很难投机操纵，扰乱我们的金融。（2）人民有正当理由，需要携带法币或杂币出境者，随时可以持边币到银行换取法币或杂钞。这样，就使民众乐于保存边币。（3）人民有愿储藏法币者，听之。但不得投入流通界，致

---

① 《建立现金出口登记制度——中央政府财政人民委员部训令（第 19 号）》，《红色中华》第 78 期，1933 年 5 月 11 日。

② 中国人民银行金融研究所，财政部财政科学研究所：《中国革命根据地货币》（上册），文物出版社 1982 年版，第 225 页。

被敌伪吸收。并向民众说明，我们的金融政策的目的并不是吸收法币，而是防止敌人吸收法币，来套买我们的外汇，扰乱我们的金融。这样就避免了法币逃亡的现象。（4）为了逐渐巩固边币的信用与地位，当时还必须借助于法币，依赖法币，需要联合在金融上势力最大的法币以打击伪钞。因此，规定边币以法币作基础，规定边币与法币兑换率为一比一，与其他各钞兑换则依照市价。（5）严禁奸商私运法币现银出境。（6）禁止伪钞入境或流通。① 这些办法在党内、部队和群众中进行了解释、动员和准备工作，经过约 10 个月的施行，最后获得了成功。

3. 抗战时期陕甘宁边区流通货币的统一

1941 年 1 月 30 日，陕甘宁边区政府决定自即日起停止法币在边区境内行使。禁止法币流通后，边区政府即于 1941 年 2 月发出布告，公布发行陕甘宁边区银行币。布告指出："政府为巩固边区金融，便利资金流通，保障法币不外流资敌，并决定发行边区银行 1 元、5 元、10 元面额钞票三种，自布告之日起流通行使，仰军民人等一体执照。"②不久，边区政府再次向各级政府发布训令，明确指出发行边钞是为了建立正规的金融制度，逐渐换回光华券，使边币成为边区唯一的通货单位。

边币成为边区的法定货币后，为了能迅速占领边区整个市场，真正成为边区唯一的本位币，边区政府在法律行政方面采取措施以保证边区内部完全使用边币。边区政府又明令各地、各部门，要求务须用政府法令保证边区内部完全行使边币，不准行使法币及其他货币；重申边币是用边区政府法令保证其流通的，境内一切交易价格，均须以其为计价标准，社会上一切支付活动均须以其为工具，否则系违法行为，必须予以严惩。对于以其他货币作价交换者，政府明确规定，钱货一概没收；如有拒用边币者，任何人均得将其扭送军政、公安、司法部门，从严惩处。③

1941 年 12 月公布的《破坏金融法令惩罚条例》规定得更为具体：凡在边区境内买卖不以边币交换作价者，以破坏金融论罪，其钱货没收之；在边区境内故意拒用边币者，按其情节轻重处以 1 月以上 6 月以下之劳役，或科以 1000 元

---

① 中国人民银行金融研究所，财政部财政科学研究所：《中国革命根据地货币》（下册），文物出版社 1982 年版，第 40 页。

② 《陕甘宁边区金融史》编辑委员会：《陕甘宁边区金融史》，中国金融出版社 1992 年版，第 88 页。

③ 《陕甘宁边区金融史》编辑委员会：《陕甘宁边区金融史》，中国金融出版社 1992 年版，第 89 页。

以上 10000 元以下罚金；凡在货币交换所以外为私行交换货币之营业者，其货币全部没收之；意图破坏边区金融进行货币投机事业以牟利者，其货币全部没收，处以 1 年以上 2 年以下之有期徒刑并科以 5000 元以上 100000 元以下之罚金；如恃强胁迫兑换法币或以不正当之手续借故没收法币及故意提高法币者，一经告发，除依法赔偿被害人损失外，得视其情节处以 3 月以上 1 年以下之有期徒刑。① 因此，通过上述强有力的法律和行政手段，大大提高了边币的信誉，有利于形成一个区域性货币市场。

4. 抗战时期晋冀鲁豫边区流通货币的统一

1939 年底至 1940 年初，冀南区和冀鲁豫区先后发行了冀南银行币和鲁西银行币，发行量较大，流通的范围也较广。1940 年，开始统一边区的抗日民主政权，统一和加强边区的财政经济工作。经中共北方局报经中央同意，着手统一边区的货币。边区政府分别以冀南银行币和鲁西银行币为本区的本位币，前者行使于冀南、太行、太岳区，后者行使于冀鲁豫区。

冀南银行币的流通范围是逐步扩大的。冀钞刚开始发行之际，只在冀南和太行两个根据地流通，为该两地区的法定本位币。1940 年 7 月，太北专区召开财经扩大会议，根据中共中央北方局于当年 4 月召开的黎城高干会议确定冀钞为冀南、太行、太岳三大战略区的法定本位币。同年 8 月，冀南、太行、太岳行政联合办事处（简称"冀太联办"）正式成立。1941 年 2 月 3 日，"冀太联办"颁发布告，冀钞流通范围扩大到太岳行署区。② 于是冀南银行币流通范围扩充到太岳区。

1941 年 5 月，"冀太联办"颁发《晋冀豫区禁止敌伪钞暂行办法》，提出"为了巩固冀钞稳定金融，必须坚决打击伪钞严格禁止行使"，"深入的向群众解释，发动群众自动的自觉的拒绝行使伪钞，兑换冀钞"，"敌伪钞与敌汇票绝对禁止在本区域内行使与保存"。③ 7 月 5 日，边区颁发的《晋冀豫区保护法币暂

① 《红色档案：延安时期文献档案汇编》编委会：《陕甘宁边区政府文件选编》第四卷，陕西人民出版社 2013 年版，第 379 页。

② 中国人民银行河北省分行：《冀南银行》（全二册），河北人民出版社 1989 年版，第 228 页。

③ 晋冀鲁豫边区财政经济史编辑组，山西、河北、山东、河南省档案馆：《抗日战争时期晋冀鲁豫边区财政经济史资料选编》第二辑，中国财政经济出版社 1990 年版，第 713 页。

行办法》提出，"保护法币之流通，防止敌伪吸收、套换及奸商之走私操纵"。①
9月，晋冀鲁豫边区临时参议会后，鲁西行政专员公署所辖33个县划归晋冀豫区，冀太联办改称晋冀鲁豫边区政府。但冀鲁豫区的鲁西银行仍然存在，该区仍流通鲁西银行币。

1942年9月，晋冀鲁豫边区政府公布《本区保护法币暂行办法》，主要规定："本区一切交易、往来、收支公款，均以冀南银行钞票为本位，行使法币时须向冀南银行分行或其委托之代办机关兑换冀钞后，始得行使"，凡携带法币进出或通过本区者，须依照规定申报、登记、核准。凡违法在本区公开交易或暗自行使法币捣乱金融者，除法币没收外，并得按其数量多少（200元以下者不处罚）分别予处罚。② 与此同时，晋冀鲁豫边区政府还颁布了《本区禁止敌伪钞票暂行办法》，目的在于保护抗日本币，打击与禁绝敌伪钞票，对敌进行货币斗争。

晋冀鲁豫边区分为太行、太岳、冀南、冀鲁豫4个行署区。为了控制各行署区货币的流通量，稳定各区的货币币值，掌握本区货币筹码，防止因地区间币值不同而引起"投机倒把"行为，冀南银行决定从1943年2月起实行分行署区的发行管理办法。即除普通版外，另发行加印"太岳""太行""平原"字样的币，分别在本区内流通。③

1942年9月，冀鲁豫行署公布《冀鲁豫边区统一市场货币暂行实施办法》，其主要办法有：（1）凡本区内一切公私交易各款一律以鲁西银行钞票为本位币，所有法币及其他杂钞一律停止流通；（2）凡人民持有法币者一律于11月10日前送交鲁西银行或银行办事处，或经鲁西银行委托代理兑换机关兑成鲁钞后，始准在市场行使之；（3）本区各级军政民机关所存有之法币，应于9月30日前送交同级政府金库，按同值兑成鲁钞后行使，逾期即不准按同值兑换，并一律按本办法处理之；（4）在统一市场货币区域之各级工商管理局，均有按规定代行兑换之责，并绝对遵守本办法，彻底执行，不得逾越，违者一律按本办法处理之；（5）11月11日以后有用以在市场交易之法币，无论数字之多寡，除一律

① 晋冀鲁豫边区财政经济史编辑组，山西、河北、山东、河南省档案馆：《抗日战争时期晋冀鲁豫边区财政经济史资料选编》第二辑，中国财政经济出版社1990年版，第713页。

② 中国人民银行金融研究所，中国人民银行山东省分行金融研究所：《冀鲁豫边区金融史料选编》上册，中国金融出版社1989年版，第105页。

③ 中共山西省委党史研究，山西省档案馆，太岳革命根据地财经史料编委会：《太岳革命根据地财经史料选辑》（上），山西经济出版社1991年版，第37页。

没收充公全部交财政科作没收款收入外，由司法机关分别情节予以惩处。① 因此，这一办法的推行逐步实现了用鲁钞统一本区市场货币。1943 年 2 月，《冀鲁豫边区统一市场货币暂行实施办法》修订颁布，并在全区范围进一步开展了统一市场货币的斗争。

因此，抗战时期，晋冀鲁豫边区用冀南银行的冀钞和鲁西银行的鲁钞分别统一太行、太岳、冀南、冀鲁豫流通中的货币。

二、解放战争时期纸币流通从区域性合并、合作（互通）到完全统一

抗战胜利之后，随着解放区的扩大、合并，纸币发行制度也逐步走向统一，从区域性合并、互通，最后完全统一，以人民币为唯一本位币。主要采用以下四个措施或方法。

1. 发行解放区大区新本位币或以原有货币统一分区流通货币

解放战争时期，在解放区大区建立一个新银行，统一发行新货币或者用原有的流通货币代替过去分区流通的货币。

华中局决定把原华中抗日根据地各行政公署设立的盐阜、江淮、淮南、江南、浙东、大江、淮海银行等地方银行合并，于1945 年 8 月正式组建华中银行，发行了华中币。华中地区原本流通的抗币有 6 种抗币。针对市场货币亟待统一的客观要求，华中局决定至 1945 年 10 月底，淮南银行、江淮银行、盐阜银行、淮北地方银号停止银行业务，停止印制钞票，其印成、尚未发行之钞票不得再向外发行，一律移交华中银行接收。华中银行成立后，不断以华中币收兑各种地方币及各地政府发行的流通券。截至 1946 年 12 月 31 日，通过收兑各种地方抗币及流通券（详见表19），共发行华中币 27750 万元。②

表19　1946 年 12 月 31 日华中银行收兑地方银行发行券统计表

（金额单位：元）

券别	发行数	收兑数	在流通数	收兑过支数
盐阜券	67003806.72	58650878.61	8352928.11	——
淮北券	43810973.78	36267568.92	7543404.86	——
江淮券	174808357.00	128554174.74	46254182.26	

---

① 中共山东省委党史研究室，山东省中共党史学会：《山东党史资料文库》第 9 卷，山东人民出版社 2015 年版，第 390 页。

② 高贯成：《华中银行史》，江苏人民出版社 2001 年版，第 78 页。

券别	发行数	收兑数	在流通数	收兑过支数
淮南券	38827457.27	34610671.51	4216785.76	—
淮上券	13195000.00	—	13195000.00	—
苏浙券	179030.00	1155635.00	—	976605.00
大江券	429025.00	5115178.05	—	4686153.05
浙东券	33030.00	283635.50	—	250605.50
江南券	1280555.51	3762240.99	—	2481685.48
流通券	100639.50	9101897.30	—	9001257.802
差额	—	—	—	62165994.16
合计	339667874.78	277501880.62	79562300.99	79562300.99

注：淮上券系淮上地方银号发行的地方币，其流通地域大约为豫皖苏行政区，即苏皖边区第八行政区。现已发现的淮上券有伍圆券（1915年版）、拾圆券（1945年版）、贰拾圆券（1946年版）及豫皖苏边区流通券拾圆券上加印"淮上地方银号"字样（改为淮上券）共四种。

资料来源：高贯成：《华中银行史》，江苏人民出版社2001年版，第76页。

　　1945年11月，华中解放区的政权机关——苏院边区政府成立，从此华中币成为苏皖边区的唯一合法货币，华中币流通于苏北、皖北和豫东共8个行政区所辖的70个县，流通领域总人口约3000万人。1946年6月自卫战争爆发后，苏皖边区政府及华中银行总行均撤往山东，这一时期华中币流通区域大为缩小。1948年，在革命政权大反攻的形势下，华中币流通区域迅速扩大到苏北、皖北全境流通；与北海币等价流通后，华中币在山东也大量流通。[1]

　　晋冀鲁豫边区则是用原有的冀南币统一了全边区的流通货币。1945年11月，中共晋冀鲁豫中央局峰峰会议决定，太行、太岳、冀南、冀鲁豫四个边区货币实行统一发行、统一管理、等价流通。原各地区流通的货币，有冀南票、冀南票太行版、冀南票太岳版、鲁西票四种货币，在四区统一流通。冀南银行总行为四区统一的总行，四个地区的银行改为区行。晋冀鲁豫边区政府于12月1日发出指示，规定鲁西银行并入冀南银行，自1946年1月1日起在冀鲁豫区发行冀南银行币，与鲁西钞等值流通。由于货币的统一流通，鲁西票逐渐收回，

---

① 高贯成：《华中银行史》，江苏人民出版社2001年版，第81页。

全晋冀鲁豫边区统一流通冀南币。①

中原各解放区在桐柏、江汉、豫皖苏、鄂豫皖、陕南、豫西等行署区银行的基础上,于 1948 年 5 月设立中州农民银行,发行了中州币。中州币开支逐步占领中原解放区。1947 年 12 月至 1948 年 4 月,中州票及冀南票同时在市场上混合使用。1948 年 4 月至 10 月间,中州票地位开始巩固并限期停止使用法币。1948 年 6 月,为了扩大中州币发行地区,中原野战军司令员、华东野战军司令员、豫皖苏地区公署联合签署发出布告:"中州币发行后,公私交易一律通用。本地财政税收、公私会计,均以中州币为有效计算单位,不得拒用或压低价格。违者,勿论军民,均以捣乱金融论罪。"② 1948 年 10 月至 1949 年 3 月,中州币在中原解放区已成为唯一的流通货币,直到人民币发行。

解放战争时期,东北解放区人民政权发行的纸币就达十几种。1946 年 3 月,东北局召开各省财经后勤会议,会议通过"东北地区由东北银行总行发行东北地方流通券,通行全境,各省可以发行 10 元以下小票在省内流通"的决定。但由于东北地方流通券"腿长",可以到处跑,有信用,而各省发行之省券"腿短",受限制,有差价。而且嫩江、吉林、辽西、辽东各省省券均在 1947 年 8 月财经会议后决定停发,由东北银行总行统一收回。③ 1947 年 9 月,中共中央东北局召开第二次财经会议之后,为了适应经济形势的发展,决定统一东北解放区金融市场,建立统一的东北流通券货币体系。

华南解放区设立南方人民银行,逐渐用南方券统一收兑原地方发行的裕民银行券和新陆银行流通券以及琼崖光银代用券。1949 年 7 月,南方券发行布告:南方券定为华南解放区的本位货币,在华南解放区所辖各区统一流通,请予通令所属各级军政机关并布告各界人民一体遵照行使,"嗣后一切公私款项收付及市场交易,均应以新币为本位,不得歧视低折或拒绝收纳"。《南方人民银行新币发行条例》也规定,新币发行后,原潮汕裕民行发行之裕民券,陆丰县新陆行之新陆券,闽粤赣边区军民合作社发行之流通券逐渐收回。在未收回前,与新币按一比一之固定比价照旧流通,不得拒用。④

①　中共聊城市委党史研究室,聊城市政协文史资料委员会:《聊城重要历史事件》,中共党史出版社 2003 年版,第 551 页。

②　襄樊市政协文史资料委员会,襄樊市金融史料专辑征集出版社委员会:《金融春秋·襄樊市金融史料专辑》,1992 年版,第 40 页。

③　东北解放区财政经济史编写组:《东北解放区财政经济史资料选编》第三辑,黑龙江人民出版社 1988 年版,第 629-631 页。

④　中国钱币学会广东分会,海南钱币学会,汕头钱币学会,珠海钱币学会筹备组:《华南革命根据地货币金融史料选编》,广东省怀集人民印刷厂 1991 年版,第 293-294 页。

2. 相邻解放区大区本位币的合并

解放区货币逐步走向统一还采用了一个办法，即把相邻大区的银行合并，以其中一种货币为本位币，原来各银行发行的货币按照固定比价混合流通，逐步或限期收兑。

西北地区的陕甘宁和晋绥边区连成一片，就用晋绥解放区西北农民银行券，逐渐收回陕甘宁边币，陕甘宁边币则停止发行。1947 年 10 月 14 日，中共中央西北局确定统一陕甘宁、晋绥两边区的金融贸易机构和两区币制，以统一后的西农币为本位币。11 月 12 日，西北财经办事处发出《通知》，为统一陕甘宁、晋绥边区的货币金融，西北局已确定，以西北农民银行发行之农币为西北解放区的本位币，而以券币为辅币。① 统一货币的主要办法是：（1）以农币为西北解放区之本位币，而以陕甘宁贸易公司发行之流通券作为辅币。因为农币发行流通数量大，支持货币依靠晋绥的物资；西北农民银行为西北解放区的银行，名称也合适。（2）固定比价为券币一元换农币一元。当时市价为券币七角五换农币一元，固定比价有尾数计算不方便，券币发行数少，群众手里不多，部队机关存券币多，故决定一比一，群众吃亏不大。（3）宣布以农币为本位币，贸司、银行及一切公私营业机关，商店，凡一切记账、讲价、清理债务等，均以农币为本位，逐渐推行到群众中去。流通券与农币准其互相流通，已印就的流通券继续发行，到流通破烂时由银行收回。② 同时，西北局规定，西北农民银行发行票币权属西北局，即陕甘宁与晋绥动用发行款，必须呈经西北局批准。

1947 年底，石家庄解放后，晋冀鲁豫和晋察冀解放区连成一片。晋察冀边区行政委员会和晋冀鲁豫边区政府联合发布命令，决定从 1948 年 4 月 15 日始，晋察冀边区银行发行的边币与冀南银行发行的冀钞在晋察冀边区与晋察冀鲁豫边区的各地都准许互相流通，所有税收及公私款项，边币、冀钞一律通用。③ 1948 年 4 月 17 日，冀南银行总行与晋察冀边区银行总行共同发出通告，宣布两行在石家庄联合办公。不久，晋察冀边区银行币停止发行，冀南票成为华北解放区的统一货币。7 月 22 日，冀南银行与晋察冀边区银行奉命合并，改称华北银行。华北银行成立后，并没有发行本行的货币，整个华北解放区仍以冀南票

---

① 陕甘宁边区金融史编辑委员会：《陕甘宁边区金融史》，中国金融出版社 1992 年版，第 301-302 页。

② 晋绥边区财政经济史编写组，山西省档案馆：《晋绥边区财政经济史资料选编·金融贸易编》，山西人民出版社 1986 年版，第 286 页。

③ 中国人民政治协商会议河北省石家庄市委员会文史资料研究委员会：《石家庄文史资料》（第 7 辑），石家庄市建南印刷厂 1987 年版，第 252 页。

为本位币。此时，冀南票的流通区域包括太行、太岳、冀南、冀中、冀鲁豫、晋中等行政区，34 个专署，277 个县、市。①

3. 解放区大区本位币之间的互通（混合流通）

协调各个解放区大区之间的货币流通，实现大区之间货币的混合流通，也大大促进了解放区货币流通制度的统一。

第一，华北四大解放区（陕甘宁、晋绥、晋察冀和晋冀鲁豫）的货币互通。

1947 年 3 月到 5 月召开的华北财经会议通过了《华北财政经济会议决定草案》，其中明确提出："各解放区间的货币贸易关系，应即进行适当调整，便利人民物资交流。""各区货币应互相支持，便利兑换。"② 为了统一各解放区财政经济，华北财经会议召开期间，中共中央决定于 1947 年 4 月成立华北财经办事处，着手统一华北各解放区财政经济。1948 年 5 月，决定华北财经办事处改为中央财政经济部。6 月，华北办撤销。

1948 年 10 月，华北财经委员会公布的《关于西北财政、金融、贸易工作统一问题的决定》指出：中央决定西北的财政、金融、贸易、交通、军事工业等财经工作一切可能的与必需的均与华北统一，经与西北财办讨论后决定：华北与西北两区货币于 10 月 15 日起固定冀农比价 1：20，边农比价 1：2，相互流通。同时即加强兑换工作，在晋北除两行所设之联办已有基金外，华北增拨 5 亿冀钞，西北增拨 50 亿农钞，无限□（原文缺字不详）给群众兑换。在晋中、华北拨 3 亿冀钞，西北拨 20 亿农钞，以之支持兑换。晋南现已开始的农冀混合流通，应坚持贯彻所有税收与公私款项，无论冀农钞一律通用。③ 10 月 10 日，陕甘宁边区政府、晋绥边区行署发出联合布告，宣布华北与陕甘宁、晋绥两区所发行之货币固定比价，互相通用。不论军民人等，如有私定比价，投机取巧，意图扰乱金融，垄断物资者，一经查获，决给予严厉处分。④ 与此同时，晋绥边区行署也发出指示，在干部、群众间进行广泛深入的宣传教育，使干部、群众、公私商贩深刻了解各种货币固定比价互相流通后，对发展生产、运销土产、畅通贸易的重要意义和好处，使比价不受影响，互流不遭困难。各公营企业，尤

---

① 张转芳：《晋冀鲁豫边区货币史（上册）——晋东南革命根据地货币史》，中国金融出版社 1996 年版，第 151 页。

② 中国人民银行金融研究所，中国人民银行山东省分行金融研究所：《冀鲁豫边区金融史料选编》上册，中国金融出版社 1989 年版，第 593 页。

③ 杨世源：《西北农民银行史料》，山西人民出版社 2002 年版，第 453–454 页。

④ 晋绥边区财政经济史编写组，山西省档案馆：《晋绥边区财政经济史资料选编·金融贸易编》，山西人民出版社 1986 年版，第 388 页。

须以物资支持这一决定之贯彻执行。①

在华北与西北两大解放区统一货币流通的基础上，1948年10月，中共中央批准华北财经会议报请的各解放区货币兑换比价，即晋察冀边币与冀南银行币兑换比价10∶1（1948年4月15日开始执行）；晋察冀边币与冀南银行币和北海银行币兑换比价10∶1∶1（1948年10月5日开始执行）；西北农民银行币与冀南银行币兑换比价20∶1；西北农民银行币与晋察冀边区银行币兑换比价2∶1（1948年11月20日开始执行）；冀南银行币与华中银行币兑换比价1∶1；冀南银行币与陕甘宁贸易公司流通券兑换比价1∶20；冀南银行币与陕甘宁边区银行币兑换比价1∶400。按照以上兑换比价，各解放区货币可以互相流通。②

因此，陕甘宁、晋绥、晋察冀和晋冀鲁豫四个解放区基本上连成一片后，各区之间的货币按照规定比价混合流通，方便了群众，促进了各解放区之间的物资交流和金融发展，为货币制度的最终统一迈出了重要一步。

第二，山东和华北解放区货币互通。

1948年5月，山东解放区和华北解放区制定了两区间的货币工作协定，决定开展两行所辖区之汇兑及金钱之兑换工作以及办理清算。协定主要内容有：（1）金钱比价由联合办理处作一定范围之掌握与指挥，以求全线比价之统一。暂定以粮、棉、布、盐、牲口等几项必需品物价平均指数来计算。（2）两区共出兑换汇兑基金25亿，均以冀钞计算，双方各出一半，损益双方平均分担。（3）汇兑地点：华北银行确定为河间、安国、辛集、石家庄、邯郸、邢台、临清、南宫、衡水，北海银行确定为惠民、柴胡店。（4）混合流通地带：以北起马厂南至黄河北岸沿津蒲线，按原来过去所定的货币混合流通地区，仍为此次会议之混合流通地带，使两区货币在带内自由的流通，两方都不准拒绝对方货币之行使。在线上设一联合委员会。③ 这样便于山东和华北两大解放区物资的交流，发展邻近区域的贸易，以此促进生产与经济的共同发展。

1948年7月，根据《关于华北与山东两区间货币工作的协定》，华北银行与北海银行签署关于两区货币工作的泰安协议，成立"华北银行、北海银行联合办事处"，系领导执行兑换任务之最高机关，并设立由七人组成的委员会，华

① 晋绥革命根据地工商税收史编写组：《晋绥革命根据地工商税收史料选编》下册，内部参考1984年版，第537–538页。

② 中国人民银行金融研究所财政部财政科学研究所：《中国革命根据地货币》下册，文物出版社1982年版，第91页。

③ 华北解放区财政经济史资料选编编辑组：《华北解放区财政经济史资料选编》第二辑，中国财政经济出版社1996年版，第251–253页。

北、北海两总行各派出一人，华北贸易公司一人，山东工商总局一人，联办正副主任各一，当地党委一人。确定混合流通地带——长度基本上以沿津浦线解放形势为主，宽度沿线以铁路为准两侧各 15 里（合计 30 里）城镇乡村为混合流通地带，并沿铁路中心市镇设立兑换机构。资金——总数目暂共为 10 亿元（以冀钞计），华北行与北海行各出 5 亿元，双方并一起交清不得拖欠。8 月 15 日，联办正式对外办公。① 9 月 23 日，华北人民政府与山东省政府公布《关于华北、山东两区货币统一工作的意见》，共同决定自 10 月 1 日起，华北、山东两区货币固定比价（冀钞与北海币为 1∶1，冀钞、北海币与边钞为 1∶10），两区货币在两区内自由流通。② 9 月 26 日，北海银行总行发出《关于实施货币统一的指示》，正式宣布自 10 月 5 日起，北海币与冀南银行及晋察冀边区银行所发行之钞票，在华北与山东两地区准许按固定比价互相流通，以后不再变动，两区任何地方所有纳税交易及公私款项往来一律按此比价流通收付，任何人不得变更，并严禁私定比价投机取巧，垄断物资等捣乱金融行为。③ 10 月 5 日，山东省政府主席黎玉署名签发布告，重申自本日开始，华北与山东两区货币按照固定比价，准许互相流通，不论军民人等，如有私定比价，投机取巧，意图扰乱金融，垄断物资者，一经查获，决给以严厉处分。④

第三，华北与中原解放区的货币互通。

1948 年 6 月 1 日，中州币正式发行，成为中原解放区的本位币。8 月 18 日，华北银行与中州农民银行通过协商形成了《关于华北银行冀钞与中州农民银行农钞关系问题之初步意见（草稿）》。11 月 20 日，华北区与中原区正式达成《货币工作协议》。协议主要内容有：（1）成立华北银行、中州农民银行联合办事处，联办设郑州，洛阳、开封各设一分办，并在垣曲、南白坡、汜水口、广武（或黄河铁桥车站）、开封（附近之主要渡口）、兰封、民权、商丘、砀山设兑换所，兑换点由联办根据工作情形增减调整之；（2）基金：中州银行负担中钞 1 亿元，华北银行负担冀钞 30 亿元，先交 2/3，其余视工作情形，提请两总行拨付；（3）根据两区接壤之指定市场（中原为洛阳、郑州、开封，华北为孟

---

① 中国人民银行河北省分行：《冀南银行》（全二册），河北人民出版社 1989 年版，第 996-998 页.

② 中国人民银行金融研究所，中国人民银行山东省分行金融研究所：《中国革命根据地北海银行史料》第四册，山东人民出版社 1988 年版，第 19 页。

③ 中国人民银行金融研究所，中国人民银行山东省分行金融研究所：《中国革命根据地北海银行史料》第四册，山东人民出版社 1988 年版，第 30 页。

④ 中国人民银行金融研究所，中国人民银行山东省分行金融研究所：《中国革命根据地北海银行史料》第四册，山东人民出版社 1988 年版，第 32 页。

县、木栾店，冀鲁豫区由开封分办指定）的主要物资及当时当地主要出入口物资的价格指数，计算理论比价，然后按供求关系及物资交流意图具体规定，牌价不可脱离自然行市，各指定市场计算理论比价之商品项目由联办具体分别确定。① 因此，准许中州币与冀南票两种货币混合流通，互相帮助，互相支持，便于今后华北、中原两区的物资交流。

此外，1947 年 6 月 3 日，北海银行胶东分行对于东北币处理兑换规定为 3∶1，即东北币 3 元兑北海币 1 元。1948 年 10 月，北海银行鲁中南分行奉华东财办与总行电令，确定关于中州币处理兑换的规定："部队所带之中州币，准予 40∶1 兑换。"② 12 月 20 日，又调整为北海币与中州币 50∶1。经中共中央财政经济部决定，从 1948 年 10 月 13 日起，北海币在华中五、六、七分区境内以 1∶1的比值混合流通，但华中币不能在山东地区使用，对流入山东地区的华中币，按固定比价给予充分兑换，以支持华中币信用。

因此，北海币、冀南票、陕甘宁边币、华中币、中州币等主要货币的相互流通及兑换，为后来人民币的统一发行流通做了充分的准备。

4. 发行人民币逐步统一货币流通

随着解放战争的节节胜利，解放区不断发展壮大，各个解放区逐渐连接起来，分散的货币发行和流通制度已不能适应新的形势。因此，发行统一的新货币，逐渐收回各地的旧货币，实行统一的货币制度已势在必行。

早在华北财经会议时，大家就建议在 1947 年成立统一的银行，发行统一的货币。然而，董必武认为 1947 年底实行货币统一还不够条件，于是向中央报告，统一货币发行要有五个步骤：第一步，华北财经办事处必须确实掌握各区的发行额和预算，了解各区票币的互换率，以及粮食、棉花、纱布、油、盐、煤、金银等物资的价格，并基本上完成银行的准备工作。第二步，发行少量的统一票币，主要作为各区汇兑差额的划拨使用。当然市面也可以流通。统一货币与各区货币固定比价，互相兑换，并随各区货币的贬值和升值而改变统一货币的比价，保持统一货币的币值。第三步，逐渐增加统一货币发行数量。第四步，停止各区票币的发行，完全发行统一货币。这个时候，各区的货币和统一货币同时流通。第五步，用统一货币收回各区货币形成单一的统一货币市场。

---

① 王礼琦：《中原解放区财政经济史资料选编》，中国财政经济出版社 1995 年版，第 549 页。

② 中国人民银行金融研究所，中国人民银行山东省分行金融研究所：《中国革命根据地北海银行史料》第四册，山东人民出版社 1988 年版，第 47 页。

实际上也可视情况变化减并为三、四步。时间也要看情况而定。①

　　1948年3月21日　中央工委和华北财经办事处在石家庄召开华北金融贸易会议。会议讨论了"创设中国人民银行，发行统一货币，整理地方货币"等问题，并做出《统一新中国货币问题》的决议，"总的原则是先统一本区之货币（东北、华北、西北、中原、华西、华南），然后再由北而南，先是东北和华北，其次是西北和中原，然后是华西和华南，最后以中国人民银行之本位货币之发行实现全国之大统一"。②　8月21日，华北银行总行就人民币的发行比价、票版面额、发行时间、发行步骤、发行数量、印制计划等问题上报中共中央，并附有5个品种、7种版别的人民币设计样稿。样稿经毛泽东、刘少奇、周恩来、朱德、任弼时等中央领导圈阅批准。③　10月3日，中央致电华北局、华东局、西北局，"决定中国人民银行新币，与冀钞和北海币为1：100，由华北财委指导人民银行负责计划，委托华北、华东印刷10元、50元、100元之新币，尽可能于年前完成50亿元。"根据中央指示，董必武主持召开华北财委第一次会议。会议决定："人民银行券与冀南、北海钞比价确定为1：100，与边币、农币比价为1：1000和1：2000"；"人民银行券定于明年（1949年）1月1日发行"。④　上述决议和办法为人民银行的成立及人民币的发行做好了充分的准备。

　　中共中央原本决定1949年1月1日成立人民银行并发行人民银行券，但是革命形势的快速发展，认为需要刻不容缓地发行统一的货币。因此，1948年11月18日召开的华北人民政府第三次政务会议做出"发行统一货币，现已刻不容缓，应即成立中国人民银行，并任命南汉宸为中国人民银行总经理，一面电商各区，一面加速准备"的决议。⑤　11月22日，华北人民政府正式发布《关于成立中国人民银行发行统一货币的命令》，决定成立中国人民银行，并于本年12月1日起，发行中国人民银行钞票，定为华北、华东、西北三区的本位货币，统一流通。所有公私款项收付及一切交易，均以新币为本位币。新币发行之后，冀币（包括鲁西币）、边币、北海币、西农币（下称旧币）逐渐收回，旧币未

---

① 薛暮桥，杨波：《总结财经工作迎接全国胜利——记全国解放前夕两次重要的财经会议》，中国财政经济出版社1996年版，第15页。
② 中国人民银行：《中国人民银行六十年（1948—2008）》，中国金融出版社2008年版，第113页。
③ 政协石家庄市委员会：《转折：1947石家庄》，中国文史出版社2007年版，第335页。
④ 薛暮桥，杨波：《总结财经工作迎接全国胜利——记全国解放前夕两次重要的财经会议》，中国财政经济出版社1996年版，第567页。
⑤ 薛暮桥，杨波：《总结财经工作迎接全国胜利——记全国解放前夕两次重要的财经会议》，中国财政经济出版社1996年版，第568页。

收回之前，旧币与新币固定比价，照旧流通，不得拒用。新旧币之比价规定如下：新币对冀币、北海币均为 1：100；对边币为 1：1000；对西农币为1：2000。[1]

为了使人民币顺利发行，避免物价、金融波动，当时进行了大量的宣传解释工作。1948 年 11 月 25 日，中国人民银行总行（即原华北银行）发出《关于发行中国人民银行钞票的指示信》，详细说明了成立中国人民银行和发行人民币的重要意义及对国民经济发展的重要作用等。12 月 1 日，华北人民政府就成立中国人民银行、统一发行货币问题颁发布告，重申各解放区银行已合并为中国人民银行，由该行发行统一的中国人民银行货币，并将逐步收回原有的旧币。旧币未完全收回前，分别按一定比值与新币同时流通。12 月 18 日，华北人民政府向所属各级政府发布训令，明年 1 月 1 日起以中国人民银行钞票为财政税收本位币。12 月 22 日，西北财政经济委员会发布通令，自明年 1 月 1 日起，实行以新币为本位币，并责成银行及贸易公司代理人民银行总行逐渐收回旧币。

1948 年 12 月下旬，中国人民银行在河南郑州召开会议，研究统一中原货币问题。12 月 24 日，会议形成了《华北中原统一货币方案》，指出"中原为南下大军的走廊及过江以后的近后方，亟需统一货币，发行新币"，中原与华北特成立如下协议：允许新钞（人民币）在中原区流通，2 月 15 号正式发行新钞。新币与中钞固定比价为 1：3，在中原混合流通（暂不宣布，严守秘密，宣布时间另行通知），其他解放区货币一律互不流通（包括冀钞、北币、华中币、边币、西农币）。发行统一后，中州银行总行即改为人民银行中原区行，受人民总行及中原财办双重领导，货币发行统一归总行领导。[2]

1949 年 3 月，中原局发出了《关于发行中国人民银行钞票紧急指示》，要求进行大力宣传和高度重视物资准备、比价稳定、发行方法、发行重点、新票不足及币种不全等影响人民币发行的问题，并积极研究制定解决办法。不久，中原临时人民政府颁发布告，宣布"于 3 月 10 日在中原解放区成立中国人民银行中原区行，正式发行中国人民银行钞票"，并宣布中国人民银行钞票发行后与中州农民银行钞票（比价）为 1：3。在中原解放区内，完粮纳税，以及公私交易，一律通用。同时还规定：凡中原解放区人民持有人民票得向华北、华东、西北各解放区采购物资，如持有中州票欲往华北、华东、西北解放区采购物资

---

[1] 中央档案馆等：《中共中央在西柏坡》，海天出版社 1998 年版，第 684 页。

[2] 王礼琦：《中原解放区财政经济史资料选编》，中国财政经济出版社 1995 年版，第562 页。

时须先向各地银行兑换人民票；华北、华东、西北解放区人民，同样得以人民票向中原解放区采购物资。①至此，人民币实现了在中原地区的完全流通，为实现人民币在全国的统一流通创造了有利条件。

到中华人民共和国成立前夕，人民政府通过银行业务和贸易回笼等方式，陆续收回了各主要解放区发行的货币，人民币成为我国唯一的法定货币，为最终实现中国的货币统一奠定了坚实的基础。

本章小结

本章对民主革命时期中国共产党对货币信用制度的建设进行了较为深入的总结分析，包括设计和发行自己的信用纸币、重视信用纸币的发行准备、使用和逐步推广票据信用，以及纸币发行制度的集中和统一。在此基础上，得出以下四点认识：

第一，货币信用制度建设的历程及所面临的外部环境极其复杂。纵观整个新民主主义革命时期，中国共产党对货币信用制度的建设历程经历了大革命、土地革命战争、抗日战争和解放战争时期。每个历史时期，不同的根据地都根据各自的实际进行了货币信用制度建设。每个历史时期所面临的外部环境也是复杂多变的，这就增加了货币信用制度建设的复杂性和艰巨性。

第二，由兑换券逐步转化为货币符号的信用货币。一般来说，货币信用是由可兑换向不可兑换发展演变。新民主主义革命时期，中国共产党在根据地推进的货币制度建设也经历了这一过程。到抗战时期，大部分边币成为各自的本位币，意味着完成了这一转变。这也反映了群众对人民政权货币信用的信任不断加深。当然，抗战时期和解放战争时期，在一些根据地仍然发行可兑换的纸币。因此，很长时期都是可兑换和不可兑换纸币在不同的根据地并行流通。

第三，重视发行准备是货币信用制度建设的关键，也是明显区别于国民党政权货币发行的重要标志。民主革命时期，虽然环境和各种条件极为艰难，但中国共产党领导的各级革命政权还是认为发行纸币必须掌握一些重要物资，以此作为发行准备，这样才能赢得群众对纸币的信任。

第四，流通货币的统一是金融发展的必然趋势，先实现区域性的统一，再到最后的全部集中统一。各革命根据地处于分割状态，所以都发行各自的信用

① 郑州市档案馆：《郑州解放》，中国档案出版社 2009 年版，第 352 页。

货币。如果货币不统一，将对社会经济发展产生阻碍作用。随着解放战争形势的发展，统一流通货币成为金融发展的必然要求。各解放区发行的区域性货币逐渐减少和消失，最终形成统一的人民币市场。这样就结束了旧中国混乱的货币状况，建立起一个崭新的新民主主义金融体系和人民币市场。

第四章

新民主主义革命时期金融业务运作的探索

新民主主义革命时期，中国共产党对金融业务的运作进行了积极探索，包括存款业务、信贷业务、汇兑业务和股票发行等。当然，金融业务远不止这些，本章主要对当时最为重要的几项金融业务进行梳理和分析。

实际上，大革命时期，农民协会创办的银行或信用社等机构也开展了基本的存款贷款等金融业务，但由于这些金融机构存续时间短而且是零星办理或者规模不大，因此，本章主要探讨的时段从土地革命战争时期开始。

第一节 积极开拓存款业务

存款业务是革命根据地各银行重要的资金来源渠道。因此，整个新民主主义革命时期，党和根据地政府都非常重视存款业务的开拓。

一、土地革命时期银行存款业务的开拓

土地革命时期，苏维埃政府重视与支持根据地的存款业务的开拓。结合实际情况，主要开展了居民储蓄业务，不仅有利于工农群众改善生活，也有利于增强银行的资金实力和发展苏区经济。

1. 设置多种储蓄形式以吸收存款

在川陕革命根据地，各地经济公社、机关团体、工厂、饭店、药店和各类合作社，都在当地银行办理存款、放款和汇兑，分别开立账户，一般不计利息。每天收入的现金，除留少数备用外，都要交到银行。经济公社出口茶叶、银耳、药材等土特产品收入的现金，也到银行存款。① 闽浙赣省苏维埃银行则采用了多种形式储蓄业务。银行章程规定的储款（蓄）种类有：零储零取，零储整取、整储零取、整储整取、长储长取（即存本取息，按月取息，期满取本）、短储长

---

① 中国人民银行四川省分行金融研究所：《川陕省苏维埃政府工农银行》，四川省社会科学院出版社 1984 年版，第 12 页。

取（每月存入零星金额，到期领取一笔整数的储蓄存款）等六种。储蓄存款的期限和利率，有1个月、2个月、3个月……12个月和活期共13样。[1] 闽西工农银行规定，定期存款半年以上，月利率4、5厘，活期存款月利率3厘。湘赣省工农银行规定：储蓄存款利息率，一月者不给息金，二月者月息1.8厘，三月者月息2.1厘，四月者月息2.5厘，五月者月息3厘，六月以上者月息3.6厘。[2]

湘鄂赣根据地的浏阳、宜春等县苏维埃政府指定工农兵银行举办储蓄事业，以吸收社会闲散资金。平江县工农银行为办理储蓄业务，印制了一种"储蓄证券"。1932年3月，平江县苏维埃政府为铸造银圆而集中纹银，对自愿暂缓给价者，则以储蓄的方式订定期限，到期加息付价。7月间，平江县苏维埃政府为扩大黄金洞金矿生产，招集私人股本，借用工农银行储蓄证券作为金矿股券，既促进金矿招股工作的迅速开展，也为银行举办存款业务开辟了新的道路。鄂东阳新县财政部门的收入款大都存放在各区农民银行，以提供上级党的经费和各级军政开支之需。[3]

1934年春，苏维埃国家银行总、分、支行举办3种储蓄：（1）定期储蓄，存款至少5元，期限3~12个月，本利一次取回；（2）活期储蓄，存数至少5角，随存随取；（3）零存整取储蓄，约定期限、约定分期存数，期限至少6个月，至多3年，每期存数至少5角，到期本利一次取回。为方便群众聚集零钱，参加储蓄，国家银行总行还印制面额5分的储金票，委托各区乡合作社经售，并配发储金券，凡储金券上贴满10张储金票时，可向银行换取储蓄存折。储金票的特点是：甲地存入，乙地可取。国家银行总行在未制订储蓄办法前，储蓄利率采取在特别往来存款规则中特定例外办法：比特别往来存款月利增加2厘至6厘。湘赣省工农银行规定：储蓄1月者，不给息金；储蓄2~6个月者每元月息分别以1厘8毫、2厘1毫、2厘5毫、3厘和3厘6毫计算；储蓄6个月以上者，其息金按6月例。[4] 5月15日，国家银行总行致中华全国总工会执行局的信函中再次阐述了上述国家银行举办的三种储蓄。另外，又重申储金票的规

---

① 中国人民银行江西省分行金融研究所：《闽浙赣革命根据地金融史资料摘编（初稿）》，中国人民银行江西省分行金融研究所1979年版，第70页。

② 石丹林：《农村金融简史》，中国金融出版社1992年版，第173页。

③ 中国人民银行江西省分行金融研究所：《湘鄂赣革命根据地银行简史》，1987年版，第32页。

④ 《江西省金融志》编纂委员会：《江西省志·江西省金融志》，黄山书社1999年版，第454页。

定，即对于零存整取，每次存入未满五角的，另印发一种五分储金票委托各区乡合作社管售，凡要向国家银行储蓄而其金额不满五角的，可向购买此项储金票，粘存储金券上，储满五角时，交与国家银行总分支行换取正式储金存折，其所储蓄之款，无论储蓄人迁移何地，甲地存入，乙地取出，都听其方便。①

苏维埃国家银行还制定和颁布了一系列有关储蓄存款的条例，包括《中华苏维埃共和国国家银行往来存款暂行规则》《中华苏维埃共和国国家银行特别往来存款暂行规则》《中华苏维埃共和国国家银行定期存款暂行规则》等。这是中国共产党第一次较为系统地探索制定储蓄存款的办法。《往来存款暂行规则》《特别往来存款暂行规则》《定期存款暂行规则》主要规定如下：（1）开立往来存款者，要求第一次存入金额须在一百元以上。对于往来存款户，发给往来存款送金簿、支票及往来存款折。存款人提取存款时，无论数目多少，均可发用支票，但无透支契约者，所提之数以存款为限。（2）开立特别往来存款者，要求第一次存入金额须在五元以上，以后每次存款，亦不得在三元以下。（3）定期存款须于存入之际，约定支出之期，未到期前不得任意随时提取。存款期限，至少须在三个月以上。存款到期后，存主不来提取或未请求转期时，所有过期后之日数概不付利息。存款到期之日，如愿续存者，应到本行换领存单，以换单之日起，从新计算利息。存款金额至少须在五元以上。存款单据不得在市面流通、抵押、转让，如有特别情形，得本行之许可者，可将存单作为抵押品，向本行借款。②

从上述条例可以看出，往来存款主要是针对大客户，如国营企业、事业单位和机关团体。特别往来存款，则是为了吸引广大工农群众的储蓄。后来，中华苏维埃共和国国家银行专立储蓄部，开办储蓄业务。同时，国家银行也鼓励定期存款。

2. 开展对群众的储蓄宣传工作

1931 年冬，湘鄂赣省通过警卫营宣传队在民房墙上书写"拥护湘鄂赣省工农银行，踊跃把现金储藏到银行里去"等大幅标语，动员群众参加储蓄。③ 1932 年 1 月，湘赣省苏维埃政府"号召群众起来储蓄，汇集各级苏府及各革命

---

① 柯华：《中央苏区财政金融史料选编》，中国发展出版社 2016 年版，第 218-219 页。
② 《江西省金融志》编纂委员会：《江西省志·江西省金融志》，黄山书社 1999 年版，第 533-535 页。
③ 《江西省金融志》编纂委员会：《江西省志·江西省金融志》，黄山书社 1999 年版，第 454 页。

团体的金银宝贝送到银行来"。① 中共湘赣省委也提出：扩大工农银行，加紧工农银行的宣传鼓动工作，建立工农银行在群众中的信仰，号召群众到银行来入股、储蓄、收集各地金银锡玉石等，准备制造花边，提高银行纸币的信用及其价格。② 1933 年 3 月，闽浙赣省第二次工农兵代表大会的决议案规定，苏维埃政府"目前应当鼓励群众向银行入股与储蓄，以扩充银行基金"。③ 1934 年上半年，川陕革命根据地因敌人发动三次进攻，银行业务受到影响。省委于 10 月举行的第四次党代会上通过决议，其中要求"动员广大群众拥护工农银行"，"号召个个穷人自动拿钱向银行入股，集中农民手里的零碎经济聚成集团经济，变乡村睡着的经济为活动生利的经济"，指示"银行一方面吸收穷人的零碎经济，一方面向穷人作无利或低利的借贷"。④ 因此，很多苏区都要求要积极开展储蓄宣传工作，以便把群众动员起来，吸收群众闲散资金。

3. 开展群众性的储蓄运动

1932 年 4 月 18 日，中国共产党鄂东道委提出，发动群众起来拥护银行，向银行自动的存款，减少票币的数目，然后才能票币的兑现。道委决定发行 20 万元定期存款券。要发动群众来存款，各支部要宣传群众自动来存款，尤其小商人要向银行存款，但是不可命令强迫执行。各支部的党员要以身作则首先存款，领导群众起来存款，并决定阳新存款 8 万元，大冶存款 6 万元，通山存款 5 万元，鄂城武宁存款 1 万元，从 5 月起，开始这一工作，以挽救目前银行的危机。⑤ 因此，鄂东南地区开展了一次群众性的存款运动，通过发行定期存款券回收已发行的纸币。这种存款券实际是一种不能转让的大额定期存单，由鄂东南工农银行印制发行，面额有壹圆和拾圆两种。定期 1 年，年息 4，到期去银行兑取本息。⑥

苏维埃国家银行试办储蓄后，国家银行总行于 1934 年 5 月开展储蓄运动。中华全国总工会苏区中央执行局热情支持，号召各级工会组织动员工人群众积

---

① 中国人民银行江西省分行金融研究所：《中华苏维埃共和国国家银行湘赣省分行简史》，1986 年版，第 78 页。

② 中国人民银行江西省分行金融研究所：《中华苏维埃共和国国家银行湘赣省分行简史》，1986 年版，第 84 页。

③ 赣州市财政局，瑞金市财政局：《中华苏维埃共和国财政史料选编》，第 497 页。

④ 中国人民银行四川省分行金融研究所：《川陕省苏维埃政府工农银行》，四川省社会科学院出版社 1984 年版，第 13 页。

⑤ 中国人民银行金融研究所财政部财政科学研究所：《中国革命根据地货币》下册，文物出版社 1982 年版，第 24 页。

⑥ 姜宏业：《中国金融通史》第五卷，中国金融出版社 2008 年版，第 87 页。

极参加储蓄。当年，瑞金、兴国、石城银行都开办了储蓄业务。国家银行总行行长毛泽民致函中华全国总工会执行局刘少奇委员长，建议总工会号召广大工农群众"发展与参加储蓄运动"。信中指出：国家银行为了调剂金融，发展苏区生产，改善工农生活以冲破敌人经济封锁，特提倡储蓄运动，并以县为单位把储金有担保的投资到该县的生产事业上。鼓励广大工农群众在日常生活中节省，将所节省的零钱存入银行，使得聚少成多，化零为整。因此，要求总工会立即领导各级工会无论在各种刊物中、会议中很广泛地很深入地号召广大工人群众起来造成极响亮的储蓄运动，并要求你们在这储蓄运动中立即准备接受这种广大的储金来发展工业生产。①

但实际上，由于苏区群众的经济状况不佳，开展群众性的储蓄运动效果并不理想。从 1932 年 2 月至 1934 年春，国家银行存款主要是机关和企业存款，私人存款开户不少，但存款金额不多，至 1932 年 12 月 31 日，国家银行总行吸收各项存款 175448 元，其中私人存款仅 22787 元。私人存款仅占存款总额的 13% 左右。②

二、抗战时期存款业务的拓展

抗战时期，各抗日根据地，主要是陕甘宁边区，仍然重视开拓储蓄业务，并采取了一些新办法，如成立劝储机构、开展节约储蓄等，因而取得了较好的效果。

1. 大力宣传储蓄并成立劝储机构

陕甘宁边区银行于 1941 年制定《陕甘宁边区银行往来存款暂行章程》，对开户的基本程序、要求及利息进行了详细规定。1941 年 10 月 6 日，边区政府林伯渠主席发表《为发展储蓄告边区同胞书》，号召全边区人民动员起来，踊跃参加储蓄，购买有奖储蓄券。随即成立了由朱德、高岗、林伯渠等组成的陕甘宁边区劝储总团，各地成立分团。③ 延市劝储分团于 10 月 8 日在边区银行召开成立大会，计到市一级机关代表、各团体负责人、公私商店主任及本地名流绅士等共 40 余人，选出延市高自立市长、公安局长、公营商店联办处主任、商会会长等为劝储团委员。最后，一致主张立即推进由公私商店代销劝储。④ 10 月 18

---

① 柯华：《中央苏区财政金融史料选编》，中国发展出版社 2016 年版，第 218-219 页。
② 余伯流，凌步机：《中央苏区史》，江西人民出版社 2001 年版，第 741 页。
③ 中国人民银行陕西省分行、陕甘宁边区金融史编辑委员会：《陕甘宁边区金融史》，中国金融出版社 1992 年版，第 283 页。
④ 《延安成立劝储分团　公私商店均愿帮助劝储》，《解放日报》，1941 年 10 月 12 日。

日，靖边县也于光华商店召开各界会议，计到代表 40 余人，讨论推销事宜。当场大家一致通过成立靖边劝储分团。推选张代县长为分团长，光华商店经理乔谦及税务局陈大伦为正副秘书主任，并通过在各区成立区支团，各群众团体青救、妇联、工会成立储蓄团，部队成立劝储小组。安塞劝储分团也于 11 月 5 日成立，并决定从各组织发动，以各市镇公私商店、合作社为中心。当场县联社自动提出代售 2000 元，税局、真武洞商会各售 1500 元。高桥商会 1000 元，旧城商会代售 1500 元，招安商会 500 元，政府机关工厂部队 2000 元，妇联会 100 元。① 因此，陕甘宁边区劝储总团成立后，靖边和安塞先后成立劝储分团，并成立区支团及劝储小组。这样形成了一个劝储组织网络，便于劝储活动能深入基层，广泛动员群众。

2. 开展节约储蓄运动

1941 年 10 月，《解放日报》发表社论，提出要达到自给自足，单靠一个生产运动是不够的，还必须有一个节约储蓄运动来补助它，而且可以实行节约储蓄的地方是很不少的。因此，根据边区实际情况提出十项节约储蓄办法：

（1）提倡服用边货，抵制仇货及洋货。现在边区已能自造大批布匹，价廉物美，奈过去未加提倡，故大家仍争购外来品，致使边区工业不能猛烈发展，甚为可惜！

（2）节约烟酒之消费，尤其是洋酒洋烟。

（3）充分利用旧衣，少制新衣，公务人员及部队的冬衣，衣料制造与缝纫时，务求结实耐用，使用者尤要爱惜，少要做到一身衣服穿用两年。

（4）所有印刷公文纸张，务求节省，并尽量不用洋纸。

（5）节省窑洞，少兴土木，房屋布置，要简洁朴素。

（6）节省粮食，多余公粮，一概退给粮食局，不许浪费出卖。

（7）减小不必要的宴会，酒席力求简朴，一桌席至多不要超过八个菜。

（8）各工厂农场，特别要注意生产节约，节省原料，充分利用副产物。

（9）发展储蓄运动，吸收游资用到生产之上。

（10）提倡献金节储运动，凡向边区政府呈献金银首饰，金银硬洋外国货币及外国债票者，由边区银行代收，并发给同价格之有奖储蓄券。②

---

① 《延市将销储蓄券十万　靖边安塞劝储团成立》，《解放日报》，1941 年 11 月 10 日。
② 《开展节约储蓄运动》，《解放日报》，1941 年 10 月 22 日。

以上十项办法简单易行。因此，社论号召广为宣传动导，养成风气，形成运动。各级党政军机关，尤其是青工妇商各救亡团体起来领导这个运动，以便推行边区整个节约运动。

冀南银行也积极开展节约储蓄。1944 年 6 月，冀南银行总行公布《生产节约储蓄存款简则》。其中提出，存款自 50 元起存，欢迎集体储蓄，并代算各户利息。银行于吸收此项存款后，即以积少成多之数，投入于本区工农业经济事业中，以进一步发展根据地生产事业，故此项存款不但为个人积蓄，实寓极深政治意义。①

3. 尝试推行有奖储蓄

1941 年 9 月 21 日，《解放日报》在头版发表有奖储蓄十大好处："一、中了头奖，独得万元，奖金惊人。二、六十张中，一张中奖，机会极多。三、得奖与否，一律还本，空前便宜。四、三个月内，即可开，迅速无比。五、代销处多，整买零卖，一听尊便。六、开奖日起，一年还本，决不拖延。七、会计独立，资金雄厚，十分安稳。八、生育婚嫁，疾病养老，有备无患。九、节俭美德，质朴作风，民族传统。十、发展经济，完成自给，两全其美。"② 此后的很长时期内，《解放日报》头版仍然刊登这一宣传广告，以便推动抗日根据地有奖储蓄的开展。10 月上旬，陕甘宁边区政府颁布《陕甘宁边区银行有奖储蓄章程》，规定：此次有奖储蓄共设 10 个得奖等次，其中头奖 1 个，可得奖金 1 万元。③ 陕甘宁边区银行计划发行 50 万元有奖储蓄，虽然才只一个多月，而且是第一次试办，但已售出 40 万元，计延安市售出 14 万元，绥德 8 万，三边 6 万，关中、延长各 3 万，安定、安塞各 1 万，其余各县数千元不等。④ 10 月 28 日，陕甘宁边区银行宴请各县县长于机关合作社，商讨有奖储蓄之事，各县长一致表示赞助。29 日，该行又邀集各县青救会主席开会商讨扩大推行事宜，也均表示返县后即发动所属积极劝道宣传，使其由市镇推销到农村去。南区合作社刘主任成此次推行储蓄奖券到民间之模范者，经其宣传，家家户户均明了储蓄奖券之意义，故该社奖券销数日增。⑤ 因此，有奖储蓄不仅得到陕甘宁边区各县县长的支持，而且相关社会团体等也大力配合，颇受各界欢迎。

---

① 尚明，白文庆等：《金融大辞典》，四川人民出版社 1992 年版，第 710 页。

② 《有奖储蓄十大好处》，《解放日报》，1941 年 9 月 26 日。

③ 陕西省档案馆：《陕甘宁边区政府大事记》，中国档案出版社 1991 年版，第 119 页。

④ 《储蓄奖券售出四十万元 明年元旦即行开奖 绥德储蓄运动开展中 振华纸厂掀起购券热潮》，《解放日报》，1941 年 12 月 12 日。

⑤ 《各县长一致赞助推销有奖储蓄券》，《解放日报》，1941 年 10 月 30 日。

　　有奖储蓄开办以后，陕甘宁边区各地积极响应，并取得了较大成效。为了在绥德展开储蓄运动，陕甘宁边区银行绥德分行，特请该行社会服务团于1941年11月30日至12月5日，演剧六天，进行储蓄宣传。当场由安副议长、绥德市王市长、蔡会长等，阐明边区银行发行有奖储蓄券的意义，及购买储蓄券的好处，号召各界踊跃购买。政治部袁主任发动所属各部队实行节俭，购买储蓄奖券。① 安塞振华纸厂工会也开会详述发行有奖储蓄券的意义与办法，至11月29日仅一周内即销售1000余元，职员占全厂人数11%，购券却占总数35%，有青年学徒赵至平独购26元。②

　　陕甘宁边区银行第一期有奖储蓄券定于1942年元旦当众开奖，摇奖的准备工作已经完成。奖票共有25000号，其中有405个号码是有奖的，摇奖机共分三个大小不同的连环圆球，大球专摇中奖等次，中小机球则摇万、千、百及个十的中奖号码，中球内所装的号码计自00至249号，小球内所装的号码计自00号至99号，两相合并，即自00000号至24999号，都有均等获奖的机会。为使各界人士共同主持并监视开奖，特聘请延安市市长李景林、市商会正副会长白振邦、刘俊德、市参议会驻会委员毕光斗、吴汉章，市公安局长、公营商店代表张坚中等为委员，另并聘请市抗、市青救、市妇联、市工会、合作管理局、完小校长、财政局及天德成、同盛永两号掌柜为监视委员，由上列各委员主持一切开奖事宜。③ 1942年元旦如期开奖，并将奖号公告周知。头奖由关中售出，得主为谁，尚未接到关中复电，但已准备盛大送奖仪式，以庆祝头奖得主。二奖一由延市售出，一由三边售出，延市得主为裕顺通公司。三奖由延市售出二张，关中售出一张，延市三奖得主之一，为女参议员路志亮。四奖亦由延市售出两张、绥德、陇东各售出一张。五奖延市售出两张，绥德、关中及直属县各售出一张。六奖绥德售出两张，直属县五张、延市、三边、关中各一张。七奖延市售出两张，绥德五张，直属县七张。末将为十奖。该行已将奖号分别通知该行各地分行及支行，凡持有中奖号码奖券者，即可持券就地向该行分行或支行领取奖金。④ 1942年2月15日，陕甘宁边区银行颁行《第二期有奖储蓄券章

---

　　① 《储蓄奖券售出四十万元 明年元旦即行开奖 绥德储蓄运动开展中 振华纸厂掀起购券热潮》，《解放日报》，1941年12月12日。

　　② 《储蓄奖券售出四十万元 明年元旦即行开奖 绥德储蓄运动开展中 振华纸厂掀起购券热潮》，《解放日报》，1941年12月12日。

　　③ 《储蓄奖券全部售出 明年元旦当众开奖 监视开奖委员已聘就》，《解放日报》，1941年12月29日。

　　④ 《新年中奖双喜临门 边行筹备盛大送奖仪式》，《解放日报》，1942年1月10日。

程》，第二期奖券发行一百万元，最终也如期完成奖券销售任务。

因此，陕甘宁边区银行两期储蓄奖券的发行，一定程度上提高了边区群众的储蓄意识，也是为边区生产建设筹集资金的一种新的尝试，为日后采用类似的办法提供了实践经验。

4. 银行或商号附设储蓄部

抗日根据地的银行或商号还通过附设储蓄部来拓展储蓄业务。这是为筹集生产建设资金而采用的一种创新手段。

1941 年 6 月 26 日，陕甘宁边区银行站在服务社会立场上，专设储蓄部，办理活期储蓄存款。月利每元一分二厘，每月结算利息一次。三元以上即可开户，手续异常简便。① 7 月 3 日，冀南银行为了发展生产，特增设储蓄部，号召广大人民储存款项，增加抗战力量。该行储蓄存款章程上规定：（1）储金分自由储款、零存整取、零存领取三种。利息每月八厘至一分二厘。（2）此项储金，银行只能用在开垦土地，兴修水利，发展农村牧畜、开办工厂、开采矿产等生产建设事业，不做他用。（3）储金除该行直接向储户负责外，并由政府保证本息之偿付。又该行为便利储户储蓄与提款，办事处直接受理上项手续外，经济机关、会计部门、各部队供给总务及会计部门代理收受储款。②

1945 年 6 月，陕甘宁边区普利商店发表启事，宣称本店原称新工厂推销部，现因业务范围扩充，决定自本月 16 日起改名为普利商店，仍在原址继续营业。同时决定，为提倡节约，适应各界积零为整、建业备荒起见，特设储蓄部，办理储蓄存款。凡在流通券 100 元以上，即可存入生息。手续简便，储户在本店购货，且可享有折扣优待。③ 8 月 5 日，《解放日报》刊发延安鸿泰号文具店增设储蓄部启事，宣告增设储蓄部专门办理各项存款事宜。同时还强调储蓄的特点：利息优厚，提取随便；期满半年，利息加添；手续简单，稳固保险；百元以上，多寡不限；购物从优，折扣优先。凡活期存款期满半年者，按结余额另加红利 30%。凡储户在本店购货，享有优先权及折扣优待权。④ 8 月 30 日，普利商店储蓄部为改订存款利率发布启事，提出自 9 月 1 日起，存款利率改为月息 6%，不满半月取出者无息，半月以上取出者按日息 1‰计算，旧存户自 9 月 1 日起统按新章程办理。⑤此后，《解放日报》多次刊发鸿泰号文具店和普利商店

---

① 《本行专设储蓄部办理活期储蓄存款》，《解放日报》1941 年 6 月 26 日。
② 《冀南银行增设储蓄部》，《解放日报》1941 年 7 月 3 日。
③ 《普利商店紧要启事》，《解放日报》1945 年 6 月 15 日。
④ 《鸿泰号文具店增设储蓄部启事》，《解放日报》1945 年 8 月 5 日。
⑤ 《普利商店储蓄部改订存款利率启事》，《解放日报》1945 年 8 月 30 日。

增设储蓄部的广告和信息，这是陕甘宁边区在金融建设方面的一次重要尝试。

三、解放战争时期折实或实物保本储蓄存款的逐步推广

解放战争时期，各解放区更为重视推进各类存款业务，并且创造性地采用折实储蓄存款、定期实物保本存款等方式，逐步得到推广。因而，解放区金融组织的存款业务取得了不错的成绩，为解放区的生产建设事业积累了一定的资金。

1946 年 11 月 5 日，西北农民银行经理牛荫冠署名签发《关于举办定期折米存款的指示》。该指示决定由西北农民银行举办"定期折米存款"，目的在于吸收游资，使其获得出路，减少投机，同时也便于银行贸易资金的调用，有利于吸收土产并稳定金融。该行制定的《定期折米存款办法》主要规定如下：（1）此项存款，不论存入、支取与付利，一概使用本币过现；（2）存户在存入本币之时，即按当地贸易公司当日购进小米之最高价格折成小米，由本行开给小米存单一纸，交存户收执；（3）存户不能中途提款。到期提款时即将存单上所列小米按当地贸易公司当日（即提款之日）出售小米之最低价折成本币提取，本行即收回存单；（4）存户存款之最低额为小米一大斗之本币，最高额不加限制，存款期限最短为一个月，最长为一年，惟以月为计利单位，不算日息；（5）此项存款之利率规定为：1~2 个月一分五厘，3~5 月一分六厘，6~7 个月一分七厘，8~9 个月一分八厘，10~11 个月一分九厘，一年二分；（6）此项存款之利息，均须于到期后提取，不能中途预支；如有愿意按月提利息者，一律以利率月息一分五厘计息；（7）存户若到期不提取，而已超过半月者，本行即按到期后之米价本利一并折成本币，转入暂记存款账再不计息，以后存户即按已折本币数额提取；若到期存户愿意续存者，必须在到期后半月内来本行重订存期，重换存单；（8）本行举办此项业务之机关，暂规定为总行（兴县），吕梁区本行（汾阳冀村），三分区本行（碛口），二分区本行（五寨），五分区本行（左云），其他机关暂不举办。[①] 因此，解放战争时期，西北农民银行最先开始试办折实储蓄存款，并制定了详尽的办法。但由于仅仅以米为折价依据，难以反映出当时整体的物价水平。

1948 年 2 月，东北银行颁发的《定期实物储蓄存款章程》主要规定：（1）此项实物存款，系采用简单物价指数，以存款时与取款对不同之物价，为计算原本之标准，实际上仍以现款收付，并不收付实物但存款到期存款人如愿要实

---

① 杨世源：《西北农民银行史料》，山西人民出版社 2002 年版，第 326-328 页。

物者，经银行许可可代为购买实物；并不收任何费用；（2）存款折实：以高粱米、布、盐、煤等四种实物价格，比例平均指数计算（即以每种各占四分之一计算）；（3）上项四种实物，完全按照市场实际交易价格，由本行逐日挂牌公布，作为实物存款时计算之标准。为避免因偶然性的物价变动，使存款人遭受不合理之损失起见，特规定以存取日之最近10天银行平均牌价为计算标准。① 东北银行就将折实的实物增加为四种，还特别提出存款到期存款人如愿要实物，银行可代为购买实物，且不收费用。

1948年3月，西北农民银行制定《定期实物存款暂行办法》，规定存款种类分土布、小米两种。存款人可以票币按当时当地公司门市价格折成实物，或直接存入实物。存款期满后，银行即照原存实物按当时当地公司门市价格折付本币本息。存款时间分三个月、半年、一年三种。不到期者，不得支取存款。三个月者，按月息五厘计，半年者，按月息七厘计，全年者，按月息九厘计。凡到期不支取者，即将本利转期，继续存满三月、半年或全年者，利息照规定利率计算。② 可见，西北农民银行将此前的折米存款调整为两种实物的存款，这比单一实物折实更加合理。

1949年1月，中国人民银行总行发布通令，决定对国营经济部门及干部、工人的存款，采取定期实物保本的方法。该通令对办理该项存款应注意事项及会计处理手续也进行了详细规定。同时还指出，定期实物保本办法，使国营资本、机关生产等，所得利息不少于货币贬值所损失者，甚至不少于经营所得（物价波动时经营所得按实物计算往往是赔损的），这样就造成很有利的吸收存款条件。各行处要排除怕赔钱的思想（银行结合发行算总账还是不赔钱）和以为有此高利可等存款自来的想法，必须积极设法吸收，以达到预期目的。③ 中国人民银行总行公布的《定期实物保本存款办法》主要规定：（1）定期实物保本的对象，限于国营企业机关生产、干部、职工等，此外均不适用本办法。（2）定期实物保本存款，本息均以"饷"计算（一个饷包括二斤米、一斤麦、五钱油、五钱盐、一方尺布、一斤半炭等六种物资的价格），饷价每五天计算一次（逢五、十计算变更制）。由各地根据本地报纸公布价格为准，以五天物价平

---

① 中国社会科学院经济研究所中国现代经济史组：《革命根据地经济史料选编》（下册），江西人民出版社1986年版，第775页。

② 陕甘宁边区财政经济史编写组：《解放战争时期陕甘宁边区财政经济史资料选辑》（下册），三秦出版社1989年版，第119—120页。

③ 中国人民银行山西省分行，太岳革命根据地金融史编写组：《太岳革命根据地金融资料选编（初稿）》，内部资料1987年版，第493—494页。

均计算之，没有报纸物价者，按贸易公司价格计算。依价算出后，由当地银行挂牌公布。（3）定期实物保本存款，利率按月息计算（1~12个月，从保本无息到1分不等）。（4）定期实物保本存款，按议定期限结算本息，愿续存者，需办续存手续，凡未到议定期限，而将存款提出者，利息根据实存时间的利息计算。（6）定期实物保本存款，如至议定期满，因物价下跌，而不能取回其原存货币本金时，可仍照原存货币本金付给，不计利息，期满按实物计算本息或取货币本金，由存户自择。① 实际上，办法中提出的定期实物保本就是折实储蓄，而且以6种实物为计算标准。

1949年2月，中国人民银行太岳分行转发总行对机关干部职工存款采用定期实物保本办法的指示。3月11日，中国人民银行太岳分行对上述《定期实物保本存款办法》进行了补充说明。例如，定期存款满一月者，实物保本无利，不足26天者按货币活存关系计算本息。定期存实2个月如1个月零25天以上提取者，按提款日保本无息，1个月零26天以上者即按两个月的实物利息标准计算利息。②

1949年4月，北海银行公布的《折实储蓄存款暂行章程》主要规定，暂行举办整存整取、存本付息、零存整取、整存零取。存款以固定实物单位计算，一个固定实物单位包括：小麦一斤半，小米一斤半，五福布一尺，共三种定量的物价，其价格以当地报纸公布之批发价格为计算标准（没有报纸的地方可按贸易公司或公营商店出售价格计算之）。价格算出后，由银行挂牌公布之，每五日平均计算固定实物单位价格一次，存取均按前五日之平均物价计算之。③ 举办折实储蓄存款，是为了保证群众生活不因物价波动而受到影响，因而深受群众拥护。与此同时，西北农民银行也制订了《折实存款暂行章程》，规定存款一半按土布、一半按中等小米（或小麦）计算，到期按西北贸易公司牌价折付本币。存入起点为土布3尺，存期最短3个月，利率月息69‰。超过三个月时，按各种期限的不同利率档次计息。存至一年时为月息13.5‰，超过一年时可以面议。④

① 中国人民银行山西省分行，太岳革命根据地金融史编写组：《太岳革命根据地金融资料选编（初稿）》，内部资料1987年版，第495-496页。

② 中国人民银行山西省分行，太岳革命根据地金融史编写组：《太岳革命根据地金融资料选编（初稿）》，内部资料1987年版，第492页。

③ 中国人民银行金融研究所，中国人民银行山东省分行金融研究所：《中国革命根据地北海银行史料》第四册，山东人民出版社1988年版，第352页。

④ 陕西省地方志编纂委员会：《陕西省志》第三十六卷，陕西人民出版社1994年版，第308页。

1949 年 4 月，中国人民银行颁布了《定期储蓄存款暂行章程》，规定开办整存整付、零存整付、整存零付、存本付息四种折实储蓄。一个"标准实物单位"为面粉 1 斤、玉米面（或小米）1 斤、布 1 尺三种货物价格之和，其价格以当地报纸公布之物价为准，并按存取款前 5 日平均物价计算。① 由于物价上涨时折实储蓄存入与支取的牌价有很大差距，为防止商人投机，也规定活期及定期 1 个月以下的折实储蓄只限于职工、教师等人，3 个月以上的定期存款不限对象。不久，中国人民银行冀鲁豫分行公布了《储蓄存款暂行章程》和《定期实物保本存款办法》。其中也明确规定：储蓄存款均分为货币储蓄与存款折实储蓄两种，由存户自择。存款折实以"饻"计算，一个饻包括小米二斤，小麦一斤，油五钱，盐五钱，炭一斤半，土布一方尺，共六种定量的物价。定价格以当地报纸公布之中等物价。每五日平均计算依价一次。存取均按前五日之依价计算。② 上述两个办法分别实行货币储蓄和折实储蓄，由储户自行选择。

因此，从西北农民银行举办定期折米存款之后，中国人民银行总行及分行、北海银行和东北银行等都相继出台定期实物保本存款或折实存款等办法，折实的实物多的达 6 种，少的只有 2 种。这些办法在物价极不稳定的情况下，能最大程度保护存户的利益，因而受到群众的欢迎。各解放区在折实储蓄方面取得了不错的成绩。1948 年 9 月开始试行东北银行定期实物储蓄存款，到 1949 年 7 月共吸收定期实物储蓄 143.3 亿元。③ 1948 年陕甘宁边区银行及西北农民银行定期存款总额 422860 万元（边区贸易公司商业流通券），实物存款 97980 万元（边区贸易公司商业流通券）。④ 截至 1949 年 7 月，哈尔滨分行（包括辖内）定期实物存款余额为 115.9 亿元，占各项存款总额的 1.71%；黑龙江分行（包括辖内）该项存款余额为 27.4 亿元，占各项存款总额的 2.09%，哈尔滨、黑龙江两个分行的定期实物存款共计 143.3 亿元，为同期东北银行定期实物存款总额的 91.8%。⑤

综上所述，整个新民主主义革命时期，中国共产党一直把存款业务视为最

---

① 《1949—1952 中华人民共和国经济档案资料选编·金融卷》，中国物资出版社 1996 年版，第 286-287 页。

② 中国人民银行金融研究所，中国人民银行山东省分行金融研究所：《冀鲁豫边区金融史料选编》（下册），中国金融出版社 1989 年版，第 598 页。

③ 尚明：《前进中的金融事业（纪念中国人民银行建行四十周年文集）》，中国金融出版社 1988 年版，第 65 页。

④ 陕西省地方志编纂委员会：《陕西省志》第三十六卷，陕西人民出版社 1994 年版，第 309 页。

⑤ 黑龙江省金融研究所：《黑龙江根据地金融史料（1945—1949）》，第 139 页。

主要的金融业务之一，并大力开拓储蓄业务。在这过程中，采用了一些新办法开展群众性的储蓄活动，并且还创造性地推广了折实或保本的存款方式，取得了不错的成绩。

第二节　合理开展信贷业务

信贷业务是指银行利用自身资金和信誉为客户提供资金融通或融信，并以客户支付利息、费用和偿还本金或最终承担债务为条件的一种授信业务经营活动。[1] 按期限划分，可分为短期信贷业务、中期信贷业务和长期信贷业务；按担保方式划分，可分为信用信贷业务、担保信贷业务（包括保证、抵押和质押方式），等等。[2] 银行资金运用的主要途径是开展信贷业务，此外还有由银行等机构直接从事投资事业等。

一、土地革命时期信贷业务的开拓

土地革命时期，革命根据地的信贷机构积极开拓信贷业务，并制定相关信贷规章和制度，使信贷业务有章可循。信贷业务主要解决各项生产事业的资金需要，贷款对象主要是各种合作社，对劳动贫民、小手工业者、小商人等个人生产也给予贷款支持。这对于革命根据地发展生产、活跃内外贸易及促进物资交流等起到了重要作用。

1. 制定有关信贷业务的条例或章程

为了打破敌人的经济封锁，恢复工农业生产，活跃苏区经济，各地苏维埃政府探索形式多样的信贷业务。贷款的种类有农业贷款和工业贷款。农业贷款主要用于购买水利、种子、耕牛、肥料等，工业贷款主要是购买原材料、生产设备、资本等。因此，很多苏区出台了相关信贷业务的办法措施。

1931 年 12 月，经湘赣省苏维埃政府批准的《中华苏维埃共和国湘赣省工农银行简章》中列有专门的借贷条例，其中规定：（1）凡在湘赣苏区内的各种合

---

① 李娇，吴正俊：《商业银行岗位技能综合实训教程》，西南交通大学出版社 2016 年版，第 135 页。

② 然而有学者将抗日根据地的信贷业务定义为抗日根据地银行及有关部门从事的除货币的发行及其管理以外的各项金融工作，包括贷款、存款、汇兑、代理财政金库、管理外汇金银等各项业务。例如，姜宏业的《中国金融通史》第 5 卷（中国金融出版社 2008 年版）第 198 页。这对信贷业务的定义和分类显然是不恰当的。

作社及公共产业，在扩张营业的需要上，经过当地高级苏维埃政府的保证而在本银行财力可能时，得向本银行借款应用；（2）凡革命的工人、农民、兵士、小商人、劳动贫民，如遇在发展各种生产事业的需要上得到当地苏维埃政府的保证，而在本银行财力可能时，亦得借贷应用；（3）凡借贷者经过当地苏维埃政府的保证，并要填具借贷证券，以资凭信；（4）凡借贷者于借款时须确定偿还期间，如届期不送还者，本银行不派人追催，系保证部门责任。借贷期间最多不得超过一年。①

中华苏维埃共和国国家银行制定了《定期信用放款暂行规则》《定期抵押放款暂行规则》和《贴现放款暂行规则》（具体制定时间不详）三项信贷法规。《定期抵押放款暂行规则》规定：（1）凡备有相当抵押品，抵押用途在不抵触苏维埃法律与不妨碍经济政策，而商得本行之许可者，无论个人、团体、商店、工厂均可抵押借款。（2）抵押品须不会损失毁灭而便于保存者、价格极少变动者、随时可能就地变换现金者，方能抵押。（3）抵押金额，最多不得超过该抵押品时价所值 70%。抵押品在抵押期限内，中途价格低落至十分之一以上时，借款人应即增加抵押品，或交纳现金，至少以补足低落价格为准则。（4）借款期限最久不得超过 6 个月，如有特别情形，经本行许可者可以延期，但须还清到期利息，另订契约。②《贴现放款暂行规则》则规定：商店、工厂售货收入之迟期票据，未到期而急于用款者，可将该项票据商得国家银行之许可，照章贴现。然而，由于中央苏区票据信用极不发达，市场上基本少有票据。因而，此项暂行规则在当时的苏区只能说是名义上的规定。

2. 各根据地以工农商贸业为信贷业务重点领域

1932 年 9 月，江西工农民主政府规定信用合作社要考察借款人之用途。因此，贷款首先考虑"关于生产事业之借款，如借去买肥料、买石灰、买农具，发工钱等"。③ 1932 年，江西省苏维埃政府制定的《合作社工作纲要》规定信用合作社贷款范围：一是支持农业生产，发放肥料、种籽贷款；二是解决农民生活困难；三是医药卫生方面的贷款。有些信用社办得比较好时，还贷款支持各地的物资交流，代理银行发放贷款，并办理货币兑换业务。④ 前文提到的《中

---

① 《湘赣革命根据地》党史资料征集协作小组：《湘赣革命根据地》（上），中共党史资料出版社 1990 年版，第 152 页。

② 《江西省金融志》编纂委员会：《江西省志·江西省金融志》，黄山书社 1999 年版，第537-538 页。

③ 李恩慈，牛素鸽：《合作金融通论》，中国经济出版社 1991 年版，第 70 页。

④ 李恩慈，牛素鸽：《合作金融通论》，中国经济出版社 1991 年版，第 69 页。

华苏维埃共和国国家银行定期信用放款暂行规则》也规定，工农群众借款用途应该是购置农具或肥料、耕种用费、开辟荒田和整顿水利、其他有关于发展社会经济之用途。①

1933 年 3 月，闽浙赣省第二次工农兵代表大会议决："银行的资本，最大部分要用于帮助各种合作事业的建立与发展，并贷款与工人、农民、小手工业者，帮助他们置办工具、购买耕牛、耕具和肥料。"②"苏维埃银行，在发展苏共生产调节金融，帮助政府解决某些时期的财政困难时起了极大的作用。银行的资本，最大部分要用于帮助各种合作事业的建立与发展，并贷款于工人、农民、小手工业者，帮助他们制办工具，购进耕牛、耕具和肥料。"③因此，闽浙赣省苏维埃银行积极支持农业生产，到了春耕时，银行就要发放耕牛贷款和农具贷款，每年贷款在 20~40 元。由于当时还是个体劳动，所以贷款手续是：首先要由当地的乡苏维埃政府介绍到银行，经省银行行长批准方可予以贷款。只是发放农贷，不要什么东西做抵押，贷款的利息一般都不高，一年利息 6 元，一季 2 元，半年 3.50 元。④ 闽浙赣苏区银行还大力支持公营工商企业。例如，省苏主办的纸厂、煤厂、锅炉厂、棺木厂、纺织厂、苏维埃商店、工农药店等工商企业，在其资本周转暂有困难时，给予贷款支持，1932 年共贷出 2.5 万余元。闽西苏维埃政府规定，合作社向银行借款享有优先权，银行信贷资金的 25% 必须用以支持各种合作社的发展。据 1934 年 11 月统计，工农银行对各类合作社的放款余额共计 5157.64 元，支持合作社发展造纸、铸铁、石灰等生产。同期农业贷款余额 16550 元，各项工商贷款余额 350.54 元。⑤

川陕革命根据地银行的贷款以扶持工农业生产合作社为重点。例如，"在工农银行扶植下，积极组织纺织生产合作社。当时，仪陇、长胜两县，按县苏提出的要求，基本上实现了乡有纺纱厂，区有织布厂"。全部解放的县，在农民分得土地，组织起来以后，有的银行还发放过耕牛、牲畜，种子、小型水利等农贷。例如，为了疏通巴河三百里河床，银行支付了省水利工程科一笔足供六十

---

① 新疆维吾尔自治区财政厅、中国人民银行金融研究所、新疆金融研究所：《革命理财家毛泽民》，新疆人民出版社 1994 年版，第 111 页。

② 中国人民银行江西省分行金融研究所：《闽浙赣革命根据地金融史资料摘编（初稿）》，中国人民银行江西省分行金融研究所 1979 年版，第 71 页。

③ 赣州市财政局，瑞金市财政局：《中华苏维埃共和国财政史料选编》，第 497 页。

④ 江西财经学院经济研究所，江西省档案馆，福建省档案馆：《闽浙赣革命根据地财政经济史料选编》，厦门大学出版社 1988 年版，第 582-583 页。

⑤ 福建省地方志编纂委员会：《福建省志·金融志》，新华出版社 1996 年版，第 177 页。

万民工需用的水利基本建设款。① 中华苏维埃国家银行湘赣省分行实行低利政策，以便扶助工农群众发展生产、活跃经济。省工农银行贷款对象除合作社外，还有苏维埃政府主办的企业和红军家庭手工业等，也有少数的小商小贩。当然，由于银行资金来源有限，发放贷款也就为数不多，1932 年贷出的款项只有一万余元。②

苏区银行个人放款也是以对农户放款居多。1930 年 10 月，赣东北特区贫民银行为帮助农民恢复生产发放贷款三四千银圆。1932 年春，省苏维埃银行贷出 1 万余元给群众，购买耕牛，置办工具，贷给小商贩做生意的约 1 千元。1933 年，闽浙赣苏维埃政府进一步号召全省群众努力春耕，苏维埃银行除发放耕牛、肥料贷款外，对上年受水旱灾害而困难的农户，给予生活贷款。1934 年春，瑞金县信用合作社贷款给群众买牛参加犁牛合作社，全县春耕所需耕牛基本上得到解决。③

除了工农业贷款之外，也极为重视商业贷款，以活跃内外贸易，促进物资交流。1932 年 5 月，湘鄂赣省工农银行万载分行给苏维埃利群总商店贷款 1000 元，作为继续扩大经营的资本。④ 川陕革命根据地银行贷款的主要对象是经济公社，经济公社总社设通江，在各县有二十几个分社，业务量大，联系面广，需要的周转资金多，如经济公社到白区采买器材，药品、布匹、食盐等，在苏区收购粮食、棉花等，都由银行供给资金。⑤ 闽浙赣省苏维埃银行对于当时的苏维埃企业，消费合作社、工农商店、国营商店三家，都给予贷款。他们全是放款户，到白区购货时到银行来借款，销货收入后归还欠款。利率是：消费合作社贷款三厘，苏维埃商店贷款三厘。为了更好地活跃苏区市场，银行对于小商贩也给予一定的贷款。小商贩贷款不多，总额不到一千元钱，但小商贩贷款的利率要稍高一些。当然，小商贩贷款同样要经乡苏维埃政府担保，否则不贷。⑥

<hr />

① 中国人民银行四川省分行金融研究所：《川陕省苏维埃政府工农银行》，四川省社会科学院出版社 1984 年版，第 12 页。

② 中国人民银行江西省分行金融研究所：《中华苏维埃共和国国家银行湘赣省分行简史》，1986 年版，第 15 页。

③ 《江西省金融志》编纂委员会：《江西省志·江西省金融志》，黄山书社 1999 年版，第 455—456 页。

④ 《江西省金融志》编纂委员会：《江西省志·江西省金融志》，黄山书社 1999 年版，第 455—456 页。

⑤ 中国人民银行四川省分行金融研究所：《川陕省苏维埃政府工农银行》，四川省社会科学院出版社 1984 年版，第 12 页。

⑥ 江西财经学院经济研究所，江西省档案馆，福建省档案馆：《闽浙赣革命根据地财政经济史料选编》，厦门大学出版社 1988 年版，第 582—583 页。

3. 尝试由信贷机构兼营进出口贸易

值得注意的是，当时很多苏区信贷机构还直接设立营业部或贩卖部，兼营进出口贸易。这可以看作一种特殊的信贷方式。

例如，闽西工农银行附设一个熔银厂和营业部。营业部设在汀城的水东街，办理进出口贸易，并成立"中华商业股份有限公司"，向国民党统治区输出木材、纸张、钨矿，买回红色区域迫切需要的食盐、棉花、布匹、药品等，并负责供应军粮，如 1932 年攻打漳州时，红军的粮食全由营业部组织供应。① 这对打破敌人经济封锁，繁荣苏区经济，保证军需民用发挥了不少作用。

又如，闽浙赣省苏维埃银行根据方志敏主席指示设立银行贩卖部。除省行外，上饶、贵溪、德兴分行也都设有贩卖部。1932 年，各单位都设有贩卖部，主要是经营布匹、百货、日用品，任何人都可以进行买卖（地主也可以，但就是不可以买食盐，因为当时食盐是很紧张的），这样银行也设立了贩卖部。1933 年，银行贩卖部就改名为闽浙赣省商店，这样银行附设的贩卖部就从银行中分离出来了。②

二、抗日战争时期信贷业务的发展

抗战时期，抗日根据地的信贷业务有了较大发展。信贷业务的制度建设更加全面，并根据实际情况调整信贷业务的主要对象或者重点，创造性地采用实物贷款的方式。这些都是开拓信贷业务取得较大进展的表现。

1. 重视信贷业务的制度建设

第一，晋察冀边区较早出台相关的信贷规章。1940 年 3 月，晋察冀边区颁布《晋察冀边区银行合作贷款办法》和《晋察冀边区银行生产贷款办法》，这是抗日根据地最早出台的信贷条例。"合作贷款办法"主要规定，贷款以边区组织健全之生产、运销，信用合作社为对象。合作社贷款金额由 50 元起至 3000 元。成立一年以上，社员足 500 户，呈准政府登记，业务确有成绩者，可酌贷 3000 元以下，1000 元以上之余额。贷款利率，定为月息 4 厘。期限有 6 个月，10 个月，12 个月 3 种。《晋察冀边区银行生产贷款办法》规定，贷款对象为生产事业，不论其为集体经营还是合作经营或个人。内容包括农业生产贷款和工

---

① 厦门大学历史系中共党史教研组编写：《闽西革命根据地》，上海人民出版社 1978 年版，第 134 页。

② 中国人民银行江西省分行金融研究所编：《闽浙赣省苏维埃银行》，1985 年版，第 137 页。

业生产贷款，生产贷款期限最低不得少于 3 月，最高不得超过 3 年。偿还分整借整还，整借分还两种。① 1941 年 12 月，晋察冀边区公布的《边区银行办理实业放款简章》主要规定：实业放款对象以边区境内农、工、商、矿各业之经营者为限，凡为增加生产，调剂有无，供应军需民用，资金不足时均可借款。修滩、开渠、凿井及工矿各业的放款金额视其事业之所需，随时商定。农业及其他用途之放款，以 10～300 元为限，各项放款，不得超过借款者全部资产之半数。放款期限分为"定期"与"活期"两种。放款利率月息 5～8 厘。1944 年 2 月，晋察冀边区制定的《县联社生产贷款办法》规定举办生产贷粮。贷粮由村庄办理，其村社不健全者，由附近之建全村社办理之。贷粮以有劳动力能参加生产缺粮者为限。具有同等条件社员有贷粮之优先权。贷粮由政府公粮中拨给，拨粮手续与还粮手续由本社与县政府商定之。②

第二，陕甘宁边区注重信贷业务的制度建设，出台了许多规范信贷业务的实施办法、条例或者发出相关指示等，尤其是有关农贷业务的居多。

1941 年，陕甘宁边区银行《定期信用放款暂行章程》明确规定：放款纯为鼓励边区生产、贩运、土产出口，输入边区必需品，发展社会经济为目的。借款者应首先填具申请书，说明借款用途、金额、期限、担保人，经许可后，填写正式借据或合同，借款人及担保人必须在借据上签字或盖章，如系团体并须加盖公章，始为有效。此外，对借款金额、借款期限和借款利率也有详细的要求。③ 同年 12 月，陕甘宁边区政府决定组建边区农贷委员会，以李鼎铭、朱理治、高自立、南汉宸、刘景范、阎子祥、农业局长七人为委员，高自立为主任，朱理治为副主任。④ 该委员会负责农贷发放的研究、指导工作。此后，根据出台的相关制度规定，各县也相继组成农贷委员会，边区银行在各县建立农贷办事处，行政村则成立农贷小组。各级农贷组织机构专门负责农贷的发放和管理，以确保农贷用于农民，用于农业生产。12 月 18 日，陕甘宁边区政府给安塞、安定、延安、甘泉四县发出《关于迅速办理农贷的指示信》，指出：为推动边区农业生产的发展，现在决定由边区银行办理耕牛贷款，要求"县政府迅即进行动员耕牛贷款之宣传，组织农贷委员会"，并附上《县农贷委员会暂行组织大纲》

---

① 河北省金融研究所编：《晋察冀边区银行》，中国金融出版社 1988 年版，第 63 页。

② 河北省金融研究所编：《晋察冀边区银行》，中国金融出版社 1988 年版，第 65-66 页。

③ 陕甘宁边区财政经济史编写组：《抗日战争时期陕甘宁边区财政经济史料摘编》（第五编），陕西人民出版社 1981 年版，第 453 页。

④ 陕甘宁边区财政经济史编写组：《抗日战争时期陕甘宁边区财政经济史料摘编》（第五编），陕西人民出版社 1981 年版，第 401 页。

和《乡农贷委员会组织简章》。组建县农贷委员会的目的是协助政府进行农贷工作，主要负责讨论并检查农贷进行办法、推动生产互助合作事宜、切实监督贷款用途、保证执行契约信用。县农贷委员会应由县政府、抗敌后援会、县参议会、所在地银行分支行或办事处和县联社负责人组成，委员五人至九人，县长为当然主任。[1]

1943 年，陕甘宁边区又先后出台了一系列有关农贷的条例，包括 1 月 15 日公布的《陕甘宁边区三十二年度农贷实施办法》和《陕甘宁边区奖励植棉贷款条例》、3 月 6 日公布的《陕甘宁边区农业贷款章程》《陕甘宁边区青苗贷款条例》和《农贷小组（生产小组）暂时组织办法（草案）》。

《陕甘宁边区三十二年度农贷实施办法》规定以耕牛、农具贷款、植棉贷款以及各种青苗贷款为限，并详细列出了放款办法。此外，还非常重视对贷款的检查与奖励。该办法要求各区乡政府应于放款完后半个月内，依照贷款登记表所列事项，按户切实检查，如发现与登记表上所列不符或用途不当情事，应立即加以纠正，并将检查情形向县政府报告。对于积极负责的农贷小组长，或用途正当，生产成效显著的借款人，应报政府适当之奖励。《陕甘宁边区农业贷款章程》将农业贷款分为农业生产贷款、农村副业生产贷款、农业供销贷款、农田水利贷款四类，其中以农业生产贷款为主。农业生产贷款又包括耕牛农具、种植棉花及其他常有推广性的农作物、种籽肥料、各种青苗。贷款以勤劳之贫苦农民为对象。贷款利率长期以年利一分，短期以月利一厘计算。贷款期限以一年为限。[2] 农贷小组（或生产小组）的创建则须经当地政府之督导，由农民自愿报名登记后、经过民主方式组织。一般以行政村为单位，三户以上即可成立，如人数较多时，可以自然村为单位，并选出正副组长。组长负检查生产用途及领发货款与督促归还之义务。

第三，晋冀鲁豫边区冀太区制定生产贷款办法。1941 年 2 月 1 日颁发的《冀太区生产贷款办法》主要规定：（1）机关生产贷款（群众团体在内）主署、专署及专署办事处一级不得超过 1500 元，县一级不得超过 1000 元，均须拟具生产计划经审查后，通知银行办理；（2）公营工业或公私合营而由政府管理者，借款时须将工厂概况生产计划及借款数目经县长与县实业科长之初步审查，提出意见，送专署或专署办事处一级之经济建设委员会审查决定，通知银行办理；

---

① 《红色档案 延安时期文献档案汇编》编委会：《红色档案 延安时期文献档案汇编·陕甘宁边区政府文件选编》第四卷，陕西人民出版社 2013 年版，第 375—376 页。

② 《红色档案 延安时期文献档案汇编》编委会：《红色档案 延安时期文献档案汇编·陕甘宁边区政府文件选编》第七卷，陕西人民出版社 2013 年版，第 116—117 页。

（3）私营工业贷款（作坊、生产合作社、生产小组等）由县长、实业科长及银行代办所负责人商同审查其贷款数目，不得超过该生产事业每两月生产价值之总额，如系因扩大经营而贷款时，不得超过上额之二倍；（4）农业贷款（机关生产、农业合作、水利工程、劳动互助小组，极贫抗属及灾民之为生产而用者、开荒队等等），除机关生产外，须经本村春耕委员会或村政委员会之生产委员会证明，由区长及各村负责人会同审查后，请本县之银行代办所借给；（5）农业合作社借款数目，不得超过其股金总数以上，水利贷款只限于工程较大者；（6）无论公私贷款，均须由借款人觅具保证人与银行直接订定契约，机关团体亦须由负责人出名，借款人有履行契约之义务，保证人须绝对负责按期归还本息；（7）贷款均按月息计：公营六厘至一分一厘，私营七厘至一分二厘不等。[①] 该贷款办法主要对象是针对机关生产、公营工业或公私合营、私营工业、农业及农业合作社等，而且明确要求所有贷款都要由借款人觅具保证人与银行直接订立契约。

第四，山东抗日根据地出台农贷条例。抗战时期，山东胶东区推行农村低利贷款。为此，1942年9月，专门制定《山东胶东区各级农村低利贷款委员会组织大纲》和《山东胶东区农民贷款所组织章则草案》。《山东胶东区各级农村低利贷款委员会组织大纲》要求成立各级农村低利贷款委员会，包括胶东区贷委会、海区贷委会和县贷委会，统一计划决定并掌握检查农村低利贷款问题。胶东区贷委会以委员7人至9人组织之，胶东区农救会正副会长，主署财政处长，经建处长，北海银行行长均为当然委员，并以农救会长为主任委员。胶东区贷委员根据各海区的请求，胶东北海银行的意见，决定全胶东贷款数额及贷款总的方向与计划。农民贷款所应以办理低利贷款发展农业，帮助发展小手工业与家庭副业，切实扶持贫苦农民为目的。各县以区为单位成立农民贷款所，定名为××县××区农民贷款所。各区县贷款所均受区农救会领导，中心区贷款所受县农救会领导，并受县农贷委员会及县银行办事处的指导，无银行县办事处组织之县受所属海区银行支行之指导。[②]

第五，晋绥（晋西北）抗日根据地专门制定了相关的农贷章程。1943年1月1日，西北农民银行公布《农业贷款暂行章程》，主要规定：贷款对象是以发展生产及以农村副业为目的之组织及个体农户。贷款用于购买耕牛，农具、种

---

① 河南省财政厅，河南省档案馆合编：《晋冀鲁豫抗日根据地财经史料选编（河南部分）》，中国档案出版社1985年版，第48—49页。

② 中国人民银行总行金融研究所：《中外金融法规汇编》（第三分册），第45—47页。

子、食粮、肥料,举办或扩大牧畜事业,发展棉盐特种农作物,发展农村纺织业,兴办水利和其他有关农业生产的用途。贷款月息一分半,对优待对象利息一律八折。贷款期限以不超过一年为原则,并可用分期偿还办法。① 该农贷章程对优待对象利息一律八折,而且可以分期偿还。《农业贷款暂行章程》公布后,各地对章程及指示的重视与讨论并未达到应有的程度,个别地方且已发现未研究清楚即从事工作,以及对老百姓所提问题不按指示精神解答的现象。因此,西北农民银行于1943年2月发出补充指示,明确提出应该迅速纠正上述现象。各地工作同志在登记及审核之前,应再仔细研究一下。指示信对农币价格波动问题、耕牛贷款、贷粮及一般贷款、款子的发放与收回、公平合理与审查委员会、最高额问题和供给种子及其他六个问题又进行了详细说明。②

2. 根据实际情况调整信贷业务的主要对象或者重点

晋察冀边区根据具体情况开展信贷业务。1939年7月,边区发生水灾,造成极大的损失。因此,1940年春边区政府除发放救济款100余万元(边币,下同)、耕畜补充6921头外,还发放合作贷款300万元、种子贷款4765石,每户贷款金额由50元至3000元不等,利率为月息4厘。1941年春,边区银行举办生产贷款。贷款基金,以收回的1940年合作贷款拨充,用以扶植农工矿业。在农业上主要用以帮助兴修水利。③ 1941年秋,日军对晋察冀边区进行残酷的"扫荡",牲畜农具被掠夺一空,人民无力生产,边区的农业生产蒙受许多损失。于是,晋察冀边委会决定北岳区举办春耕贷款200万元,以解决春耕中的农具、种子、耕畜、肥料、雇用劳力等困难。1942年4月底以前,贷款工作基本上完成。春贷原分配款额2028000元,实贷出1758294元。④ 虽然边区政府确定了贷款的范围和对象,即帮助贫苦农民解决春耕的困难,但实际办理信贷过程中也出现了不少的问题,如有的地区干部(特别是银行干部)简单地强调了保证与偿还,对真正无力春耕的农民采取漠不关心的态度,对于保证及财产半数的限制,执行的机械,个别干部甚至另来一套条件。还有平均分配现象,变相地把贷款当作救济。有的区村干部还存在很重的私人情面观念。另外,还存在贷款

① 晋绥边区财政经济史编写组,山西省档案馆:《晋绥边区财政经济史资料选编》(金融贸易编),山西人民出版社1986年版,第209页。

② 晋绥边区财政经济史编写组,山西省档案馆:《晋绥边区财政经济史资料选编》(金融贸易编),山西人民出版社1986年版,第216页。

③ 河北省地方志编纂委员会:《河北省志·金融志》,中国书籍出版社1997年版,第405页。

④ 《抗日战争时期晋察冀边区财政经济史资料选编》(财政金融编),南开大学出版社1984年版,第783~785页。

不正用或者转移用途等。

冀鲁豫边区的信贷工作则明确了生产观点，重点在支持生产上。1942年贷款工作较前有了进步，年底农业贷款达到了1525600元，工业贷款达到了1527700（包括军事工业贷款150万元），商业贷款达到了6970900元（包括公营商店贷款600万元）。12月，边区确立鼓励互助合作政策和贷放粮、棉、种籽等实物政策。因而，这时候发放了一大批实物和贷款。到1943年底统计，农业贷款增加到了2500万元，支持灾民进行抗旱春耕、秋收秋种，纺织和运输等生产。此外，为了进口粮食和发展军工生产，还增加了工商业投资和贷款。截止1943年底统计，工业投资和贷款增加到了7100万元，商业投资和贷款增加到1950万元，支持商业部门在救济中发挥了作用。[①]

1943年5月，晋绥边区行署政务会议决定发放青苗贷款260万。行署还明确指示，为配合青黄不接时期的互济贷粮等工作，解决贫苦农民锄草时的购粮资金，发放青苗贷款。此项贷款应以最缺乏粮食及在互济贷粮后仍不能解决问题的地区为中心，贷给生产积极且无法解决锄草时粮食困难的贫苦农民。[②] 上述260万青苗贷款，仍不足解决一般贫苦农民生产困难，晋绥行署政务会议于6月8日又决议增发青贷400万元，指示西北农民银行及各地分行筹款200万元，并要求贷款必须在款到10日内发到人民手中。同时召开政民联席会议，决定发放地区、数字及发放办法。[③] 可见，晋绥边区也同样会根据实际状况确定信贷业务的重点和发放对象。因此，根据人民在锄草时需款的实际情形及时发放了青苗贷款。

此外，陕甘宁边区银行信贷业务的主要对象或重点也会根据实际情况进行调整，因而不同时期有不同的变化。陕甘宁边区银行放款的类型主要有：生产建设放款（包括农贷，工业、盐业、运输业、合作社、机关生产等放款）、财政性放款（包括财政借款，机关借款）、商业放款和物资局投资等。前三类在贷款业务中占绝大部分。1938—1945年6月，陕甘宁边区银行贷款业务的分类统计详见表20。

---

① 中共冀鲁豫边区党史工作组财经组：《财经工作资料选编》（下册），山东大学出版社1989年版，第4页。
② 晋绥边区财政经济史编写组，山西省档案馆：《晋绥边区财政经济史资料选编》（金融贸易编），山西人民出版社1986年版，第220页。
③ 晋绥边区财政经济史编写组，山西省档案馆：《晋绥边区财政经济史资料选编》（金融贸易编），山西人民出版社1986年版，第221页。

表 20　1938—1945 年 6 月陕甘宁边区银行贷款业务的分类统计表（单位：元）

放款种类 年份	生产建设放款	财政机关放款	商业贸易放款	合计
1938 年	11419	109241	384583	505243
1939 年	135115	195371	752265	1082781
1940 年	104783	2791982	1140233	4036998
1941 年	10896752	12394347	3523217	26814316
1942 年	15075400	27752515	36119319	78947234
1943 年	26940950	43339868	2477600	330786166
1944 年	969508000	120901315	80100000	2194517302
1945 年 6 月	262943640	598200300	47130000	2879189102

注：1943 年至 1945 年 6 月，合计数里面好包括特别放款和往来透支等项没有列出。

资料来源：姜宏业：《中国地方银行史》，湖南出版社 1991 年版，第 753-758 页。

从表 20 可以看出，1938—1942 年间，商业贸易放款是陕甘宁边区银行信贷的重点领域，因而所占比重最大。1943—1945 年间，生产建设放款和财政机关放款又称为重点信贷领域，比重超过了商业贸易放款。另据统计，1941 年 3 月至 1942 年 9 月的主要放款则是银行直接经营的光华盐店，而商业放款（自营商业除外）空前增加。1942 年 10 月至 12 月，自营商业开始收缩。1943 年 1 至 3 月，提前发放经费的生产基金，一方面使各机关部队的经费不受物价影响，以保证其安心生产与学习，另一方面使农贷及其他生产建设投资不失时效。3 月份以后，为保证贯彻特产与食盐的统销政策，放款多投之于物资局。7 月以后，为备战备荒，放出大批款项以囤积物资。[①]

据不完全统计，1939—1945 年冀南银行放款中农贷占 38.9%，北海银行放款总额中农贷占 62.5%，晋察冀边区银行放款总额中农贷占 34.9%。[②] 因此，抗日根据地的银行贷款中，以支援农业为首位。这对发展边区农业生产、活跃市场、保障军民需要、支持抗日战争都起到积极作用。

---

① 陕甘宁边区财政经济史编写组：《抗日战争时期陕甘宁边区财政经济史料摘编》（第五编），陕西人民出版社 1981 年版，第 386-387 页。

② 詹玉荣：《中国农村金融史》，北京农业大学出版社 1991 年版，第 235 页。

3. 开展实物贷款或银行等机构直接从事信贷投资

在物价不断高涨的条件下，为保持币值，陕甘宁边区很多地方不管农贷是属于耕牛或是棉业，全由货币收放改为实物收放，以什么实物为标准，根据贷款性质来决定。1942年，边区放出400余万元的农贷中，除了延安、甘泉、子长，一部分的贷款没有折合实物外，其他完全是用实物贷款的办法进行的。实物贷款应及时依照不同情况，采取多样形式来实施。一是在发展生产需要上，用一种实物贷出，再用另一种实物（农产品）收回，安塞、志丹的镢头、犁、铧贷款及环县的一部分种子贷款就是这样贷放的。二是为了调剂金融，配合农产品的推销，在东三县的植棉贷款及安塞、志丹等县的贷款，都以现款贷出，用棉花及粮食归还贷款。三是在农村青黄不接，需要粮食调剂时，在安塞曾放出小米若干石，在秋收后仍用小米归还。四是为了推广边币流通和便于工作起见，子长的纺织贷款，曾用现款折实物贷出，又按时价（还款时的价格）用现款折实收还。① 因此，陕甘宁边区推行的实物贷款，对于推动农业生产及金融调剂方面起到了很好的效果，农民也感受到很大的方便。

另外，抗日根据地的银行也进行了较多的信贷投资。光华商店为陕甘宁边区银行唯一的商业机构，并设有分支店与各分行联系。1938年4月1日，光华商店划归边区银行领导，成为银行组成部分之一，这就是银行经营商业的起缘。因此银行资金，光华商店占用的不在少数。自1938年至1940年上期，陕甘宁边区银行主要的力量放在自营商业上（光华商店），占资金总数的四分之一以至将近二分之一的比重。这种运用资金的方针在开始是正确的，因为第一相当地保证了机关被服、文具的供给，买进来大批的布匹，多是低于市价卖给公家，如此间接地减少了财政的开支。第二壮大了银行，银行的营利百分之八十以上是得自商业，银行靠其本身业务而得的盈利为数是很少的，银行是靠商业盈利壮大的，也可以说靠商业起家的，当时的银行实质上是商业银行。② 光华商店在1938年的资金仅5万元，由于周转八路军军费的结果；买进卖出达400万元。1939年资金增加到50万元，买进卖出达1000万元。1940年资金增加到120万元，买进卖出达2000万元。这三年的资金与营业额都成倍或几倍的增加，发展很快。可见，边区银行的盈利主要依靠商业盈利。③

① 陕甘宁边区财政经济史编写组：《抗日战争时期陕甘宁边区财政经济史料摘编》（第五编），陕西人民出版社1981年版，第434-435页。

② 陕甘宁边区财政经济史编写组：《抗日战争时期陕甘宁边区财政经济史料摘编》（第五编），陕西人民出版社1981年版，第74-75页。

③ 雷云峰：《陕甘宁边区史》（抗战时期上），西安地图出版社1994年版，第204-205页。

陕甘宁边区银行除由光华商店做正式买卖业务以外，1941 年下半年，总分行由业务处或业务科另行兼营商业批购货物，会计科目定为："物价平准基金"，意思是用这批货物做平抑物价的准备金。1942 年春，曾计划扩大这项业务，因此拟议把裕顺通公司改为银行货栈，于 2 月间向该公司投资 18 万元，并派得力干部 2 人，分任公司经理和会计。[1]

山东北海银行也开展了合资或者独资的经营业务。为增加国家的经济收入，解决盐民生活上的困难，北海银行配合经建科做了一处盐业投资。按每户投资800 元计，共 13 户，总投资额 10400 元，定明期限为 3 年，每年年底结算一次，第一年照实晒盐数，按四六分配，银行四成盐民六成。第二年各半分配，按实晒出盐数变款各分五成。若在第一、二年投资银行分成得 900 至 1000 元之数额，第三年则酌情减少。第一年共晒盐 46560 担，售出之盐款总额 29428.25 元，完税的总额 12404.25 元，双方各分数，银行 6569.60 元，盐民 9854.40 元。[2] 1943年，北海银行支行继续办理了盐业投资。本年度投资金额共计本币 1005600 元，投资户数 264 户（均在牟海），新开盐田 132 付。连同上年在牟海五区裴家岛的投资，总计投资 281 户，116400 元，新开盐田 145.5 付。裴家岛的投资已收回6569.60 元。[3] 北海银行对盐业的投资对周围的失业盐民起了很大的教育作用，引起了沿海一带盐民的生产热情，他们争着开辟盐田，争着贷款，解决了盐民生活上的困难问题，并增加了国家收入。

为发展根据地经济，完成抗战建国的任务，由北海银行东海支行独资经营了几个工厂，计有东和利造纸厂、泰康公司和文具厂，共计资本 1004000 元。详情见表 21。

---

① 陕甘宁边区财政经济史编写组：《抗日战争时期陕甘宁边区财政经济史料摘编》（第五编），陕西人民出版社 1981 年版，第 76—77 页。

② 中国人民银行金融研究所，中国人民银行山东省分行金融研究所：《中国革命根据地北海银行史料》第一册，山东人民出版社 1986 年版，第 540 页。

③ 中国人民银行金融研究所，中国人民银行山东省分行金融研究所：《中国革命根据地北海银行史料》第一册，山东人民出版社 1986 年版，第 544 页。

表 21 北海银行东海支行独资经营的工厂一览表 （单位：北钞元）

名称	东和利造纸厂	泰康公司	文具厂
成立时间	1942 年 6 月	1942 年 10 月	1942 年 6 月
投资总额	42000 元	30000 元	32000 元
产品	制造新闻纸，到本年底计出品白纸 44949 张，每月可造 1000 张左右	用小手工业生产方式，利用土产花生油，火碱（暂用外来品，现正计划自造），专制洗衣用之肥皂	以小手工业生产方式制造墨水、复写纸、蜡纸、油墨
组织机构	工人 18 人，技师 5 人，主任、会计各 1 人	主任王天一同志，制碱股 1 人（宋同志在实验室学的），工人 3 人，肥皂股工人 3 人	主任 1 人，工人 4 人
营业情形	大部分出品在压，计存白纸 40500 张，每张纸成本为 3 角，实际成本每张只是 5 分，以致本年亏损 1922.50 元	至 12 月底共出肥皂 2661 块	制成品只有墨水、复写纸，销路不多，大部分存压，本年底计赔账 333.69 元

资料来源：根据《中国革命根据地北海银行史料》第一册（山东人民出版社 1986 年版）第 541-542 页的相关内容整理而成。

北海银行东海支行独资经营的工厂共计三家，但是经营业绩并不好，基本都是亏损。尤其是东和利造纸厂，缺乏经验，原料多半浪费，40500 张白纸质量粗糙，销售困难，以致本年亏损 1922.50 元。但是为抗日根据地的银行独资经营企业积累了实践经验。此外，北海银行的西海支行、北海支行和鲁中支行也进行了一定数量的投资经营活动。

1944 年初，晋察冀边区银行和中央特会室在北平、天津合伙搞投资。边区银行投法币、黄金、张家口皮毛，作价共合法币 3 亿多元；中央特会室投法币近 2 亿元。资金分布在天津公兴公司、德和五金行、联昌五金行、联昌印刷厂、北平的华民贸易行。由于主观上存有"和平麻痹"思想，急于求成，缺乏具体的了解与布置，客观上这些工商业设置过于庞大，致使资金分散，企业负责人无认真负责的态度，不了解市场行情，经营不灵活，加上国民党对企业经营限制较严等原因，公司逐一倒闭。①

三、解放战争时期信贷业务的拓展

解放战争时期，解放区的信贷业务有了进一步拓展。这一时期，解放区相关部门不仅制定了程序更为合理和严格的信贷业务条例或章程，也注重贷款对象（评议贷款）和贷款用途的把控，同时更大范围地推进折实贷款或实物放款、抵押贷款。

1. 推进信贷业务方面的制度建设

（1）晋察冀边区的信贷制度建设

1946 年 9 月，晋察冀边区银行颁布一系列有关生产贷款（牲畜、纺织和水利）的办法条例，包括《晋察冀边区银行牲畜贷款暂行办法》《晋察冀边区银行纺织放款暂行办法》《晋察冀边区银行水利放款暂行办法》。到 1948 年，晋察冀边区的贷款办法又进行了调整，实际上就是以农民为中心，即改为农民需要什么就贷什么，欢迎怎样贷就怎样贷。如农民需要牲畜、农具，即发放牲畜、农具贷款；农民需要实物，就以实物形式贷出。如何归还，由贫雇农讨论决定。晋察冀边区银行不断改进提高农贷的效果，不违农时地解决了贫苦农民生产中缺少牲畜、农具、种籽、肥料和兴办农田水利等方面的实际困难，促进了边区农业的发展。至 1946 年 11 月累计发放农贷近 22 亿元。随着边区地域的不断扩大、土地改革的进行及边区各项生产事业的发展，边区银行的农业贷款也逐渐增加。1948 年的春耕贷款，仅北岳区就放出小米 5800 石，边币 477763 万元。②

1946—1948 年间，晋察冀边区银行冀中分行相继颁发了工商业贷款、农业贷款和合作贷款办法，其中对农业贷款连续修订了几次。

1946 年 3 月，冀中行署颁发《晋察冀边区银行冀中分行工商业贷款暂行办法》。办法对贷款对象、贷款手续、贷款期限、利息等分别情况做了相应规定。办法的实施有助于推动冀中区城市工商业的发展。同日，冀中行署颁发《晋察冀边区银行冀中分行农业贷款暂行办法》。根据本办法的规定，贷款应投在农村迫切需要的农业生产事业上，主要为农村牲畜之增购，农具之补置，水利之兴修及农民在农闲时一切副业活动所需要之资金等。贷款的主要对象为贫苦抗属、贫苦工属、贫苦灾民所组成之农村合作社。对个人暂不举办贷款。贷款期限一

---

① 河北省地方志编纂委员会：《河北省志·金融志》，中国书籍出版社 1997 年版，第 311 页。
② 孔祥毅：《民国山西金融史料》，中国金融出版社 2013 年版，第 683 页。

般为 10 个月，水利贷款 1 年至 2 年，牲畜贷款 1 年。贷款数额原则上最多不超过该合作社所集私资之半数。① 1946 年春，该分行向天津、安次、深泽、安平等县发放了大量农业贷款。4 月，冀中行署公布《晋察冀边区银行冀东支行合作贷款暂行办法》。办法规定，贷款对象以生产为主而并有一定之股金、有 15 个以上的社员和有一定之生产业务并有发展前途之合作社为限。每社贷款最高额不超过其股金之三分之一，但最高额亦不超过 80 万元。期限最长不得超过 3 个月。②

上述"冀中分行农业贷款暂行办法"后又经过两次修订。第一次修订是 1947 年 4 月 1 日。修订后的《晋察冀边区银行冀东支行农业贷款暂行办法》规定，贷款对象是受灾区和翻身后之农民、战斗英雄及劳动英雄模范、抗属干属。购买农具、种子、肥料者，贷款金额不超过 5 万元，购买牲畜兴办水利者不超过 20 万元。最长期限不超过 8 个月，归还日期应在农民有收入时为宜。贷款时有区干或村干之介绍或觅具保人，经银行核准后，填写贷据，贷款即行成立。③ 这一办法扩大了贷款对象，缩短了贷款期限，手续也变得更严格。第二次修订是 1948 年 3 月 20 日。新的《晋察冀边区银行冀中分行农业贷款暂行办法》规定，贷款对象主要是分了浮财进行生产有困难无法解决的积极劳动的农民，或是浮财很少无法生产而需要扶植的生产合作组织，贷款保证用之于生产。管理贷款的机关，分区由银行管理，县由生产推进社具体掌握办理，区成立贷款管理委员会，专门负责审查与分配贷款。贷款利息月息 0.5～1.5 分不等。贷款期限 3 个月到 1 年不等。贷款贷粮由群众自愿，原则上规定贷款还款，贷粮还粮，但为了群众方便，贷款也可以还粮，但要依照还账时之粮价换折成原贷款数。④ 第二次修订最大之处是要求区成立贷款管理委员会及确立了贷款或贷粮由群众自愿的原则。

（2）晋冀鲁豫边区的信贷制度建设

1946 年 3 月，冀南银行太岳区行发出"关于发放春耕贷款"的指示。指示内容涉及贷款数目、利息与期限、分配数目、贷款原则等主要问题。贷款数目（利息与期限）1 万元，各分配数目为：专署 29859686 元（实贷现款 28940000

---

① 河北省金融研究所：《晋察冀边区银行》，中国金融出版社 1988 年版，第 140 页。
② 华北解放区财政经济史资料选编编辑组：《华北解放区财政经济史资料选编》第二辑，中国财政经济出版社 1996 年版，第 44 页。
③ 华北解放区财政经济史资料选编编辑组：《华北解放区财政经济史资料选编》第二辑，中国财政经济出版社 1996 年版，第 43 页。
④ 《晋察冀边区银行冀中分行农业贷款暂行办法》，《冀中导报》1948 年 3 月 23 日。

元，米 960 石），专署 17355670 元（实货现款 16850000 元，米 540 石），三专署 590000 元，四专署 46773639 元（实贷现款 45310000 元，米 1500 石）。一般贷款不贷粮，只有在群众特别需要情形下贷粮食，但贷粮食由政府拨粮，直接贷给，手续契约均归政府，属银行管理。各县所在旧春耕贷款，应加整理。贷款原则：用于农业生产、贷给贫苦农民。目的就是必将 1 万万贷款认真地贷到贫苦的劳动人民手上，解决他生活上的困难，建设自己家务，自吃有穿。贷款一般不超过现有户数的 25%（主是贷给贫农下中农），灾重和个别贫瘠地区可以多些贷款数，以解决实际问题为原则（如牛农具肥料等）。切忌平均分配，过分分散。为了贯彻贷款政策方针，县、区、村组织贷款委员会（或春耕工作委员会或中心工作委员会代办）。①

1946 年 8 月颁布的《冀南银行各种贷款办法》主要规定：一是工业贷款：凡开设各种机器工厂、兴办各种手工业工厂以及其他工业建设均可申请，利率按利润率高低和对经济建设大小在月息 3~5 分间浮动，期限至多半年。觅其保人，如系抵押性质者其贷款数额不超过抵押品价值 70%。二是手工业贷款：对象为各式各样的小作坊、小手工业及家庭副业所需，利率月息 1.5~4 分，手续与工业贷款同。三是农业贷款：对象以最贫苦的农民为主，用途主要用于从事生产，数目在该村分配数目内由农会或专为贷款而组织的评议会决定。月息一般 1.5~2 分，期限半年至一年。四是水利贷款：用于水利建设，期限利率均与农贷同，数目的确定须有计划有重点地分配，由专署以上行政机关统一掌握。五是合作贷款：对象为合法之合作社，利率月息 1.5~5 分，期限 3~6 个月，要有同级群体和政府负责人共同作保，集体或分户合作社贷款额不超过其股金总额的 1 倍，混合业务者不超过其股金的一半。六是商业贷款：对象为各种商号、摊贩、货栈。有定期（最少 1 月，最多 3 月）、活期（一个月以内）2 种形式，可分别采用信用放款或抵押放款办法。活存透支用于农工商发展生产，透支额面议，银行可随时停止透支，存息及欠息由银行挂牌公布。②《冀南银行各种贷款办法》是由解放区政府制定的一个综合性信贷法规，对六种主要类型的贷款业务进行了详细规定和说明。

（3）陕甘宁边区的信贷制度建设

陕甘宁边区也先后制定了《生产救灾贷款办法》《陕甘宁边区贷款暂行条例

---

① 中国人民银行山西省分行，太岳革命根据地金融史编写组：《太岳革命根据地金融资料选编（初稿）》，内部资料 1987 年版，第 279-280 页。

② 尚明、白文庆等：《金融大辞典》，四川人民出版社 1992 年版，第 708-709 页。

（草案）》以及关于发放农贷的指示等。

1947年12月，陕甘宁边区专门颁布了《生产救灾贷款办法》，虽然晋察冀边区等也在相关信贷条例中明确提出要向灾民贷款，但是类似这种专门的贷款办法还不多见。该办法主要规定：贷款对象及用途是个别受灾贫雇农或贫苦灾民，为了进行某一生产的朋伙组织，以之用于纺织、运粮等副业生产，或购置牲畜、农具、籽种等事项者。贷款数目以配合借款人自己的力量，能够维持其生产事业最低限度的周转额为限。贷款概无利息。贷款以后，应按贷款小组进行检查，发现不适当的，令其退还。特殊困难一时无法归还的，可经农会审查，延期归还。① 因此，为了对灾民进行一定救助，生产救灾贷款是无息的。

1948年4月，陕甘宁边区政府发出指示：决定发放农贷本币35万万元。各分区分配如下：绥德分区13万万元，延属分区10万万元，三边分区5万万元，陇东分区4万万元，关中分区3万万元。另拨3万万元扶助新收复的延安、廊、甘、垦区等地区恢复生产。此次农贷完全由各级政府负责，银行协助进行之。各级政府进行分配和贷放时，务须切实根据各地各户灾情轻重，决定多分少分或不分，使真正受灾深重的地区和失去生产条件的农户，得以迅速和有效地恢复和发展生产，切忌平均贷放。此次贷款并非救济款，因之规定秋后归还。归还时，仍以本币为准，不收利息，亦不得折合实物。② 过去陕甘宁边区农贷工作中，存在严重的恩赐救济观点，许多地区的农贷款只放不收，以致贷款不能经常周转，难以起到扩大生产力的作用。为此，陕甘宁边区政府于1948年12月发出指示，要求必须立即自上而下地从干部思想上进行彻底检查和纠正，并对过去发放的农贷，一律限于明年2月底前彻底清理结束。今后的农贷必须有借有还，配合生产运动发挥扩大生产力的作用。③

1949年3月，经边区常驻议员、政府委员、晋绥、晋南代表联席会议通过后的《陕甘宁边区贷款暂行条例（草案）》由陕甘宁边区政府颁发。主要内容如下：（1）边区一切贷款统归中国人民银行西北区行主持办理；（2）银行须依扶助发展生产之任务并本"公私兼顾"原则办理贷款事宜，以保证贷款做到有借有还；（3）贷款依据其性质区分为：农业（包括水利）及农村副业贷款、工矿业及手工业贷款、合作事业贷款、畜牧事业贷款、供销及运输业贷款；（4）

---

① 关保英：《陕甘宁边区行政救助法典汇编》，山东人民出版社2016年版，第382页。
② 《红色档案 延安时期文献档案汇编》编委会：《红色档案 延安时期文献档案汇编·陕甘宁边区政府文件选编》第十二卷，陕西人民出版社2013年版，第93页。
③ 《红色档案 延安时期文献档案汇编》编委会：《红色档案 延安时期文献档案汇编·陕甘宁边区政府文件选编》第十二卷，陕西人民出版社2013年版，第341-342页。

一般利息应不超过民间借贷之普通利息标准，带有倡办或试验性之生产事业应免除或减低利息；（5）所有借贷保证人，须对所借贷款负保证用途与本息清偿之完全责任。但工作人员不得担任保证人。① 该贷款暂行条例也是一个综合性的信贷法规，类似于前文提到的《冀南银行各种贷款办法》。

（4）苏皖边区的信贷制度建设

苏皖边区也极为重视贷款制度的建设，总行及各分行先后都出台了一系列许多相关贷款章程。

1945年9月制定的《华中银行第五分行农业贷款章程》主要规定：贷款包括种籽、肥料及农具三种。贷款均以贷现金为主，数额每户不得超过华中币四百元，规定按照贷款时之市价折成小麦、秸头、稻子、黄豆计算。到期时照还粮食，愿还何种粮食悉听借款人自由选择。还规定了贷款手续、利息和归还期限等内容。②

1946年2月，华中银行专门颁布《耕牛贷款暂行章程》。该章程规定，凡参加农业劳动互助组织之农户缺乏耕牛，其中三户至五户能凑集一牛价格四分之一基金者，其余四分之三得向该行借款。凡个体农民自己有半个牛的基金，欲添购耕牛一头时，其余一半得向该行请求借款。耕牛贷款利息规定每月每元一分五厘。还款期间规定整借零还。借耕牛价四分之三的小组分半年还清，每一农业收获季节还款三分之一：借半年户分两收获季节还清，每一收获季还一半。③ 同日，又颁布《华中银行农业贷款暂行章程》，其主要内容有：农业贷款之范围，包括种子、肥料、青苗、农具及一村、一乡、一区范围内较小规模之水利等五种。农业贷款分现金和粮食两种，并规定借钱还钱，借粮还粮，每户借入之现金限额自华中币100元至200元，借入粮食之限额自60斤至100斤（以16两秤计算）。另外，对借款手续、偿还、利息等方面也有详细规定。④

1947年，为解决贫苦市民手工业者及小本经营之资金困难，华中银行第一分行颁布《小本放款暂行章程》，其主要内容有：采用自报公议的办法，民主评定群众路线，达到确定借户贷款额与贷款用途。同时要进行有重点地发放，反

---

① 《红色档案 延安时期文献档案汇编》编委会：《红色档案 延安时期文献档案汇编·陕甘宁边区政府文件选编》第十三卷，陕西人民出版社2013年版，第121-122页。

② 江苏省财政厅、江苏省档案馆、财政经济史编写组合编：《华中抗日根据地财政经济史料选编（江苏部分）》第四卷，中国档案出版社1986年版，第414页。

③ 朱耀龙，柳宏为：《苏皖边区政府档案史料选编》，中央文献出版社2005年版，第132页。

④ 朱耀龙，柳宏为：《苏皖边区政府档案史料选编》，中央文献出版社2005年版，第134页。

对平均分配办法。借户直接到银行借款与归还，手续账目要清楚。贷款分两类，一是集体贷款，即根据同业或邻居，以自愿原则，组成借户小组（三至十户）。经民主评议，该行最后决定后，即可集体申请贷款。二是个人贷款，即个别行业无法组织小组借户者，经当地群众团体或行政机关审查介绍，亦可申请贷款。限额每户最多不得超过30万元。最长不得超过三个月，分为一次归还和分期归还两种。利率月利6~9分。① 与此同时，华中银行第一分行公布了《放款暂行章程》。这是一个综合性的放款章程，其贷款范围包括工业贷款、合作贷款、运输贷款和商贷四类。贷款种类：一是抵押放款（定期与活期）；二是信用放款（必须具备相当铺保，必要时，得通知借款人增加铺保），分定期活期两种；三是往来存款透支；四是贴现。② 1948年8月，华中银行江淮分行第二支行也制定了《耕牛贷款章程》。

（5）东北解放区的信贷制度建设

东北解放区对农业生产放款极为重视，因而先后制定了相关章程。

1948年2月公布的《东北银行农业生产放款章程》主要规定：放款对象以有劳动力、努力生产、为人正派、经过当地农会讨论通过之贫雇农及中农为限，并应根据生产之实际需要，有计划地放出，避免平均分配。借款用途，限于发展农业生产，保证人（当地农会）须保证借款不用于商业投机及消耗浪费等不正当用途。每户借款之最高限度应根据借款人的生产情形、偿还能力及银行决定在该地之放款总额，由当地银行酌定之。该章程还规定，采用实物计算的方法。此项借款，1948年一律免收利息。③ 12月间，东北银行总行根据情况的变化，对2月间制订的农贷章程进行了修改，并报经东北行政委员会批准，重新颁发了《东北银行农业生产放款章程》。新章程较原办法在以下几方面做了修改：一是贷款用途改为"解决农业生产中几种主要生产资料的困难，如马匹贷款、种子贷款、农具贷款、肥料贷款等"。二是贷款对象修改为"以有农业生产条件，缺乏农业生产资金，积极从事生产的劳动农民为限"，并增加了"不得将贷款单纯作为救济、优属及发动群众的工具"。三是原章程规定："免收利息。"新章程则改为："无论春耕或夏锄贷款，从借款到归还，一律收十分之一的实物利息，以弥补粮食蚀耗，及其他损失。"④

---

① 高贯成：《华中银行历史资料选编》，中国广播电视出版社2003年版，第304-306页。

② 高贯成：《华中银行历史资料选编》，中国广播电视出版社2003年版，第306-308页。

③ 东北解放区财政经济史编写组：《东北解放区财政经济史资料选编》第三辑，黑龙江人民出版社1988年版，第420页。

④ 黑龙江省金融研究所：《黑龙江根据地金融史料》（1945—1949），第180-181页。

1949 年 2 月，东北银行颁发《农村农副业与特产生产放款暂行办法》。办法要求，各级银行组织与支持农业生产中的剩余劳动力从事副业生产（如养猪、养兔、打猎、采参、伐木、编席、熬硝、熬碱等）与特产生产（如植棉、渔业、养蚕、种烟叶、种苹果等），必须研究销路及其用途，避免浪费资金和人力，以发展农村经济，增加农民财富。放款需根据当地具体情况进行调查研究，配合当地政府发展副业与特产计划，因此贷款计划须经当地政府商讨及同意，并取得协助。①

（6）晋绥边区的信贷制度建设

晋绥边区行署极为重视农贷、纺织贷款和生产贷款工作。1946 年 1 月和 7 月，晋绥边区行署先后发出《关于一九四六年贷粮贷款的指示》和《关于一九四六年增发两万万元农贷的指示》。10 月 10 日，晋绥边区行署做出"发放纺织贷款的指示"，决定当年全边区的纺织贷款为一万万六千万元（各分区分配数另函通知），因而要求各级领导同志有计划有组织地贷给贫苦妇女（包括抗属、烈属、干属），发展纺织，解决穿衣困难。②

1947 年 2 月，晋绥边区行署发布"关于发放九十万万元生产贷款的决定"。该决定指出，本着为群众服务的精神及恢复生产的方针，决定全边区党政军民节衣缩食抽出九十万万元生产贷款，无利贷给贫苦农民解决生产困难，切实帮助他们翻身。如何将这一大批贷款贷好，在帮助贫苦农民恢复生产上确实发挥作用，是今年生产领导上的一件大事。③

1948 年 5 月，晋绥边区行署发出指示，提出西北农民银行目前放贷的方向主要是工矿运输事业，并附上了《西北农民银行晋绥分总行工矿运输事业放款办法》。办法主要规定：放款期限不得超过一年。申请放款者必须经县级以上政府之介绍担保。其经营规模较大者，必须附送关于资本来源、业务范围、过去经营实况及今后经营计划之报告，以资本行研究决定是否接受其申请。放款利率不论期限不论事业性质，一律按月息二分计算。借款还款利息计算规定以借什么还什么为原则，若借用物资而欲归还本币者，当本利结算后可按市价折还

---

① 《东北银行农村农副业与特产生产放款暂行办法》，《东北农业》1949 年第 2 期。

② 晋绥边区财政经济史编写组，山西省档案馆：《晋绥边区财政经济史资料选编》（金融贸易编），山西人民出版社 1986 年版，第 339 页。

③ 晋绥边区财政经济史编写组，山西省档案馆：《晋绥边区财政经济史资料选编》（金融贸易编），山西人民出版社 1986 年版，第 345 页。

本币。①

1949年2月，中国人民银行晋西北分行颁布《关于发放各种贷款的暂行办法》。这也是一个有关放款的综合性法规。贷款对象是各个农业、工业、矿业及某些真正有利于发展生产的商业，均积极予以帮助，公共农、工、矿业及合作事业也可给予优先待遇。借贷双方必须互守信用，有借有还。为照顾贷款者的适当经营利润，并使银行作到实物保本，贷款皆折实计算，并规定低微利息，月息1~2.5分不等。所借最高金额一般不得超过借款人经营各该事业自己所有之实本。属于农业者不得超过其当年偿还能力。② 3月16日，晋西北行署又发出《关于发放农业贷款的指示》，其明确提出，由于我们过去对农贷政策认识模糊，在贷款工作的指导思想中严重地存在救济观点。因此，指示中对贷款对象、农贷资金的来源及用途、折实办法利息及期限、贷款组织与手续等进行了相应说明和规定。

总之，各解放区制定许多信贷业务方面的办法措施，主要涉及生产贷款、农业贷款或者生产救灾贷款等方面，有综合性信贷法规，也有单项性质的放款法规。这些信贷法规对贷款对象、用途、偿还、分配、利息等进行了详细规定。解放区在对信贷制度建设方面做了很多有益的工作，也发挥了重要作用。

2. 注重对贷款对象及贷款用途的把控

合理确定贷款对象及准确把握贷款的用途，既是信贷工作最为关键的环节，也是信贷业务能否发挥特定作用的关键。在实际当中，也确实出现过贷款发放变成救济或者是与组织生产的工作脱节等现象。因此，各解放区银行机构在发放信贷时，都尤为重视这一工作。

1946年1月，晋绥边区行署关于1946年贷粮贷款做出指示，明确要求贷粮贷款必须用于生产——贷粮贷款是用于救生产之急，并非救穷，所以贷给的对象应该是有生产困难的贫苦农民，特别是新解放区久遭敌伪顽破坏、压榨、蹂躏，缺乏耕牛、种子、农具，无法生产的农户，发给贷粮贷款使其继续生产。③

晋察冀边区银行在开展农贷业务时就注重贷款对象的选择及用途的控制。例如，1946年4月，为扶植群众开展农业生产，并积极推进挖河治水，由晋察

① 晋绥边区财政经济史编写组，山西省档案馆：《晋绥边区财政经济史资料选编》（金融贸易编），山西人民出版社1986年版，第356-359页。

② 晋绥边区财政经济史编写组，山西省档案馆：《晋绥边区财政经济史资料选编》（金融贸易编），山西人民出版社1986年版，第359-340页。

③ 晋绥边区财政经济史编写组，山西省档案馆：《晋绥边区财政经济史资料选编》（金融贸易编），山西人民出版社1986年版，第334页。

冀边区银行冀东支行举办农业贷款 2 亿元、水利贷款 1 亿元。为防止贷款出问题，冀东行署特别强调，应根据实际情况和需要慎重选择贷款对象，并掌握各户贷款的用途，"不及时""对象不当"或"借非其用"等都是贷款的损失。因此，这次贷款的主要成绩是完成了水利三大工程：玉田县、香河县的挖河和滦县的堵口。1947 年秋，晋察冀边区银行冀中分行安国办事处为解决灾区贫民生产和生活困难，配合县联社投放了 1.3 亿元的生产救灾贷款。本着重点使用的原则，共贷给 19 个村庄，贷款对象主要是贫雇农，帮助他们举办农副业，渡过灾荒。①

1946 年 2 月，山东省政府为帮助群众解决开展大生产运动中的困难，决定发放农贷二万元。根据去年贷款工作的检讨与经验，省政府强调这次的农业贷款要掌握重点，不要平均分配。老解放区贷款全部用在增产、深耕细作与兴修水利上，试验区特约农户和劳模酌量多贷一点，帮助他们改良技术，提高生产。新解放区的贷款，以用作恢复生产为主。另外，必须保证真正用在生产上，贫农、贫苦抗烈属、荣誉军人应有优先权，贫苦村干与贫苦劳模等应多予照顾。为使贷款真正用在生产上，可通过合作社或其他群众组织，办理实物贷款，按实物作价，收款不收实物。②

1946 年 8 月，晋察冀的岳北区在农贷工作初步总结中就指出，各县贷款在用途上，从整个岳北区看来，牲口的缺乏几乎成为今年大生产运动中共同的一个困难，因此十个就有六个县把贷款用途主要放在耕牛上，如沁源每牲口平均需耕地八十多亩，其他如屯留、长子、沁源、介休都是以解决牲口问题为主，确定食粮为主的有平遥和介体一区，确定农具为主的有霍县、灵石、介休和赵城四个县。在地区的重点上，大部分是放在了老解放区沁源，重点为二沁大道的二区，安泽六区北平一带，平遥是二区，介休是一区，灵石是四区，赵城是三区，都是以生产为主的。从贷款对象看，各县贷款户贫农最多，中农次之，富农最少。而且贫农贷款户占贷款总户数的比重最高的为 94.3%（如赵城），最低的还是 68.4%（如沁源），在 90% 以上的有赵城、平遥、霍县三个县，在 80% 以上的有屯留、长子、沁县、安泽四个县。③

---

① 河北省地方志编纂委员会：《河北省志·金融志》，中国书籍出版社 1997 年版，第 406 页。

② 中国人民银行金融研究所，中国人民银行山东省分行金融研究所：《中国革命根据地北海银行史料》第二册，山东人民出版社 1987 年版，第 162 页。

③ 中国人民银行山西省分行，太岳革命根据地金融史编写组：《太岳革命根据地金融资料选编（初稿）》，内部资料 1987 年版，第 284 页。

1948 年，华中行政办事处对生产贷款工作也特别要求：生产贷款的发放，必须保证全部发放到劳动人员手里，必须保证于生产而不能用于救济或其他消费，必须尽量做到贷给生产资料（如农具、原料、肥料等）而避免贷给生活资料。贷款地区如灾荒较重，则应使生产救灾密切结合，在劳动群众生产自救、协助群众解决生产办法基础上发给贷款。①

1948 年 9 月，冀鲁豫第三行政区督察专员公署批示准予贷麦种 15 万斤。关于贷种对象，公署明确提出，必须是真正未收麦，缺乏麦种的灾重地区，因无麦种不能种麦的民户。必须采取重点贷种，不能平均分配。贷麦种确保用于生产上，严格与救济粮分开。因此，在贷种前必须深入重点调查，结合群众评议，简单草率是不能达到要求的，其中如发现以贷种为名而作他用，政府应严加追回贷种。②

东北银行多数基层行对放款对象都进一步做了具体规定。合江省分行富锦支行规定了"五多贷"和"四不贷"。五多贷是移民困难的、新开荒的、斗错中农、贫雇农翻身后没有满足要求的和受灾荒的多贷。四不贷是斗争对象、来路（历）不明、二流子和吸大烟的不贷。哈尔滨分行提出了贷款对象"四借""四不借"。四借即劳而又苦、为人正派者借，缺乏种籽、耕牛、农具者借，从事副业生产者借，斗争积极、站稳立场者借。四不借是吃、喝、嫖、赌、吹不借，游手好闲、不务正业者不借，地主富农不借，人品不端、不讲信用者不借。③

1949 年 2 月，关于农贷工作，北海银行总行提出，同样条件应照顾军烈工属，以帮助组织军烈工属进行生产。在特别奖励种棉、种花生、烟叶及繁殖牲口等地区，银行应配合大力扶持，并应根据地区条件配合当地之党政生产计划，定出贷放重点，不能盲目地一般贷放。此外灾情严重地区，仍应配合生产救灾工作进行贷放，达到"不荒一亩地，不饿死一个人"的要求。关于贷放用途的确定，应根据当地当时的具体情况，有重点地提出。不要一提到贷款就是耕畜、农具、肥料、种子等几大项并列提出。各县办要明确掌握。④

1949 年 3 月，关于发放农业贷款，晋西北行署指示，所有贷款必须保证有

---

① 章佐：《苏皖边区金融斗争回忆录》，安庆市金融学会内刊 2000 年版，第171 页。

② 中国人民银行金融研究所，中国人民银行山东省分行金融研究所：《冀鲁豫边区金融史料选编》（下册），中国金融出版社 1989 年版，第 292 页。

③ 黑龙江省金融研究所：《黑龙江根据地金融史料》（1945—1949），第 185-186 页。

④ 中国人民银行金融研究所，中国人民银行山东省分行金融研究所：《中国革命根据地北海银行史料》第四册，山东人民出版社 1988 年版，第 458 页。

计划有重点地全部用于生产，不能作为救济之用。因此，首先要以县为单位，依据今年的生产计划，按照当地生产最迫切的需要和某种生产事业发展的可能条件以及资金力量，制定今年的贷款计划，把贷款有重点的用于几个中心生产事业（如兴修水利、增添牲畜、种植特产等）。反对盲目的平均的分散的分配，也反对盲目的，不顾生产需要的集中。贷款用途必须解决群众生产资料（如耕牛、种子、肥料、水利工具等），而不得解决生活资料（粮、布、油、盐等）。群众得到贷款后，还需帮助他设法买到必需的生产资料。为此，各地还可试贷实物（如贷给耕牛、种子、农具等）。另外，同等条件下烈属、军属应有贷款的优先权。至于因缺乏劳动能力，生活非常贫苦，急需帮助，将来又无力偿还者，不应给予贷款，应在救济款中予以救济。不事生产的二流子，不论贷款与救济款，皆不应予以帮助。[①]

3. 尝试推行折实贷款或实物放款

解放战争时期，解放区的信贷机构还尝试推行新的贷款方式，包括折实贷款和实物放款等。实物放款不是收授实物，而是以物价指数折算成货币计算。这样可以减少因币值不稳定所带来的损失。抗战时期，在陕甘宁边区也曾经小范围地试办过实物贷款。但是到了解放战争时期，实物贷款或折实贷款的方式得以更大范围地推行，尤其是东北解放区。

东北银行牡丹江省分行、嫩江省分行先后试办实物放款。牡丹江省分行根据总行指示精神，于1948年间在牡丹江市试办了实物放款，其具体办法是：（1）实物采取以煤、黄金、土布、盐、高粱米五种为标准。（2）固定实物等级：煤以风山煤；黄金按银行卖出牌价；土布根据洋纱、纺花、织布耗资推算，固定质量；盐为大粒海盐；高粱米则为中等。（3）折实价格收支，皆以前十日价格为基准。（4）实物放款利率，工业月息八厘，商业一分。（5）利息以还款折算后之数目计算。（6）实物放款期限，定为一个月以上三个月以内，但在物价波动时期，银行有权缩短贷款期限，一个月以内借款，按月息六分计算。（7）考虑到借款人的需要，暂定每月实物价格最高上涨率为百分之二十，最低则按原金额返还。（8）在物价动荡时，不按期返还借款，则以月息十分计收利息；但物价涨率超过百分之二十时，则以折实计算。[②] 上述实物放款办法，其规定和说明都较为详实，因而打消了很多人的顾虑及错误认识。尤其是强调，实

---

① 晋绥边区财政经济史编写组，山西省档案馆：《晋绥边区财政经济史资料选编》（金融贸易编），山西人民出版社1986年版，第363—364页。

② 黑龙江省金融研究所：《黑龙江根据地金融史料》（1945—1949），第160页。

物放款是以物价指数折算成货币计算，而不是收授实物。

1948 年 2 月颁布的《东北银行农业生产放款章程》中也有规定了实物计贷的方法。办法主要：（1）有借款时，无论借出的是粮食或其他实物或现款，均统一折成粮食计算。（2）折粮之种类，定为：大豆，高粱、小麦，稻子、大米，包米、谷子等七种，借款时，得经双方同意，选择上列七种之任何一种或数种。（3）借款到期时，以归还借据所定种类之粮食为原则，并保证偿还之粮食，要品质优良，否则银行得拒绝接受。（4）如偿还时，根据借据所定之粮食种类，有全部或一部改还别一种粮食之必要时，应经双方协商同意。按当时市价换算之。① 12 月 17 日，东北银行总行根据此前各行试行情况，统一制订了《实物放款暂行章程》。章程主要内容有：（1）实物计算方法（以借款户之主要生产品或贩卖品为计算标准和以本行实物存款折实方法计算），由借款户与银行协商；（2）折实作价：无论贷款折实或贷实折实，均应以当时当地市场大量成交市价（银行调查的物价）或公平交换比例为标准，并须经双方协商同意；（3）实物放款利息最高不得超过月息一分五厘；（4）到期归还时，无论物价涨落，均应按约定之实物价格计算，任何一方不能变更；（5）折实放款，在时间上，至少是一个月以上的放款，时间太短不应折实，但超过三个月以上的放款，一般的均应折实计算。②

东北解放区的实物放款取得了不错的成绩，但由于在物价飞涨的情况下，实物贷款也难以满足群众的需要。截至 1948 年 4 月 22 日，三个月中实物贷款户发展到 107 户，金额为 31463 万元。其中工矿业和手工作坊占借款总额的 97%。东北银行嫩江省分行"除分行本身在 1948 年 3、4 月物价尚属平稳时（每月上涨 15%），先后放出实物贷款 46 笔，金额 233300 万元。但后来物价暴涨，造成了借款户的恐慌，无人再来借这种贷款，所以在同年 6 月份以后，也就停办了"。③ 东北银行 1949 年各种放款统计表示，1 至 3 月份实物放款仅 1 笔，余额为 3 亿元，分别占：1 月份放款总额 1972 亿元的 1.5‰；2 月份放款总额 3157 亿元的 0.95‰；3 月份放款总额 4821 亿元的 0.62‰。同年 4 月份起，实物放款已不见再有发生。④

1949 年 2 月，中国人民银行晋西北分行制定的《关于发放各种贷款的暂行

---

① 东北解放区财政经济史编写组：《东北解放区财政经济史资料选编》第三辑，黑龙江人民出版社 1988 年版，第 421 页。
② 黑龙江省金融研究所：《黑龙江根据地金融史料》（1945—1949），第 162 页。
③ 黑龙江省金融研究所：《黑龙江根据地金融史料》（1945—1949），第 161 页。
④ 黑龙江省金融研究所：《黑龙江根据地金融史料》（1945—1949），第 179 页。

办法》也有折实贷款的规定，即借款人借得现款，即按当时当地物价折成小米、布匹、棉花或其他实物（折成那种或合并折合双方面议），以此作本计息，期满后归还实物或按归还当时实物市价折还本币。市价概以贸易公司售价为准，无贸易公司地方以推进社售价或市场大量成交行市为准。①

　　从 1949 年 5 月份起，中州农民银行郑州市行试办折实贷款。据统计，已贷给中州铁工厂中州币 50 万元，同兴铁工厂 100 万元，合众面粉厂 10 万元。折实贷款的办法是折合实物计算，以当日《中原日报》所登的郑州市场物价为标准，以小麦、小米、海盐各一款者的需要决定，以便资金周转。折实贷款的主要优点，是使公私双方，不受物价波动影响。如今年（1949 年）3 月间，各地物价普遍平稳下降，贷户普遍感到还款困难。在物价上涨时，贷户难按本息归还，但银行却遭受损失，有的贷户甚至故意延长还款时间，以取得额外利润。因此折实贷款，对生产者与国家银行都有利。由于现在还在试办期间，尚缺乏成熟经验，只有在今后工作中逐渐积累。②9 月 1 日，中州农民银行河南省分行、中国人民银行河南省分行指示改进并明确折实贷款及实物贷款实施办法，深入研究总结经验、提供具体意见。

　　总而言之，对信贷业务的开拓和探索中，党和根据地各级政府非常重视信贷制度建设，信贷重点是解决各项生产事业的资金需要，而且经常实行低利政策或把农户作为主要放款对象。同时还创造性地采用实物贷款的方式等。因此，革命根据地的信贷业务不断发展，并发挥了越来越大的成效。

第三节　汇兑业务的不断推进

　　汇兑业务是汇款人委托银行将款项汇给外地收款人进行结算，银行从中收取手续费，并获得一定收益的银行业务。汇兑业务也能极大促进贸易发展，物资交流，便利债权债务的清偿，减少现金的运送，还可以此调剂各地筹码。新民主主义革命时期，中共领导下的革命政权重视汇兑业务，不断推进汇兑业务的发展。

一、土地革命时期汇兑业务的试办

　　土地革命时期，中华苏维埃共和国湘赣省工农银行、闽西工农银行以及国

---

①　晋绥边区财政经济史编写组，山西省档案馆：《晋绥边区财政经济史资料选编》（金融贸易编），山西人民出版社 1986 年版，第 360 页。

②　《河南省金融史志资料汇编》（第二辑），《河南省金融志》编辑室 1984 版，第 242 页。

家银行等都把汇兑作为银行的主要业务之一，有些银行还下设汇兑科，并且在银行章程中明确列出汇兑专节或者出台专门的汇兑条例。

1932年，湘赣省工农银行把汇兑款项作为自己主要任务之一，规定："凡因路途过远或因他故不便携带的银钱。可交银行汇寄，使我们多数银钱往来不生任何困难。"① 湘赣省工农银行专门设有兑换汇兑科。12月公布的《中华苏维埃共和国湘赣省工农银行暂行简章》就列有"汇兑"一节，主要规定：（1）凡汇款的人，须首先填具汇款证，然后交清汇款及汇费，领取汇票；（2）汇寄款项，至少要在一百元银洋以上，少则不准汇寄。汇费，凡在湘赣苏区内往来汇寄者，每洋一元收汇费两厘，如汇至其他苏区者，当与本银行面议，斟酌情形，及程途远近而决定之；（3）汇票如果不发生效力时，由本银行负担汇款人的往来旅费。汇款人须妥为保存汇票，倘若遗失，本银行不负责任，并不准挂遗失号。② 另外，闽西工农银行在其章程中也把汇兑列为一个重要业务。

1932年5月颁布的《中华苏维埃共和国国家银行暂行章程》明确提出"办理各种汇兑及发行期票"业务。苏维埃国家银行还制定了一个较为详尽的《暂行汇兑规则》。主要规定有：（1）凡设有国家银行分支行、办事处或代理处的地方，均可接受顾客的请托进行汇款。汇兑暂分票汇、信汇、特种汇兑三种。（2）凡请托银行汇款时，其汇费应由银行按地点远近、数目多少、期限长短规定之，但特种汇兑的汇费，则由邮局规定之。（3）凡请托银行汇款时，须将所汇之款，及一切费用先行交与银行，特种汇兑汇费交与邮局。（4）票汇之款，由银行给以汇票，汇票须由汇款人自行寄交收款人持向指定银行凭票领取，银行不能代寄。（5）汇票须由票面记名人（即收款人）亲笔署名盖章于背面，其所署的姓名，及图章上的姓名，须与票面所记的姓名相同，否则银行得拒绝付款。但汇票所记姓名下如写有（或持票人）字样的，得由本人或经手取款人署名盖章，银行均可付款。（6）汇票如有约定期限，于未到期之前，银行不能付款，但收款人愿出贴现［费］，并找有妥实保人商得银行之许可的，得酌量兑付。（7）凡请托银行信汇的、须先由汇款人向银行索取空白汇条，将汇款数目、收款人及汇款人的姓名、住址等，详细填写，交与银行，汇款人如有附言，可在汇款条上附言栏写明。如另有信托寄，可将信粘附汇条后面，但内容与汇款无关的信件不能代寄，且不得用信套加封。凡信汇之款，由收款银行发给汇款

---

① 《湘赣革命根据地》党史资料征集协作小组：《湘赣革命根据地》（上），中共党史资料出版社1990年版，第540页。

② 中国人民银行江西省分行金融研究所：《中华苏维埃共和国国家银行湘赣省分行简史》，1986年版，第96-97页。

回条交汇款人收执，汇款人得在六个月内将回条持向原收款银行换取收款人的收条，过期无效。①《暂行汇兑规则》是有关汇兑业务的专门规章，对汇兑的要求及手续等进行了详细说明。

中华苏维埃共和国国家银行在分支行之间可以相互通汇，而且还试行定额特种汇票。例如，中央苏区的瑞金、兴国、宁都、石城等县国家银行分支行之间可互相通汇，汇兑方式以票汇为主。由汇款人填具汇款请托书，收汇银行给以汇票，向指定银行凭票取款，汇兑资金通过总行以总分行往来科目清算。1934年国家银行总行为方便红军战士及工农群众汇寄零星款项，委托苏区各地邮局代理特种汇兑，邮局给汇款人定额特种汇票。特种汇票分5角、1元、2元、5元4种，由银行印制并盖好图章交邮局使用。特种汇票由汇款人自行寄交收款人向指定的兑付机关领款，汇兑资金由国家银行总行和邮政总局清算。②

二、抗日战争时期汇兑业务的初步发展

抗战时期，抗日根据地的汇兑业务有了进一步的发展，都普遍开展汇兑业务，并制定了相应的汇兑业务章程，而且很多抗日根据地之间也开始建立起汇兑关系。

1. 陕甘宁边区的汇兑业务概述

陕甘宁边区银行的汇兑业务开始于1937年冬，由西安八路军办事处会计科代理拨兑公款，与边区银行建立往来关系。1938年7月开始，正式委托西安办事处为代理边行汇兑机关，收汇公私款项，商业汇款亦逐渐频繁。大后方来延学生汇款，逐渐从西安办事处转汇，原来边区对外款项汇兑，仅中华邮政局可办，但因数额有限，困难很多，从此则更称便利。1938年秋因延安、三边间之商业关系密切，款项调拨极为困难，故委托三边分金库代理汇兑业务，开办三边与延安间的汇兑，办公私款项的汇兑。1939年春，三边正式设立银行办事处。1940年春绥德、陇东等地相继成为边区政府管辖之分区银行，亦于各该分区成立分行，办理汇兑业务，至此边区内之各大据点先后均可通汇。

1938年到1940年的汇兑业务，主要是延安与西安之间的汇款，共汇出588笔，计330余万元。汇入700笔左右，计270万余元，总计汇入汇出1200多笔，计600万元左右，占三年间全部汇款笔数的80%以上，款额占总数90%以上。③

---

① 《江西省金融志》编纂委员会：《江西省金融志》，黄山书社1999年版，第538-540页。

② 《江西省金融志》编纂委员会：《江西省金融志》，黄山书社1999年版，第457页。

③ 陕甘宁边区财政经济史编写组：《抗日战争时期陕甘宁边区财政经济史料摘编》第五编，陕西人民出版社1981年版，第493页。

1941 年，陕甘宁边区银行颁布《汇出汇款暂行章程》。章程主要规定：汇款暂分为票汇和电汇。凡票汇者，照数发给该行之汇票，收款人可持此票向指定之分支行或代理处取款；凡电汇者，该行照发给电汇收据，汇款人可持此条，于一月后换取收款人之上式收据，如一切手续已妥，该行即电告付款行送交，惟收款人，须打具本行制定之收条，并觅妥保始可兑付；汇水率以市面金融情形临时酌定，惟电汇除暂定收电费拾元外，并比票汇汇水率提高十分之二；汇票不得向非指定之分支行或代理处支款。①

1938—1942 年，陕甘宁边区银行各分行从事了较多的汇兑业务。其汇款数额统计详见表 22。

表 22 1938—1942 年陕甘宁边区银行分支行汇款统计表

（单位：边币 元）

年度	行名	汇出		汇入		总笔数	总金额
		合计笔数	合计金额	合计笔数	合计金额		
1938	三边分行 西安办事处	160	512022.49	40	265784.27	200	773807.06
1939	三边分行 西安办事处	218	1582534.66	471	13223266.90	689	2904861.56
1940	三边分行 绥德分行 陇东分行 西安办事处	355	1476902.90	284	1463151.70	639	2944054.60
1941	三边分行 绥德分行 陇东分行 西安办事处	165	1120376.18	142	997880.92	307	2118207.10

---

① 陕甘宁边区财政经济史编写组：《抗日战争时期陕甘宁边区财政经济史料摘编》（第五编），陕西人民出版社 1981 年版，第 496 页。

续表

年度	行名	汇出		汇入		总笔数	总金额
		合计笔数	合计金额	合计笔数	合计金额		
1942	三边分行 绥德分行 陇东分行 关中分行 米脂分行 晋西北农民银行 延长办事处 富县办事处 子长办事处	403	14016583.70	529	24828727.62	932	38845311.32

资料来源：陕甘宁边区财政经济史编写组：《抗日战争时期陕甘宁边区财政经济史料摘编》（第五编），陕西人民出版社 1981 年版，第 494-495 页。

从表 22 来看，除了 1941 年有大幅回落外，汇入和汇出的总笔数、金额等呈持续增长的态势。1942 年，几项数字都达到最高值。总体来看，汇出的合计金额大于汇入合计金额，但相差不算太大。

1943 年 6 月 3 日，《陕甘宁边区银行特定公款汇兑暂行办法》[①] 正式公布实施。办法的主要内容有：（1）特定公款包括一切财政收入款项、建设厅及其他各地之直属单位的经济建设款项，各地物资局及其直属纯经济单位之周转资金等项。（2）特定公款之汇兑，概免收汇兑手续费、电费等项。但须取得各该地各该系统之证明文件始可。（3）特定公款之汇总，一律以边币为单位，不得予法币汇兑。如交入法币时须折合边币汇出，但币价应以收付两地之牌价较高者计算，此项损失统归汇兑损益科目，统由总行处理之。（4）非第一条所包括之

[①]　很多文献资料或者专著中都把《陕甘宁边区银行特定公款汇兑暂行办法》误写成 1946 年公布，实际上应该是 1943 年。如尚明、白文庆等主编的《金融大辞典》（四川人民出版社 1992 年版）第 1153 页、中国人民银行陕西省分行、陕甘宁边区金融史编辑委员会编的《陕甘宁边区金融史》（中国金融出版社 1992 年版）第 218 页和姜宏业的《中国金融通史》第 5 卷（中国金融出版社 2008 年版）第 325 页等。

公营商店，按一般商业汇款半价收费，第三条所定之币价计算者，不得援用。①

2. 山东抗日根据地开展汇兑业务的概况

山东抗日根据地北海银行的分支机构积极开展汇兑业务。1941年3月，《北海银行清河分行汇兑暂行办法》正式颁布。办法主要规定：（1）本行汇兑不分团体、个人，除汉奸、托匪、顽固派外，具有抗战性质者一律汇兑。（2）本行汇兑不分任何关系，汇款人均有缴纳汇费之义务，汇费以汇款金额之少寡及其缓急并环境情势之顺逆临时规定之，但不得超过汇款金额百分之二以上，票汇与信汇同。（3）本行汇兑用款除国币及本行辅币外，概不得汇兑。汇出汇款若有退汇情事所有汇费不得退出。（4）汇款收款人收到汇款票后，立即持票到交付机关挂号并于取款地区内觅得妥实保人，盖章始得领取之。②

胶东地区的汇兑工作从1941年8月开始，当时范围只限于党政军民款项经费等的汇拨，一般营业上的汇兑还没有。北海银行西海支行1943年上半年打通汇兑。与清河、昌潍通汇，照付清河分行汇票58000元，昌潍支行300200元尚未汇出。本海区县办间之互汇与分行间直汇已开始进行，并开始接收私汇，打去分行70000元，打去招南140500元，掖南汇入18800元，招南汇入48500元，平北汇入9682.80元。汇费分行每千元五元，本海区间每千元二元。③汇兑打通后对人民生活起到很大作用，便利了商民的贸易往来，对稳定本币调剂流通量也发挥了作用，也活跃了市面，物价下降，改善了老百姓的生活。

1943年春，鲁中区也规定了汇兑条例及通汇地点，普遍张贴布告，并在沂南马牧池、界湖两地召开商人座谈会，布置汇兑工作。自此以后沂蒙与各地（滨海、胶东、泰南、泰山）已开始汇兑，汇款对象多系运销商及机关汇兑。实行汇兑本为解决商人携带货币之不便及使本币扩展流通，然而因各地本币价格不同，故一般商人多为渔利而汇兑，因而在下半年即宣布停止。④

3. 晋冀鲁豫边区开展汇兑业务的概况

为便于冀鲁豫边区与冀南两地区军民携带款项便利起见，鲁西银行与冀南银行建立起通汇关系。1942年11月颁布的《鲁西银行与冀南银行汇兑办法》规

---

① 陕西省档案馆，陕西省社会科学院：《陕甘宁边区政府文件选编》第七辑，中国档案出版社1988年版，第253页。

② 中国人民银行金融研究所，中国人民银行山东省分行金融研究所：《中国革命根据地北海银行史料》第一册，山东人民出版社1986年版，第588页。

③ 中国人民银行金融研究所，中国人民银行山东省分行金融研究所：《中国革命根据地北海银行史料》第一册，山东人民出版社1986年版，第589页。

④ 中国人民银行金融研究所，中国人民银行山东省分行金融研究所：《中国革命根据地北海银行史料》第一册，山东人民出版社1986年版，第590页。

定，通汇地点为鲁西银行总行及三分行（鲁西北）与冀南银行十分行（馆陶一带）、十二分行（大名一带）互相通汇。汇款种类因两地区汇兑伊始，暂实行票汇一种。汇水按 3%（军政及抗日团体减半），手续费五元。汇款额以 50 元起码，少则不汇，汇票每张金额不得超过 5000 元。通汇自 1942 年 12 月 1 日正式开始。①

为了加强通货管理和经济联系，晋冀鲁豫边区又逐步实现了太行、太岳和冀南等战略区间的汇兑关系。1944 年 7 月，冀南银行做出"关于加强通货管理汇兑及兑换工作的决定"，即日实施战略区间的汇兑工作和兑换工作，实施办法主要有：（1）通汇的方式是采取直线式的，总行决定太行与太岳建立三条线，太行与冀南也建立三条线，并指定区之通汇行为。凡上述所指定之通汇行，必须即日积极筹备建立汇兑工作的一切准备事项，掌握此项业务，开展两战略区间的汇兑工作。（2）关于汇水率的确定与计算：可依总行所决定之"单一物价指数计算法"灵活运用，原则上汇率的确定，要以二地某一物价的升降变化而定出高低。（3）双方通汇行在手续上采用票汇及信汇两种，在今天通信联络未圆满前，尽量不作信汇，只用票汇一种。汇票格式均由总行统一规定印发，各通汇行可印使用。（4）对于汇款之条件，各通汇行在商人汇款时，应严密查其款项之用途，以保证所汇之款，确为沟通两地经济调剂双方贸易者为合格，必须严防一切非法倒卖、投机取巧或贩卖禁用品等不正确之汇款。（5）各通汇行的汇兑基金，由各该区区行预拨一个月数目，此项基金区行由总行所拨之兑换基金内拨出，分行或办事处在收入此款时，于兑换基金（科目）内入账，专作汇兑款之基金，不能挪作别用。② 上述冀南银行有关汇兑工作的决定详细规定了通汇方式、汇水、汇兑种类、汇款用途及汇兑基金等基本问题。

1944 年 11 月 22 日，冀南银行公布《各战略区汇兑工作及兑换工作实施办法》。关于冀南与太岳区汇兑办法规定如下：如冀南某甲欲汇款至太岳，可采取三次汇兑法，即先由该商由冀南通汇行汇款至太行区东线通汇行甲，该商人由冀南到达太行后即到太行通汇行甲处照票，并由此处，以内地汇兑法，汇至太行区通汇行乙，此时商人须到达太行区西线之通汇行乙处，再要求汇往太岳

---

① 中国人民银行金融研究所，中国人民银行山东省分行金融研究所：《冀鲁豫边区金融史料选编》（上册），中国金融出版社 1989 年版，第 116 页。

② 中国人民银行山西省分行太岳革命根据地金融史编写组：《太岳革命根据地金融资料选编》，内部资料 1987 年版，第 647 页。

区。① 其汇兑方式详见图10。

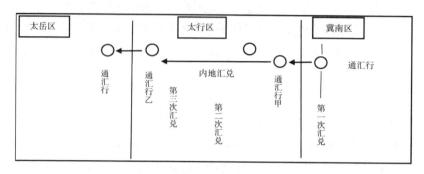

图10　冀南银行各战略区汇兑方式示意图

　　上述"各战略区汇兑工作及兑换工作实施办法"中还规定采用单种物价指数汇率计算法，并应遵循三个原则：一是完全视二个战略区间物价指数的比例而决定汇率的大小，而二地物价指数的确定又依二地经济情报之不断相通；二是商人要求汇款首先问其用途，如能有确切证明确系购买某种单一物资（如棉花、土布等）者，则银行以此种单一物资二地物价指数而决定汇率；三是但商人不能明确说出所购何物或证明不足者，银行即取地物价指数中八种主要物品（伪钞、小米、麦子、玉茭、火柴、土布、棉花、食盐）之指数差额最大者为标准以计算水。②

　　1944年底，《冀南银行太行区行汇兑章程草案》颁布实施。章程草案规定，暂规定只有区行一种票汇。汇兑额暂规定最低额为500元，多者不限，500元以下者不收。同时，确定邢台、襄垣、长治、武安为通汇行。汇款人交现款或等于现款而银行原接受之票据，给银行并指定汇款地点，银行则照开汇票给汇款人，汇款人即可持票到付款行提取，银行提款后此项关系即告结束。为了奖励汇兑，汇率尽量减低，暂规定5‰～10‰，按汇兑性质、地区、季节，路途远近等标准确定。③

　　4. 抗日根据地的五大行通汇关系的建立

　　五大行是指冀南银行、晋察冀边区银行、北海银行、陕甘宁边区银行和西

---

① 中国人民银行山西省分行太岳革命根据地金融史编写组：《太岳革命根据地金融资料选编》，内部资料1987年版，第650页。

② 中国人民银行山西省分行太岳革命根据地金融史编写组：《太岳革命根据地金融资料选编》，内部资料1987年版，第653页。

③ 尚明，白文庆等：《金融大辞典》，四川人民出版社1992年版，第710页。

北农民银行。华北地区这五大行实现通汇具有重大意义，既可从经济上促进各个抗日根据地的密切联系和统一关系，扩大与巩固抗日根据地，也可以从金融上促进抗日根据地的经济交流，相互调剂，相互依存，相互发展。同时，还能突破敌人的封锁，活泼农村经济，增进与实现自力更生、自给自足的政策，以解决抗日根据地的对外贸易上所遭遇的困难。

1940 年 8 月，冀太区军政民各界金融座谈会通过了《关于抗日根据地间五行（"五行系指冀南银行、晋察冀边区银行、北海银行、陕甘宁边区银行、西北农民银行）通汇的决定》。该决定不仅阐述了汇兑的定义、通汇的作用与利益，还确定了银行办理汇兑业务的范围，即买卖汇票、对于进出口贸易的各种放款、各种贴现（以不到期的汇票作现款使用时的折价）、收解款项、买卖与兑换各个区域的货币、经理各种公债及有价证券、办理各种放款。同时要求、搜集交换各个区域商业状况及法令，开展各个区域信用情形的调查及相互帮助支持。[1]

三、解放战争时期汇兑业务的拓展

解放战争时期，各解放区的金融机构普遍开展汇兑业务，业务覆盖范围也大大拓展。同时，还制定了较多的汇兑业务章程条例，各大区之间也基本都建立了通汇关系。

1. 开展汇兑业务的基本概况及相关章程条例

抗战胜利后，陕甘宁边区的银行汇兑多为小宗公款及个人私款，商业汇兑很少，汇水较高，1945 年底汇率为 1.6%，大宗公款均经发行库免费转携各地兑付。随着边区自卫战争胜利和西北解放区扩大，边区内汇兑业务 1948 年渐次恢复。1948 年 7 月，西北农民银行在绥德、延安、三边、陇东、落川、马栏、富县、五寨、原平、离石、偏关、新绛、临汾等处设立了汇兑网点。[2]为了促进陕甘宁、晋绥各地物资交流和工商业发展，西北农民银行决定恢复各地汇兑业务。1948 年 4 月，正式颁发《西北农民银行汇兑暂行条例》。条例主要内容有：汇兑一律以本位币为计算单位，如以其他货币要求汇兑时，概不收汇。汇兑种类，暂定为电汇、票汇两种，电汇只限于（总分行间）有电台直接联系者，无电台联系者一律采用票汇。汇率由总行、分总行统一规定通知（目前暂定最高不能

---

① 中国人民银行金融研究所，中国人民银行山东省分行金融研究所：《冀鲁豫边区金融史料选编》（上册），中国金融出版社 1989 年版，第 25—27 页。

② 陕西省地方志编纂委员会：《陕西省志》第三十六卷，陕西人民出版社 1994 年版，第 311 页。

超过 3%）。汇款数量由陕甘宁、晋绥两总行自行决定，并随时以电报联系，必要时各通汇行也可直接联系，自行确定数额。通汇地点，暂定为陕甘宁、晋绥各总行、分行所在地，分行以下支行、办事处暂不办理此项业务。①

1946 年 1 月施行的《山东北海银行汇款暂行规程》规定，汇款暂设票汇和信汇两种。票汇以 1000 元为起码，最多不得超过 10 万元，汇费 2‰；信汇以 50 元为起码，最多不得超过 1 万元，汇费 3%。通汇地区暂以渤海、胶东、鲁中、鲁南、滨海五分行及总行、临沂办事处等地实行。汇票不得向非指定之本行支取，汇票不得作票据流通。② 根据总行的汇款暂行规程，北海银行各分行也逐步发展汇兑业务。截至 1946 年 4 月，通汇范围已由渤海逐步发展到鲁中、鲁南、滨海、胶东等地各县。月来汇往烟台、龙口、博山、临沂以及从这些地点汇入的公私款项为数甚巨。1946 年 6 月，胶东分行调整汇款限数。凡胶东解放区各行处间之通汇，从即日起撤销对汇款数额的限制（超过 10 万元可以）；但汇款行应尽量掌握和照顾金融之流通，及照付行的各种困难。兄弟解放区（滨海、鲁中、鲁南、渤海等）之汇款，仍要执行"最多不得超过 10 万元"之规定。凡胶东解放区内，各行处间之汇款，除机关汇款不要汇费外，其他汇款概将汇费改为 1‰，与兄弟解放区仍按 2‰收留。③

1946 年 7 月，北海银行总行决定总行及各分支行处均实现互相通汇，并制定暂行办法如下：按目前环境与交通条件，暂采用信汇和票汇两种。汇兑数额：票汇自 1000 元起汇，信汇自 100 元起汇。以路途远近及款额多寡递增，汇款手续费自 1‰至 6‰取费，但手续费最高额不得超过 1 万元。汇水由汇出行每一时期，根据两地物价指数及汇出行与付款行之头寸情形等自行规定后，汇报管辖行转总行备案。④ 从 1949 年 7 月开始，北海银行决定济南、徐州、济宁、新海连、周村、淄博、潍坊、德州、益都、张店、青岛、总行共 12 个行处，建立联汇关系，办理各城市行处联汇，并制定了实施办法，规定办法主要有：汇款种类：票汇、信汇、电汇三种，密码、押脚字，统由总行规定分别函送。利息均以月息一分八厘计算。联汇行处互相通汇，确定每日最高汇出额与总行的汇兑

① 晋绥边区财政经济史编写组，山西省档案馆：《晋绥边区财政经济史资料选编》（金融贸易编），山西人民出版社 1986 年版，第 327 页。
② 山东省档案馆，山东社会科学院历史研究所：《山东革命历史档案资料选编》第十六辑，山东人民出版社 1984 年版，第 93-94 页。
③ 中国人民银行金融研究所，中国人民银行山东省分行金融研究所：《中国革命根据地北海银行史料》第二册，山东人民出版社 1986 年版，第 183-184 页。
④ 中国人民银行金融研究所，中国人民银行山东省分行金融研究所：《中国革命根据地北海银行史料》第二册，山东人民出版社 1986 年版，第 184-185 页。

限额，但联汇行处对济南分行汇出不受此汇款额之限制。汇费按照 1949 年 7 月所修订之汇率表执行。①

1948 年 9 月，中州农民银行豫西区行发出《关于区内汇兑工作的指示》，决定选择重点，开展区内汇兑工作，规定汇兑办法如下：（1）通汇地点暂决定洛阳、临汝、回郭镇（巩县）、鲁山、襄城、禹县及各分行等 12 处为通汇地点。在各通汇行可采取互汇形式，就是说，每一通汇地点可以向其他 11 处之每一处进行汇兑。（2）汇兑种类暂确定票汇一种。汇票由区行统一印发。（3）汇款额数暂规定每次最低以 1000 元起码，最高则不能超过 10 万元。10 万元以上的汇兑，可分期汇或不汇。为照顾付款行之资金力量，高额之汇兑可规定迟期付款，但至迟不得超过 5 日，以照顾汇款人之资金使用。（4）为奖励汇兑，促进工商业贸易的发展，确定暂不收汇水，可按路途的远近，汇兑之性质收 5‰到 10‰的手续费。②

东北解放区的银行机构也逐步开展汇兑业务。1946 年，吉林省银行制定的《汇兑办理暂行办法》规定，汇兑暂限于票汇，通汇地点为图们、延吉、龙井、敦化、汪清、和龙、珲春七地，对挂失也进行了具体规定。③

1946 年北满大部地区解放，各地相继建立了东北银行分支机构，通汇条件逐步具备。1946 年 10 月，东北银行总行登报公告：“自 1946 年 10 月 10 日起，对哈尔滨、佳木斯、齐齐哈尔、北安、牡丹江、东安（今密山县）办理汇兑业务。汇款种类，暂限票汇。通汇额，每笔不得超过 10 万元，10 万元以上，须与各该收汇银行接洽。汇费收 2%（后改为 1%）。”但当时银行对汇费规定较高，限额又小，导致汇兑业务很少。东北银行黑龙江分行（北安时期）自 1946 年 6 月 11 日开业日起，到 1947 年 3 月 31 日并入黑嫩省分行时止，“历时近十个月，收汇 11 笔，付汇 17 笔，业务很不开展。”为了改变这种状况，当时黑龙江、嫩江等省分行曾向总行建议：“适当减少汇费，以便广泛开展汇兑业务，调剂行与行间的现款，并给群众金融上的方便。”④因此，总行决定自 1947 年下半年起，对汇款限额和汇费均做了必要的调整。主要包括：一是对各分行间汇款额度提

---

① 中国人民银行金融研究所，中国人民银行山东省分行金融研究所：《中国革命根据地北海银行史料》第四册，山东人民出版社 1988 年版，第 384 页。

② 王礼琦：《中原解放区财政经济史资料选编》，中国财政经济出版社 1995 年版，第519 页。

③ 吉林省金融研究所：《吉林省解放区银行史料》，中国金融出版社 1990 年版，第 118 页。

④ 黑龙江省金融研究所：《黑龙江根据地金融史料（1945—1949）》，1984 年版，第210 页。

高到每笔不超过 1000 万元，收付汇差不超过 5000 万元；本省分行与外省支行处间每笔不超过 200 万元，收付汇差额不超过 1000 万元。分行与所属各支行处之汇款额，由各分行自行酌定。二是汇费最高额不超过汇款额 5‰，由分行根据各行间距离与交通情况具体规定，并根据汇款额之增加递减汇费。机关部队经费可免收汇费。

经过上述调整之后，东北各地银行汇兑业务较前均有所开展。据哈尔滨分行 1948 年 6 月末统计，6 月份收汇笔数 563 笔，比 1 月份 176 笔增 319%，收汇金额 97 亿元，比上月份 18 亿元增 538%；6 月份付汇笔数 1150 笔，比 1 月份 475 笔增 233%，付汇金额 106 亿元，比 1 月份 17 亿元增 623%。① 1948 年 12 月 11 日，东北银行总行对各分行处就汇兑业务又作出指示：（1）凡设有分支行处的地方，不论南、北满一律通汇。（2）票汇、电汇任汇款人自由选择，一律不加限制。（3）每笔汇款只收手续费 1 万元。除因收汇过多，路途太远，送现不便者外，均不收汇水。（4）分行间之汇兑差额，每月以 50 亿为限，各支行处之汇兑差额，一般的每月以 5 亿元为限。（5）收付汇应力求平衡，如收汇过多，应保证总行随时调拨或自动送现。② 由于推行汇费减免，东北地区汇兑业务得到显著开展。以松江省分行为例，1949 年上半年收汇总额 36433 亿元，与 1948 年同期比较增大了 10 倍，这对繁荣经济与吸收存款都起了一定作用。到 1949 年 6 月末，全东北地区银行通汇地点已扩大到 94 处。③

2. 各大区及大区内通汇关系的建立

1946 年下半年，陕甘宁边区银行重新与晋绥西北农民银行疏通汇兑关系，专拨给晋绥西北农民银行 1500 万元券币，作为汇兑基金，拨给绥德分行 2000 万元法币，作为农币汇兑基金，后因两区币值波动不定，改用代兑办法。④ 同时，陕甘宁边区银行还制定了《特定公款汇兑暂行办法》和《陕甘宁边区与晋绥边区通汇及兑换暂行办法》，就陕甘宁与晋绥两边区的币值折算，每笔汇款限额、汇差清算、利息、印鉴等问题做了详细规定。其中《陕甘宁边区与晋绥边区通汇及兑换暂行办法》主要规定：（1）双方银行总分行间均行通汇及兑换，沿河

---

① 黑龙江省金融研究所：《黑龙江根据地金融史料（1945—1949）》，1984 年版，第 211 页。

② 东北解放区财政经济史编写组：《东北解放区财政经济史资料选编》第三辑，黑龙江人民出版社 1988 年版，第 477-478 页。

③ 黑龙江省金融研究所：《黑龙江根据地金融史料（1945—1949）》，1984 年版，第 213 页。

④ 黑龙江省金融研究所：《黑龙江根据地金融史料（1945—1949）》，1984 年版，第 311 页。

两岸交界处所有金融机构，以边区蟆镇办事处晋绥离石支行均须以流通券与农币随时兑换，在正常状态下尽可能做到不加限制；（2）通汇与兑换比价，一律以流通券与银洋及农币与银洋的主要市价为计算标准，遇金融波动或发生争议时，须一律取得分行同意后方可改变比价；（3）汇费由收汇行自行决定；（4）延安、兴县，临县、绥德收汇付汇每次以流通券或农币（100万元为最高额，其他各地以30万元为最高额，在此限度一半以下者见票或凭即付一半以上者见票三日即付）。① 1949年上半年先后与天津、北京、石家庄、济南、郑州、沈阳等已经解放的城市通汇。

1946年9月，北海银行渤海分行与冀中已经开始通汇。两区通汇地点：冀中区为河间、泊镇、辛集；渤海区为乐陵、柴胡店、德州、埠口、惠民。通汇种类：暂定为票汇。收款时按照牌价收入汇款。牌价确定办法：泊镇、北海、边区银行所设之行处，按照货币混合市价价值，每5日通知有关通汇行处，各行处结合当地物价确定牌价。② 10月19日，渤海区与省内各友邻区也开始通汇。近自烟台、龙口、威海卫、羊口、下洼等地汇入者，其较高数额达350万元以上，其最低数额为80余万元。互相通汇的范围包括：渤海区之下洼、惠民、羊口、乐陵、柴胡店、德州；胶东区之烟台、威海卫、黄县、莱阳、石岛、龙口、掖县朱桥；其他友邻区为鲁南分行、鲁中分行、渤海支行、临沂、枣庄、石臼所等。汇兑数额最低1000元，最高额暂不限制，尽量通汇。汇兑手续费：以路途远近，自1‰至6‰收费，其最高额不超过1万元。汇水由汇出行每一时期根据两地物价及路途远近而定，但不超过5‰。目前暂办票汇、信汇两种。③

由于军事形势顺利的发展，山东解放区已连成一片，为解决友邻区货币兑换之困难，北海银行总行于1948年8月10日作出如下决定：通汇地点暂指定交通要道及贸易频繁之口岸、城镇为通汇地点。汇兑种类暂定票汇、信汇两种。汇费暂定200里以内3‰，300里以内4‰，300里至500里以内5‰，500里以上概以6‰计算。汇费一次最低额500元，最高额15万元，信汇加挂号邮费。汇款限额：每次最高暂定1000万元，如1000万元以上得与汇款人面议，在汇票上注明分期付款。汇往华北之款，可先汇至德州，再由德州办理转汇手续。由

① 陕西省档案馆，陕西省社会科学院：《陕甘宁边区政府文件选编》第十二辑，中国档案出版社1991年版，第349-350页。

② 中国人民银行金融研究所，中国人民银行山东省分行金融研究所：《中国革命根据地北海银行史料》第二册，山东人民出版社1986年版，第188页。

③ 中国人民银行金融研究所，中国人民银行山东省分行金融研究所：《中国革命根据地北海银行史料》第二册，山东人民出版社1986年版，第188页。

华北汇款来山东解放区者亦同。① 到 1949 年 7 月，北海银行青岛市分行先后与省外各地洽妥，至 8 月底通汇点已有苏州、芜锡、武进、丹阳、镇江、天津、北平、汉口、西安、太原、开封、江阴、杭州、上海、宁波、嘉兴、金华、湖州、余姚、兰溪、绍兴、衢州、武昌等 23 地。省内如济南、潍坊、德州、徐州、周村、张店、淄博、济宁等城镇与胶东各县亦均已开始与青岛全面通汇。至 8 月底止，汇出汇款合计人民币 178177 万元，汇入汇款 211442 万元。② 与国内各主要城市开辟的汇兑关系，对公私贸易、物资交流起了便利作用，减去了商人小贩携带货币的困难与危险，开辟了城乡关系。

晋冀鲁豫边区内的汇兑分票汇及信汇两种。1946 年 1 月开始在太行区的高邑、邢台、武安、彭城、清化、长治、沁阳、涉县、林县，太岳区的晋城、鲍店、高平、孟县、和川、端氏等 26 处实行互汇。汇额最低为 1000 元，最高为 20 万元。若将汇票遗失，可挂失与补票，甚是安全方便。自 1946 年初开始，与国民政府管辖的一些主要城市，通过其当地银号、商号的私人关系，或向其投资，或派干部以私人身份参加工作，建立了通汇关系。通汇地点是：太行区对石家庄、太原、新乡、天津、洛阳。太岳区对天津、太原、洛阳、西安、开封、郑州。对上海、天津、东北三地的汇兑，均由总行统一办理。③

1948 年 7 月，华北银行总行发布"关于开展区内汇兑的通令"，明确规定：通汇地点目前指定石家庄、阳泉、安国、辛集、泊镇、正定、车子、涞源、衡水、南宫、临清、邯郸、濮阳、长治、晋城、翼城、邢台、浑源、筑先（东昌）等地，即大力开展汇兑，互相通汇，构成以石家庄、邯郸、长治为中心的三个汇兑网。汇兑基金原则上不另拨基金，必须使存放、汇兑及其他业务结合进行，资金周转流用，并力求在汇路的开辟调整中，达到一线两地间或各线间汇兑平衡，两行间如因资金调拨过巨，或因贸易关系缺乏平衡条件时，应由汇出行向付款行预存基金或直接运现；此外，总行特设汇兑清算点，以解决指定通汇行处之特殊困难。根据目前条件，采用票汇，信汇两种，汇兑方式上，顺汇、逆汇均可办理。在便利物资交流，发展工商业的总目标下，不机械规定汇水之多寡，最高以不超过 5‰为宜。汇兑透支额、每笔最高额及每日汇兑额，由各通汇

---

① 中国人民银行金融研究所，中国人民银行山东省分行金融研究所：《中国革命根据地北海银行史料》第三册，山东人民出版社 1987 年版，第 78–79 页。

② 中国人民银行金融研究所，中国人民银行山东省分行金融研究所：《中国革命根据地北海银行史料》第四册，山东人民出版社 1988 年版，第 386 页。

③ 山西省地方志编纂委员会：《山西通志·金融志》，中华书局出版社 1991 年版，103–104 页。

行依据自身之资金力量和两地汇兑需要，自行成立协议。①

1948 年 12 月，中州农民银行总行与华北银行太岳区行、太行区行开始建立汇兑关系，并达成协议，详细列出汇兑地点与汇兑行、汇兑极度额。每日汇兑额各行不超过汇兑极度额十分之一为最高限度。确定汇水为 5%～20%，不另收手续费。利息双方均为月息四分二厘，从付款日起息，超额期限与超额部分以月息六分计。各汇兑行每月互相对账一次，每两月结算一次，清差付息。②

总之，汇兑业务从办理开始不断发展完善，出台了相关章程、条例或办法。与此同时，还不断探索建立区内以及各根据地之间的通汇关系，最终建立起一个遍及各地的汇兑网，不仅促进了根据地经济发展，也便利了人民群众的生产和生活。

第四节　对股票发行的不断探索

股份制经济是以投资入股的方式把分散的生产要素集为一体，统一经营、自负盈亏、按股分利的经济组织形式。投资入股是实现股份制经济的基本途径，按股分利是股份制经济的基本分配原则。早在建党初期和大革命时期，安源路矿工人消费合作社和浏东平民银行就发行了股票。这是中国共产党发行股票的最初尝试，也为后来股票发行工作提供了经验，具有重要的开创意义。整个新民主主义革命时期，中国共产党一直重视利用股票的方式筹集资金，从而充分发挥了股票的作用。

一、土地革命时期对股票发行的初步探索

土地革命战争时期，尤其是中华苏维埃共和国成立后，为发展经济，中国共产党领导下的根据地政府较为普遍性地探索采用股份制，发行股票，充分集中和利用群众手里的资金。

1. 土地革命时期股票发行政策的陆续制定

1930 年春，闽西永定县第一区信用合作社发行的股票是土地革命时期根据

---

① 华北解放区财政经济史资料选编编辑组：《华北解放区财政经济史资料选编》第二辑，中国财政经济出版社 1996 年版，第 262 页。

② 华北解放区财政经济史资料选编编辑组：《华北解放区财政经济史资料选编》第二辑，中国财政经济出版社 1996 年版，第 351-352 页。

地最早发行的信用合作社股票。1929 年 9 月，中共闽西特委发出通告，要求各区着手发动群众"招集私人股金创办信用合作社"以便做到"农民卖米买货不为商人所剥削，而农村贮藏资本得以收集，使金融流通"。在党的领导下，闽西根据地各区、乡都开始筹办信用合作社。1930 年 3 月召开的闽西第一次工农兵代表大会，做出决定要"普遍发展信用合作社组织"，同时制定了《合作社条例》。信用社的资金主要靠群众集股，明确规定信用社"为群众所组织的经济团体，不是政府所办的便利或救济人民的机关"。一般每股股金为大洋 1 元至 5 元，以家为单位，一家愿入数股者听便。交足股金的社员发给股票，社员均有选举权、被选举权、表决权，但每一社员（代表一家）不论入股多少，以一权为限。股权可转让与继承。① 1930 年春，闽西永定县第一区信用合作社成立，总共募集股金 3 千余元，每股 1 元，群众募集了 40%，商店认了 60%。② 上述条例是中国共产党最早出台的有关合作社股票发行的办法。

在 1930 年 9 月召开的"闽西第二次工农兵的代表大会"上决定建立闽西工农银行。闽西工农银行的开办基金是募股而来的。根据代表大会决定，银行资金为 20 万元，由工农群众入股集资。20 万元分为 20 万股，每股 1 元。募股委员会由各级政府、各级工会和部队有关人员组成，负责募集股金，银行委员会委员督促检查。③ 闽西工农银行是土地革命时期中国共产党最早建立的股份制银行之一，该行对银行股票的发行政策做了最初的探索。

1931 年 12 月，湘赣省工农银行筹备委员会所拟订的银行暂行简章中提出，由省苏维埃政府拨出银洋 4 万元，向社会集股 6 万元作为资本金。在省工农银行筹备期间，即开始对社会集股，但入股的不多，大量的集股工作还是在工农银行开幕之后进行的。1932 年 1 月间，湘赣省委指示各地要号召群众到银行来入股，各地也相应做出决定。为严密集股手续，省工农银行印制了三联股票（股票联、股金收据联、存根联）分发各县，以县为单位编号发出，并规定：每股金 1 元折为 1 股。④ 1933 年 3 月，闽浙赣省第二次工农兵代表大会提出，要鼓励群众向银行入股或储蓄，扩充银行基金，以保障和提高银行的信用。省苏维埃通令各县财政机关立即向群众发出 9、10、11 三个月积极向银行入股的号召。发股票，每张一股，每股 1 元，股票放在银行，数量不定，自由入股。规定股金按周年 6 厘计算利息，年终结账。盈余除开支费用及支付股息外，纯利照股

① 孔永松，邱松庆：《闽粤赣边区财政经济简史》，厦门大学出版社 1988 年版，第 240 页。
② 马鸣家等：《信用形式及管理》，四川辞书出版社 1992 年版，第 137 页。
③ 中国人民银行金融研究所：《曹菊如文稿》，中国金融出版社 1983 年版，第 2 页。
④ 姜宏业：《中国地方银行史》，湖南出版社 1991 年版，第 705 页。

分红，于次年 1 月凭股票领取。① 可见，根据地的银行较早探索了股票发行的办法，基本都制定了各自的股票发行政策。

对于合作社股票的发行，则制定了统一的条例或章程。1932 年 10 月，中华苏维埃临时中央政府颁布《关于合作社暂行组织条例的决议》，把合作社分为消费合作社、生产合作社和信用合作社，其中主要规定：消费、生产、信用合作社之社员不仅兼股东，而且是该社的直接消费者、生产者、借贷者，对于社员除享受红利外还应享有抵借低利之特别权利；凡工农劳动群众所组织之合作社，须先将章程、股本、社员人数、营业项（目）向当地苏维埃政府报告，经审查登记后，领取合作社证书才能开始营业。② 合作社经济是中共领导下革命根据地的一种集体制经济形式，条例明确提出采用民众集股合作经营的股份制形式，对于苏区的经济社会发展起到重要作用。

此后，根据《关于合作社暂行组织条例的决议》，中华苏维埃临时中央政府相继颁布了各种专门的合作社章程。1933 年 3 月，中华苏维埃临时中央政府财政部制定了《消费合作社简章》，规定消费合作社的"资本由群众投资集股或由群众有组织的有计划的向工农银行借贷若干为基本开办之。合作社为便于工农贫民投资入股起见，每股以大洋伍角为标准"。③ 7 月 4 日，中华苏维埃共和国中央人民委员会发出由毛泽东签发的《关于倡办粮食合作社问题》布告，号召"劳苦工农群众自己集股"，合作社"不断的籴进粜出，不但可以扩大资本，而且可以使社员得到很多的盈余"。④ 9 月 10 日，中华苏维埃临时中央政府颁布《消费合作社标准章程》，明确规定采用股份制的形式，其中规定：股金定每股大洋壹元，以家为单位，其一家领入数股者听便；凡交足股金之社员，均有选举权、被选举权、表决权，但每一社员（代表一家）不论入股多少，均以一权为限；凡交足股金之社员，由该社发给股票及购买证；该社股票及购买证概用记名式盖以本社图记，由管理委员会主任及副主任签名盖章。股票及购买证如有遗失情事，应先报知管理委员会挂失，一面登报声明作废后再向本社请求补发新股票；购买证只限该社员一家使用，不得借给非社员，并不得将证代非社员向该社购物，如发觉上项情事，应

① 《江西省金融志》编纂委员会：《江西省金融志》，黄山书社 1999 年版，第 443 页。
② 江西省档案馆，中共江西省委党校党史教研室：《中央革命根据地史料选编》（下），江西人民出版社 1982 年版，第 573 页。
③ 中共江西省委党史研究室等：《中央革命根据地历史资料文库·政权系统（7）》，江西人民出版社、中央文献出版社 2013 年版，第 652 页。
④ 《中央革命根据地历史资料文库·政权系统（7）》，江西人民出版社、中央文献出版社 2013 年版，第 805 页。

给该社员以停止二分红一期之处分。① 同时颁布的《生产合作社标准章程》规定：股金定每股大洋 1 元。以劳动力为单位，其一个参加生产的劳动力愿入数股者听便。凡缴足股金参加生产之社员，均有选举权、被选举权、表决权。但每一社员不论入股多少均以一权为限。凡缴足股金之社员，由该社发给股票。股票概用记名式，盖以图记由管理委员会主任签名盖章。股票如有遗失情事，应先报告管理委员会挂失号，一面登报声明作废后，再向该社请求补发新股票。② 因此，苏区政府对消费、生产等合作社股票的每股股金、持股数额、持股人的权利和义务以及股票的形式等都做了详尽的规定。

2. 土地革命时期股票的发行机构及股票管理

土地革命时期，革命根据地股票的发行机构主要有三大类：一是银行；二是各类合作社，包括生产合作社、粮食合作社、消费合作社和信用合作社；三是股份企业。

革命根据地的银行一般采用股份制，因而发行了大量的股票。除了前文提到的闽西工农银行外，还有闽浙赣省苏维埃银行、湘赣省工农银行、中华苏维埃共和国国家银行湘赣省分行、苏维埃国家银行湘鄂赣省分行等均发行了股票。另外，赣东北特区贫民银行开创期间，采取招股集资办法，先后由工农群众集股 1 万元左右。

随后，合作社也开始发行了大量的股票。其中中央苏区生产合作社发行的股票种类比较多，如纸业生产合作社股票，刨烟生产合作社股票，铁业生产合作社股票，列宁书局（印刷业）股票，苦力运输合作社股票，耕牛合作社股票，染布合作社股票，石灰生产合作社股票，砖瓦生产合作社股票，织布生产合作社股票，硝盐生产合作社股票，煤炭、竹木、造船、雨伞、缝纫等二三十种生产合作社股票。粮食合作社（或粮食调剂局）发行了大量的股票，如《汀州市调剂粮食合作社》股票。③

苏区政府还鼓励利用私人资本和合作社资本成立进行商业活动的股份企业，因而发行了一定数量的企业股票。当时，苏区有两类商业公司实行了股份制：一类是产销结合工商统一的公司，如 1933 年 12 月江西省苏维埃政府设立的博

---

① 中国社会科学院经济研究所中国现代经济史组：《革命根据地经济史料选编》（上），江西人民出版社 1986 年版，第 337 页。

② 湖南省总工会，湖南省社科院历史所，湖南省档案馆：《湖南工运史料选编》第 3 册，1985 年版，第 691 页。

③ 洪荣昌：《红色收藏：中华苏维埃共和国革命文物探寻》，解放军出版社 2014 年版，第349 页。

生纸业股份有限公司、兴国樟脑股份有限公司；一类是以采购业务为主的商业公司，如 1934 年 1 月，临时中央政府开设的中华商业股份有限公司。这些股份公司吸收大批社会资金以后，增强了发展后劲。① 尽管苏区兴办的这类企业为数不多，但是它利用股份的形式吸收社会资金发展公有经济，这种早期的尝试有着非常积极的意义。

对于根据地股票的管理，主要集中在以下三个方面：

第一，分期发行股票、扩股，并采用竞赛等办法积极动员群众入股。

由于根据地经济发展相对落后，因而股票的发行任务一般是分几期来完成的。1932 年 8 月，时任中华苏维埃共和国中央临时政府财政人民委员的邓子恢就明确提出："可以从长远一点来计划，不要一下子就要集中很多资本，而可以采取分期的办法，假如我们规定每股股金为大洋 1 元，第一期招募 100 股，收款 100 元，太少了不够，那么我们再计划第二期，不够又计划第三期，如此一直到四五期六七期以至十几期，假定每期相隔二个月，那么一年之间我们可以招募到六期，两年可以招募到十二期，把这十几期合算起来，资本就不少了。"②

股票发行后，很多苏区根据实际需要进行了必要的扩股。例如，1931 年 6 月，闽西苏维埃政府发出通知，提出扩大工农银行股金。1933 年 9 月，闽浙赣省苏维埃接受全省党支书联席会议及第一次贫农团代表大会提出添招 10 万元银行股金的要求，成立了招股委员会，开展招股工作。从 9 月至 11 月，短短的 3 个月时间内，工农群众踊跃认购集股达 10 余万元，苏区财政入股 10 万元，从而使银行基金得到相当的充实。③

根据地发行的股票都积极动员群众去购买，甚至采用竞赛等办法劝购。1932 年 1 月间，湘赣省安福县委要求各级党应鼓励党员个人、群众团体、群众个人把自己的金银和银圆送到银行去入股。在广泛的宣传鼓动下，工农银行集股工作取得了一定的成绩。湘赣省国民经济部合作社指导委员会提出"每个社员发展一个社员"的口号，并分配凑集股金的任务。1933 年 11 月，中共湘赣省第三次党代表大会政治决议案提出：党必须经过充分的群众动员，完成省委 10 万元粮食合作社股金，与发展 10 万元消费合作社股金的号召。④ 12 月 10 日，湘赣省制定了各级苏维埃政府第一次合作社扩股竞赛条约（详见表 23）。竞赛

---

① 苏俊才：《红土溯源》，北京广播学院出版社 1999 年版，第 129 页。
② 杨德寿：《中国供销合作社史料选编》第 2 辑，中国财政经济出版社 1990 年版，第 155 页。
③ 《上饶地区金融志》，上饶地区金融志编纂领导小组 1991 年编印，第 60 页。
④ 杨德寿：《中国供销合作社史料选编》第 2 辑，中国财政经济出版社 1990 年版，第 49 页。

期间从 1933 年 12 月 20 日起，至 1934 年 2 月 20 日止，70 天为限，至期由省苏召集总结评判会议，完成各项数目字的由省苏发奖。①

表 23 湘赣省各级苏维埃政府第一次合作社扩股竞赛条约（1933 年 12 月 10 日）

		织布社	粮食社	消费社
第一组：扩大合作社股金数（每股一元）	永新	12000	45000	15000
	吉安	1400	12000	3500
	安福	2400	12000	3500
	茶陵	1400	5000	1500
	分宜	1500	7000	2500
	城市	200	1000	500
	新峡	1500	7000	2500
	莲花	2000	12000	3000
第二组：扩大合作社股金数（每股一元）	萍乡	200	7000	2000
	宁冈	200	108	3000
	酃县	200	1000	3000
	攸县	600	1000	3000
	遂川	600	1000	3000
	万太	600	2000	3000

资料来源：杨德寿主编：《中国供销合作社史料选编》第 2 辑，中国财政经济出版社 1990 年版，第 169 页。

表 23 显示，湘赣省按照地区分成两大组，根据当地实际分配了不同的扩股任务，其中永新分配的所有任务是都是最高的。当地只要完成任务即可得到相应奖励，这有利于扩股工作的完成。

第二，对持股数有严格限制，股票不能当作现金在市面流通，股票买卖、转让也有相应规定。

首先，对个人持股数进行了严格限制。《关于合作社暂行组织条例的决议》就明确规定："每个社员其入股之数目不能超过十股，每股金额不能超过五元，

---

① 杨德寿：《中国供销合作社史料选编》第 2 辑，中国财政经济出版社 1990 年版，第 169 页。

以防止少数人之操纵。"① 1934 年 4 月，古田乡《消费合作社简章》同样要求，社员入股数目限于 10 股以下，以防少数人操纵合作社。② 其次，股票严禁当作现金流通，买卖和转让也有限定。闽西工农银行股票上明确规定不得在市面流通买卖。湘赣省工农银行股票规定，不准典当卖出，或作货币通用。如有未遵守者，即剥夺其股员的一切权利，准票币收回之。③ 联合消费合作总社第二期股票条例中明确提出，股票不能当作现金在市面流通，股票允许买卖，但须经管委会许可。《消费合作社标准章程》中明确规定社员有转让其股权于承继人之权，但须得管理委员会只可决。④ 可见，银行股票禁止买卖，合作社股票可以买卖或转让给继承人，但有一定的限制条件。

第三，股金可以分期缴纳，且不限于现金，可以退股。

在特定历史条件下产生的股票，管理非常灵活，股金可以分期缴纳，大多数都可以用实物或其他有价票证折抵认股。古田乡《消费合作社简章》指出，社员入股时，不能马上完全缴纳股金的，可分为两期缴纳，一期为 4 个月。股金不限于现金，如米谷杂粮、公债票也可以。⑤《关于倡办粮食合作社问题》的布告中提出，股金可用钱缴，也可用谷缴（扣成钱数）。⑥ 据当年搞过工会工作的余金如同志回忆："银行招过股，没有钱，可以出谷子，当时谷子很多吃不完，群众便一担二担三担挑谷子来折成钱认股。群众认股出钱，建立群众自己的银行。"在筹建闽浙赣省苏维埃银行时，弋阳群众踊跃入股，买股票多者达二三十股。有的群众没有现洋用谷子折算，50 斤谷一股。⑦

当时还有一个极为特殊的规定，即可以退股。1931 年 12 月，《中华苏维埃共和国湘赣省工农银行简章》提出：股员入股在一年以上的，如有特殊事故必

① 《中央革命根据地史料选编》（下），江西人民出版社 1982 年版，第 573 页。
② 洪荣昌：《红色票证：中华苏维埃共和国票证文物收藏集锦》，解放军出版社 2009 年版，第 151 页。
③ 朱荫贵：《近代中国：金融与证券研究》，上海人民出版社 2012 年版，第 421 页。
④ 《革命根据地经济史料选编》（上），江西人民出版社 1986 年版，第 337 页。
⑤ 洪荣昌：《红色票证：中华苏维埃共和国票证文物收藏集锦》，解放军出版社 2009 年版，第 151 页。
⑥ 《中央革命根据地历史资料文库·政权系统（7）》，江西人民出版社、中央文献出版社 2013 年版，第 805 页。
⑦ 江西省弋阳县县志编纂委员会：《弋阳苏区志》，生活·读书·新知三联书店 1989 年版，第 96 页。

须退股时，准其退股，但须在两星期以前报告本银行。① 1933年春成立的联合消费合作社提出，入股、退股自由，如欲退股，持此股票退还苏维埃币5元。② 甚至还有革命群众不要本利，退还股票。在敌人五次"围剿"战争剧烈和红军猛烈扩大的阶段，革命群众自动退还银行股票，以充裕战费，夺取战争胜利。据1934年3月20日出版的《红色东北》报报道："省政卫分局购买银行股票392张，及各县分局工作人员节省和自动购买银行股票254张。现在省分局一声动员下，已将购买银行股票646元全部都不要本利归还苏维埃。"③ 此后，《红色东北》又报道："我地雷部部长张朝甫同志去年在兵工厂工作时从积极生产中购买了四张银行股票，现在不要本利的全部退还苏维埃政府。"④

3. 土地革命时期根据地股票发行数量的统计分析

由于资料的限制，难以对当时根据地股票发行数量做一个准确而全面的统计，只能根据笔者掌握的现有资料进行粗略分析。

首先，合作社股票的发行数量方面，以中央苏区为例，详见表24。

表24　1933年8月与1934年2月中央苏区合作社发展比较表

	社数（个）		社员数（人）		股金	
	1933年8月以前	1934年2月	1933年8月以前	1934年2月	1933年8月以前	1934年2月
消费合作社	417个	1140个	82940人	295993人	91670元	322525元
粮食合作社	457个	10712个	102182人	243904人	94894元	242079元
生产合作社	76个	176个	9276人	32761人	29351元	58552元
合计	950个	12028个	194398人	572658人	215915元	623156元

附记：合计数为笔者统计而成。

资料来源：《吴亮平文集》（上），中共中央党校出版社2009年版，第96页。

从表24来看，1933年8月中央苏区经济建设大会时，各种合作社只有950

① 《湘赣革命根据地》党史资料征集协作小组：《湘赣革命根据地》（上），中共党史资料出版社1990年版，第152页。
② 政协天津市委员会，文史资料研究委员会编：《天津文史资料选辑》1999年第1辑（总第81辑），天津人民出版社1999年版，第12页。
③ 左玮：《左进亮红色收藏》，中国国际文化出版社2009年版，第74页。
④ 《土地革命时期闽浙赣革命根据地金融史资料摘编（修改稿）》，中国人民银行江西省分行金融研究所1981年编印，第51页。

家，到 1934 年 2 月，仅仅半年就突增到 12028 家，社员数也随之有大幅增加。1934 年 2 月的股金数量和此前相比增长了 1.9 倍，达到 623156 元，其中消费合作社股金数量增长最快，增长了 2.5 倍。

从单个合作社来看，中央政府机关消费合作社规模较大，该社于 1934 年 5 月迁至瑞金沙洲坝重新开业。全社有社员 1200 余人，股份 3000 股，股金总额 6000 余元。① 从地区来看，除中央苏区外，闽浙赣苏区的合作社股票发行量也较大，1934 年 1 月，闽浙赣苏区有"消费合作社共计 83000 股，每股 1 元，现在共有 60 多万元现洋在活动"；"贮粮合作社吸收了很广大的群众，共有 20 余万股，年年分红利给社员"。② 另外，至 1934 年上半年，红军共有消费合作社分社 30 余个，社员 23 万余人，股金 30 万元以上。③

其次，对根据地银行和信用合作社股票的发行也进行了粗略统计，详见表 25。

表 25　革命根据地银行和信用合作社股票的发行统计

名称	开办时间	成立时募集的股金	扩股数额
永定县太平区信用合作社	1929 年 10 月	3000 元	无
上杭县北四区信用合作社	1929 年 10 月	2000 元	无
永定县第三区（后改为第一区）信用合作社	1929 年 11 月	500 元	无
永定县第一区信用合作社	1930 年春	3000 元	无
闽西工农银行	1930 年 9 月	20 万元	1931 年 6 月决定扩股 2 万元
赣东北特区贫民银行	1930 年 10 月	1 万元	1933 年 9 月（1932 年改名为闽浙赣省苏维埃银行）招股 20 万元

---

① 《江西省供销合作业志》编纂委员会：《江西省供销合作业志》，方志出版社 2000 年版，第 19 页。

② 《革命根据地财政经济斗争史》编写组：《土地革命时期革命根据地财政经济斗争史资料摘编（5）》，1978 年内部资料，第 129 页。

③ 《江西省供销合作业志》编纂委员会：《江西省供销合作业志》，方志出版社 2000 年版，第 19 页。

续表

名称	开办时间	成立时募集的股金	扩股数额
湘赣省工农银行	1931年10月	2万元	后改名为中华苏维埃共和国国家湘赣省分行，扩股2万元（未完成）
闽浙赣省苏维埃银行闽北分行	1931年12月	不详	1932—1933年招股2万元

资料来源：①中国社会科学院经济研究所中国现代经济史组：《革命根据地经济史料选编》（上），第360页；②上饶地区金融志编纂领导小组：《上饶地区金融志》，第60页；③姜宏业：《中国地方银行史》，第705页；④姜宏业：《中国金融通史》第5卷，中国金融出版社2008年版，第49页；⑤岳志：《现代合作金融制度研究》，中国金融出版社2002年版，第339页。

从表25统计来看，闽西工农银行发行股票数额最大，达到20万元，但是这是计划发行数，实收股金并不多，之后又扩股2万元。赣东北特区贫民银行成立时股金仅有1万元，但其改名为闽浙赣省苏维埃银行后即招股20万元。信用合作社的股票发行虽时间早，但发行数额则相对较少。

相对来说，中央苏区的股票发行不仅种类多，而且数量大。另外，闽浙赣省的发行规模也较大。据统计，1933年内在3个月内，群众节省经济集股的十几万元，有每家30股至50股者（每股1元）。省苏出钱集股的10万元。①

尽管中共领导下的根据地股票发行总量相对数额较低，但是这种集资方式，对于合作社经济的发展、银行机构的创办和运转等都发挥了至关重要的作用。土地革命时期，中国共产党成功地将股票这种资本组织形式应用于新民主主义政权性质下的根据地，对于当时根据地的政权巩固和经济建设给予了有力支持，成为中国共产党领导金融建设方面的一次创新。

二、抗日战争时期对股票发行的继续探索

抗战时期，各抗日根据地继续探索利用股票筹集资金，因而出台了发行股

---

① 《闽浙赣省的经济建设——闽浙赣省代表在下洲区欢迎会上演讲》，《红色中华》1934年1月19日。

票的相关办法，并发行了一定数量的股票，充分发挥股票的应有作用。

1. 股票发行的相关办法或措施概述

抗日根据地的各种合作社一般都采用股份制的形式创办，因而对股票的发行与利用制定了相关办法或措施。

第一，中共中央及陕甘宁边区的合作社股票发行办法。

1939 年，中共中央财政经济部制定《各抗日根据地合作社暂行条例示范（草案）》，其中对股票的发行规定如下：（1）凡本地区之居民除汉奸卖国贼外，不分阶级、职业、性别、信仰，均可入股为合作社社员，并得享有同样之权利与义务；（2）社员要求退社时得由理事会决定之，而股金等退回须在会计年度终了结算后发给之；（3）在同一边区内社股金额须一律 1 元，少则认购 1 股至多不得超过股金总额 20%，但选举、表决等限每人一权，不得按股份多少计算；（4）社员之股金须一次交清，并由合作社立即发给股票，但有随时继续入股权；（5）社员认购社股除现金外可以粮食或土产等折价代付股款；（6）合作社股票为有价证券，得为债务之抵押品，红利 50%，按股分配之。各级联社股额每股一律规定至少国币 10 元，社员加入联社时少则认购一股多则不限。①

1944 年 7 月，陕甘宁边区合作社联席会议议决，入社自由，出社自由，入股自由，退股自由。按期算账，按期公布，按期分红，按股分红。社员一律平等，不论股金大小，都有选举权、表决权。② 9 月，陕甘宁边区政府、中共中央西北局发出联合通知，要求禁止向群众摊派合作社股金。通知指出，据最近调查，各地仍时常发现在群众中摊派合作社股金情事，违反合作社入股要"自愿自觉"的原则，这样摊派成立的合作社一定不会办好，而且会引起群众不满，妨碍合作事业的发展，求快反缓，欲速不达。因此决定，如果群众尚不了解，不愿入股则必须等待群众了解，宁可发展慢一点，不可性急凑数摊派股金。如发现有摊派股金情事，立即查明将股金退还群众。③

1945 年 7 月 5 日，《解放日报》刊发《妇女合作社招收保育股金、存款启事》。该启事决定招收保育股金或存款，作为该社社会服务部主要业务之一。办法如下：（1）入股或存款股票上写明父母或主管人姓名，孩子姓名及保育机关

---

① 陕甘宁边区财政经济史编写组，陕西省档案馆：《抗日战争时期陕甘宁边区财政经济史料摘编》（第七编），长江文艺出版社 2016 年版，第 392-394 页。

② 陕甘宁边区财政经济史编写组，陕西省档案馆：《抗日战争时期陕甘宁边区财政经济史料摘编》（第五编），长江文艺出版社 2016 年版，第 469 页。

③ 陕西省档案馆、陕西省社会科学院：《陕甘宁边区政府文件选编》第八辑，中国档案出版社 1988 年版，第 383-384 页。

住址，于入股时可以股金存款数目向本社提出一定的要求；（2）股票由本社社会服务部保存，入股人可取得收据；（3）服务部根据孩子需要及每期红利或利息数目，按期将实物送给孩子，有剩余时全数转股，合作社亏本时，仍保证保育股金原数；（4）入股限于在保育院、托儿所、抗小（干部子弟小学）、保小、完小的儿童，退股需持收据，并限于入股人指定之姓名前来退股。①

第二，晋察冀和晋冀鲁豫边区的合作社股票发行办法。

1939年2月，晋察冀边区政府颁布的《合作社暂行规程》明确规定"社股无限，每股股金最高不得超过一元以及合作社之盈余分配办法"。② 1942年5月，晋察冀边区明令施行的《晋察冀边区合作社组织条例》提出：社股股金额至少边币五角，社员入社至少认缴社股一股，最多不得超过股金总额。合作社盈余弥补积欠损失外，应提存10%至20%为公积金；5%至10%为公益金，5%至10%为职员酬劳金。其余按社股分红。其自愿按交易额分红者听。上项公积金已超过股金总额时，得由合作社自定应提之数。社员得于年度终了时退社，但应于一个月前通知。③

1939年，晋冀豫区党委议决：要求"现在赚钱的合作社要认真分红利给群众。合作社要发股票，对抗属股东应优待打九五扣"。④ 11月20日，晋冀豫军区政治委员黄镇在《关于晋冀豫区经济建设问题的报告》中也提出："从总社到分社发行股票，尽量做到政府、群众参加，并与生产密切配合。""广泛开展合作运动，组织群众，尤其是工人，并以信用贷款帮助他们向合作社入股，逐渐使工人掌握生产事业。"⑤ 1941年8月颁发的《晋冀鲁豫边区合作社条例施行细则》有关于社员社股及盈余之处理之规定。10月15日公布的《晋冀鲁豫边区合作社条例》提出，社股无限、每股股金至少1元至多10元。社员之购股金每人至少一股，至多不得超过股金总额20%。运销合作社社员认购社股除现款外，可按其运销之种类、以生产品折价为股。股息最多不得超过月息八厘，如结算无盈余时，不发息。⑥ 1943年2月施行的《冀鲁豫边区合作社暂行简章》提出，

---

① 魏协武等：《陕甘宁边区金融报道史料选》，陕西人民出版社1992年版，第270页。

② 财政部财政科学研究所：《抗日根据地的财政经济》，中国财政经济出版社1987年版，第191页。

③ 河北省供销合作联合社史志编辑室：《河北革命根据地合作史料选编》，石家庄铁道学校印刷厂1988年版，第325页。

④ 邓辰西：《财政经济建设》（上、下册），山西人民出版社1987年版，第74页。

⑤ 山西省档案馆：《太行党史资料汇编》第二卷，山西人民出版社1989年版，第739页。

⑥ 庞湘川等：《太岳革命根据地商业合作资料选编（初稿）》，太岳革命根据地商业合作史编写组1987年版，第264页。

股金暂规定 1 元为 1 股，一次缴纳。社员每人至少应担任 1 股。合作社社员对于社内债务负有缴纳股金 5 倍之保证，但对于政府贷款负联合分担之责任。[1] 12 月 27 日的《冀鲁豫边区农村合作社章程草案》中把股金暂定为鲁钞 5 元为 1 股，一次或两次缴纳。社员每人至少应担任 1 股。合作社只利润每半年分配一次，其中 10% 为股金利息。股息按款数之多少，日期之久暂分配之。[2] 1945 年 4 月，冀鲁豫边区印发《冀鲁豫边区农村合作社组织简章》规定，合作社股金暂定为抗钞 50 元 1 股。每社员至少担任 1 股，多至无限，货币与实物皆可入股。合作社之利润，每半年分配一次，如因营业范围较大为了扩大股金，可斟酌缩短时间，其红利分配，除 10% 至 30% 作为职员提奖外其余均为股息。[3] 该章程公布后，此前边区合作社筹备处颁布的《冀鲁豫边区农村合作社章程草案》宣布作废。

第三，山东抗日根据地的合作社股票发行办法。

山东抗日根据地制定的合作社章程中也涉及股票的发行规定。1940 年 12 月，山东抗日根据地制定《县联合社章程》和《区联合社章程》，两者均规定：社股每股定为国币 1 元。入社时，联社不满 20 人者至少须认购社股 10 股，20 人以上不满 40 人者至少须认购社股 20 股，40 人以上不满 60 人者至少须认购社股 30 股，以上类推。[4] 1944 年 4 月文登印刷社翻印了《消费、信用和产销合作社章程》，其中《信用合作社章程》规定：业务区域内或附近居住之人民，不分性别、年龄，除汉奸外均可入股，但未满法定年龄之儿童入股，无选举权、表决权及被选举权。新社员入股时，须经社员一人之介绍。社员于业务结算时，可请求退社，但其股金总数占全社总资金五分之一以上者，其退社须在结算期两个月前向本社提出申请书，如其退股对本社有重大影响者，经社员大会议决，可分期撤股，延长出社日期。社员每人至少认购一股，并可继续认购。社股股

---

① 中国人民银行金融研究所，中国人民银行山东省分行金融研究所：《冀鲁豫边区金融史料选编》（上册），中国金融出版社 1989 年版，第 152 页。

② 晋冀鲁豫边区财政经济史编辑组，山西、河北、山东、河南省档案馆：《抗日战争时期晋冀鲁豫边区财政经济史资料选编》第二辑，中国财政经济出版社 1990 年版，第 436 页。

③ 晋冀鲁豫边区财政经济史编辑组，山西、河北、山东、河南省档案馆：《抗日战争时期晋冀鲁豫边区财政经济史资料选编》第二辑，中国财政经济出版社 1990 年版，第 438 页。

④ 中共山东省委党史研究室，山东省中共党史学会：《山东党史资料文库》第 7 卷，山东人民出版社 2015 年版，第 819-821 页。

息定为月利五厘，如无盈余不得发息。妇女儿童可储蓄入股，但在储蓄期内无息。①

北海银行初创的时候吸收了大量的民股，北海银行清河分行就采用股份制的形式创建。1941 年 3 月 9 日，《群众报》发布"北海银行清河分行招股启事"，清河分行宣布继续招股。在《北海银行清河分行集股简章及组织草案》中，对股票发行的基本问题进行了详细规定，主要内容有：（1）本分行资本金暂定为国币 30 万元，分为 3 万股，每股 10 元，以官六民四；（2）本分行如因经济之扩大有增加股本之必要时由股东大会议决再行续招；（3）本分行特定除官股一次拨足外，所有民股认股无论多寡确定一期缴足；（4）本分行股票概用记名，除汉奸、托匪、顽固分子外，凡中国人均有买卖让与之权，倘有遗失必须出具保证并登报声明方准补发，若转卖或让渡时，须双方同意报告来行分别注册方为有效；（5）本分行每年营业所得纯利之总额按百分分配，提出 40% 为股东红利，奖励金得 5%。② 1942 年 2 月，根据上级指示，清河分行改为国营银行，收回民股，并将所发行的民股划拨贸易局，并换取贸易局股票。

2. 股票的发行机构及股票管理

抗战时期，股票的发行机构主要是各类合作社，另外还有少量的银行机构也曾发行过股票。在股票发行的时候，还尝试采取了很多种新方式，如借款入股、存款入股、公粮入股、消费入股等。

延安南区合作社为了扩大股金实行新的"到期分红"的办法：凡入股足一期时（暂定六个月），无论哪天，都可按公布的红利利率分取红利。在集股问题上，该社采用的方法是：一是采取民主自由的办法，向群众宣传合作社的意义引导其自动入股。二是每期分红时号召社员以红利入股，并采取三毛作五毛，七毛作一元的办法。三是以实物比市场较高的价钱入股，如老牛、干草、小米、杂粮、洋芋、鸡蛋等等。四是号召各分社社员大量入股，赢利不提公积金和公益金，且每半年或三个月分红一次。五是吸收公家股金（如光华商店、中财处、县政府等），与办各种合作社力不能办的事情，如工厂、运输队等。③ 这样合作社的股金就一天天地扩大了。1943 年 3 月前，陕甘宁边区沟门信用合作社原有社员 107 人，股金 100080 元，至 1944 年 2 月社员增至 666 人，股金 3614087 元，

---

① 中国人民银行总行金融研究所：《中外金融法规汇编》（第三分册），1988 年版，第 38 页。

② 中国人民银行金融研究所，中国人民银行山东省分行金融研究所：《中国革命根据地北海银行史料》第一册，山东人民出版社 1986 年版，第 102-104 页。

③ 孙晓忠，高明：《延安乡村建设资料 2》，上海大学出版社 2012 年版，第 27 页。

增加了 36 倍。社员和股金的扩大是通过借款入股、存款入股、公粮入股、消费入股等方式进行的。1943 年 3 月股金每股最高额 1000 元，最低 100 元，4 至 7 月最高 2000 元，最低 300 元，8 至 10 月每股最高 5000 元，最低 1000 元，1944 年 1 月每股最高 10000 元。①

然而，对于放款和存款入股问题，陕甘宁边区很多群众不理解，提出质疑。例如，1945 年 4 月，陕甘宁边区有群众来信问："信用合作社为甚借钱还叫入股，借一万，只给使八千，还叫背一万元的利？"而且老百姓却有一个实际的算法，如借用一万元，入股二千，实用八千，月底算账，本利还一万二千，若以实用数计，利为百分之五十；若以一万元计，利为 20%。入的股金，除了应分红利外，还要出利息，实际上，二千元的股金，一个月不曾分到二千元的利息。《解放日报》社发文对此进行了详细答复，确实存在群众来信中存在的问题。从 1945 年起，各地信用社已取消了存款入股的办法。②

北海银行开始是公私合股经营，官民合办性质。1938 年 3 月，掖县胶东抗日游击队第三支队即已着手筹办银行、出票子。具体负责筹备工作的是张玉田（原青岛中鲁银行经理）。北海银行筹备的一项重要工作是募集资金。银行最初是掖县自己筹办的银行，当时拟定以股份有限公司形式在全县范围招股募集资金，并设立了董事会。北海银行归胶东特委领导后，对资金募集方式做了两点改动：一是因隶属关系发生变化，将原定在掖县范围内募集扩大为在三县范围内募集；二是将原定的全部向社会招股改为公私合营。这时议定银行资本金 25 万元，包括五支队司令部出资 75000 元，作为公股；私股部分 175000 元，分别由掖县（65000 元）、黄县（55000 元）、蓬莱（55000 元）三县财经委员会招股。招股采取动员派购的方式（即半摊派形式），向商会大户、地方士绅、乡村群众募集。凡认购者，都以村为单位，发给认股书（未正式发股票），并开给临时收据，然后由村公所造册登记保存。经充分发动之后，实募股金 101336 元。③

1940 年 8 月，山东北海银行总行成立后。原胶东和清河的北海银行都改为分行。胶东北海银行发还民股，改为完全公营。例如，胶东分行 1942 年上半年工作布置中提出"处理前收民股，调查登记后发还"。1944 年 5 月 8 日《大众

---

① 陕甘宁边区财政经济史编写组，陕西省档案馆：《抗日战争时期陕甘宁边区财政经济史料摘编》（第五编），长江文艺出版社 2016 年版，第 480 页。

② 魏协武等：《陕甘宁边区金融报道史料选》，陕西人民出版社 1992 年版，第 259-260 页。

③ 莱州市政协文教和文史委办公室：《永远记住》，人民日报出版社 2005 年版，第 226 页。

日报》刊发的《胶东北海银行声明发还股本和利息启事》也提出"本行自改为完全公营后，曾登载《大众报》声明，凡在蓬黄掖三县所收之民股一律发还，并算给股息。但至今领者寥寥，兹经本行重新决定自登报之日起，凡未发还之民股，皆按一本一利发还（即当初交股本 10 元者，现在发给股息 10 元，共 20元）。领款时须经政府开条证明，向所在县之银行领取即可"。[①]

3. 抗战时期股票发行的数量粗略统计

从以下三份统计资料可以大致判断陕甘宁边区的股票发行数量。一是 1944 年 6 月 14 日的《延安县信用合作社工作总结》。延安县自 1943 年 3 月在南区沟门信用社试办成功以后，已在全县 10 个区内建立了 8 个信用社。1944 年 5 月底，延安县各信用合作社的股金数额详见表 26。

表 26 1944 年 5 月底延安县各信用合作社的业务情形统计表

社名	股金	存款	放款	联社投资
沟门社	635 万	772 万	1482 万	—
罗家岩	60 万	30 万	323 万	170 万
清华	8 万	10 万	40 万	50 万
姚店	100 万	50 万	400 万	350 万
丰富	16 万	20 万	80 万	100 万
河庄	14 万	—	70 万	50 万
川口	170 万	500 万	600 万	—
蟠龙	130 万	180 万	600 万	200 万
合计	1144 万	1562 万	3595 万	920 万

资料来源：陕甘宁边区财政经济史编写组，陕西省档案馆：《抗日战争时期陕甘宁边区财政经济史料摘编》（第五编），长江文艺出版社 2016 年版，第 477 页。

从表 26 来看，沟门店吸收股金最多，达到 635 万，占全县合计总数的 55.5%。这充分反映了该地的信用合作社事业发展较好。其次是川口和蟠龙两地。

---

① 中国人民银行金融研究所，中国人民银行山东省分行金融研究所：《中国革命根据地北海银行史料》第一册，山东人民出版社 1986 年版，第 31 页。

另外两份统计数据分别是：1937—1944 年陕甘宁边区合作社及其股金的情况，以及 1944 年陕甘宁边区各分区合作社及股金情况，详见表 27、表 28。

表 27　1937—1944 年陕甘宁边区合作社统计表

年份	社数（个）	百分比	社员（人）	百分比	股金（边币元）	百分比
1937	142	100	57847	100	55225	100
1938	107	75	66707	115	75629	136
1939	115	81	82885	243	125848	227
1940	132	93	123279	214	332943	602
1941	155	709	140018	242	1632384	2467
1942	207	140	143721	248	9340276	16925
1943	260	183	150000	259	170000000	30783
1944	691	487	260000	449	2500000000	4526935

说明：①过去统计只计母社，子社未计入。1944 年的社数系包括各种合作社。②1937 年至 1943 年系根据建设厅历年统计。1944 年数字是根据各分区 1943 年总结报告及《解放日报》《抗战日报》的材料。③边币与法币的比值 1943 年起，以前均为二元一角与一元之比，1943 年则为十元与一元之比。④1944 年的各种百分比系根据相关数据计算出来的。

资料来源：陕甘宁边区财政经济史编写组，陕西省档案馆：《抗日战争时期陕甘宁边区财政经济史料摘编》（第七编），长江文艺出版社 2016 年版，第 69-70 页。

表 28　1944 年陕甘宁边区各分区合作社社数、社员、股金比较

分区	社数（个）	所占（%）	社员（人）	所占（%）	股金（边币元）	所占（%）
延属	339	53.4	71854	39.3	385626860	52.7
三边	122	19.3	16076	8.8	197300000	26.8
陇东	89	14.0	25389	13.9	64689543	8.8
关中	24	3.8	13844	7.6	20800000	2.8
绥德	60	9.5	55715	30.4	65582000	8.9
合计	634	100	182878	100	733998403	100

资料来源：资料来源：陕甘宁边区财政经济史编写组，陕西省档案馆：《抗日战争时期陕甘宁边区财政经济史料摘编》（第七编），长江文艺出版社 2016 年版，第 71 页。

以上表 27、表 28 显示，1937—1944 年陕甘宁边区合作社社数、社员数、股

金数都呈现较大幅度的增长。到 1944 年，各类合作社数量的增长比率为 487%，股金数量的增长比率高达 4526935%。另外，明显体现出 1944 年合作社的股金延属分区最高，达到 52.7%，其次是三边分区，达 26.8%。

由于晋察冀边区政府的大力扶植和广大群众的支持，1940 年和 1941 年两年间，信用合作事业获得了空前的发展，股票发行数量也随之迅速增长。到 1940 年底，晋察冀边区合作社猛增到 6073 个，社员达到 842015 人，股金 1576925.86 元。其中，冀中、北岳两区发展较快。到 1941 年底，北岳区合作社发展到 4452 个，社员 497942 人，股金 142.9 万元。冀中区，到 1942 年 4 月，社员 206 万人，股金 702 万元。[①] 1944—1945 年，晋察冀边区合作社的股金数额高达 138263603 元（详见表 29）。其中，冀中区合作社股票发行数量情况（详见表 30）。

表 29　1944—1945 年晋察冀边区合作社的股金数额统计表

时间	社数（个）	社员（人）	股金（元）
1944 年	3819	688478	37718548
1945 年	7410	1128819	138263603

资料来源：财政部财政科学研究所：《抗日根据地的财政经济》，中国财政经济出版社 1987 年版，第 203 页。

表 30　1939.9—1942.5 冀中区合作社发展情况统计表

	1939.9—1940.4	1940.5—1940.7	1940.7—1942.5
社数（个）	2529	3338	4037
社员（人）	553356	1130000	2059084
股金（元）	661051	2725560	7021472

资料来源：财政部财政科学研究所：《抗日根据地的财政经济》，中国财政经济出版社 1987 年版，第 195 页。

此外，北海银行清河分行在 1941 年度决算中也统计了该行发出股票的数量，即益北 478 股、广南 891 股、寿光 924 股、邹平 886 股、高苑 1102 股、长山 256 股、广北 756 股、博兴 1616 股、蒲台 443 股、临淄 1271 股、桓台 249

---

① 米鸿才，李显刚：《中国农村合作制史》，中国农业科技出版社 1997 年版，第 122 页。

股，共 8872 股。所得红利平均分配，各股应得红利 1.1 元。① 因此，从一所分行一年发行的股数可以大致看出，当时山东抗日根据地股票发行数量应该比较多。

三、解放战争时期股票发行业务的发展概况

解放战争时期，解放区继续探索股票的发行业务，制定了相关发行政策。股票的发行筹集较多资金，因而发挥了巨大作用。值得注意的是，这时候还出现了规模较大的股份制民营银行和银号。

1. 解放战争时期的股票发行政策概述

首先，很多解放区陆续制定了合作社股票发行办法。

1945 年，冀豫鲁边区制定的"第十八专区灾民合作社组织暂行办法"规定：合作社股金暂规定每股二元至五元，社员每人至少一股，至多不能超过合作社股金百分之二十。但未经社员大会的通过，不得退股（但一社社员股金要一致）。社员对合作社债务负有交纳股金五倍之保证，但对政府贷款，负联合分担之责任。社员有分配红利之权。合作社股金一律免除资产负担。② 1947 年 11 月，热河省政府正式颁行《热河省合作社暂行条例》。对于股金筹集做出如下规定：社股金额每股最高不得超过当地当时小米 1 斗之价格。社员入股时，至少认缴一股，多则不加限制。但不论入股多少，每人只有 1 票表决权。凡社股加入或退出，均以自愿为原则，任何人不得强制。③

1949 年 1 月，东北行政委员会拟定《东北解放区合作社组织暂行条例（草案）》，其中规定：每个社员至少须认购一个社股，至多不能超过全社股金总额的 20%。社员无论入股多少，在选举或表决问题时，均有一票表决权，不满公民年龄者无选举权及被选权。现款、实物、劳动力均可入股，每股金额多少，合作社自定之，但以能使广大群众有力入股参加为原则。股金除作分红标准外，并酌给股息，月利六厘至一分。④ 6 月，苏北行政公署制定《苏北地区合作社暂

① 中国人民银行金融研究所，中国人民银行山东省分行金融研究所：《中国革命根据地北海银行史料》第一册，山东人民出版社 1986 年版，第 106 页。

② 中共冀鲁豫边区党史工作组财经组：《财经工作资料选编》（下册），山东大学出版社 1989 年版，第 641 页。

③ 杨德寿主编：《中国供销合作社史料选编》第二辑，中国财政经济出版社 1990 年版，第 798 页。

④ 杨德寿主编：《中国供销合作社史料选编》第二辑，中国财政经济出版社 1990 年版，第 800 页。

行组织章程》，规定每人至少一股，工具、劳力、实物等都可按当时当地市价折合入股。中途入股的，在 10 号以前算全月，10 号以后算半月，20 号以后下月起算。分红时退股，红利照分。中途退股，免分退股时一个月红利，以前红利照分，但要在分红时取付。转让须通过理事会调换股票。股票遗失经小组证明后，可以补发。① 7 月，陕甘宁边区政府农业厅合作局颁行《陕甘宁边区合作社暂行办法（草案）》，其中规定：社股每股之金额，依社员一般之负担能力由各社自行规定。在同一社内，必须一律。劳动群众如无资力时，得以劳力或实物折交之。社员认购社股时，每人至少一股，至多不得超过股金总额 20%。社员非经合作社之同意，不得让与所有之社股，或以之担保债务。社股年息不得超过 10%。社员可于每期业务结算终了时，自愿退社，但应于一个月前向理事会声明。出社社员得退还社股金。②

其次，解放区还设立了股份制银行和银号。例如，瑞华银行和商联银号等，因而也制定了相应的股票发行办法。

1946 年初，中共晋冀鲁豫中央局、边区政府和军区以及各经济部门的领导机构陆续进入邯郸，开始了建立民营工商企业和金融机构的工作。中央局财经部长杨立三、金融处长兼冀南银行行长胡景沄负责金融工作。1946 年 4 月，成立了瑞华银行筹备处。4 月 19 日，以胡竹轩（即胡景沄）的名义在重庆《新华日报》刊登《瑞华银行募集股金启事》，并由冀南银行出面，分别在长治、晋城、邯郸、邢台、临清、南宫、菏泽、济宁等地同时募集股本。资金总数包括冀南银行投资和工商企业股金在内共计 300 亿元（冀钞）。规定每万元为一大股，每千元为一小股。瑞华银行总行筹备处制定详细的《瑞华银行招股简章》，主要规定：银行资本总额定为冀钞 5 亿元，每大股为 1 万元，每小股为 1 千元，不足千元者，可以数人合集一股。该银行股金除按期分红外，并给月息 1.5 分之股息。本银行各发起人已认足冀钞 3 亿元，其不足部分 2 亿元，由各界招募之。前述 3 亿元已认股金之交集，各认股人可分 3 期交股，第一期在 4 月底前，第二期在 5 月底前，第三期在 6 月底前，本行第一届股东大会定于 5 月 15 日召开，会毕即开始营业。为照顾目前交通之不便及各募集地点遥远难集起见，凡距离该行较远之已认股金人，可于当年 8 月底以前募齐交足之。至于该行向外

① 杨德寿主编：《中国供销合作社史料选编》第二辑，中国财政经济出版社 1990 年版，第 810 页。

② 杨德寿主编：《中国供销合作社史料选编》第二辑，中国财政经济出版社 1990 年版，第 814 页。

招募之股金，自即日起开始直至明年底始为截止。①

1946 年 5 月 17 日，召开首届股东大会，到会股东代表 80 余人。会议讨论修改了瑞华银行章程，选举董事 13 人，监察 5 人，选举胡竹轩为董事长。股东大会闭幕后，董事会决定，瑞华银行总行于 6 月 11 日在邯郸市正式公告营业。所辖分行相继于 8 月 5 日前成立，进行营业。② 该行实集股本 42702 万元，属股份有限性质。长治分行拥有股资 6122 万元。③ 5 月 6 日，上述《瑞华银行募集股金启事》又在《冀鲁豫日报》刊发。

晋察冀边区的联商银号也是采用股份制的方式组建的。1946 年 10 月，国民党军进攻邯郸，冀南银行和瑞华银行相继备战离邯。这样，邯郸许多靠银行贷款经营的中小工商业者便立即遇到了缺乏资金无法经营的困难。1946 年 12 月，邯郸市商联会组织成立了联商银号，并采取集股形式，共集股 400 多户，集资 500 多万元，其中每股最少的为 1000 元，最多的不超过 50000 元。1948 年初，联商银号改组为集体所有制的群众信用社，朱良才任经理，刘仁龙、李清吉任副经理，有股东 1018 户，资金已达 61066000 元。经过数月发展，到 1948 年 6 月，群众信用社资金已发展至 83976000 元，股东 2013 户。1949 年 1 月，群众信用社归属邯郸市供销社信用部。④

2. 股票的发行机构及股票管理

解放区股票的主要发行机构仍然是以各类合作社为主，私营股份制银行、银号等也发行了一定数量的股票。另外，还出现了企业公司这一类性质的股票发行机构。

例如，采用股份制形式创办的哈尔滨企业公司就发行了自己的股票。该企业公司是哈尔滨市工商联合会秘书长杨祝民建议创办的，并得到市政府和东北财委李富春的肯定。经政府与筹委会私方代表协商，企业名称定为"哈尔滨企业公司"，并组成理事会和监事会。公私双方共认 25000 股，资金总额东北流通券 35 亿元。政府认 22000 股。股款暂收半数，其余由股东会议决定随时收交。公司章程规定，经营期限为 20 年，到期再议。我国第一个公私合营企业——哈

①　中国人民银行河北省分行：《冀南银行》（全二册），河北人民出版社 1989 年版，第 1077 页。

②　中国工商银行邯郸中心支行：《邯郸城市金融史料（1945—1989）》，文津出版社 1993 年版，第 148 页。

③　山西省地方志编纂委员会：《山西通志·金融志》，中华书局 1991 年版，第 142 页。

④　中国人民政治协商会议河北省邯郸市委员会文史资料委员会：《邯郸文史资料》第 8 辑，第 27-28 页。

尔滨企业公司于 1948 年 7 月 1 日正式开业。① 哈尔滨企业公司是公私合营股份有限公司，属国家资本主义经济。

除了前文提到的联商银号外，太行区的阳邑裕丰信用合作银号也是通过集股建立的。1946 年 3 月，由武西支行和县联社、阳邑商联会、商人参议员申连昌先生发起，并印发了募股启事，号召入股。截至 3 月 13 日，即登记股金 200 万元（仅本阳邑镇）。3 月底成立了筹委会，重新号召入股，目标转向农民、工人、妇女，由筹委会分头到各街去鼓动积极分子，号召动员。结果动员了 50 余万股金，区行也入股 40 万元，并由武西支行低利贷款 50 万元。在这样的基础上，于 4 月 23 日，正式召开股东大会，选举了董监事，开始了营业。②

3. 解放区股票发行数量的个案分析

1946 年，哈尔滨市开始组建的消费合作社社员以户入股，股金规定每股 500~1000 元（东北地方流通券）不等。手工业生产合作社吸收的社员无钱买股，以工具和原材料作价折成股金。1948 年，全市合作社股金 11.8 亿元，其中职工消费合作社股金 9 亿元。1949 年，执行《东北解放区合作社组织暂行条例》，股金改户股为人股。由于社员增加，股金也增加，3 月，消费合作社股金 19.6 亿元（旧人民币），其中职工消费合作社股金 16 亿元。③

冀南银行三分行采用群众集股的办法于 1946 年上半年创办了彭城信用合作社。自 5 月 29 日至 6 月 3 日，共收股金达 1525500 元，该信用社于 7 月 1 日正式开张营业。冀鲁豫边区彭城信用合作社集股情况，详见表 31。

表 31 冀鲁豫边区彭城信用合作社集股明细表

部别	社员（个）	股数（股）	金额（元）	占总数（%）
工会	1134	2504	250400	16.4
商会	691	10845	10845500	71
农民	282	404	40400	2.6

① 中共哈尔滨市委统战部，中共哈尔滨市委党史研究室：《哈尔滨资本主义工商业的社会主义改造》，黑龙江人民出版社 1990 年版，第 283 页。
② 中国人民银行河北省分行：《冀南银行》（全二册），河北人民出版社 1989 年版，第 607 页。
③ 哈尔滨市地方志编纂委员会：《哈尔滨市志·粮食 供销合作社》，黑龙江人民出版社 1997 年版，第 705 页。

部别	社员（个）	股数（股）	金额（元）	占总数（%）
妇女	266	302	30200	2
银行	1	1200	130000	8
共计	2374	15255	1525500	100

资料来源：郝良真，孙继民：《邯郸文史资料》第9辑，"邯郸近代城市史"，测绘出版社1992年版，第249页。

从表31来看，来自商会的社员购买彭城信用合作社股票的数量和金额都是最多的，金额占比达71%。其次是来自工会的社员。

邯郸市的联商银号总共集股400多万元。联商银号共办理了三期业务，第一期股金为9288000元，除市政府贷给500万元外，其余均为商人的股金，故名叫联商银号。到1947年9月，三期入股均获得了利润，股金增至35839000元。① 此后，联商银号的股东也发生了变化，由于银号的经营赚钱，因此市民、工人、干部，职员也纷纷入股，使银号的主要股东由商人转变为群众。所以，在1947年10月，由冀南银行提议，将联商银号改组为群众信用社。到1948年底止，信用社又经营了七个账期，其股金情况见表32。

表32 冀鲁豫边区邯郸市群众信用社1948年每期股金统计表

期别	公股		私股金额（元）	股金总计金额（元）
	户数（户）	金额（元）		
第一期	1	5000000	4288000	9288000
第二期	1	5000000	9990000	14990000
第三期	1	5000000	30839000	35839000
第四期	2	5507000	55559000	61066000
第五期	2	7720000	51791000	59511000
第六期	2	8286000	75690000	83976000

---

① 郝良真，孙继民：《邯郸文史资料》第9辑邯郸近代城市史，测绘出版社1992年版，第249-250页。

续表

期别	公股		私股金额（元）	股金总计金额（元）
	户数（户）	金额（元）		
第七期	0	—	—	200004000
合计	9	36513000	228157000	464674000

资料来源：郝良真，孙继民：《邯郸文史资料》第9辑，测绘出版社1992年版，第250页。

从表32可以看出，群众信用社股金呈历年增长趋势，第五期比第四期减少的原因是同仁合作社成立时抽走了一部分股金。从第六期到第七期，发展出现迅猛势头。其入股情况，涉及的社会面也较广。

据1947年太行区统计，现有信用社、部526个。据太岳、大行8个县34个社的统计，共有股金69191097元，社员10830户，其中贫农占社员数目的29%，占股金20.6%；中农占社员户数63%，占股金51%；地富占社员户数4.3%，占股金5.2%；机关团体占社员户数3.7%，占股金23.20%。[1] 可见，太行区的股票基本掌握在贫农和中农社员手里。

总之，中国共产党领导下的革命根据地较为普遍性地探索了股票发行业务，以此集中和利用群众闲散资金。在这个过程中，不断制定了股票发行的相关办法，并发行了一定数量的股票，甚至尝试采用一些新办法发行。其中，各类合作社股票的发行数量最多。值得注意的是，还出现了股份制国有银行、民营银行、银号企业公司等。

本章小结

通过对本章的梳理和分析，可以得出以下四点认识：

第一，中国共产党在对金融业务运作探索的过程中，非常重视制度建设。不管是存款业务、信贷业务，还是汇兑和发行股票业务等，都出台了相应的章程、办法或条例。例如，存款业务方面先后有《中华苏维埃共和国国家银行往

---

[1] 中国人民银行河北省分行：《冀南银行》（全二册），河北人民出版社1989年版，第595页。

来存款暂行规则》《陕甘宁边区银行往来存款暂行章程》《定期实物保本存款办法》；信贷业务方面有《中华苏维埃共和国国家银行定期信用放款暂行规则》《定期抵押放款暂行规则》《贴现放款暂行规则》《陕甘宁边区银行定期信用放款暂行章程》和《陕甘宁边区贷款暂行条例（草案）》；汇兑业务方面有《中华苏维埃共和国国家银行暂行汇兑规则》《陕甘宁边区银行汇出汇款暂行章程》和《陕甘宁边区与晋绥边区通汇及兑换暂行办法》；股票发行方面有《瑞华银行招股简章》，等等。这样就使得金融业务的开拓有章可循，也能大大促进其规范发展。

第二，根据实际情况，在金融业务方面采用了一些创新做法。例如，土地革命时期发行了一种类似于不能转让的大额定期存单，名为存款券，作为一种吸引储蓄的方式。为了保护存款人或贷款人的实际利益，避免因物价波动所带来的损失，中共领导下的金融机构推行折米存款、实物存款、折实存款和折实放款。在汇兑和股票发行业务方面，同样也都有很多创造性的方法和措施。例如，股金不仅可以分期缴纳，且不限于现金，还可以退股。

第三，金融业务的开展处处从群众实际出发，以服务群众为根本。例如，信贷方面为了照顾广大群众，实行低利政策，并主要以农户为贷款对象。金融业务方面的很多创新做法也是出于群众利益及服务群众的角度创造出来的。例如，实物存款、折实存款和折实放款的推行就可以有效避免群众损失。购买股票、缴纳股金可以不用现款，用群众手中的实物也可以折实抵充股票。对于"存款入股"，群众觉得并没有带来实际利益，反而感觉不便，因此很快对这一做法进行了相应的调整。

第四，金融业务的探索体现出与时俱进性，因而其中很多章程、条例或方法会根据实际情况变化，不断进行修订和完善，从而使金融业务的开展更加规范，也更加符合实际需要。例如，折实存款业务就经历了多次调整和演变。从最早的西北农民银行举办定期折米存款，仅用一种实物小米折算。之后，中国人民银行总行及分行、北海银行和东北银行等相继出台定期实物保本存款或折实存款等办法，折实的实物多的达6种，少的只有2种。中国人民银行在1949年4月公布的《定期储蓄存款暂行章程》中最后确定为3种实物进行折算。另外，随着政治军事形势及社会经济发展状况的变化，汇兑业务也同样经历了一个不断向前演进的过程，即由局部小范围的开展汇兑到大区内战略区之间的通汇，再到几个大区之间建立汇兑关系，最终建立遍及各地的汇兑网络。

第五章

新民主主义革命时期金融管理的有益尝试

金融管理部门对金融业务和活动进行必要的干预或者管控是不可缺少的，尤其是在外部环境异常复杂的革命根据地，更是不可或缺。金融管理一般包含两个方面：一是金融机构对其业务活动的自我管理；二是金融管理部门（中央银行等）根据相关的金融法规、政策，对各种金融机构及金融活动实行领导、监督、稽核、组织与协调，以达到稳定货币、金融的目的。管理方式一般运用行政手段、经济手段和法律手段等。本章主要阐述的是对外部的管理。另外，由于货币、信贷等方面的管理，此前专门章节都有讨论，本章也不再重复赘述。

第一节　对现金与外汇管理的持续探索

土地革命时期，现金一般是指根据地铸造的银圆、银毫等。到了抗战时期，基本禁止了白银（银圆）流通，实行纸币制。这时候的外汇则是除根据地本币以外的纸币，如法币、国民党地方政府钞票、日伪货币、金圆券、东北九省流通券、美元和港币等外币，以及以这些种类的外币表示的票据。现金与外汇管理是加强货币管理的重要内容，也是维护金融稳定的一个重要手段。本节只讨论土地革命时期的现金管理和抗战开始后的外汇管理。

一、土地革命时期的现金管理概况

土地革命时期的前半期，市场上仍是银两和银圆并用，因而现金（银圆）成为根据地纸币（兑换券）发行的重要准备，也是对外贸易的重要支付工具。为防止根据地的现金外流，苏维埃政府除提倡大力发展出口以外，还加强了现金管理，各根据地都采取了限制和管理的办法，控制现金流失。

1930年3月，闽西第一次工农兵代表大会宣言及决议案中规定："保存现

金，维持市面之流通。""设法使土产出口，使商人买货不须运出现金。"① 1931
年5月，赣东北特委扩大会议决议中提出"尽量的减少现金出口"。据方志纯
（方志敏的堂弟）回忆："那时我们对银圆和铜板的出口都管得很紧，少量的
（一两元）可用苏区票子直接兑换，大量的要批准后才能兑换银圆。"② 湘鄂赣
省苏维埃政府鄂东南办事处议决："金银出口必须经苏维埃政府许可……群众到
白区购买必需品进来（如布，药材等），非用现金不可时，可报告当地村苏，由
村苏向银行写信证明，持票到银行兑换现金，但村苏以后尚要检查他是否买了
这样多必须货物进来，以免其暗藏现金。"③

　　1933年4月，苏维埃共和国临时中央政府财政人民委员会发布训令，要求
建立现金出口登记制度。训令规定：凡携带大洋或毫子往白区办货在20元以上
者须向市区政府登记，1000元以上者须向县政府登记取得现金出口证才准出口，
无出口证及非为办货用的，一律不准出口；向银行或兑换所兑换现大洋的，也
要有现金出口证为凭，无出口证的，显系在苏区内使用，则一律兑换国币及毫
子。④ 现金出口登记制度有利于保存苏区现洋，维持市场交易。同时，临时中央
政府还颁发了详细的《现金出口登记条例》。5月，江西省工农民主政府财政部
发布贯彻执行现金出口登记制度的训令。训令指出：现金是苏区经济便利市场
交易的一种，我们为要保护苏区工农经济利益及保障苏区现金流通、市场交易，
必须防止豪绅地主资本家破坏苏区金融、假冒货物（办货）名义贩运现洋出外，
唯一办法就要实行现金出口登记制度。⑤

　　湘赣苏区较早开始对现金实行登记管理，并出台了一系列相关政策。1933
年2月，湘赣省苏党团提出，凡是现金出口的，必须到苏维埃领取出口证才能
通过，但有些地方乱发现金出口证，所以每天现金出口还是一个很大的数
目。……一般奸商富农收集票币兑换现洋输出苏区，企图造成苏区现金恐慌，
省苏布告群众，凡属到银行兑换现金出口者，必须到区县苏维埃领取出口证，
否则概不应兑。8月1日，湘赣省苏维埃第二次代表大会议决："银圆出口，须

① 中共龙岩地委党史资料征集领导小组，龙岩地区行政公署文物管理委员会：《闽西革命
　　史文献资料》第三辑，1982年版，第193页。
② 中国人民银行江西省分行金融研究所：《闽浙赣革命根据地金融史资料摘编（初稿）》，
　　1979年内部发行，第106页。
③ 姜宏业：《金融图集与史料（新民主主义革命时期）》，湖南出版社1991年版，第
　　135页。
④ 《现金出口登记条例》，《红色中华》第78期，1933年5月11日。
⑤ 姜宏业：《金融图集与史料（新民主主义革命时期）》，湖南出版社1991年版，第
　　136页。

经苏维埃政府允许……现金出口必须得该地苏维埃允许……""奖励以土货兑换现金入苏区。"9月，莲花县苏维埃执行委员会规定，在赤区内一律通用银行票币，如必需现金到白区去，在十元以上要经过乡苏，五十元以上要经过区苏，百元以上要经过县苏的考察和允许，给予"银币出口证"才准其□（原文缺字不详）现金。① 1934年1月，湘赣省第三次工农兵代表大会提出："为着促进苏区经济的发展与调剂金融，必须坚决执行中央政府颁布的现金出口登记条例，防止奸商富农埋藏现金，或输运现金出口。"②

另外，为防止银圆盲目外流，湘赣苏区很多地区在隘口设立检查所，加强银圆出口检查管理工作，以节制现金外溢。1932年6月，永新五区执行委员会提出，须在隘口（小沙）的地方设立检查所一所，如有十元以上应得苏维埃许可，并给予准许条子方可通行。1933年11月，《安福全县第一次经济建设大会的决议》要求：为要节制现金外溢，各（乡）还须建立银钱出口检查所，现金出口，要经过职工联合会或乡苏主席的介绍信到财政部领出口证。③

因此，为解决当时现金缺乏问题，闽西苏区、中华苏维埃共和国临时中央政府和湘赣苏区等根据当地的实际情况采取了严格的现金管理措施，建立现金出口登记制度，有效防止了现金（银圆）的外流，对于维持苏区正常的市场交易及金融稳定发挥了重要作用。

二、抗日战争时期开展外汇管理的基本概况

抗战时期，各抗日根据地都相继发行了自己的本币，因而扩大边币市场或稳定边币就成为一个重要任务，对此有专门章节论述。此外，还要加强对外汇的管理，很多抗日根据地严格控制外汇，颁发外汇管理办法，同时成立货币交换所、兑换所或汇票交易所，管控进出口的法币外汇。

1. 陕甘宁边区外汇管理的主要措施与基本概况

抗战时期，日寇在陕甘宁边区吸收法币，套取外汇，暗中破坏边币流通，盗购边区物资。为巩固地方金融，保障法币不外流资敌，1941年1月陕甘宁边区政府宣布从即日起边区境内停止法币行使，同时还规定：凡藏有法币的，须

---

① 中国人民银行江西省分行金融研究所：《中华苏维埃共和国国家银行湘赣省分行简史》，1986年内部发行，第113页。

② 中国人民银行江西省分行金融研究所：《中华苏维埃共和国国家银行湘赣省分行简史》，1986年内部发行，第114页。

③ 中国人民银行江西省分行金融研究所：《中华苏维埃共和国国家银行湘赣省分行简史》，1986年内部发行，第115页。

向边区银行总、分行或光华商店总、分店兑换边区票币行使。禁止私带法币出境，但因正当营业或旅行，须带法币出边区境外的：数在 100 元以上 500 元以下的，须申请专员公署核发准许证，直属各县则直接申请财政厅核发准许证；其数在 500 元以上的，须申请财政厅核发准许证。凡未取得准许证而私带法币出境数在 100 元以上的：如系无知误犯，得勒令存放银行或兑以边币；如系有意破坏法令，重则没收，轻则处罚。① 2 月，陕甘宁边区财政厅制定《批审法币出境施行细则》，主要规定：凡以保障抗日武装部队一切必要供给，满足人民必要品的要求，并和敌人经济封锁与经济破坏做斗争，得批发法币出境允许证。对批审法币出境数额、手续、罚奖等也做了详细规定。② 因此，陕甘宁边区首先严禁在边区行使法币，并对法币出入境实行严格审批手续。

1941 年 8 月，陕甘宁边区银行行长朱理治指出："银行需要管理外汇，只有这样才能稳定外汇，稳定物价，便利出入口商人，制止黑市。当然，单靠管理外汇来达到以上目的是不够的。不过，管理外汇，确是其中的一个重要手段。"③ 10 月，朱理治还提出了授权贸易局组织货币交易所的设想。出入口商人为了经营出入口买卖，均须到该所买卖法币。买卖价格皆依市价，银行从中加以调剂，使之不会过高过低。④ 12 月，陕甘宁边区政府正式发布《关于设立货币交换所的布告》，特规定以下办法：

（1）所有买卖，均须以边币作价交换，如有以其他货币作价交换者，钱货一概没收。

（2）边币为边区内唯一流通货币，如有拒用边币者，任何人均得将其扭送当地军、政、公安、司法机关从严惩办。

（3）为便利出入口商人买卖计，本府授权各地贸易局联合当地商民组织货币交换所，凡为对外贸易欲买进或卖出其他货币者，均应列该所依公平价格按章自由交换，任何人不得强迫兑换，或借故没收。

（4）除货币交换所外，任何人不得以买卖货币为营业，如有专事买卖货币从中渔利，操纵外汇破坏边币者，一经发觉，立予严惩。⑤

---

① 西北五省区编纂领导小组，中央档案馆：《陕甘宁边区抗日民主根据地（文献卷·下）》，中共党史资料出版社 1990 年版，第 342 页。

② 甘肃省社会科学院历史研究室：《陕甘宁革命根据地史料选辑》第二辑，甘肃人民出版社 1983 年版，第 168-169 页。

③ 中共河南省委党史研究室：《纪念朱理治文集》，中共党史出版社 2007 年版，第 183 页。

④ 中共河南省委党史研究室：《纪念朱理治文集》，中共党史出版社 2007 年版，第 192 页。

⑤ 《红色档案 延安时期文献档案汇编》编委会：《红色档案 延安时期文献档案汇编·陕甘宁边区政府文件选编》第四卷，陕西人民出版社 2013 年版，第 317-318 页。

边区政府制定的上述办法尤为强调全边区均要设立货币交换所，允许人民依公平价格，并只准在货币交换所进行自由交换，严禁私自买卖。

根据边区政府的指示，1941 年 12 月成立延安市货币交换所。该所由裕顺通公司承办，已于 12 月 12 日在新市场开始办理交换作用。选举西北商店、天太和等八家公私营商店负责人，为评议行市（交换人），自开办以来，每日即由该八家商号负责人在交换所公议各种货币行市，决定标准价格。市民商旅前往交换者同声称便。① 与此同时，各分区货币交换所相继设立。在全边区银行代理及直属的 36 个交换所中，也确定在维持比价上应有中心环节，首先维持能起重大作用的交换所，其次是次要的交换所。例如，全边区的延市交换所，各分区的绥德县，关中的柳林，陇东的庆阳市及西华池，定边的定边市及张家畔，延属的瓦市及富县的张村驿、茶房是主要的。其余如陇东的驿马关、孟坝、赤城、曲子及东华池，关中的铁王、襄乐、长舌头及十里塬，延属的甘泉、临镇、延长、子长、凉水岩及河镇，三边的华池、吴镇及靖边，绥德的周家崄、马蹄沟、清涧、石岔、辛家沟、临镇、蟠镇、双龙镇及乌龙镇则较为次要的。由主要到次要好像由针到线，以达到抓住中心城市，推广到全边区的目的。②

为严格防止敌人破坏边区金融，边区政府于 1941 年颁发《陕甘宁边区银行战时法币管理办法》。其主要内容如下：（1）凡边区公私商人欲出外采购物资、兑换法币者，须取得当地殷实铺保两家，并说明采办何种物资、何地出口，由当地交换所酌情兑换；（2）凡边区公私商兑换法币出外办进货物时，须取得出口地税局之入境货物税票及买货时之发票及法币兑换申请书，至原兑出交换所注销手续，抽回保条，如有差数须照数退回，否则由保证人完全负责；（3）凡公私商人兑换法币后，证明其并未出外办货或并未办进战时必需物资者，除将原兑换法币追回外，得送政府以捣乱战时金融法办；（4）凡进口外商卖出货物兑换法币时，须取得入境货物税票及法币兑换申请书始得兑换之，如查明有与原申请书不符情事者，亦按捣乱战时金融法办；（5）凡机关部队外出，有特殊用途者，须经各该部门最高负责人批审，经银行批准后始可兑换之。③ 这一管理办法严格管理法币外汇，明确规定了出外采购物资、进口外商卖出货物及机关部队外出时兑换法币的手续和要求。

---

① 《延市货币交换所开始平价》，《解放日报》1941 年 12 月 27 日。
② 陕甘宁边区财政经济史编写组，陕西省档案馆：《抗日战争时期陕甘宁边区财政经济史料摘编》（第五编），长江文艺出版社 2016 年版，第 437 页。
③ 中国人民银行总行金融研究所：《中外金融法规汇编》（第三分册），1988 年印刷，第 13 页。

1943 年 6 月，陕甘宁边区政府批准施行《陕甘宁边区银行管理外汇办法》，这是陕甘宁边区出台的外汇管理专门法规。办法主要规定：（1）边区境内不准行使法币，但储藏不使用者不加干涉，亦不得强迫兑换；（2）凡携带法币在边区境内通行，数在 2000 元以下者，任其自由通行，满 2000 元及 2000 元以上者，必须向政府指定的检查机关登记，并领取通行证，违者以破坏金融论罪；（3）凡拟向外地采购物资局规定物品之交易所及统购机关等，准按统购的实际需要兑给法币或外币 40% 至 80%，但必须填具交换所所规定之保单，保证于限定时期内将货运到。此项兑换额，由物资总局分配之；（4）凡运售物资局规定之物品，请求兑换法币或外币之外商，经审查后，得按该外商所售货款额兑给一部或全部。但必须先行呈验进口货物登记证，交易所成交证或存货单。① 上述银行管理外汇办法主要借助于货币交换所等机构进一步加强法币外汇的管理和控制。

2. 山东抗日根据地外汇管理的主要措施与概况

山东抗日根据地积极探索对外汇的管理，包括成立汇票交易所或兑换所、制定外汇管理办法等，因此也积累了一些外汇管理的经验。

胶东东海地区各县于 1943 年 7 月份均成立汇票交易所，进行管理之处有：文登 4 处（高村、大水泊、侯家、黄山）；荣成 6 处（崖头、滕家、荫子夼、埠柳村、寻山所、林村集）；牟海 11 处（海阳所、白沙滩、孤山、石头圈、南黄、冯家、下初、芦家、玉林、崖子、夏村）；海阳 5 处（留格庄、东村、小纪、郭城、徐家店）；文西 4 处（葛家、泽头、宋村、界石）；交易所由贸易公司负主要责任，银行配合掌握，当地商会设一人负责登记。同时还规定，买汇须有保人，保证在一定时期内运回必需品。敌区商人买汇，能在运货的原则下，有税务局证明，可买汇。买汇还债经商会或住村的证明，经政府许可方可买。机关购买汇票须由贸易公司批准。② 8 月 20 日，山东省战时工作推行委员会制定的施政方案中也提到，"设立经常兑换所，调剂外汇，按照市场情况，随时规定兑换比率，一切输出输入在得到贸易机关许可后，均有权利按照法定比率去向兑换所调剂外汇，兑进兑出，切实加以保证"。③ 可见，山东抗日根据地一方面把

---

① 《红色档案 延安时期文献档案汇编》编委会：《红色档案 延安时期文献档案汇编·陕甘宁边区政府文件选编》第七卷，陕西人民出版社 2013 年版，第 251-252 页。

② 中国人民银行金融研究所，中国人民银行山东省分行金融研究所：《中国革命根据地北海银行史料》第一册，山东人民出版社 1986 年版，第 594 页。

③ 中共山东省委党史研究室：《山东党的革命历史文献选编》第六卷，山东人民出版社 2015 年版，第 325 页。

以法币为支付单位的汇票集中进行交易，一方面设立兑换所调剂法币外汇。

1943年9月，滨海地区出台有关外汇的管理办法。办法主要规定：（1）凡特种出口货物（生油、生米、豆油、猪皮），均须至所在地区工商管理机关申请批准，发给特种货物出口许可证，并须至所在汇兑所，登记外汇，方准纳税出口；（2）凡私运特种货物出口者，以偷漏外汇论，按货物总值，处以10%之罚金；（3）凡因贸易关系与敌占区商人进行交易者，可至当地汇兑所登记或使用外汇；（4）凡商人携带外汇来往敌占区者，均得至当地汇兑所领取携带证；（5）严厉禁止在内地市场进行外汇黑市，如内地商人、群众、难民尚保存有法币、伪钞或敌占区汇票者，限九月底前至汇兑所进行登记，逾期不登记者，一经查出一律依法处罚；（6）凡在根据地以内进行外汇黑市或私自携带法币、伪钞者，一经查出全部没收，不论群众部队机关人员一律按30%提奖。① 该管理办法对私运、私自携带或交易法币外汇的行为规定了严厉的处罚措施。

胶东地区根据《山东战时行政委员会组织条例》的规定，把外汇的管理和经营统归工商管理局，原则上银行不做。掖县战前每年汇入就达一亿元左右。在外汇管理时，掖县运用群众力量与政治教育取缔黑市，禁止倒把，达到统一管理，集中掌握，巩固本币。多次召开内地商人座谈会，主要是汇兑商，听取他们的意见。同时取消村登记，做到手续简易，照顾商人利益。在具体进行中，首先取消汇票管理委员会，由公营商店事务所协同商会来管理，实行钱业（79户）登记。此后，又成立兑换所，取消了钱市上的登记，自由成交，掌握牌价，集中兑出兑入。②

3. 晋冀鲁豫边区外汇管理的主要办法

1941年8月，冀南行政主任公署第七专员公署漳北办事处发布《关于管理外汇暂行办法布告》，主要办法如下：（1）本区人民或商号现存之外汇（系指凭以向敌占区商号或银行提取伪钞之汇票、期票、支票、兑条，并包括在外收益之存款等），应一律在阳历9月底前，具保向冀南银行办事处登记或其代行保管无银行办事处县份得由县府转知银行指定机关代理；（2）本区人民或商号，今后在外收益或运销土货所得之外汇（票据或存款），一律应于得到后10日内，具保向冀南银行登记或交其代行保管；（3）外汇一经登记后，不论自行使用或转让他人，均须经贸易局证明，银行核准，开具证书，方得携赴敌占区购货，

---

① 中国人民银行金融研究所，中国人民银行山东省分行金融研究所：《中国革命根据地北海银行史料》第一册，山东人民出版社1986年版，第607页。

② 中国人民银行金融研究所，中国人民银行山东省分行金融研究所：《中国革命根据地北海银行史料》第一册，山东人民出版社1986年版，第600-605页。

如遇金融情况需要，其请求数目，得由银行核减；（4）人民或商号登记之外汇，自己有使用之优先权，但须在期限内用出，如逾期不用，银行有代行转让他人之权。① 因此，晋冀鲁豫太行区的漳北区首先施行地方性的外汇管理办法，对违规使用行使与买卖外汇者进行严厉处罚。

1942 年 5 月，晋冀鲁豫边区政府颁布《管理外汇暂行办法》，办法主要规定：（1）外汇之使用，则限于领有本区出入贸易统制暂行办法所规定之入口货物凭单所开之入口值为限；（2）凡输出特种出口货者，经工商管理局审查其出口之品类、价格及应登记之外汇数、交易开支等、发给外汇登记通知书持向银行登记后，银行审查其登记数确系出口货全值数后，再令其具保，具保后，准予登记，由银行开给登记凭证，交出口人持向原批准机关领取出口凭单；（3）除特许外不论公私商民人等，需要使用外汇票据时，须一律事先依法向管理局领取入口货物凭单，持向外汇交易所购买外汇（无外汇交易所之地，可持向银行购买），外汇所有人出卖其外汇时，亦必须在外汇交易所出卖；（4）外汇交易所由银行、管理局、公共商店、商会代表等协同主持进行之，其行情由卖方买方协商办理，公私均不能强制。无银行之重要出口地，外汇之审查、登记，由银行委代办机关办理之。② 这是晋冀鲁豫边区专门制定统一的外汇管理办法，通令全边区通行。因此，办法公布后，原有各地管理外汇办法一律作废。

冀南银行还决定组织外汇代办所，专门负责外汇管理的相关工作，并于 1943 年 3 月 20 日制定委托办法。外汇代办所的主要工作包括：代理银行收购、支付、登记、掌握、保管各该划定区内之外汇，代理银行开发特种货币携带护照，代理银行检查及举发一切偷漏逃避外汇等违法事宜，代理银行掌握外汇黑市，打击取缔黑市等。代办所之工作，由银行直接领导指挥，督促检查，代办所不得违抗。一切外汇收支等所得外汇损益，一律归银行，代办所不得自擅。③ 因此，外汇代办所创设后便成为边区管理外汇的专业机构，有利于加强和统一边区的外汇管理工作，集结有效力量。

---

① 中国人民银行河北省分行：《冀南银行》（全二册），河北人民出版社 1989 年版，第 643-644 页。

② 中国人民银行河北省分行：《冀南银行》（全二册），河北人民出版社 1989 年版，第 646-647 页。

③ 中国人民银行河北省分行：《冀南银行》（全二册），河北人民出版社 1989 年版，第 656-657 页。

4. 晋绥边区（晋西北革命根据地）外汇管理的主要措施

1941 年 11 月，《晋西北管理对外汇兑办法》公布施行，主要规定：（1）凡到本根据地以外购买货物需要外汇者，得按管理对外贸易办法先经贸易局许可，到西北农民银行之营业机关请核外汇；（2）凡向本根据地以外汇款而非购运货物者，得直接向银行请核外汇，但款项不得超过农钞 200 元；（3）凡因出外购买货而携带自行保存之法币或其他非本位货币出境者，须先经贸易局之许可向银行请发非本位货币出境证明文件；（4）凡由境外自行带回生金银或非本位货币，须先到银行按挂牌价格出卖或兑成农钞或存入银行；（5）凡因故将敌伪货币或票据带回本根据地内者，须一律按银行定价卖给或存入银行；如系出口商人带回者，尚须先经原批准之贸易局登记，然后卖给或存入银行。① 该办法明确提出，外汇由西北农民银行之营业机关审核办理，带出或带回法币均需登记并要取得证明文件。

针对群众需要法币外汇的特殊情况，如春耕期间购买耕牛，晋绥边区则专门发出指示。1943 年的春耕已迫在眉前，如果耕牛问题解决不好，将影响春耕，对生产是莫大损失，对群众是没有尽到责任。因此，晋绥贸易总局特发出指示，春耕期间要切实供给买牛外汇，号召外地耕牛进口，积极组织力量到外地去买，拿出外汇交给可靠的群众或牲畜店，贸易局本身也要去买，一定负责解决耕牛的问题。②

晋绥边区建立后，对此前晋西北颁布的管理对外汇兑办法进行了修订。1944 年 10 月 20 日，《晋绥边区管理对外汇兑办法》正式颁布，主要规定：（1）凡由境外带入之银洋及非本位货币，均须兑卖给银行，不得私自在境内携带与使用，兑卖价格由银行依市价决定；（2）凡由境内带出银洋及非本位货币，均须银行批准，不得私自带出；（3）欲出外购货，需要外汇者，经贸易局批准后，可到银行兑买银洋及非本位货币，兑买价格由银行依市价决定，外商出境购货时，亦与此同；（4）凡带出之银洋及非本位货币，均须在限期内购回等价之物品，因故不能购回时，须将原带出之银洋及非本位货币，照数兑卖给银行，不得浪费外汇，但经银行特许当例外。③ 该办法施行后，之前颁发的《晋西北管理对外汇兑办法》宣布作废。

除了上述几个抗日边区之外，晋察冀边区行政委员也曾于 1940 年 5 月规定

---

① 杨世源：《西北农民银行史料》，山西人民出版社 2002 年版，第 161-162 页。
② 杨世源：《西北农民银行史料》，山西人民出版社 2002 年版，第 163-164 页。
③ 杨世源：《西北农民银行史料》，山西人民出版社 2002 年版，第 164 页。

了八项控制法币外流的办法，主要有：法币不得携往敌区，违者一经查获，全部没收；如有必要用途者，须向县以上各级政府领取执照证明；法币行使必须向边区银行、政府机关兑换边币，违者一经查获，一律没收一半；敌区的汇票，各行的伪钞、杂钞，伪中央或中国银行的新钞，一律不准流入，违者一经查获，全部没收，并以汉奸治罪。民商如有持伪钞汇票者，限布告到达 15 日内，一律设法用出，过期查获，以汉奸治罪。① 该办法的发布施行对打击敌伪经济掠夺和有效控制晋察冀边区的外汇起到了积极的作用。

三、解放战争时期开展外汇管理的基本概况

解放战争时期，各解放区继续实施严格的外汇管理，颁发大区内通行的外汇管理办法，尤其是新解放区。此时，对外汇业务的管控主要表现为引导和控制汇票（主要是支付法币的汇票）的买卖，因而很多解放区创设汇票交易所或者外汇交易所。

1. 西北解放区外汇管理的主要措施

1946 年 3 月公布的《晋绥边区外汇管理办法》提出：授权西北农民银行及贸易公司集中使用外汇，进行对外贸易，并严禁赤金法币及其他非本位币在境内买卖行使携带。境内公私商贩经营对外贸易应以输出土产充抵外汇，银行不供给外汇，但持有后勤之介绍信向外采购军用品经核准者得供给外汇，自行采购。持有本机关正式介绍信出外工作需要路费者，得由边区口岸上之银行兑给外区货币等外汇。外商输入必需品卖交贸易公司者，得供给外汇或土产。不论公私商贩及过境人员，由境外携入赤金法币及其他非本位币过境者，必须将所带非本位币交入口处之银行，银行开给汇票到出口处之银行支取，不得自行携带过境。②

晋绥边区与陕甘宁边区统一为西北解放区后，在对原《晋绥边区外汇管理办法》进行修订的基础上，于 1948 年 2 月颁发《陕甘宁晋绥外汇管理办法》。新管理办法特别强调：一是禁止蒋币、白洋、条金及其他非本位币在境内买卖行使与挟带，银洋只准储藏，饰金在两以下者，只准银行及其指定的门市部或商店出售。二是在境内留存的敌币，银行按牌价兑进不兑出，但持有军区以上负责人的批准与证明文件向外采购军用品。经核准后，得由银行兑给外汇，介

---

① 晋察冀边区财政经济史编写组，河北省档案馆，山西省档案馆：《抗日战争时期晋察冀边区财政经济史资料选编》（第 4 编），南开大学出版社 1984 年版，第 694 页。

② 杨世源：《西北农民银行史料》，山西人民出版社 2002 年版，第 174 页。

绍出境采购，持有党政机关介绍信出外工作将要路费与工作费者，得由过境口岸上之银行兑给外汇。① 该办法公布施行后，之前颁布的办法与条例与此相抵触者，即日起宣布作废。

2. 华北解放区外汇管理的主要措施及基本概况

1946 年 6 月，《晋冀鲁豫边区法币管理暂行办法》修正公布。办法主要规定：（1）本边区一切交易往来、公款收支均以冀南银行钞票（以下简称冀钞）为本位币（鲁西银行钞票同）；（2）法币关金之兑换及携带出境或过境，须办理相关手续，开具证明文件；（3）凡买卖关金法币者，须在当地货币交易所自由买卖，无货币交易所者，由冀南银行或其委托之代办所登记买卖；（4）凡违法在边区边境内私自行使法币关金，捣乱金融者，依法进行处理；（5）部队机关团体除在货币交易所可以自由买卖外，一律禁止在市场买卖，如有特殊需要时，须经边区政府或其行署批准，指定或委托机关或银行代为收买之。② 因此，该暂行办法严格规定法币外汇买卖必须在当地货币交易所进行。对特殊情况则需要审核批准，并取得相应的证明文件。

其中，冀中区的外汇管理重点在于引导和控制汇票（即支付法币的汇票）的买卖。1946 年 5 月，冀中行署专门颁发《冀中区外汇管理办法》。办法主要规定：（1）由冀中行署授权晋察冀边区银行冀中分行为外汇管理机关。（2）凡愿经营外汇业务，资金在边币 100 万以上者，且有一定的字号与座落者，可向当地县政府申请登记。经审合格，发给许可证即准营业。（3）凡未向政府登记之庄号或个人（不论明的或暗的），一律不准从事外汇买卖，如有违犯以破坏金融论处。（4）使用外汇人持票向兑换之商号兑换时，如被拒绝付款，汇兑庄号应赔偿利息，情节重大者应撤销其许可证。外汇货币之买卖除银行外一律禁止。③《冀中区外汇管理办法》较为特殊，实际上是有关外汇经营的管理办法，即申请经营汇兑庄号从事外汇买卖。

根据上述《冀中区外汇管理办法》，冀中区安国县于 1947 年 7 月成立外汇交易所。外汇交易所的经营范围只限于汇票一种，其他如外币金银等，一律不准交易（仍归银行）。凡欲供需汇票者必须在工商管理所取得合法手续后，经过交易员（各银号）到交易所成交。否则以扰乱社会金融论。④ 安国县外汇交易

① 杨世源：《西北农民银行史料》，山西人民出版社 2002 年版，第 176 页。

② 中国人民银行金融研究所，中国人民银行山东省分行金融研究所：《冀鲁豫边区金融史料选编》（上册），中国金融出版社 1989 年版，第 453-454 页。

③ 河北省金融研究所：《晋察冀边区银行》，中国金融出版社 1988 年版，第 142 页。

④ 河北省金融研究所：《晋察冀边区银行》，中国金融出版社 1988 年版，第 150 页。

所于 7 月 5 日开始营业。该所设主任、会计、跑街各一人，另设交易员九人，其任务为汇票之买卖成交、顶票清理并负责检查黑市，但交易员不脱离原职。交易所属于经纪人之买卖性质，票据之买卖双方均须先至工商所申请通过交易所登记，由交易员成交，款项之收付亦由交易员直接办理，每次买卖之成交双方（指出票者与使票者）共抽三分手续费，交易所得一分作为自己印刷及各项开支之用，其余二分归交易员。[①] 因此，外汇经营集中在交易所，可以使银行在了解市场供需情况上比较及时，掌握上也较主动。从工商局的批汇及交易所登记的数额，银行即可以此为依据进行主动调剂。事实上，冀中外汇供求的数额是相当大的。晋察冀边区银行冀中分行自 1946 年 3 月至 12 月底的 10 个月，收入法币 67 亿，汇票 112 亿，黄金 2277 两（折法币 12 亿元），外汇贷款 11 亿（折回汇票），共收汇 202 亿元，卖出法币 5981 亿，汇票 106.3 亿，其汇出 166.1 亿，存汇 35.9 亿，私相买卖和出口外汇留作自用者恐怕还不止此数。[②]

晋察冀和晋冀鲁豫两大区合并组成华北解放区后，1948 年 8 月即颁行《华北解放区外汇管理暂行办法（草案）》。办法主要规定：（1）本府授权华北银行与出入口管理局或工商局为外汇管理机关；（2）外汇供求较多之城市，得设置外汇交易所，本府授权华北银行批准成立并管理之；（3）外汇票据买卖，均须经过华北银行，或外汇交易所，不得私相买卖，扰乱金融；（4）出口商，须于出口时向指定之工商局，依照华北解放区出入口贸易管理暂行办法规定之范围办理结汇；（5）进口商购买外汇，须向工商局申请发给外汇购买证，持证向银行或外汇交易所购买批准之外汇，需用黄金者得经华北银行审查批准开给携带证方准出境，货物进口后须持入口证件向工商局注销；（6）不能支付现款之顶票，售票人应赔偿买票人一定的损失，赔偿范围依各地商业习惯，由华北银行分别规定之。[③] 该办法强调，外汇管理机关是华北银行与出入口管理局或工商局，必要时还要设立汇票交易所。

3. 华中（苏皖）解放区外汇管理的主要措施

华中解放区指定外汇交易所作为外汇管理机构，组建了黄桥和靖江两个外汇交易所。黄桥汇票交易所在 1946 年 2 月初由华中银行发起，由商联会 5 人，货管局、银行各 2 人，组织筹备会，成立交易所委员会，通过该所章程。黄桥汇票交易所于 2 月 25 日正式开幕。自开幕至 3 月 20 日止，进出总额达 50940500

---

① 河北省金融研究所：《晋察冀边区银行》，中国金融出版社 1988 年版，第 151-152 页。
② 河北省金融研究所：《晋察冀边区银行》，中国金融出版社 1988 年版，第 148 页。
③ 华北解放区财政经济史资料选编编辑组：《华北解放区财政经济史资料选编》第二辑，中国财政经济出版社 1996 年版，第 284-285 页。

元，以 1∶37 折合抗币为 1324924 元。该所进行供求双方的联络介绍，经由成交双方谈妥，再做保证手续，在交易所中买卖之外汇到期付款，由该所负责。靖江外汇交易所于 3 月下旬成立。然而，该所业务进行 5 日后，因种种原因，即有名无实地消失了。① 虽然靖江外汇交易所很快消失了，但黄桥汇票交易所则充分体现了其作用。当"牌""市"汇价差额甚大的情形下，商人能自由交易。因为在交易所汇价可由双方同意而升降，且能得结售证明书，经营出口，如在黑市则无结售证明书。

1947 年，苏皖边区第二行署颁布《外汇管理暂行办法》，其中明文规定：（1）外汇禁止在市场上流通，违者按照蒋币没收，强制收兑办法由区以上政府或货管机关没收或强制收兑之。其情节重大者，由县政府以扰乱金融罪论处。（2）凡我解放区物资出口，一律换回物资。如需外汇进口者，在放物资出口前填具申请书，觅具保证，经指定之区级以上货管机关审查许可，发给外汇进口证始得进口。外汇进口时，须凭外汇进口证，向第一道税所或华中银行兑换所，登记封包盖戳，注明进口时间、数量、路线、进口证号码等，有进口证而未封包盖戳者，一律扣留并依规定处理之。（3）凡向银行购买外汇时，须填具外汇申请书，经区以上货管机关证明，依当日牌价购买，或代为介绍之。出口外汇一律封包、盖戳，注明出口时间、数量、路线，否则一律扣留，并依第三条之规定审理之。（4）出口外汇，货管机关得指定带回物资。② 办法对法币外汇的进出口及购买等实行申报、登记制度。

1948 年 8 月，《豫皖苏边区外汇管理办法》公布施行。该办法主要规定：（1）凡自本区外出或由外区返回本区、须携带外区货币时，该项货币必经政府银行批准并发给外汇擒带证以资保护，否则一经查获即予没收。（2）凡本区商人于办理免税入口货物要求政府银行供给外汇时，其所需外汇数量必经银行批准，并按批准数缴纳 10% 保证金，始得购买外汇及开付外汇携带证。该项保证金于货物入口并经工商局检查无错给予外汇携带证盖章证明后，得凭外汇携带证发还本人。用外汇逾期不回或携带证遗失时，其保证金全部没收。（3）所有外汇或外币凡在合法市场以外买卖行使者，为各市货币交易（所）一经告发或查获，除没收其外汇或外币外，并得买卖双方各处以与外汇相等之罚金。③ 该办法也规定了外汇交易的合法市场为政府许可之公私银行（号）以及外汇交易

---

① 高贯成：《华中银行历史资料选编》，中国广播电视出版社 2003 年版，第 218-219 页。

② 高贯成：《华中银行历史资料选编》，中国广播电视出版社 2003 年版，第 362-363 页。

③ 安徽省财政厅，安徽省档案馆：《安徽革命根据地财经史料选（三）》，安徽人民出版社 1983 年年版，第 312-313 页。

所等。

4. 华南解放区外汇管理的主要措施概述

1949 年 6 月，潮汕解放区制定《外汇管理暂行办法》，主要规定：（1）自即日起，禁止一切外币在本解放区内流通使用，一切交易及清理账务，均应以裕民券为计算单位；（2）外国商民等进入本解放区时，应将所携带的外币向裕民银行兑换裕民币，出境时如有多余，得照价兑回原币；（3）厂家商号需要向国外购买必需原料或本解放区所需的物品时，应陈明理由，或向裕民银行申请登记，经审查许可后，再行兑发；（4）在国外留学生及中国侨胞需要外汇时，得向裕民银行申请登记，经审查合格并有商会或农会之保证者，即可兑发。① 可见，潮汕解放区的外汇管理主要由裕民银行负责。同年 8 月，潮梅解放区重新颁发《外汇管理暂行办法》，主要规定办法有：（1）除南方人民银行外，任何人不得自行经营或代客买卖外汇，违者得没收其外汇，并科以罚金；（2）任何人出境时，其所携带外汇不得超过相当于港币 50 元，违者一经查出，即将其超过额之外币交南方人民银行按牌价兑换人民币，并得按其情节之轻重予以科罚；（3）因公务入境或短期旅客，持有证明文件者，其所持外币或票据，须在入境口岸或市镇之南方人民银行兑换人民币或作为外币存款，得照存入牌价取回原币。② 可见，新的《外汇管理暂行办法》条文更加细化，而且把直接负责外汇管理的机构调整为南方人民银行。

另外，华南解放区于 1949 年相继出台了《华南解放区金银外汇管理暂行办法》《华南解放区外汇申请暂行办法》等。这些法规是适用于整个华南解放区的，对于巩固货币制度，防止投机，便利侨汇，发展贸易和繁荣经济都起到了一定的积极作用。

综上所述，新民主主义革命时期，中国共产党一直重视现金和外汇的管理，管控措施不断加强。土地革命时期就推行现金出口登记制度，从抗战到解放战争时期，党和各级政府严格控制外汇，颁发外汇管理办法，并组建了专业性机构（货币交换所、兑换所或汇票交易所），管控进出口的法币外汇。这对于巩固自己的本位币、促进生产贸易发展及稳定金融方面都发挥了积极作用。

---

① 中国钱币学会广东分会，海南钱币学会，汕头钱币学会，珠海钱币学会筹备组：《华南革命根据地货币金融史料选编》，广东省怀集人民印刷厂 1991 年版，第 269 页。

② 中国钱币学会广东分会，海南钱币学会，汕头钱币学会，珠海钱币学会筹备组：《华南革命根据地货币金融史料选编》，广东省怀集人民印刷厂 1991 年版，第 337-338 页。

第二节 对金银管理的有益尝试

金银管理是特定管理部门或金融机构，根据相关政策或法规制度，运用行政、经济和法律等手段，对金银生产、收购、储备、使用等活动进行管理的经济行为。金银管理是国民经济管理的重要组成部分，也是中央银行的重要职责之一。新民主主义革命时期，中国共产党也始终重视革命根据地的金银管理。

一、土地革命时期对金银管理的初步尝试

土地革命时期，基本上还处在使用贵金属货币（银两或银圆）的时代。因此，这时候的金银管理其实就是现金管理。苏维埃政府加强现金管理，采取多种措施，集中金、银等贵重金属，以便采购急需的物资，保证红军供给。同时，根据地政府禁止私人收买金银首饰。

1930 年 10 月，闽西苏维埃政府签发布告，指出："金银首饰可转变为银币，贩卖首饰是和私运银币出口同样的捣乱金融。"因此，闽西苏维埃政府经济财政土地委员会联席会议议决："禁止私人收买金银首饰。以后如有私人在赤色区域收买首饰，一经查出，处以 10 倍以上之罚金。其将首饰运到白色区域贩卖或在赤区私铸银币，则处以死刑。"①

1931 年 3 月，为扩大制造苏维埃新银币的数量而集中纹银，湘鄂赣的平江县苏维埃政府发出通令，规定集中纹银办法，主要有：（1）凡革命群众自愿将所有银器，银首饰捐给银行造币者，苏维埃当予以接受，但须于银包上注明"不给价"三字；（2）凡不愿储蓄者，概给现钱收买，但须由当地经收的苏维埃先给收条，再将银件并收条存根交县苏财委派技师分析或作价后给钱，可于银包上注明"现买"二字；（3）凡愿意暂缓给价，县苏定期加息付价者，可于银包上注明"储蓄"二字。② 通令中提出的办法显然是要以毫不勉强群众的方法很快将纹银集中起来，以便扩充铸造新币。

1933 年 8 月，中华苏维埃共和国临时中央政府国民经济部部长吴亮平撰文

---

① 中央档案馆，福建档案馆：《福建革命历史文件汇集（苏维埃政府文件）》，1985 年内部发行，第 262 页。

② 中国人民银行湖南省分行金融研究所：《湖南省老革命根据地金融史料汇编》，1981 年内部发行，第 3-55 页。

指出：在苏维埃建设日益开展的过程中，现金的缺乏以及因之而起的金融上的各种困难，显然成了苏维埃政权前面的重大问题，必须"设法开采并收集银产，制造银币。在我们苏区里面，有些地方可以生产金银，我们应立刻进行调查并设法开采。我们应采取更有效的方法来收集银器和首饰，并使我们的造币厂能够制造银币"，还要"制止私商富农贮积大批现金"。① 12 月，江西省第二次工农兵代表大会议决："任何奸商、富农以及反革命派，对于破坏国币、抑制国币价格、拒用国币或埋藏现金和私运现金出口、运进假票和银毫来混淆国币信用的，必须以最严格的手段镇压之。""各级政府和地方武装，必须将所得的现金完全汇交国库，使国库能建立经常的正确的兑现"。同时还要求"以后再不容许各级政府与财政机关存着现洋不交国库的现象"，"苏维埃必须设法将苏区的生产品输去白区兑换大批的现洋来，以巩固苏维埃的金融"。②

通过上述办法的推行，苏区在现金管理以及集中现金方面取得了一定的成绩，充实了苏区政府现金储备和银行力量。1933—1934 年，中央苏区各地通过打土豪、收缴地主富农藏匿的金银，获得了大量现金，如博生县在 1934 年 6、7 两月筹到 47000 元，其中特别是城市区，在两个月内找出了地主埋窖 19 个，掘出金子 9 两多，花边 3200 多元，银子 73 两，5、6、7 三个月筹到款子 26000 余元，超过了原定数目四五倍。粤赣省的会昌 6、7 两月筹到 44000 元，并掘出了 8 个窖，共花边 1000 多元，赣南的于都 6、7 两月共筹到 44000 元。西江县 5、6、7 三个月也筹到了 53000 余元。瑞金的筹款工作 1933 年 5、6、7、8 几个月，每月都是 20000 万多元，以后每月也都 10000 万余元，1934 年 6、7 月等到 19000 余元的数目，并掘出了 9 个窖，花边 900 多元。福建的兆征 7 月份筹到 17000 余元。长汀在 5、6 月间掘出一个地主十多窖，花边 7000 余元。兴国在 6、7 两月筹 11000 余元。③

另外，苏区还动员广大劳动妇女售卖或捐送金银首饰，以便集中现金，发挥特定用处。闽西工农银行成立后大量收购金银首饰，使群众久搁无用的死的银器，能够变成活的现金来使用。闽西妇女习惯戴用银质装饰品。经过宣传动员工作，妇女们乐于把首饰变钱使用，因而银行收购甚得群众欢迎。后来，又设炼银厂，将首饰银器熔化，提高成色后铸成银饼，输到白区，换进物资。在

① 中国社会科学院经济研究所中国现代经济史组：《革命根据地经济史料选编》（上册），江西人民出版社 1986 年版，第 120 页。
② 江西省档案馆，中共江西省委党校党史教研室：《中央革命根据地史料选编》（下），江西人民出版社 1982 年版，第 618 页。
③ 正冈：《六七月份中的筹款工作概况》，《红色中华》第 227 期，1934 年 8 月 20 日。

中华苏维埃共和国国家银行成立后，闽西工农银行将积存之银饼运交国家银行，在敌人"围剿"时，这批银饼用于购买物资，起了很大作用。[1] 1934 年 7 月 21 日，《红色中华》报道："瑞金县为要充实国家现金，改善群众生活，特在执委扩大会和县委妇女活动分子会上讨论收集银器……结果全县共计可收集银器 22 万余两。"经过宣传动员之后，每个劳动妇女统统把银子售卖或捐送到国家银行去。首先在九堡区，一天中就有三十余个妇女把插在头上的银针卖给政府，其次是官仓区钟凤娇、徐九秀、王检秀、钟发秀等把自己的银器赠送给国家银行，不要公家的钱。同时还有好几个区的区委妇女部长和干事指导员等也准备将自己的银子（或三四两的，五六两的，甚至有半斤的）完全捐给公家作战争经费。[2] 因此，通过号召妇女把银器售卖或捐给国家，集中了一定数量的现金，从而用于购买物资，有助于进行市场调剂。

二、抗日战争时期金银管理的初步发展

抗战时期，虽然金银已经不再是法定货币或本位币，但是其对金融市场的重大影响却是客观存在的。因此，各抗日根据地政府加强了对金银的管理，晋察冀边区、晋冀鲁豫边区和晋绥边区等都出台了相关的办法或指示，严格控制金银的行使并严禁倒卖。这些管理措施或办法的推行，有效减少了因私运或倒卖金银给抗日根据地社会经济带来的不利影响。

首先，晋察冀边区严格禁止白银和白洋流通。1940 年 5 月，为禁止白银法币外流，晋察冀边区行政委员会制定的办法中明确规定："白银绝对禁止流通，公然行使，私相授受者，一经查获，全部没收，但可自行保存或向边区锻行、政府机关兑换，白银绝对禁止出境，携往敌区或敌人据点者，一经查获，全部没收并以汉奸治罪。"[3] 由于晋察冀边区出现白洋暗流现象，对物资交流与边币一元化政策有极大的损害，所以晋察冀边区行政委员会于 1945 年 4 月 1 日发出指示，决定对于白洋采禁用政策，并逐步缩小白洋流通区域以至彻底实现边币一元化政策。[4]

其次，晋冀鲁豫边区禁止行使银币、现银、现金等。1941 年 7 月颁布的

---

① 中国人民银行金融研究所：《曹菊如文稿》，中国金融出版社 1983 年版，第 5 页。

② 王德胜：《把银器售卖或捐给国家 帮助革命战争 改善自己的生活》，《红色中华》第 217 期，1934 年 7 月 21 日。

③ 晋察冀边区财政经济史编写组，河北省档案馆，山西省档案馆：《抗日战争时期晋察冀边区财政经济史资料选编》（第 4 编），南开大学出版社 1984 年版，第 694 页。

④ 河北省金融研究所：《晋察冀边区银行》，中国金融出版社 1988 年版，第 69-70 页。

《晋冀鲁豫边区保护现银禁使银币暂行办法》于 1943 年 4 月 15 日修正公布。修正后的暂行办法主要规定：（1）凡本边区内之一切交易行使，一般以冀南银行钞票（简称冀钞）为本位币，其他银币、现银、现金均在禁止行使之列。（2）凡民间收藏之银币及现银、现金，听其自便，政府不得干涉或没收。凡人民自动持银币、现银、现金向各级政府兑换冀钞，政府予以奖励。（3）凡查获私自买卖及行使银币、现银、现金之情事者，得送当地政府依法处理，查获之银币、现银、现金即依法定手续由县政府没收之。（4）凡查获私运银币、现银、现金前往敌占区，且有资敌情事者，除送当地县政府将查获之银币、现银、现金予以没收外，并得依照修正惩治汉奸条例分别惩治之。（5）妇女、幼童随身佩带银属金属之饰物，而非私售或资敌情事者，不受以上各条之限制。[①] 该办法严令禁止银币、现银私自买卖或私运，但对于民间收藏或作为佩戴饰物则不加限制。

最后，晋绥边区也严禁金银自由流通。1944 年 10 月，鉴于赤金黄金对于市场金融的极大影响，晋绥贸易总局发出指示，重新申明其出口入口与内地行使，必须经过银行（即贸易局）管理，请与当地贸易局接洽，否则各地政府有查究责任。[②] 12 月，晋绥边区行政公署发布命令，各地严格实行行署前颁之《晋绥边区管理对外汇兑办法》规定，即银洋及赤金的出入口与在内地交易，须经过银行登记管理，不得自由流通。该命令还要求一定做到入境者悉数卖交银行（银行一时因数额大买不起者，可登记好封存于银行或原主处），出境者经银行批准。[③] 1945 年 6 月，晋绥边区临县县政府发布《关于严禁倒金银粮布的通令》，各地要贯彻禁绝银洋的行使及金子出入口与内地交易须经银行登记管理，不得自由流通，其有需要携带银洋、金子出境者，必须取得银行之证明文件，为保存或到银行兑换而移动银洋者，必须取得各级政府之证明文件，否则一经查出则以走私论予以没收，并对走私犯判处徒刑。[④] 6 月 20 日，晋绥行政公署通令"严禁金银粮食出口，非必需品一律不准进口"，凡携带或出口金子、洋均需到贸易局办理非本位币之携带或出口护照，否则以走私论，予以没收，并对走私犯判处徒刑。[⑤] 6 月 24 日，晋绥边区行政公署发布命令，今后凡请求出口

---

① 中国人民银行金融研究所，中国人民银行山东省分行金融研究所：《冀鲁豫边区金融史料选编》（上册），中国金融出版社 1989 年版，第 181—182 页。

② 杨世源：《西北农民银行史料》，山西人民出版社 2002 年版，第 165 页。

③ 杨世源：《西北农民银行史料》，山西人民出版社 2002 年版，第 167 页。

④ 杨世源：《西北农民银行史料》，山西人民出版社 2002 年版，第 170 页。

⑤ 杨世源：《西北农民银行史料》，山西人民出版社 2002 年版，第 171 页。

赤金者，详列购货单据，经贸易局批准后，必须缴纳 10% 的保证金（保证金依金值缴本币），此项保证金缴纳人于将购回之货物经贸易局检验与原申请相符后退回。[①] 上述命令对不遵守者得没收其保证金一部分或全部，走私者没收其赤金并酌情处罚，目的是杜绝以赤金出口换回非必需品入口的现象。

三、解放战争时期金银管理的进一步完善

解放战争时期，各解放区政府继续对金银实行严格管控，出台了相关的管理办法、缉私办法或买卖办法等，而且对金银管理的制度和措施进一步完善，更加全面和细化。

1. 继续实施禁止金银的行使、私自买卖或走私

1945 年 10 月，晋察冀边区行政委员会重申前令，今后在交易中一律禁止白洋的行使，但私人保存不加限制。人民存有白洋，如欲行使时，可向边区银行作规定价格兑换边币，其无银行地区，由贸易公司或其分公司或公营商店兑换。[②] 12 月，晋绥边区贸易总局下发的通知指出，近来各地各机关部队单位，多自行携带赤金，在内地市场售卖或出口，不经任何管理，不但影响金融市场，且使赤金出口价大跌。因此严令各地必须认真进行，并须布告周知，配合税务局等机关，严厉进行缉私工作，以消灭此种不良现象。[③] 1947 年 2 月，晋绥边区行署颁发禁用银洋法币赤金布告，决定：从 3 月 1 日起严禁银洋法币赤金在边区内使用。凡有使用与携带银洋者一律没收，借贷与账簿一律禁止以银洋计算。违者按情节轻重，给予处罚。确实需要外汇者，应依照政府管理外汇办法申请，由银行审核供给。[④]

1948 年 2 月，陕甘宁边区政府颁发《陕甘宁晋绥边区缉私办法》，其中严禁蒋币、银洋及赤金在内地行使，并明确把蒋币、银洋、赤金的收买与推销等事宜授权给各级贸易公司、银行负责，其他任何机关及个人一律不得使用买卖，违者悉依本办法处理。[⑤] 11 月，冀鲁豫行政公署发出指示，决定：自 11 月 25 日起，全区一律禁止行使银币，停止金银自由买卖，严禁金银（包括生金银、

① 杨世源：《西北农民银行史料》，山西人民出版社 2002 年版，第 171 页。
② 河北省金融研究所：《晋察冀边区银行》，中国金融出版社 1988 年版，第 71 页。
③ 杨世源：《西北农民银行史料》，山西人民出版社 2002 年版，第 172 页。
④ 晋绥边区财政经济史编写组，山西省档案馆：《晋绥边区财政经济史资料选编》（金融贸易编），山西人民出版社 1986 年版，第 319 页。
⑤ 陕西省档案馆、陕西省社会科学院：《陕甘宁边区政府文件选编》第十二辑，中国档案出版社 1991 年版，第 43-44 页。

银圆、金银首饰）外流资敌，但准许群众自由保存。如欲出售，银行可按牌价兑换。各机关、团体、部队，所存白银一律由各该上级处理，不得在市场上行使。属于个人部分者，准予自由保存，如出售时，亦须到银行兑换使用。[①] 该指示目的是发展生产，平抑物价，粉碎国民党掠夺金银物资的阴谋，以切实保护人民财富。

1949 年开始，华北、东北和华东等几大解放区相继颁布专门的金银管理暂行办法。4 月，华北人民政府率先公布施行《华北区金银管理暂行办法》。办法主要规定：（1）除经本府批准特许出境者外，严禁一切金银带出解放区。在解放区内允许人民储存，并允许向人民银行按牌价兑换人民券，但不得用以计价、行使、流通与私相买卖。（2）人民储存之金银如在解放区内迁移必须携带者，应申请区级或区级以上政府开给携带证明。但是属于人民自行佩带之金首饰不超过 1 市两，银首饰不超过 4 市两及私人用作馈赠之银质器皿不超过 20 市两者不受此限。（3）自其他解放区携带金银途经本区者，自解放区外携带入境者，应有地区级以上政府或对外贸易管理机关发放的证明文件。（4）凡自愿出售金银时，须到当地中国人民银行及其委托机关按牌价兑换本币，凡医学、工业，或其他正当用途需要购用金银原料者，得向当地中国人民银行申请，由当地中国人民银行酌情售给。（5）金银饰品业除出售制成品外，不得私相买卖金银，不得收兑金银饰品，并应将所存材料、成品及每日成交情况，呈报当地中国人民银行。[②] 该办法的推行有利于稳定金融、安定人民生活、保护人民财富，并有效防止华北解放区的金银走私倒卖。

1949 年 4 月，东北人民政府颁发的《东北区金银管理暂行办法》规定，允许人民持有金银并可向人民银行按牌价兑换通用货币。严禁把一切金银带出东北地区，不得用以计价、行使、流通与私相买卖。东北银行责令收兑门点挂牌收兑银，并连续提高收兑牌价，鼓励人民交售。私营金银饰品业（金店、银楼）禁止从事生金银的买卖，其制作饰品所需原料，由东北银行生金银管理处配售。从事金银生产的厂矿企业和个人所采炼的金银，必须全部交售给国家银行，不得自行销售、交换和留用。各机关、企业单位的一切金银收支，都必须纳入国家银行金银收支计划。分散在各经济单位的金银，要集中到国家银行，以保证

---

① 中国人民银行金融研究所，中国人民银行山东省分行金融研究所：《冀鲁豫边区金融史料选编》（下册），中国金融出版社 1989 年版，第 337-338 页。

② 《华北区金银管理暂行办法》，《人民日报》1949 年 4 月 27 日。

经济建设时期对金银的需要。① 上述办法特别强调私营金银饰品业也不允许从事金银买卖业务。6月，中国人民解放军华东军区司令部宣布《华东区金银管理暂行办法》自即日起公布施。该办法与此前颁布的《华北区金银管理暂行办法》内容基本一致。

1949 年 8 月，潮梅解放区出台《金银管理暂行办法》，规定除经县级以上人民政府批准特许出境者外，严禁一切金银带出本解放区，违者予以没收，在本解放区内允许人民持有金银，并允许各地南方人民银行按牌价兑换人民币，但不得用以计价行使或私相买卖、抵押，违者按其情节之轻重予以贬价兑换或没收处分。②

2. 对金银买卖依法进行管理

1947 年，东北银行总行发出"关于生金银买卖的指示"。指示当中提出，统一金价是防止走私，消灭黑市的积极办法，可使各地分行买入大量黄金，并便于与金矿配合，逐渐取消金贩子、小商人及金店之投机。该指示提出：（1）各地出价，以哈市为标准绝对统一，入价可参考哈市收价酌量机动，以不妨碍大量买进并接近哈市收价为原则，收价有特殊出入时，可先通知总行，哈市金价变动，总行以电报通知；（2）各地分行所收黄金，按时交总行以哈市出价折算，但当哈市出入价格悬殊时，可先电告分行，暂定收买价；（3）黄金买卖以作到无限制大量买进为原则，在银行方面的有效办法是消灭黑市，如发生黑市因而妨碍买进时，可大量卖出（大量卖出仅仅是为了消灭黑市后能更多的买进）；（4）由于目前银价迟钝，各地可按当地情况规定价格，大量吸收，最高价不得超过每两 2000 元。③ 因此，东北解放区规定生金银买卖由东北银行及其分支行负责办理，并以哈市的出价为统一标准。1947 年 4 月，东北银行总行在哈尔滨成立生金银经理处。该处专门负责金银买卖事宜，统一调剂金银牌价，扶助对金矿投资。东北银行许多分行在收买金银方面取得了不错的成绩。1948 年一年来共计收买金子 320000 公分，银子 167000 余两，银圆 89116 元（分支行处合计）。④ 其中，东北银行嫩江省分行于 1948 年上半年共收进足金 86402 瓦，

---

① 中国人民银行沈阳市分行，沈阳市金融学会：《沈阳金融志（1840—1986）》，辽宁省印刷技术研究所 1992 年印刷，第 378-379 页。

② 中国钱币学会广东分会，海南钱币学会，汕头钱币学会，珠海钱币学会筹备组：《华南革命根据地货币金融史料选编》，广东省怀集人民印刷厂 1991 年版，第 340-341 页。

③ 东北解放区财政经济史编写组：《东北解放区财政经济史资料选编》第三辑，黑龙江人民出版社 1988 年版，第 395 页。

④ 吉林省金融研究所：《吉林省解放区银行史料》，中国金融出版社 1990 年版，第 278-279 页。

原金 28786 瓦，砂金 13455 瓦，纹 45774 两，现大洋 62383 枚。[①]

1948 年 3 月 25 日，西北农民银行印发《生金银买卖办法》。办法主要规定：（1）黄金、白洋一律由西北农民银行管理做外汇使用，不准在内地市场买卖行使，各地分行可以买入，不准卖出，但两以下之饰金，在指定之分行或贸易公司出卖者可以出卖之，未经指定者不得卖出；（2）凡经证明确系出外采购必需物资及其他特殊用途而需白洋者，经当地银行最高负责人核准，始可卖给，并给出口证，否则一律不准卖出，黄金则须于指定购进之特殊必需物资始准批卖；（3）黄金、白洋、纹银、破旧首饰，收进与卖出价格，一律以总行规定为准，不得任意抬高或抑压；（4）纹银、元宝，除由银行收买可以做外汇外，并准其自由铸造首饰、银器出售。[②] 该办法明确规定金银买卖只能由西北农民银行及其指定的分行或贸易公司承办。

总之，从土地革命时期开始就采取措施管理金银、现金，抗战时期和解放战争时期也不断出台相关的办法或指示，严格控制金银的使用或走私，以及倒卖行为，但对民间收藏金银或佩戴饰品则区别对待。这些对金银的严格管控措施大大降低了可能给根据地社会经济带来的不利影响。

第三节　维护金融稳定的探索和努力

金融稳定是指一种状态，是在一定时期内，在各种内外部因素作用之下，金融体系能有序运行，金融资源能得到有效配置，并且促使社会经济正常发展的一种金融现象。新民主主义革命时期，中国共产党领导的革命根据地出现了诸多金融不稳定因素，如群众挤兑、假币流行等。如不能有效应对和解决，必然严重影响根据地正常的金融秩序。因而，不同历史时期，根据实际情况，为维护金融稳定，党和根据地政府进行了不断地探索和努力。前文所分析的现金与外汇管理、金银管理，对金融的稳定都有重要意义，本节不再赘述。

一、土地革命时期对金融稳定的竭力维护

土地革命时期，革命根据地存在诸多引起金融秩序混乱的因素，包括挤兑

---

① 黑龙江省金融研究所：《黑龙江根据地金融史料（1945—1949）》，1984 年内部发行，第 250-252 页。

② 杨世源：《西北农民银行史料》，山西人民出版社 2002 年版，第 179 页。

风潮、假币及杂钞劣币充斥市场等。因此，党和根据地政府采取措施，竭力维护金融的稳定。

（一）积极应对苏区的挤兑风潮

瑞金苏维埃政权建立后，国民党进行军事围剿和经济封锁，还伪造苏区货币，破坏苏币的信用。一些地方的奸商还乘机哄抬物价，贬低苏区纸币甚至拒收国币。因此，1933 年 3 月，中央苏区各地发生群众抛出纸币、挤兑现洋的现象。

一方面，通过宣传手段，及时揭示出这次挤兑风潮发生的原因，并发动、号召群众停止挤兑。1933 年 3 月 27 日，《红色中华》撰文提出，"发动广大群众解释现金是国库的基金，应该让它在市场上流通，不应该藏在家里"，"对于奸商及反革命分子的破坏国家经济，那我们只有以最严厉的方法对付他们，同时必须发动广大群众监视并侦察他们的破坏国家金融的反革命活动"。① 7 月 27 日，江西《省委通讯》也发文号召各地党组织"应立即开展拥护苏维埃国币的广大的群众运动……并动员党团员积极的领导群众提出'拥护苏维埃纸币银毫''革命群众用革命纸票''反对奸商、富农提高物价''严办破坏国币的反革命分子'等口号，在群众中提高国币的信用与爱护，发动群众举报和要求严办故意破坏国币的份子。要使群众完全了解拥护国币要同拥护苏维埃一样，要做到有钱存的储存国币，国币要完全畅行于苏区市面"。② 8 月 31 日，《红色中华》登载《开展拥护国币的群众运动》。该文指出，"政府对于国币流通数量及其信用，是有一定计划与充分保证的"，阐释了挤兑现象发生的原因，因而要求"一致动员起来"，向群众做广大的宣传解释，"唤起群众一致对付反革命。各级政府，必须分别召集当地各机关各群众团体开会，并组织宣传队出发，说明苏维埃纸票与银毫的信用，说明纸票流通目前政治上军事上财政与经济上的重大作用"。同时，"如仍有破坏者，即须采以严厉办法来惩办几个首要分子，特别是奸商地主富农，从速捕禁罚款，以至没收枪决"。另外，要求各机关各部队所收现金全部上交，以充纸票兑现之用。③ 因此，通过在广大群众间开展拥护苏维埃国家货币的运动，以此来缓解挤兑风潮。

另一方面，应对挤兑风潮，最有效的办法无疑是充实银行准备金。国家银

---

① 《向富农捐募三十万 发动群众停止挤兑》，《红色中华》第 64 期，1933 年 3 月 27 日。

② 《发动广大的拥护国币运动严格 镇压反革命破坏金融》（1933 年 7 月 27 日），载于江西省档案馆，中共江西省委党校党史教研室：《中央革命根据地史料选编》（下），江西人民出版社 1982 年版，第 594-595 页。

③ 《开展拥护国币的群众运动》，《红色中华》第 106 期，1933 年 8 月 31 日。

行行长毛泽民经临时中央政府批准，国家银行从金库里拿出大批现洋，公开兑换纸币。毛泽民要求："凡是来银行兑换现洋的，银行一定要保证兑换，并严格规定1元纸币兑换1元现洋。"那几天，国家银行还刻意在营业厅里堆满了从金库里拿出来的各种金银珠宝，摆满了一堆堆用金砖、金条、金项链、金戒指、金耳环和银镯、银项链、银圆、银锭堆起来的"金山银山"。① 前来兑换银圆的群众看到这些"金山银山"后，兑换银圆的急迫心情骤降。同时，及时增加苏区市场上的物资供应与储备使得中央苏区的"挤兑"现象得到有效的遏制。

此外，湘鄂赣革命根据地也受到来自国民党政府和各地奸商、劣绅的破坏，以及造谣惑众，胡说苏票不能兑换，甚至掀起挤兑苏票风潮（有奸商集中数百元的票子来挤兑），企图阴谋挤倒工农银行。有的奸商、富农把持金融，拒用工农兵票币。② 为此，很多县苏颁布措施予以打击。例如，修水县苏维埃政府于1931年5月18日第三次执委扩大会议决议："破坏票币都以反动论。"平江县苏维埃政府在创办工农银行颁发的布告中也严厉指出："凡有操纵市面金融，造谣苏票不能兑换，违反省苏政府规定，挤兑苏区纸币而造成金融秩序混乱的，随时动员查缉，给予坚决打击。"③

（二）打击假币以维护根据地货币信用

据史料记载，国民党军统特务组织派遣了特别行动小组，潜入苏维埃临时中央政府驻地瑞金县叶坪村，刺探苏区货币的生产工艺与流程，然后设立了假钞印刷秘密基地，大量生产苏区纸币；同时指使苏区边缘地带的土匪采用红铜镀银的办法伪造苏区银币，投放市场。④ 一时间，市场上假币伪钞泛滥成灾，造成国币币值急跌，国家银行信用严重受损。

为此，国家政治保卫局专门组建了假币侦破组，端掉了一批假币制造窝点，镇压了一批制造、输入假币的反动分子。比如，1933年8月，瑞金黄安区禾安乡地主赖以辉假借去广东购货之名，偷运粤系军阀假造的苏区贰角银毫170元，企图经吉潭区关税处进运中央苏区，被专案人员查获后押送到瑞金县政治保卫分局。⑤ 1934年3月1日，《红色中华》报道："最近在明光县（连城）就发现有反革命分子假造国家银行所发行的纸币，现已查出了假造国币的反革命二只：

---

① 段新：《回忆当年苏区银行平抑挤兑风波》，《金融经济》2009年第12期。
② 丁国良，张运才：《湘鄂赣革命根据地货币史》，中国金融出版社1993年版，第150页。
③ 丁国良，张运才：《湘鄂赣革命根据地货币史》，中国金融出版社1993年版，第152页。
④ 王卫斌：《中华苏维埃的"货币战争"》，《党史文苑》2013年第3期。
⑤ 万立明：《化解苏区"挤兑潮"》，《英大金融》2016年第10期。

林明映，林积记（是明光县林坊区人）已扣留在明光县保卫分局了。"①

在 1933 年中央苏区发现假的苏维埃贰角银毫时，苏维埃临时中央政府主席毛泽东就曾指示，"中央造币厂要出个布告，告诉群众识别伪造银毫的方法，以堵塞伪造银毫在根据地内的流通"。以后，各个根据地在出现假币问题后，都大张旗鼓地开展反假币宣传活动，提高群众识别真假票券的能力，组织群众共同参加反假币斗争。② 因此，通过反假币宣传和动员，使广大群众减少来自假币的损害，又有助于推动群众反假。

川陕革命根据地对伪造苏币的行为严厉打击，以维护苏区的金融秩序。当时，有奸商用木板刻印假票子。在恩阳、红江等地对抓获的伪造川陕苏币的地主给予了坚决的镇压。赤北县一区一乡的刘绍先伪造川陕苏币，被保卫局处死。有一个刻章的叫李豁子，见伪造川陕苏币有利可图，便私自雕刻了一块木印版，后被保卫局抓获杀头。③

湘鄂西根据地重视打击伪造货币的犯罪活动，如济阳县曾查出有奸商，流氓合伙造出假票，便当众宣布处死。1930 年，鄂西农民银行在收兑沔阳县苏维埃信用券时，曾破获了一起假币案。有名叫尹烈青的小学教员，伪造沔阳县苏维埃信用券十余张，拿到鄂西农民银行兑换银圆。这一案件引起群众公愤，要求苏维埃政府将尹烈青予以枪决，当地政府满足了群众的要求。这件事在很大程度上震慑了假币的制造者。④

（三）驱除杂钞劣币对市场的影响

革命根据地建立初期，市场上货币流通混乱，各式各样的旧政权和封建军阀遗留下来的杂钞劣币充斥市场，既有国民党中、中、交、农四行的票子，也有大量杂洋等劣质银币流通。如果根据地的杂钞和劣币继续流通，势必造成金融混乱的局面。这给市场交易和汇兑造成极大的困难，不利于商品的交换，对根据地的经济是很不利的，也影响了红军的供应和筹款工作。因此，从金融稳定的角度来说，根据地必须首先驱除杂钞劣币的影响。

早在农民协会时期，各辖区就采取措施，坚决取缔，禁止杂钞劣币流通。1931 年 11 月中华苏维埃工农兵第一次全国代表大会通过的《关于经济政策的决议案》明确规定："禁止私人银行或钱庄发行任何货币，禁止一切土杂币流通。"

---

① 《明光县反革命假造国家银行纸币》，《红色中华》第 156 期，1934 年 3 月 1 日。
② 许树信：《中国革命根据地货币史纲》，中国金融出版社 2008 年版，第 198 页。
③ 袁远福，巴家云：《川陕革命根据地货币史》，中国金融出版社 2003 年版，第 162-163 页。
④ 刘崇明，祝迪润：《湘鄂西革命根据地货币史》，中国金融出版社 1996 年版，第 132 页。

1932 年 5 月，中共赣东北特委关于苏维埃的经济政策决议中提出："严禁私人银行发行纸币，只有苏维埃银行才能发行纸币；对于旧的纸币须加以清查与盖印，并须发行新货币兑换旧的纸币。"① 湘鄂赣革命根据地建立以前，在其边境地区和鄂东南地区各种杂钞劣币充斥市场，当时除了三省的各级地方政府印制大量的纸币和各种公债券、金库券外，更多的是各地商家、地主豪绅私自滥发各种商票、花票，他们以此为手段残酷地剥削边区广大的劳动人民。根据地各级工农银行建立后，便立即宣布禁止各种杂钞劣币在苏区市场内流通。湘鄂赣省工农银行成立时，省苏政府即发出布告，郑重宣布："以前流行杂票，均需收回汇集。一律禁止使用，以免混乱纷绎。"万载县工农兵苏维埃政府也曾提出："工农银行票币一发行，旁的票币即日收回。"② 在驱除杂钞劣币的同时，苏维埃政府还规定在苏区内部禁止用现金（银圆）交易，都要兑换成苏区纸币。同样，白区商人不论是持有银圆现金或是其他纸币，都要先将其兑换成苏区纸币才能在苏区进行贸易。

1933 年 4—12 月，由于川陕革命根据地印钞、造币厂的生产能力有限，向市场投放的数量不足，苏币不能完全满足根据地商品流通的需要，这时，白区货币在根据地内应是有条件地和根据地货币混合流通。"国营药店当时卖药收进来的钱，有布票、纸票、小钱、铜元、银圆。铜元是当 10 文、当 20 文的。还有当 100 文、200 文的……大点的交易用钢洋，也就是川版，当时农村还没有那么多票子。"③ 1933 年时，在南江县城有群众当街叫卖民国三年版的袁大头银圆。可见，当时川陕苏区的市场也充斥了各种杂钞。1933 年川陕苏币开始发行后，对旧币中的非金属货币进行了一定的限制。

闽西根据地境内有各种旧版金属铸币，如银圆、银毫、铜板等，由于金属铸币本身具有一定价值，所以一般允许这些旧版金属货币在市场流通。1930 年 6 月，闽西苏维埃政府发出的布告规定，袁头毫、广东毫、福建官局毫以及各种杂履旧毫，凡是银质的每元一十四角（十四角即等于一十七角半），各商店应一律行使，因为这些杂洋的银色实在比较时洋要好一点，我们正要乘这杂洋充斥的机会把这些银色好的杂洋集中至赤色区域的市面来，为此特行布告。④ 1931

---

①　张书成，许炳南：《闽浙赣革命根据地货币史》，中国金融出版社 1996 年版，第 190 页。

②　丁国良，张运才：《湘鄂赣革命根据地货币史》，中国金融出版社 1993 年版，第 149 页。

③　中国人民银行四川省分行金融研究所：《川陕省苏维埃政府工农银行》，四川省社会科学院 1984 年版，第 256 页。

④　中央档案馆，福建档案馆：《福建革命历史文件汇集（苏维埃政府文件）》，1985 年内部发行，第 228 页。

年4月，闽西苏维埃政府发出布告指出：对大洋铜元价格，因为在经济系（统）上与非苏区及苏区经济系统上的关系——时未加规定，但要使金融统一，防止商人操纵、便利金融流通起见，一切银价实有统一的必要。兹决定大洋兑净毛一十三毛半；大洋兑时洋一十八毛；净毛兑铜片一十八板；时洋七五折，每时洋双毛兑二十七片。中国银行、中南银行的纸票由工农银行规定价格，工农银行纸币照大洋一样使用，如银价不同的地方互相交易，合作社及各商家在物价上自有伸缩地步。[①]

因此，根据地创建初期，市面上的劣质货币给根据地经济和人民群众生活造成很大损失。根据地苏维埃政府，一方面把银色好的杂洋提高比价，规定统一的银价，吸引到市面上；对于白区的纸币，采用区别对待的办法加以限制，如有的禁止通用、兑换出口或者准其流通、折价行使等。另一方面，各根据地苏维埃政府，结合本地区的具体情况都发行了苏区货币，分别建立了独立自主的货币市场。这就有利于维护根据地的金融稳定，保障军需民用，巩固革命政权。

二、抗日战争时期对金融稳定的积极探索

抗日战争时期，为了维护金融的稳定，中国共产党领导的抗日根据地主要从以下两个方面进行了探索，包括运用经济或政治手段开展货币斗争、积极治理通货膨胀以及防范假币以维护根据地货币信用。

（一）探索运用经济手段开展货币斗争

开展对敌伪的货币斗争，消除敌伪货币的影响，从而稳定金融，是当时抗日根据地普遍面临的一个严峻问题。开展货币斗争可以使用多种手段，如政治手段和法律手段等，前文所分析的现金与外汇管理也是一种重要的方式和手段。除此以外，抗日根据地还探索运用经济手段或经济规律进行货币斗争，取得了很大成效和丰富的经验。其中较有特色的做法主要有以下两个方面。

1. 陕甘宁边区通过平准基金或设立货币交换所有效调节各地区之间的货币流通和资金循环，打击法币黑市

1941年10月，边区银行行长朱理治等人给边区政府的报告指出：银行必须有边币的平准基金。这种边法比价交换的货币损益，不是银行一般业务之收益

---

① 中共龙岩地委党史资料征集研究委员会，龙岩地区行政公署文物管理委员会：《闽西革命史文献资料》第五辑，1984年编印，第196页

所能弥补的。今后不管赚钱与亏本，其作用仅限于稳定金融，稳定物价，以利党、政、军、民事业的发展。因此，提出建议：增加边币的平准基金与银行业务基金共 2500 万至 2700 万元，最好以特产作基金，使银行时常保持着 3750 斤特产。① 朱理治还提出授权贸易局组织货币交易所的设想。他指出："出入口商人，为了经营出入口买卖，均须到该所买卖法币。买卖价格皆依市价，银行从中加以调剂，使之不会过高过低。"② 这些建议得到了采纳，同年 11 月 18 日召开的陕甘宁边区第二届参议会大会通过的财政提案中，即决定增强银行准备金，提高边币信誉。根据朱理治的设想，边区银行首先在延安裕顺通公司参加法币的市场买卖，作为公开买卖法币的试验。货币交换所挂黑市的价格，结果有换进的，也有换出的，银行从中帮助调剂，相对地左右了黑市。1941 年 12 月，边区政府通令全边区均设立货币交换所，允许人民依公平价格，自由交换。

陕甘宁边区货币交换所的一个重要职责就是执行调剂金融的任务。一是地区上的调剂。例如，陇东、关中两地，法币有来无去，靖边、安定则有去无来，绥德、定边、富县和延长不同于前述各地，法币有去亦有来，唯绥德、定边的法币还是来少去多。二是时间上的调剂。边区的贸易一年中间常带有寒热性，因而对法币外汇和边币的需求也随之出现季节性变化。③ 1944 年陕甘宁边区交换所共兑进兑出法币 15 亿元（以边币计），对外贸易所用的法币大部经过交易所，也就是全边区绝大部分边、法币交换结账，全由交换所负担起来。边区两次提高边币工作，都是以交换所为中心，伸缩牌价，以困惑黑市。1943 年底，边、法币比价一直上涨到 10 元以外，延市兑换所先积蓄力量，9 月后即停止兑出法币（当时银行法币占总发行数 37.5%），到 12 月也同样地先提后拉，把牌价提到 12 元，比黑市更高，然后实行无限制兑换，逐渐提高边币，造成边、法币的比价由 1944 年 6 月起，一直稳定在八元五角的空前纪录。④ 因此，货币兑换所"变黑市为明市"并取得相当控制的权力，因而对金融的调剂起到了打击黑市和稳定边币的作用。

---

① 陕甘宁边区财政经济史编写组：《抗日战争时期陕甘宁边区财政经济史料摘编》（第五编），陕西人民出版社 1981 年版，第 151-152 页。
② 中共河南省委党史研究室：《纪念朱理治文集》，中共党史出版社 2007 年版，第 192 页。
③ 陕甘宁边区财政经济史编写组，陕西省档案馆：《抗日战争时期陕甘宁边区财政经济史料摘编》（第五编），长江文艺出版社 2016 年版，第 441 页。
④ 陕甘宁边区财政经济史编写组，陕西省档案馆：《抗日战争时期陕甘宁边区财政经济史料摘编》（第五编），长江文艺出版社 2016 年版，第 443 页。

2. 晋察冀边区采用坡度贬值的方法兑换肃清地方杂钞

针对敌人将新旧河北钞及其他杂钞采取贬值办法，企图排泄于晋察冀边区，边区政府采取了"愈贬其值""贬到更低于敌占区的价格"的政策，使这些钞票流向敌区。以旧冀钞为例，1939 年初，当敌人拟停止使用冀钞，先将冀钞 9 折使用时，边区即以 7 折兑换，始终保持比敌占区低 2 成的行市。同时，采取坡度贬值兑换，即以边区政府所在地阜平为中心，1 元冀钞值边币 5 角，周围县区则 6 角，再远 7 角、8 角、9 角，"结果使许多商人都不愿带河北钞票进边区，反而从边区内部把河北钞票带了大批到敌区去"。①这样，在边区流通的旧河北钞不到 4 个月时间（至 1939 年 5 月），即在边区基本绝迹，并且反从敌占区带回了大批货物。旧冀钞被驱入敌占区，迫使日伪不得不继续维持行使，被迫放弃停止使用的企图，并减少发行伪联合准备银行的票币。对平、津、保（定）、晋等杂钞也用相似办法，逐步肃清，使其流向边区境外。

（二）防范假币以维护根据地货币信用

抗战时期，晋冀鲁豫和山东等抗日根据地面临较多假币的冲击，严重影响了边区的正常金融秩序。为此，党和边区政府采取措施，及时进行防范和治理，以维护边区的金融稳定。

1. 晋冀鲁豫边区对假币的防范

1939 年 8 月，冀南行政主任公署发出的《关于严禁伪钞流通的通知》指出："凡河北省银行拾元票 B 字头号码及五元票 7 个字号码，颜色较真票稍红此都是伪钞，务必立即布告各执并向民众宣传，绝对禁止该项伪钞流通，否则伪钞日益克斥。"② 1941 年 6 月，《解放日报》报道："冀西敌寇汉奸大批印制假冀钞，到处倾销，企图降低我抗日冀钞信用，扰乱我金融市场。现在市场上已经发现有五元、拾元、一元、五角 4 种，其中一元的就有 4 种。在区域上说临赞、内邱各县都有这种假冀钞出现。"③ 1942 年 8 月，冀南银行总行发出指示，现各地发现假票甚多，一般民众对假票认识不清，为此要求：各分行在其本区所发现之假票种类，须立即召集全体干部经过详细研究，印制识别法，普遍散发各级政府、机关、商民。各分行所设立及委托各个代理兑换所，同时必须具体委托其为假票辨认所，负责辨认识别对付假票。各分行统调工作，应深入于假票来

---

① 谢忠厚，肖银成：《晋察冀抗日根据地史》，改革出版社 1992 年版，第 254-255 页。
② 中国人民银行河北省分行：《冀南银行》（全二册），河北人民出版社 1989 年版，第 300 页。
③ 中国人民银行河北省分行：《冀南银行》（全二册），河北人民出版社 1989 年版，第 213 页。

源的调查及市场假票流通情形的统计，定期每月报告。① 1943 年 5 月，晋冀鲁豫边区政府发出紧急指示，提出反对假票是一种群众运动，应从各方面深入这一工作，专署县接到这一指示后应召开财经委员会讨论布置。其他军政机关应召集供给部门和会计事务管理人员会议讨论之。某些假票流行多的区域或边潜区域，应定一宣传周，定期宣传假票之样式，流行之坏处及敌之阴谋我之对策。② 因此，晋冀鲁豫边区各级政府及冀南银行等严密地防范假币，成立专门机构辨识假票，并且强调要进行反假票的宣传。

2. 山东抗日根据地对假币的防范

山东抗日根据地很多地区出现了大量的假票。1942 年 9 至 12 月，《大众日报》曾经多次报道假钞案。例如，1942 年 9 月，汉奸毕文运拿假北海票（拾元一张的）在蓬莱潮水集上购买粮食。12 月，鲁中近发现大批假造之伍元北海票。蒙阴敌寇近期计划以 300 万元向我根据地收买食粮、棉花，其中一百万元即系近日发现之伪造蓝色伍元北币。继鲁中之后，滨海区城头、十字路、筵宾等集市，分别查获伪造之伍元北海币数起。③ 1943 年 2 月，滨海各地连日发现大批敌人伪造之北海银行纸币，混入根据地，企图捣乱我金融。据悉，此系敌寇财阀巨头三井、三菱策划下之阴谋，其伪造票已达两千万元之多。④ 1943 年 12 月，在文登营及六区沟上集捕获两名奸细，共搜出假票七千元。1945 年 1 月，敌人又伪造新发行的 A、B 字票面伍拾元本币，利用奸商利徒来我根据地行使。海荣工商局查获假票犯一名，由青岛带来假北钞二万元，在海莱一带行使。⑤

针对猖狂的假票横行，山东省战工会等机构积极采取措施，开展反假票斗争，以杜绝伪造北海本币的来源和巩固北海本币的信用。1942 年 12 月，山东省战时工作推行委员会发出《关于查禁伪造北海本币的指示》，提出：（1）由政府布告人民，指出真钞与伪币区别之点，使群众自己能够识别；（2）利用各种

---

① 中国人民银行河北省分行：《冀南银行》（全二册），河北人民出版社 1989 年版，第 213–214 页。

② 中国人民银行河北省分行：《冀南银行》（全二册），河北人民出版社 1989 年版，第 215–217 页。

③ 中国人民银行金融研究所，中国人民银行山东省分行金融研究所：《中国革命根据地北海银行史料》第一册，山东人民出版社 1986 年版，第 570 页。

④ 中国人民银行金融研究所，中国人民银行山东省分行金融研究所：《中国革命根据地北海银行史料》第一册，山东人民出版社 1986 年版，第 571 页。

⑤ 中国人民银行金融研究所，中国人民银行山东省分行金融研究所：《中国革命根据地北海银行史料》第一册，山东人民出版社 1986 年版，第 574 页。

报纸书刊及冬学等教育机关，揭露敌寇扰乱金融的阴谋，指出维护北海本币，查禁伪造假票是全体抗日人民的严重政治任务，告诉群众识别伪币的方法与发现使用大批伪币的奸人对策，造成查禁伪币的群众运动；（3）北海银行总行，各地分行及办事处应会同各地政府机关，设立识别所，替人民辨别真伪。①

1943年，山东省战工会制定《处理伪造及行使伪造北海本币案件暂行办法》，主要规定办法有：（1）行使伪造北海本币之人犯，经证明确系勾结日寇，扰乱金融，或意图营利者，行使数量达500元以上者处死刑。行使数量不满500元者处10年以上有期徒刑，并科以行使数量1至5倍之罚金。（2）经证明确系良民，因不能识别，致受欺骗而行使者，将其行使假钞每张剪留四分之一，并将持票人姓名、住址登记后，即予开释。如再犯及累犯者，均应送交县府，详予考查后，分别情节按章处理。（3）群众团体，地方武装，民兵自卫团，主动配合政府银行，查获行使假钞数量在100元以上者，得由政府函请银行，酌情奖励之，但严禁乱查乱罚，以维市场秩序。②2月，山东省战工会通令各地，紧急动员，展开群众性反假票斗争。北海银行总行并同时公布真假北币识别办法，张贴大小集市。各地现已查获散布假票之奸商多起。③9月，胶东主署在招远查获贩卖伪造本币犯张桂荣，在掖北查获勾通敌人行使假北币犯徐寿堂，前者贩卖1100元以上，后者亦在500元以上，皆因案情重大，为群众所切齿痛恨，送经主署核准分别执行枪决。④据北海银行东海支行统计，1943年共查获假票24245元，1944年查获11988.5元，1945年查获假票22种、955张，金额30350元。⑤可见，山东抗日根据地的假票非常猖獗，因而对伪造及行使假票采取了严厉措施，并对查获假票进行奖励，在打击假票方面取得了不错的成绩。

三、解放战争时期维护金融稳定的努力

解放战争时期，导致金融不稳定的诸多因素仍然存在，因而各解放区继续进行维护金融稳定的探索和努力，如运用纸币流通规律开展货币斗争，治理通

---

① 中国人民银行金融研究所，中国人民银行山东省分行金融研究所：《中国革命根据地北海银行史料》第一册，山东人民出版社1986年版，第574页。

② 中国人民银行金融研究所，中国人民银行山东省分行金融研究所：《中国革命根据地北海银行史料》第一册，山东人民出版社1986年版，第579-580页。

③ 中国人民银行金融研究所，中国人民银行山东省分行金融研究所：《中国革命根据地北海银行史料》第一册，山东人民出版社1986年版，第578页。

④ 中国人民银行金融研究所，中国人民银行山东省分行金融研究所：《中国革命根据地北海银行史料》第一册，山东人民出版社1986年版，第575-576页。

⑤《山东省志·金融志》（第四篇），出版信息不详，第277页。

货膨胀问题以及发假币斗争等。

（一）运用纸币流通规律开展货币斗争

1. 东北解放区依靠经济手段肃清日伪货币的影响

日寇投降后，东北解放区考虑到"伪满洲币已落在人民之手，如果用政治力量公布停用，则人民吃亏太大，如果任其流通下去，则120多亿的发行额全部流入解放区来，又与维护解放区的利益相违背。经过慎重考虑，只有在流通中逐渐迫使伪满币出境，把解放区急需的棉花、纱布等换回来，才是适当的"。当时采取的具体措施是"首先自内地折扣行使伪满币百元券，继之向边缘扩展，逐步压低，使其由哈尔滨流向长（春）沈（阳）蒋区。同时鼓励商人以伪满币去蒋区购买花纱布来解放区，并在价格上使商人有利可图"。当时，人们把这种做法称为"赶绵羊"。1946年9月，黑河专署布告规定：伪满票按东北流通券的六折通用，即日实行。10月，黑河专署又一次布告规定，伪满币按东北流通券的五折使用，即日起施行。① 因此，由于东北券与伪满币的兑换不断贬值，市面使用越来越少，东北流通券自然成为东北解放区通用的唯一货币。

2. 解放区采取比价斗争的方式消除国民党货币的不良影响

到1946年4月，由于晋察冀解放区的迅速扩大，边币发行量跟不上形势发展需要，因而大量法币代替伪钞逐步内侵，边币阵地日益退缩，大批边币南流，边、法比值由1：16~17降到1：8~9的不利局面。因此，冀中区采取比价斗争的办法。比价斗争必须正确掌握比值，其先决条件是要有强有力的情报联络工作，资金问题也是能否主动掌握比值的重要物质条件。

在实际中，冀中区总结出边、法币比值的确定因素主要有四个方面：（1）边币和法币购买力对比（这是基本的因素），即在一定时期，从顽我两区几种主要出入口物资（如粮食、颜料、食盐、肉类、油类等）的价格指数来测定。例如，边区粮食除去正当利润外较天津贱1/2，应是1：2，较本区贱1/3，应是1.5：1；单按这一条件掌握比值，边法比值就是1：1.2。（2）对顽贸易的出超入超和平衡。具体来说，边区贸易出超时，要高于由双方货币购买力计算的比值；入超时，要低于由双方货币购买力计算的比值；平衡时，要接近由双方货币购买力计算的比值。（3）货币阵地扩大时，边币比值就上涨；反之，则下降。（4）军事、政治的影响。特别是战争的胜败与地区的变化都影响着比值的升降。我军胜利，边币比值就高，我军撤退，边币比值则下降。如我们撤出

---

① 黑龙江省金融研究所：《黑龙江根据地金融史料（1945—1949）》，1984年印，第107-108页。

固安后，边币比值一度跌到五角钱（一元值五角）。① 冀中区与法币斗争的经验证明，对敌货币斗争应该服从于对敌贸易斗争（包括支持采购）与边区经济的发展。而对敌贸易斗争和边区经济的发展又影响货币斗争。

1947 年 7 月，冀南银行太岳区行第三分行对闻、夏、新、稷四县货币斗争的初步总结中提出"限期禁止法币行使，逐渐达到肃清目的"方针，在肃清法币的工作上不能平均使用力量，应由内而外，由点到面，逐步推进，依次深入，有重点的进行。在兑出兑入工作上，太岳区行第三分行认为，要适当地掌握差额与用途，当法币用途多时，在兑入时就要接近黑市，在兑出时就要有一定的差额与用途的限制，不然是要入不敷出，无法应付，如堰掌在食盐大量倾销时，需要很多法币支付货价，黑市 1 : 10。我们挂牌 1 : 12 出入又没差额，很多人都愿到银行来兑，比在外面兑换便宜 2 元，新绛宣布法币在银行平价兑入兑出，挂牌后以法币兑冀钞的一个也没有，以冀钞兑换法币的纷纷而来，银行挂牌 1 : 8，实际商人 1 : 6~7 也愿兑。法币被商人挤完了，银行做不到兑出兑入无法应付只有停止营业，也是剩下一个空牌子。②

1948 年 5 月，山东潍坊市总结的排法工作经验是"排出为主，收兑为辅"。潍城新解放，为了照顾一般市民困难，如立即禁用势必断绝广大人民生计，故决定于解放之次日即挂牌兑换，但这种兑换系一种补救办法，短期照顾性质，基本办法是排挤—包封出口。收兑牌价采取逐步提高、稳扎稳打的办法，随着蒋币的日益贬值提高牌价，建立北币威信，促使法币迅速流向城市，减少损失。兑换票面额的规定：为提高兑换效率，减少不必要的损失，对票面额法币 5000 元以上，关金 250 元起兑。潍市排法共用 22 天，至包封出口停止，共用 39 天，计共兑换伪法币 2725763 万元，包封出口 3018472.5 万元，合计约 600 亿元。③

（二）防范假币以维护根据地的货币信用

1. 华北解放区开展反假币工作的概况

1946 年 1 月，冀南银行制定的《关于反对假票的规定》指出："最近假票在市场上仍然有相当数目的流通。""应严格防止奸犯的投机。除由总行及区行收集各种本币票样及识别办法分发各地以资识别外，并希望各地今后将所发现假票经常送交总行，由总行统一分发各地警戒。各地重要城镇应设立识别兑换

① 河北省金融研究所：《晋察冀边区银行》，中国金融出版社 1988 年版，第 100-104 页。
② 中共山西省委党史研究，山西省档案馆，太岳革命根据地财经史料编委会：《太岳革命根据地财经史料选辑》（下），山西经济出版社 1991 年版，第 1350-1351 页。
③ 中国人民银行金融研究所，中国人民银行山东省分行金融研究所：《中国革命根据地北海银行史料》第三册，山东人民出版社 1987 年版，第 234 页。

听，以免群众受骗。"① 1947 年 2 月，冀南银行冀南区行第一次分行经理联席会议指出：截至 1 月 15 日全区不完全统计，破获假票 109 件，假票 9239900 元；注销假票 3977719 元；出纳员误收假票 479026 元；三宗合计 13696645 元。因此，会议强调，反假票工作银行必须立即负起责任，需要一元化布置的，自己要提出意见，需要个别部门配合的要去找人家配合，不能丝毫等待，在做法上必须抓紧，利用一切可利用之机会进行各种宣传教育，把反假票变成群众性，只有群众都认识假票都反对假票时，假票才没有立足之地。② 从 1947 年 2 月冀南银行各区行假票情况可以看出假票的严重性，详见表 33。

表 33　1947 年 2 月冀南银行各区行假票统计表

行别	假票案		注销数（元）	误收数（元）	总数（元）
	宗数（宗）	票数（元）			
一分行	16	992500	875859	44750	1949109
二分行	3	—	324500	147600	432100
三分行	—			81067	81067
四分行	44		2177360	78727	2256087
五分行	46	8247400	600000	170882	9018282
合计	109	9239900	3977719	479024	13696645

资料来源：中国人民银行河北省分行：《冀南银行》（全二册），河北人民出版社 1989 年版，第 220 页。

1948 年 7 月，华北银行总行发出《关于开展反假票斗争方针的指示》，指出目前假票活动的特点是带有普遍性，各行署均有发现。所有敌重要据点都往外推销假票，又都在麦秋季节齐一的加强其活动，已成了敌掠夺计划和手段的一个重要构成部分。在原冀鲁豫地区以及晋察冀内地假票较严重地区，应广泛开展反假票斗争，在边缘区及敌据点周围（如安阳、平、津、保、济等），组织群众性的查缉假票，凡自敌区带来的边冀钞均须严密检查。划定封锁带（如冀中），以防假票内侵。同时，应加强银行贸易部门的反假票教育，造成识别假票

---

① 中国人民银行河北省分行：《冀南银行》（全二册），河北人民出版社 1989 年版，第 218 页。

② 中国人民银行河北省分行：《冀南银行》（全二册），河北人民出版社 1989 年版，第 219–220 页。

的学习运动，使每一公营经济部门都能成为帮助群众识别假票的对照所。制定查获假票处理办法，对于查获假票者可根据情况予以奖励。① 9 月，晋冀鲁豫边区政府和晋察冀边区行政委员会联合发布《关于反假票斗争及对假票犯处罚办法的指示》。该指示提出，为了维护群众利益，保护物资及巩固本币，稳定金融，对反假票斗争必须提起高度注意，把反假票斗争作为当前对敌经济斗争中的重要内容。在反假票工作上除整顿本币，力求印刷技术改进外，主要的是防止和杜绝假票侵入本区。②

1948 年 11 月，西北农民银行十一分行等发出《关于反假票斗争的联合指示》，要求必须认真研究讨论，明确认识反假票工作是当前货币斗争中紧急任务之一，及时收集情况、重要情况及反假票经验。③ 西北贸易公司、西北农民银行联合发出通知，提出要随时识别假票。收入款项时，不但要点对数目，还要审查花纹，发现假的即盘问追究或送政府审讯。向群众进行反假票教育，揭露敌人阴谋，并教给群众如何识别假票，必要时号召大家进行检举运动。如在本区未发现假票，可不必进行这项工作，以免引起群众不安。④ 华北银行冀鲁豫分行在关于反假票工作的通报中指出各地已普遍发现大量假票，黄河南及四八分区假票最严重。因而通报提出：（1）各行处所将反假票当作目前重要工作之一，发现假票及票犯，随时送司法机关，其假票加盖假票戳，除自留作样外，其余必须送交分行；（2）每个同志，尤其是出纳同志，要加强反假票的学习，熟悉真票，辨别假票；（3）加强对群众识别教育，使之了解到蒋匪阴谋，并使其自动的帮助反假工作，造成群众性的运动，并要求每个同志在 12 月份都要学会识别一般假票，以便加强对商民宣传。⑤

因此，华北解放区各地都高度重视反假票工作，提倡开展群众性的反假票运动，让群众识别、检举假票，并酌情奖励查获假票者，对票贩则予以严厉惩罚。这些发假票措施起到了很好的效果。

2. 苏皖（华中）解放区开展反假币的工作概况

1946 年 1 月，皖边区政府颁布的《苏皖边区惩治伪造货币暂行条例（草

① 华北解放区财政经济史资料选编编辑组：《华北解放区财政经济史资料选编》第二辑，中国财政经济出版社 1996 年版，第 259-260 页。

② 中国人民银行金融研究所财政部财政科学研究所：《中国革命根据地货币》下册，文物出版社 1982 年版，第 57 页。

③ 杨世源：《西北农民银行史料》，山西人民出版社 2002 年版，第 57-58 页。

④ 杨世源：《西北农民银行史料》，山西人民出版社 2002 年版，第 58 页。

⑤ 中国人民银行金融研究所，中国人民银行山东省分行金融研究所：《冀鲁豫边区金融史料选编》（下册），中国金融出版社 1989 年版，第 341-342 页。

案）》明确规定，凡是伪造、变造、贩运或发行伪造、变造边区货币者，处死刑或无期徒刑，或十年以上有期徒刑。以房舍供人伪造、变造边区货币者，处10 年以下 3 年以上有期徒刑。[①] 2 月，华中银行发布反假启事，指出最近发现了伪造本行红色拾圆版假票，并要求：（1）发现行使假票人犯，跟踪侦探，查明线索，自行捉获主犯，及其机关内一切印造假票之工具，送交政府机关者，给赏华中币一万元整。（2）已经侦知行使或印造假票之机关所在地点或主犯姓名住址，报告政府机关，因而捕获并搜得相当证据者给赏伍千元整。因贪图小利，或受伪造主犯之欺骗利用，代为行使伪票，现已自知错误，秘密向政府机关自首，因而捕获主犯及印造假票之机关者，除不咎既往，免予处分外并给赏二千元整。[②] 1947 年 1 月，发现敌人伪造华中银行发行的壹仟元票面华中币。1947 年 9 月，在淮阴、涟水一带发现大量仿造的伍千元券本票。1948 年 9 月，发现1947 年版发行的耕牛风景图壹千元假币。同年 10 月，宿迁县大兴镇发现华中币本票贰千元假券。因此，苏皖边区各地不断发现了假钞的存在，而上述反假钞办法的推行有助于粉碎敌人对解放区金融和经济建设的破坏阴谋。

3. 东北解放区开展反假币工作的概述

东北解放区货币，开始时由于印刷材料和制版技术较差，印钞质量不高，坏人、敌特分子有意印制假票进行破坏的情况时有发生。因此，东北解放区反假票斗争相当激烈。1946 年 9 月，哈尔滨市公安局在哈市捕获伪造东北银行地方流通券罪犯 3 人，行使犯 2 人。伪造者供认：伪造假币 3 次，金额达 250 万元，其中东北银行地方流通券 210 万元，还有红军票 40 万元。同年 8 月、9 月间也有伪造嫩江券、合江券、克山券、牡丹江实业银行券案件被查获。[③]

对此，东北解放区各级政府特别重视，银行与政府密切配合，进行坚决斗争，严厉惩处伪造假票的不法分子。《吉林日报》报道："1947 年 11 月开群众公审陆鸿图、尹成信、任连科、王振山等私用假票罪犯。东北行政委员会于1947 年 12 月通令各省主席、各专员和县长：如发现密运假票在万元以上者，处死刑。对检举揭发者给予奖励，东北行政委员会颁发了《检举假票出力人员奖

---

① 《淮阴市金融志》编纂委员会：《淮阴市金融志》，中国金融出版社 2006 年版，第121 页。

② 江苏省钱币学会：《华中革命根据地货币史》第 1 分册，中国金融出版社 2005 年版，第211 页。

③ 赵锡安等：《东北银行史》，中国金融出版社 1993 年版，第 50 页。

励办法》。"① 这些措施保证了人民政权货币的推行和金融市场的稳定。

4. 山东解放区的反假币工作概述

解放战争时期，山东抗日根据地仍然出现了较多伪造的假票。1947年8月8日，《渤海日报》报道："国民党济南绥靖公署伪造假北币，纵使奸商特务推入解放区，仅周村市即查获假北币58万余元。在7月3日中即捕获贩假票之奸商刘绪泉、张心甫等15案，计假票58万余元。另外，匪特冯占林股现已带假北币50万元到临邑一带推销；顾风歧股亦带50万元到济阳、齐河一带推销，并在齐河城北三里桑梓店附近添口等处均设有假北币兑换所，均存有大批假北币，有计划地破坏解放区金融。"② 1948年10月，胶东分行在《关于注意反假工作的通函》中指出：在各集市发现伍佰元小版耕牛图假票很多，随即组织干部到各集市进行秘密检查，并作广大宣传，经两集时间，即查获逮捕假票犯4名，计假票近40万元。③ 1947年，胶东分行共计发现假票21种，1948年发现17种假票，都是五百元券。1948年，鲁中南发现假票9种。北海银行总行还于1948年9月和1949年1月两次编印了《真假票识别手册》，详细记录了各地发现假票的特征，共计70种，其中50元券5种，100元券和200元券各17种，500元券30种，1000元券1种。分发各地。④

针对假币泛滥的现状，山东省政府于1946年9月颁布《修正处理伪造及行使伪造北海币暂行办法》，规定伪造和使用的假票数量达2500元以上的处死刑；使用数量不满2000元的，处10年以下有期徒刑并科以使用数量10倍至50倍的罚金。同时废除1943年制定的《处理伪造及行使伪造北海本币案件暂行办法》。⑤

依据上述《修正处理伪造及行使伪造北海本币暂行办法》，山东省北海银行制定《查缉伪造北海本币奖励暂行办法》，规定：凡查获之解放区内部伪造本币之罪犯人员及伪造本币之器材全部或一部者，得按案件大小、破获程度、查缉

---

① 黑龙江金融研究所：《黑龙江根据地金融史料（1945—1949）》，1984年印刷，第119-120页。

② 中国人民银行金融研究所，中国人民银行山东省分行金融研究所：《中国革命根据地北海银行史料》第四册，山东人民出版社1988年版，第73页。

③ 中国人民银行金融研究所，中国人民银行山东省分行金融研究所：《中国革命根据地北海银行史料》第四册，山东人民出版社1988年版，第75页。

④ 中国人民银行金融研究所，中国人民银行山东省分行金融研究所：《中国革命根据地北海银行史料》第四册，山东人民出版社1988年版，第77页。

⑤ 中国人民银行金融研究所，中国人民银行山东省分行金融研究所：《中国革命根据地北海银行史料》第四册，山东人民出版社1988年版，第70页。

人员之努力状况等，酌量给予 5000 元以上、5 万元以下之奖励。对因告发而捕获或协助捕获的，在上项奖金中分一半予以奖励。[1]

该奖励办法颁布后，各地迅速展开反假票斗争，各级银行一方面召开干部会议，研究假票的特点，部署反假工作措施，一经发现假票，立即向上级报告。另一方面有组织地向群众宣传，帮助群众识别真假。据统计，北海银行总行在 1948 年下半年反假工作总结中指出，共计查获假票（日常点票中发现的不计在内，数额以北海币计算）共计 14264.01 万元。其中鲁中南为 2206.1 万元，济南为 9605 万元，渤海为 545.75 万元，胶东为 1487.61 万元，昌潍为 326.5 万元，潍坊为 93.05 万元，折合人民币 1426401 元。其中查获最大数字（如南村）北海币为 200 万元。在票额上绝大多数是伍佰元券的，其图景以汽车、泰山、玉皇顶为最多。查获假犯总计 157 名：济南 2 名，鲁中南 80 名，胶东 45 名，渤海 15 名，昌潍 11 名，潍坊 4 名。[2]

总而言之，革命根据地存在诸如挤兑、假币等影响金融稳定的因素。因此，从土地革命时期开始，党和各级政府竭力维护金融稳定，积极开展货币斗争和反假票斗争，有力地维护了革命根据地金融秩序的稳定。

第四节　解放区私营银钱业管理办法的相继制定

解放战争时期，随着解放区的不断扩大及许多大中小城市的陆续解放，一方面接管了官僚资本的金融机构，一方面解放区或新解放的城市也出现了许多私营银钱业。例如，私人资本经营的商业银行、银号、钱庄等。解放区的私营银钱业是民族资本经济的一部分，具有积极和消极两面性。《人民日报》在 1949 年 4 月 28 日的社论指出，"私营银钱业在新民主主义经济中可能起两方面的作用：一方面是调剂社会资金和扶助有益于国民生计的工商业发展的积极作用。另一方面利用存款投机囤积，助长物价波动，妨碍正当工商业的发展"。[3] 因此，必须限制其消极方面，对其进行必要的管理就成为解放

---

①　中国人民银行金融研究所，中国人民银行山东省分行金融研究所：《中国革命根据地北海银行史料》第四册，山东人民出版社 1988 年版，第 71 页。

②　中国人民银行金融研究所，中国人民银行山东省分行金融研究所：《中国革命根据地北海银行史料》第四册，山东人民出版社 1988 年版，第 88 页。

③　中央工商行政管理局秘书处：《私营工商业的社会主义改造政策法令选编》（上辑），财政经济出版社 1957 年 12 月第 1 版，第 220-222 页。

区各民主政府的全新任务。

一、华北地区私营银钱业管理办法的制定

抗战胜利后，晋察冀边区、晋冀鲁豫边区新解放的城市产生了工商业资金融通的需要，私营银钱业随之迅速发展起来。晋冀鲁豫边区有各种行号 23 家，晋察冀边区的冀中区有 27 家、石家庄市有 17 家。[①] 考虑到私营银钱业的两面性，华北地区各解放区人民政府先后颁布实施相关银钱业管理办法。

1946 年 6 月，晋察冀边区政府率先颁布《晋察冀边区银钱业管理办法》，确定了"团结银钱业与扶助银钱业发展"的方针。该办法主要规定：（1）凡经营银钱业者，应于事先订立章程载明名称、组织、地址、资本金额、营业范围、负责人姓名、籍贯、住址及简明履历、股东名册，向当地政府呈请转报行政公署或省（市）政府核准；（2）银钱业资本金至少须达边币 3000 万元，凡经政府核准设立之银钱业，其资本金经全数认足，并实收资本总额三分之二，经边区银行检验认为确实者，由行政公署或省（市）政府发给营业证；（3）凡领有营业证者，可以经营存款、放款和汇兑业务，不得兼营其他业务，亦不得为他商号或公司之股东；（4）各银钱业须缴纳其资本金 10%存于边区银行作为保证金，边区银行以周息五厘给息，各银钱业至少须保持有存款总额 20%作为准备；（5）边区银行及所辖分支处必要时得派员检查其业务情形与资产状况，并随时指导与扶助之。[②] 上述办法明确要求银钱业必须呈报详细信息，对最低资本金、实收资本、营业范围、保证金等也进行了规定，从而促进了边区银钱业规范有序的发展。

1946 年 7 月，晋冀鲁豫边区政府公布《管理银行银号暂行办法》，对私营银钱业加强登记和管理。办法主要规定：（1）凡在边区境内新设或复业之银行银号，须呈请核准许可，登记备案，取得营业执照后方准开张营业；银行银号暂定最低资金额如下：银行须实收冀钞三万万元，银号须实收冀钞一百万元；（2）银行银号经营业务范围包括：存款放款、解放区内之汇兑及押汇、票据买卖、贴现、代理收付款项、代募边区公债公司债、工业手工业投资；凡银行经边区政府或其行署特许，发给特许证者，可经营下列附属业务：生金银买卖、

---

① 《中国近代金融史》编写组：《中国近代金融史》，中国金融出版社 1985 年版，第 343 页。

② 中央档案馆，河北省社会科学院，中共河北省委党史研究室：《晋察冀解放区历史文献选编（1945—1949）》，中国档案出版社 1998 年版，第 132—133 页。

货币买卖、工业之直接经营及物资之掌握、仓库业、保管贵重物品、外区汇兑；（3）私营银行银号不得经营：发行钞票、营业所需以外之房产地产经营买卖、本行号股票之买卖及抵押业务，不得向商业投资；（4）银行银号应进行工业、手工业放款及投资，金额不得低于全部活动资金总额六分之一，利息应低于商业放款利息；（5）银行银号营业年度规定为一年，上下半年各决算一次，每月终造具营业报告表，损益明细表，每期终造具营业报告书，呈报边区政府或其委托机关查核，于必要时，并得派员检查其业务情形及财产状况；（6）边区境内之银行银号，得共同办理增进金融业之公共利益、矫正金融业上之弊害、协助预防或救济市面之恐慌、办理票据之交易等事项，但须受边府财政厅或其行署财政处之指导或监督；（7）银行银号因破产或其他事故停业，或解散时，除依其他法令规定办理外，应即开具事由，呈请边区政府财政厅或其行署财政处核准后，方生效力。银行银号停止支付时，除详具事由，呈请边区政府或其委托机关核办外，应在当地报纸公告之，并呈请财政厅或财政处检查。银行银号解散时，应将营业执照呈缴所在地政府，转送财政厅或财政处注销。[1]

上述《管理银行银号暂行办法》和此前的晋察冀边区的办法基本相同，但是对银钱业营业范围的规定更广泛，而且还明确要求信贷投资于工业和手工业的不少于六分之一。

与此同时，晋冀鲁豫边区还制定了专门的《银行银号备案登记手续》，明确规定：边区一切合资或独资经营之银行、银号均须登记备案，填明银行银号名称、组织章程、总行号所在地、股东姓名、资本总额、营业范围、存在年限、董监事及经理简历表等项。银行呈请边府财政厅，银号呈请行署财政处，或呈由当地政府，分别转呈财政厅或财政处审核，经核准后，方得招募资本，如系招股设立之银行银号，并呈送其招股章程；经政府审核批准集募资本达二分之一时，得呈请财政厅或行署财政处，经派员或委托机关派员验资具证认为确实后，由边区政府财政厅或行署财政处发给营业执照方得开张营业；银行银号经核准登记后满六月尚未开始营业者，边区政府得撤销其登记，但有正当事由时，银行银号得呈请展延；同时，还要将各地已有业务关系之总分支行号办事处和同等联号，向政府或委托机关报告详细信息。[2]

可见，相对于晋察冀边区银钱业管理办法来说，晋冀鲁豫边区所制定的管

---

[1] 华北解放区财政经济史资料选编编辑组：《华北解放区财政经济史资料选编》第二辑，中国财政经济出版社 1996 年版，第 93 页。

[2] 华北解放区财政经济史资料选编编辑组：《华北解放区财政经济史资料选编》第二辑，中国财政经济出版社 1996 年版，第 94 页。

理办法更加全面和详尽，具体规定了银钱业登记、最低资本金、营业范围、特许经营业务和罚则等。

1948 年 7 月，晋冀鲁豫边区政府、晋察冀边区行政委员会发出通令，决定"一切机关、公营企业存款，自即日起一律存入华北银行（或其分支行）"，"一切公营企业，公用事业之款项，需委托收付调拨时一律交由华北银行（或其分支行）代办"，"机关、企业前存在华北银行以外一切银行号之存款及其他款项，委托事务，均限于文到日一月内转入华北银行（或其分支行），逾期不执行经查获者一律没收"。① 过去公家的资金分存于各私营银钱业，导致市场投机，物价波动。这一办法的推行大大削弱了私营银钱业的资金来源，使那些专靠公家存款进行投机活动的私人银钱业无法继续生存，对于合理运用国家资金，稳定金融，发展工商业也有重要意义。

冀南银行和晋察冀边区银行合组华北银行后，两行于 1948 年 8 月召开联合扩大行务会议。针对各地银号蓬勃发展，会议决定："要有明确的政策，不可重蹈过去盲目放任、一律扶植和一律取缔的覆辙"；"一方面要保障其合法经营；但对从事投机活动者，应从行政管理和业务活动中积极进行斗争"，要"和私人银钱业进行竞争，用业务来压缩它的活动力量和范围。我们绝不拿出力量来扶植银钱业，个别业务正当，执行政策的，可以有目的地建立关系，作必要的融通"，还"必须全部严格执行'银钱业管理办法'；以维持和稳定金融市场秩序，制止信用膨胀和投机，保护存款人权益。过去我们在这方面是有严重缺点的，今后必须注意银号的资金、背景的现状和变化，利率和利润的变化，存款准备的变化，营业活动方法的变化。如果这方面有所放松，就会对金融市场有恶劣影响。各地银钱业状况，各分行应列为书面汇报的经常内容，向总行报告"。② 上述会议决定针对私营银钱业提出了不放任、不扶持和不强行压制的基本原则。

1949 年 4 月，华北人民政府公布《华北区私营银钱业管理暂行办法》，主要规定：

第一，私营银钱业经营业务包括：收受各种存款、办理各种放款及票据贴现、解放区境内汇兑及押汇、经中国人民银行特许之区外及国外汇兑、票据承兑、代理收付款项、工矿业投资、保管贵重物品。银钱业不得从事：为公私商

---

① 中共冀鲁豫边区党史工作组财经组：《财经工作资料选编》（下册），山东大学出版社 1989 年版，第 156 页。

② 华北解放区财政经济史资料选编编辑组：《华北解放区财政经济史资料选编》第二辑，中国财政经济出版社 1996 年版，第 275 页。

号或其他银钱业之股东（工矿业投资除外）、收买或承押本行庄之股票、购置非营业所必需之不动产、兼营商业囤积货物或代客买卖、设立副账或作不确实之记载、签发本票、收受一切军政集团机关及公营企业之存款、金银外国货币之买卖抵押放款、代人出面保有财物其他未经批准之行为。

第二，银钱业资本之最低数额（以中国人民银行钞票计）依其营业地点之不同规定为：银行2000万至5000万元，银号、钱庄300万至600万元；银钱业之资本金中，现金或经当地中国人民银行认可之财产至少须占资本总额十分之七。营业用器具房地产最多不得超过十分之三。其价值超过者，仍按十分之三计值；新设之银钱业，其资本金须全部认足，并实收资本总额四分之三，经查验属实后，发给营业登记证始准营业，其不足之资金，限开业后两个月内补足。

第三，银钱业之资金运用，应限于有利于国计民生的生产事业，及主要日用品之运销事业，合法正当经营本业，并加入当地同业公会，或持有营业执照者；银钱业信用放款额数，不得超过存款总数之半；银钱业所收存款应按下列比率，缴存保证准备金于当地中国人民银行，由该行按照同业存款利率计息。其准备金数并以活期存款10%或定期存款5%，就每周存款平均余额调整之；银钱业对存款应提存之付现准备金活期存款10%，定期存款5%。

第四，银钱业应按期造送各种报表，呈送当地中国人民银行查核，于必要时中国人民银行随时派员核查。

第五，外商银行及储蓄银行、信托银行的登记管理办法另定之。但在该办法未公布前均依本办法施行。[①]

因此，上述暂行办法授权各地中国人民银行作为银钱业的管理检查机关，对银钱业的经营和不许经营的范围、资本金中现金和不动产的比率及信用放款占比等都进行了详细规定。另外，对于外商银行等，在没有另定办法前也适用于该办法。目的在于一方面要保证私营银钱业的合法经营，维持和稳定金融市场，另一方面要防止私营银钱业信用膨胀和投机，并压缩私营银钱业的业务量和范围。

二、东北地区私营银钱业管理办法的制定

1947年8月，东北银行哈尔滨分行呈请哈尔滨特别市政府批准，制定了《哈尔滨市私营银行业务管理办法》，并委托松花江工商银行于同年9月1日

---

① 《私营工商业的社会主义改造政策法令选编》（上辑）（1949—1952年），财政经济出版社1957年版，第222-225页。

起，对该 5 家私营银行的业务活动进行管理。该办法共 16 条，其内容主要有：（1）凡各行所有存款（往来存款、特别往来存款）之总额，必须以 50% 存入国家银行。其中 25% 作为定期存款利息，按照国行定存章程办理，其余 25% 作为活期存款，以备支票交换及领现之用，国行给以此种存款利率月息每元分八厘以示照顾。（2）各私行除经营存放款业务外，不得兼营商业押质等业务，倘需要增加新业务时，须事先由各私行陈请政府或国家银行批准后，方得实行之。存放款利息由国家银行统一规定；各私行放款业务，规定为工业占放款总额之 60%，其他各业占 40%，以前所有放款亦应根据此项比例进行调。（3）各银行规定每年六月底及十二月底为决算期，并向政府及国家银行于决算后五日内提出报告，倘政府或国家银行为了更及时了解各行之业务而规定之各种表报时，送交不得藉故拖延。（4）各私行不得出具本票、期票及类似本票、期票之有价证券；该办法经政府批准后，由该市国家银行负责监督执行之。①

上述办法对私营银行的付款保证、经营范围、放款领域、存放款利率、严禁签发支票以及定期向国家银行报告业务情况等进行了详细规定。

截至 1949 年 6 月，东北解放区内开业的私营行庄共 11 家，分布于沈阳、哈尔滨、锦州 3 个城市。详见表 34。

表 34　截至 1949 年 6 月东北解放区开业的私营行庄统计表　（单位：个）

行庄名	行庄数	分行数	总分行分布		
			沈阳市	哈尔滨市	锦州市
志诚银行	1	3	4	—	—
哈尔滨银行	1	2	1	2	—
沈阳商业银行	1	1	1	—	1
功成银行	1	1	1	1	—
益发银行	1	1	—	2	—
民生银行	1	—	1	—	—
益和永钱庄	1	—	1	—	—
辽宁储蓄会	1	—	1	—	—

---

① 黑龙江省金融研究所：《黑龙江根据地金融史料（1945—1949）》，1984 年印，第 230 页。

续表

行庄名	行庄数	分行数	总分行分布		
			沈阳市	哈尔滨市	锦州市
福增长银号	1	——	——	——	1
益通银行	1	——	——	1	——
犹太银行	1	——	——	1	——
合计	11	8	10	7	2

资料来源：赵锡安等：《东北银行史》，中国金融出版社1993年版，第248页。

由于私营行庄数量的迅速增长，为了有效加强对其监督和管理，1949年6月，东北行政委员会颁布《东北行政委员会管理私营行庄暂行办法》，自公布之日起施行。该办法主要内容有：第一，私营行庄以经营收受各种存款、办理各种放款及票据贴现、解放区内之汇兑及押汇、代理收付款项、代理保险业务为限；不允许为经营商业公司商号之股东、收买或承押自己行庄的股票、购买非营业用不动产、兼营商业或囤积货物、设立暗账或作不正确之记载、发行本票、收受公家存款、买卖金银、硬币、外国货币及外汇等。私营行庄主要负责人亦不得兼营他业。第二，凡拟开设私营行庄或增设分支机构者，须呈请当地政府转报本会核准发给营业执照后，始得开业；私营行庄之资本金额最低限度为30亿元（以东北地方流通券计算），限一次以现金缴足。此前已经营业之行庄现金不得少于10亿元，限于两个月内补足之。私营行庄以公债、房产、生财设备充当之资本，须经东北银行查定。私营行庄增设分支机构时，每个分支机构最低须备资本金10亿元，现金须占半数。第三，私营行庄之放款应以扶助工业为主，其比率不得少于放款总额的60%，须一律征收抵押品，对于投机倒把、囤积商号严禁放款；私营行庄应按每旬存款平均余额，最低须按定期存款10%、活期存款15%缴存保证准备金于当地东北银行，由该行按照一般存款支付利息。私营行庄每日库存不得少于存款总额10%。[①]

上述办法授权东北银行为管理私营行庄的机关，对私营行庄可以和不许经营的范围规定更详细具体，同时还要求扶助工业的放款不少于总额的60%。

东北银行各分支行曾组织人力对私营行庄的经营状况进行检查，发现并处

[①] 黑龙江省金融研究所：《黑龙江根据地金融史料（1945—1949）》，1984年印，第232-235页。

理了部分行庄的不法行为。例如，沈阳民生银行向营口贩运大豆、豆油，并进行帐外存放款，经发觉后纠正；北京中国人民革命军事委员会工程学校冯成珠在志诚银行南市分行存款 16 亿；汉口第四野战军军械部刘曙仁在民生银行存款 73 亿；沈阳军工部张某在福增长银号存款 15 亿，除对上述的存款人予以批评外，并警告私行不得再有吸收公款行为发生。益和永钱庄临时占用公债款并虚报存放款数字，令其提出悔过书；沈阳商业银行动用存款人 17 亿、益和永动用存款人 9 亿存款认购公债，均令其纠正。①

因此，东北银行各分支行严格执行《东北行政委员会管理私营行庄暂行办法》的相关规定，有力打击了东北地区的投机倒把、设立暗账及非法吸收存款等违法行为，维护了正常的金融秩序。

三、中原和华东地区对私营银钱业管理的基本概况

1948 年 8 月，山东省政府主席黎玉署名公布施行《山东省政府管理银钱业暂行办法》，其核心内容有：（1）凡经营银钱业者，应呈报当地政府认可后，转呈省府最后核准；凡已停业之银钱业申请复业者，也须向当地政府呈报审核。（2）凡复业之银钱业，如系与官僚资本合资经营者，其属于官僚资本之股金、存款及其盈余，应依法全部由政府接收并经清查确实后，其私人股份始得依本办法办理复业或另行集股开业。（3）钱庄业资本至少须北海币 5000 万元，银号业资本至少须北海币 1 亿元。开业时至少须收足半数，经当地政府检查确实后，方准开业，余额限期筹足，复业者同。开业后业务流通资金须经常保持其资本额三分之二以上，房地产及其他固定资金不得超过三分之一。以前已开业之银钱业，应限三个月内筹足之。（4）银号钱庄限于经营存款、放款、解放区内汇，绝不得经营外汇生金银以及其他任何业务（政府或银行指定或委托者例外），并不得为商号公司及工厂之股东。（5）银号钱庄如发生破产或因他故不能继续营业时，应列举事由呈报当地县市以上政府，经验查属实后，方准其停业，并将资产负债情形公布，实行清理。② 因此，凡是私人在本省各城市开设银号钱庄都适用该办法，以促进其辅助正当的工商业发展。

中原解放区各地也有成立与恢复私营银号的要求，中州农民银行居国家银行地位，应该承担主要管理责任。为此，中州农民银行总行于 1948 年 12 月下发

① 赵锡安等：《东北银行史》，中国金融出版社 1993 年版，第 253 页。

② 中共山东省委党史研究室，山东省中共党史学会：《山东党史资料文库》第 24 卷，山东人民出版社 2015 年版，第 499—500 页。

《关于暂发中原区私营银钱业管理暂行办法草案》，主要规定：私营银行号之最低限度资本，称银行者不得少于本币 1 亿元，称银号者不得少于本币 1500 万元。开业时至少须收足 2/3，余数限 3 个月内收足。如增设分支行号，分支行号之资金不得少于总行号资金 2/3，且不得以现钞以外之财产抵充；私营银行号限于经营存款、放款、解放区内汇兑和代理收款。①

1949 年 6 月，武汉市军事管制委员会颁布《关于私营银钱业申请登记审查办法》，要求在武汉解放前后未停止营业和已停止营业的私营银行、银号、钱庄等都必须呈请审核批准，其营业方针与人民政府金融政策是否相符，是否收足规定资金等，以确保私营银钱业遵照人民政府金融政策进行营业。②

《华北区私营银钱业管理暂行办法》颁布三个月以来，私营银钱业已经逐渐地改造，因而为华东区私营银钱业树立了榜样。1949 年 8 月 21 日，由华东军区司令员陈毅、政治委员饶漱石等共同签发《华东区管理私营银钱业暂行办法》正式公布，主要规定如下：

第一，私营银钱业除允许经营一般银行业务外，还可经营经特许之解放区外及国外汇兑、经核准之保管仓库业务、经核准之信托储蓄业务、其他经中国人民银行指定或委托办理之业务。银号、钱庄不得经营经特许之解放区外及国外汇兑、经核准之信托储蓄业务两项业务。

第二，银钱业不得经营：为公司商号或其他银钱业之股东、收买或承押本行庄之股票、购买非营业所必需之不动产、兼营商业囤积货物或代客买卖、设立暗账或作不确实之记载、签发本票、收受军政机关及公营企业之存款、金银外国货币之买卖或抵押、其他未经批准之业务。

第三，凡银行、信托公司、银号、钱庄等须在限期内（自本办法公布日起上海为一个月，上海以外地区为一个半月）呈请当地政府转呈华东财政经济委员会经核准登记，发给执照后，方得营业，已经营业不准登记者，应即停业，限期清理。

第四，银钱业之资本额，上海市银行、信托公司为 1 亿元至 2 亿元，钱庄 6000 万元至 1 亿 200 万元；青岛、济南、南京、芜锡、杭州、鄞县六市县银行信托公司为 4000 万元至 8000 万元，银号 2500 万元至 5000 万元；华东区其他各地银行信托公司为 1000 万元至 2000 万元，银号、钱庄 500 万元至 1000 万元。

---

① 王礼琦：《中原解放区财政经济史资料选编》，中国财政经济出版社 1995 年版，第 555-556 页。

② 武汉市档案馆：《武汉解放》，武汉出版社 1996 年版，第 406-407 页。

第五，银钱业在不同市、县地区设立分支行处者，每设一行处，应依照所在地银钱业资本标准40%增加之。总行所在地尚在待解放区者，其分支行处资本额暂按照所在地银钱业资本标准60%计算。

第六，银钱业资本之构成，其现金部分不得少于前条各款规定之最低资本额，超过资本最低额之资本，得以房地产及其他经认可之财产构成之，但房地产及经认可之财产总额最高不得超过其总资本额50%。

第七，银钱业之资金运用，应限于有利于国计民生的生产事业，及城乡人民必需品之运销事业，且合法正当经营本业，并加入当地同业公会，或持有营业执照者，不得因企图获得高利，而以资金运用于投机操纵事业。

第八，银钱业信用放款数额不得超过存款总额之半。行庄存入及拆给其他行庄之款，不得超过其所收存款总额20%，但存入公营银行者不在此限。

第九，银钱业所收存款应以现金缴存保证准备金于当地或就近中国人民银行，其准备金数额依每周存款平均余额，活期存款7%~15%，定期存款3%~8%。银钱业对存款应提存之付现准备金，其最低比率活期存款10%，定期存款5%。①

由于上海解放前是旧中国私营金融业最为集中的地方，因而《华东区管理私营银钱业暂行办法》是解放战争以来对私营金融业管理条文最多也最为全面规范的法规。华东财政经济委员会为华东区管理私营银钱业主管机关，各地中国人民银行为各地银钱业的管理检查机关，协助各级政府管理银钱业事务。上述办法将私营银钱业扩大为私人资本经营之银行、信托公司、银号、钱庄，同时对允许和不得经营的私营银钱业经营业务范围的规定更加齐全。对于私营银钱业的资本额也做出了具有地区差异性的规定。

1949年8月30日，中国人民银行华东区行订定《华东区私营银钱业申请登记验资办法》11条。该办法主要内容有：第一，凡在管理办法公布前已营业之私营银钱业，其申请登记验资手续，上海市限于9月20日前，其他各地限于10月5日前办理完竣；逾期除经呈准者外，不得再行申请登记。第二，验资手续概由总行向其所在地或就近之中国人民银行汇总办理；总行在待解放区者，由分支机构径向其所在地中国人民银行个别办理。华侨资本经营之银行，其总行所在地在国外者，应按总行标准补足资本。新设立银行、信托公司、银号、钱庄者，应由发起人拟具计划书，送陈设立地中国人民银行审查，呈经华东财政经济委员会批准后，方可进行筹备。上海、青岛、济南、南京、无锡、杭州、

① 《华东区管理私营银钱业暂行办法》，《山东政报》1949年第4期。

鄞县 7 县市暂不准新设。已设立之行庄愿意迁设内地城镇者，准照前项规定办理。第三，房产按当地房地产公会所估价值 7 折计算，当地无房地产公会组织者，由当地商会估定之；地产按当地政府机关所估价值计算；工矿交通公用文化事业投资按时值 7 折计算；黄金以每两合银圆（袁头）70 元，按牌价计算；银圆及外币存单按牌价计算。[1] 该办法对华东区私营银钱业申请登记验资的审查核准机关、办理期限、手续，尤其是各类财产的估价等进行了详细规定。

《华东区管理私营银钱业暂行办法》公布后，上海有 172 家行庄于一个月内如期完成了增资手续；有 6 家行庄因总行不在上海，而由各该总行在所在地完成了增资手续，另有 20 家行庄因无力增资而被淘汰。这 178 家行庄增资后，其资本总额为 2050600 元，其中现金 1502139 元，升值 548461 元。资本最高者一家，为 8 万元；最低者亦一家（外地在上海的分庄），为 2400 元，资本在 6000 元者有 65 家，占行庄总数的 36%。[2] 通过增资，上海私营行庄资力有所增强，在完成增资登记的基础上也加强了对私营行庄的监督和管理。

总之，华北、东北、中原和华东等解放区都相继颁布私营银钱业管理办法，为人民银行加强对私营行庄的全面检查和监督管理提供了有力的依据和保障。通过严格管理，打击私营银钱业投机与违法行为，如设立暗账或呈报不实、收取暗息、账外拆放、黑市买卖及账册记载不实等，让其逐渐走正当经营道路，从而稳定金融市场、支持生产。这些措施也有助于加强对私营银钱业的改造。

本章小结

通过全面地梳理新民主主义革命时期中国共产党对金融管理的有益尝试，最后总结以下四点认识：

第一，从现金与外汇的管理来看，当时所面临的形势与任务越来越复杂。鉴于此，一方面颁布了严格的外汇管制的法规，一方面成立了货币交换所、外汇交易所或汇票交易所等专业性机构，由这些机构承担起外汇管理的任务。因此，外汇管理才起到了预期的效果。而且，注重把外汇管理与外贸管理结合起来，用物资支持外汇的调控，有助于保证根据地本位币的信用及稳定，从而取

---

[1]　《华东区私营银钱业申请登记验资办法》，《银行周报》33 卷 38 号，1949 年 9 月 19 日。

[2]　人民银行上海金融研究所：《建国以来上海的银行工作》，上海金融学会 1985 年印，第 20 页。

得了应有的成效。

第二，从金银管理来看，注重制定相应的章程和管理条例。从实际结果来看，不仅有效禁止了金银的行使、私自买卖或走私，也有利于根据地本币的正常流通。另外，对群众生活中保存金银及使用饰品区别对待。这样就避免了对群众生产、生活带来不便。

第三，维护金融稳定是新民主主义革命时期中国共产党面临的一个繁重任务。因为金融稳定与否直接关系到老百姓的切身利益，因而关系重大，影响深远。从土地革命时期开始就产生了多次金融动荡，一直到解放战争时期，也没有完全消除那些引起金融动荡的因素。其中影响较大的是，抗战和解放战争时期，革命根据地出现的较为激烈的对敌伪货币斗争。

第四，对解放区或新解放的城市出现的私营银钱业进行全面检查和监督也是当时中国共产党人遇到的新问题。于是，各个解放区很快都纷纷制定出相应的管理办法和法规，一方面对其有关业务进行严格限制，另一方面充分发挥私营银钱业的积极作用。其中很多管控方法和手段，如对私营银钱业的经营范围、最低资本金和银行资产不动产的占比等方面的规定和要求，在今天社会主义市场经济的条件下依然具有重要的借鉴和启示意义。

第六章

新民主主义革命时期金融人才队伍的建设

金融人才是新民主主义革命时期中国共产党建立和发展金融业的关键。中国共产党始终重视金融人才队伍建设，并采用了各种手段和方式，不同时期的根据地都凝聚了一大批金融人才，为革命根据地甚至是中华人民共和国金融事业的发展奠定了重要基础。

第一节 土地革命时期的金融人才队伍建设

早在大革命时期，中国共产党领导建立的银行和信用合作社等金融机构中就已经涌现了一批金融人才。到了土地革命时期，为了建立根据地必要的金融事业，发展根据地的经济，中国共产党把金融人才队伍建设作为一项重要任务，并取得了初步的成就，为日后推动红色金融事业发展创造了必要条件。

一、金融人才队伍建设的主要途径

土地革命时期，中国共产党对金融人才队伍的建设主要有以下两种途径。

1. 在从事经济工作的实践中锻炼

土地革命时期，通过从事经济工作进行实践锻炼是金融人才队伍建设的重要途径。很多优秀的金融人才并非科班出身，而是本身具备一些金融知识或者相关工作经历，在长期实践中不断学习、探索，逐渐锻炼成长起来的。

例如，被誉为"红色金融事业奠基人"的毛泽民很早就从父亲手里接过种田理家的重担，学会了勤俭持家和精打细算的本领，为他日后形成较为先进的金融思想奠定了基础。1922年底，毛泽民受中共湘区委员会指派，到萍乡安源路矿从事工人运动。1923年2月，参与组织建立安源路矿工人消费合作社，发行了安源路矿工人消费合作社股票，这是中国工人阶级创办的第一个消费合作社，毛泽民任消费合作社兑换股经理，同年8月当选总经理。他注重扩大工人福利，为党的活动积累和筹备经费。1931年夏，毛泽民进入中央苏区，任闽粤赣军区经济部长。随后到瑞金协助筹备第一次中华苏维埃共和国代表大会，管理后勤事务。11月，大会正式开幕。会议决定成立中华苏维埃共和国国家银行，指定由毛泽民负责组织筹建，并任行长。随着国家银行业务的发展，人员的增多，需要建全健全银行的组织机构，制定各种规章制度，但当时处在战争条件下，又是经济落后的山区农村，没有现成的经验可以借鉴，于是毛泽民采取发动部队在作战时注意收集有关财政、银行制度的书籍、账簿、单据、报表与实物等办法，参考制定了存款透支、放款、贴现、储蓄、汇兑、会计、记账等业务制度，并建立了国家金库和国库制度。[①]

革命金融事业创始人之一的曹菊如早年到江西学徒当店员，后出走南洋印尼等地谋生。1930年回国参加革命，并加入中国共产党。9月任闽西苏维埃政府工农银行委员兼会计科科长，参与创办闽西工农银行。1930年11月，闽西工农银行正式成立，曹菊如任会计科科长。当时没有办银行的经验，也没有银行的规章制度，只好采用中式账簿和旧的记账方法。后来，曹菊如看到从豪绅家收缴的一本银行簿记讲义，就把复杂的记账表画下来进行研究，并通过毛泽民托人从广东买来的一本《银行簿记实践》开始研究和探索现代银行的一些制度和记账方法。[②] 1932年1月调到瑞金，协助毛泽民等办中华苏维埃共和国国家银行。在极端困难的条件下，为建立国家总金库，整顿税收，统一财政，冲破国民党的经济封锁，培训金融干部做了大量工作。

李六如，1921年加入中国共产党；1926年参加北伐战争，任国民革命军第二军四师党代表；1928年受党委派前往香港及新加坡等地从革命活动；1930年到中央苏区，任福建省苏维埃政府内务部部长、财政部部长，苏维埃国家银行副行长、代理行长等职；1934年10月奉命留在苏区坚持游击战争，负责财经工作。[③]

闽西的赖祖烈先后任永定县革命委员会财政委员和县苏财政委员。他经常四处奔走筹集资金、财物，解决红军和红色政权的给养，并具体负责安排领导机关和毛泽东、朱德等领导人的驻地、住房。1929年冬，他负责在太平区、湖雷区等地创办信用合作社，发动农民入股，发行钞票，并创办了永定县农民银行。1930年7月，赖祖烈调任闽西工农银行委员会委员，参与筹建闽西工农银行。闽西工农银行成立后，他任营业科科长兼总务科科长、秘书。他和其他人员一起，在没有现行管理制度的情况下，克服重重困难，不断摸索经验，统一

① 政协韶山市委员会：《韶山文史》第2辑，1993年印刷，第210页。
② 中国人民银行金融研究所：《曹菊如文稿》，中国金融出版社1983年版，第201页。
③ 赣州市财政局，瑞金市财政局：《中华苏维埃共和国财政史料选编》，2001年编印，第693页。

财政，调剂金融，发行货币，发动苏区广大人民群众入股，增加生产。1932 年，赖祖烈与毛泽民、李六如等人一起筹建中华苏维埃国家银行及福建分行，他任福建分行行长兼福建金库主任及中华商业总公司总经理，积极发展苏区经济，统一货币，统一财政，扶持生产，筹集军饷。① 赖祖烈在长期从事财经工作的实践中，成为红色金融领域的杰出人才，为开创中央苏区的财政金融事业作出了重要贡献。

被誉为"红色理财专家"的郑义斋，1933 年 2 月起任中共川陕省委委员，川陕省工农民主政府财政委员会主席，省工农银行行长，红四方面军总经理部部长兼兵工厂、造币厂厂长。他认真学习政治经济学，挤出时间学习，常常看书到深夜。他还刻苦钻研技术，不断改进工作。为了设计银圆铜圆版模、钞票印模，他常常征集和绘制几种图样进行挑选，并亲自到银圆厂、印刷局向工人师傅征求意见，检查成品质量，随时改进提高。他当过几年印刷工人，是个内行，所以在印钞方面还带会了一批新工人。他还经常深入银行和工厂的各部门、各车间，检查指导生产和工作。②

从童工到红色银行家的莫钧涛曾经在银行做工，由于对银行工作感兴趣，所以一有空就去旁听银行培训工作人员的课程。虽然他是工人，因为肯于学习，对银行的事懂了不少。毛泽东得知莫钧涛这一经历后，推荐莫钧涛到中华苏维埃共和国国家银行工作。毛泽东还对莫钧涛说："你的名字里有个'钧'字，'钧'字一拆两开，就是一个'金'字和一个'匀'字。你去银行工作，就一定要在金钱上均匀、公平，不可偏颇，这是第一点。第二点，办银行就是要替咱们政府管好钱财，当好家，千万不能当败家子。第三点，做银行工作，天天同钱打交道，切不可贪污和浪费，办银行最忌'贪'和'费'。做好了这三点就有了办银行的基础。"③莫钧涛在银行生涯中，始终没有忘记毛泽东的指示和嘱咐。莫钧涛担任国家银行总务处处长，为国家银行筹集资金以及建立国家银行秘密金库等都作出了重要贡献。莫钧涛和曹菊如一直是毛泽民行长最得力的助手。

后来担任湘鄂省工农银行行长的成功，又名易成功、陈鸿钧，江西万载人。1929 年 8 月，加入中国共产党。1930 年，任江西万载一区赤卫军总指挥。同年

① 《永定客家人物》，《永定客家人物》编委会 2008 年编印，第 25 页。
② 中国人民银行四川省分行金融研究所：《川陕省苏维埃政府工农银行》，四川省社会科学院出版社 1984 年版，第 134 页。
③ 莫小涛：《从童工到红色银行家——莫钧涛的革命岁月》，中国金融出版社 2010 年版，第 23 页。

7月，积极参加了万载县苏维埃政府的财政工作和县工农兵银行筹建工作。1931年10月，当选为万载县苏维埃政府财政部长。其间，采取群众集股、政府帮助的办法，在全县各地建立生产、消费合作社，打击奸商，稳定物价，保障苏区人民必需品的供给，解决了群众生产生活的困难，活跃了苏区金融与经济，增加了财政收入。由于理财得法，生财有道，1932年4月，调任湘鄂省苏维埃政府财政部代理部长兼任省工农银行行长。同年8月，为粉碎敌人的第四次"围剿"，组织发行了湘鄂赣省短期债券和第二期革命战争公债。① 第五次反"围剿"失败后，留在湘鄂边区坚持游击斗争。1937年，被敌追踪围攻，在战斗中牺牲。

闽浙赣省苏维埃银行行长张其德，江西德兴县（今德兴市）人。1927年11月与方志敏相熟。1928年6月加入中国共产党，参与组织、领导德兴年关暴动。1929年，调信江苏维埃政府财政委员会工作。不久，任红十军供给部长。1930年，任赣东北特区苏维埃政府财政委员会主席、赣东北特区贫民银行行长。1931年，任赣东北省苏维埃政府财政部副部长、部长，赣东北省苏维埃银行行长。次年任闽浙赣省苏维埃执行委员，闽浙赣省苏维埃政府财政部长，闽浙赣省苏维埃银行行长。② 1938年7月，再次被国民党逮捕，在上饶市郊就义。张其德长期管理财政、银行，手握重金，却恪守清贫生活，从不以权谋私。

以上列举的毛泽民、曹菊如、李六如、赖祖烈、郑义斋、莫钧涛、成功、张其德7位代表性人物，都是在长期的工作实践中成长锻炼起来，最终成为能独当一面的杰出金融人才。当然，这肯定不是全部，还有许许多多诸如此类的金融人才。

2. 采用多种方式训练和培养金融人才

苏维埃国家银行业务要扩展，就必须培训大批的银行业务骨干。国家银行正式营业后，全部人员只有5人，银行行长毛泽民、会计曹菊如，出纳钱希钧（毛泽民夫人），还有一个记账的，一个管杂务的。钱希钧的业务水平是在毛泽民手把手的教导下逐渐提高的。银行人才严重短缺，毛泽民为了解决这个矛盾，与财政部商量办了一个银行财会人员短训班。短训班结束后，接着开办了一所银行学校，从各地招来200名16至19岁的小青年进行强化培训。毛泽民尽量抽出时间为学员们讲课，传授财会知识和道德课。他说："我们的财经工作是管钱、管物的，不能差错分毫，要细心、谨慎，更要廉洁奉公。"在毛泽民等人的

---

① 王信，王晓春：《江西红色金融记忆》，江西人民出版社2015年版，第264页。

② 《江西省人物志》编纂委员会：《江西省人物志》，方志出版社2007年版，第341页。

培养教育下，学员们很快就学会了会计知识，结业后，除了留下几位在国家银行工作外，其余都分配到各省分行工作，很快就成了骨干。①

曹菊如回忆说："苏区很重视培训干部，国家银行曾开办过两三期银行学校。"1933 年，调李六如来任国家银行副行长，还兼银行学校的校长。曹菊如任主任教员，他很重视对青年干部的培养，亲自带了三个徒弟。他们很快就学会了会计工作，后来都当了科长，起了很大作用。可惜，这三个小青年在长征路上牺牲了。②

苏维埃国家银行于 1933 年 5 月 5 日在《红色中华》发布《招收银行练习生启事》，明确提出："本行为适应革命发展添设分行起见，决定陆续招收银行练习生（不分男女，人数多少不限），其毕业期间为一年。练习期满之后，酌量提拔为正式职员，分别等第照给工资，即在练习期间内，亦按级发给津贴费，并发给被毯衣服……。"③ 国家银行依靠招收银行练习生，培养了一批银行职员。

1934 年 6 月 29 日，中华苏维埃共和国国家银行在《红色中华》登载"国家银行第二期训练班（妇女班）招生"启事，要求凡符合学习结束后愿意离开家庭在银行工作的、学习精神好又相当聪明的、文化水平最低限度要识字、没有受过苏维埃处分的、要不带小孩子的、身体强健没有缠过脚等条件的女同志，"望速即由区乡苏党团政府各机关介绍到县或直接到县一级党团政府银行支库等处报名，填表介绍中央国家银行，但须于 7 月 28 日赶到中央；过了 8 月 1 日不收。招生名额为 80 名，训练日期六个月，饮食由银行供给，被毯、衣服、碗筷及日常用品用具均由学员自备"。④ 国家银行专门招收妇女训练班，培训愿意到银行工作的人才，而且这是第二期，说明此前已经招收培训过一期了。

随着革命斗争形势发展，闽浙赣根据地扩大银行机构的增设，人员问题就更加突出，这时候党和工农民主政府十分重视财会、业务、技术人员的培训，并精心挑选人才，以便担负金融战线上的斗争任务。为了培训财务人员，赣东北省工农民主政府曾举办财经训练班。通知县、区、输送干部学习。邹文和同志回忆："省里来了通知到区，要各地送干部到省学财务，向我住的区要 10 名干部，由于我以前学过生意，1931 年下半年，由区介绍到县到省财政部，由财

---

① 钟才伦：《红色金融丰碑——中华苏维埃共和国国家银行纪实》，中国文联出版社 2003 年版，第 300 页。

② 中国人民银行金融研究所：《曹菊如文稿》，中国金融出版社 1983 年版，第 190 页。

③ 余伯流，凌步机：《中央苏区史》，江西人民出版社 2001 年版，第 804 页。

④ 张挚，张玉龙：《中央苏区教育史料汇编》上册，南京大学出版社 2016 年版，第 501 页。

政部派我到行学习班。"黄振扬同志回忆："和我一同进赣东北省银行的共 15 人，当时我们一进银行就在财经训练班学习了两个月，主要是学习写字、打算盘、记账。"刘招信同志到银行工作后，也在葛源簿记训练班学习了两个月。参加簿记训练班学习的主要是财贸单位，如商店、工农药店、银行等，共 100 多人。在闽北，1933 年省财政部鉴于"闽北财政工作非常糟糕"，决定"从 8 月 5 日起开办闽北六县短期财政训练班，来造就闽北大批财政人才"，要求"必须使这一训练班得到完满成功"。为帮助青年迅速提高业务技术水平，采取以老带新的办法。许礼秋同志回忆："当时欧阳□（原文缺字不详）对我们这些刚进银行的学生的学习抓得很紧，除开会外，每天晚上都要我学习，首先就是学算盘，学习点算钞票，然后学习有关银行业务知识。"①

党和鄂豫皖苏维埃政府以及苏维埃银行，对印造根据地货币的人才十分重视，采取各种手段组织印造人员，以"师"带"徒"的培养等方式，造就了一批货币印制技术人员和印造工人，从而在极端艰苦、极端困难、极端恶劣的条件下，基本保证了根据地货币的印造质量，完成了印制根据地货币的任务。1933 年 2 月 16 日，《川北穷人》报道："川陕苏区开办经济训练班培养经济建设人才。经济训练班由西北革命军事委员会财政特派员办公处开设，培养经济建设专门人才，即将开学，各地工农分子报名的极多。报名地点各区经济公社，再由经济公社转送通江县。"②

二、金融人才的主要分布

闽西苏区是金融人才较为集中的地方，而且很多金融人才还输送到其他根据地。例如，闽西工农银行培养了一支银行骨干队伍。该行由邓子恢、阮山、赖祖烈、张涌滨、曹菊如、黄维仁等 7 人组成银行委员会，选派阮山为主任（即行长）、秘书兼营业科长赖祖烈、会计科长曹菊如、司库兼出纳科长陈寄今，开办之初共有工作人员 10 余人。闽西工农银行在各县设立分行，各区、乡设立代办机构或设立信用合作社，整个闽西苏区有金融干部上百人。随着革命根据地的巩固发展，1931 年 9 月闽西工农银行迁设汀州（今长汀县城），在最繁华的水东街增设营业部，经过一年的银行业务练兵，涌现出一批苏区第一代金融

---

① 中国人民银行江西省分行金融研究所：《闽浙赣革命根据地金融史资料摘编（初稿）》，中国人民银行江西省分行金融研究所 1979 年版，第 45—46 页。

② 四川省档案馆：《川陕苏区报刊资料选编》，四川省社会科学院出版社 1987 年版，第 373 页。

干部。

1931 年 11 月，中华苏维埃临时中央政府成立后，毛泽民来长汀考察，就吸收了闽西工农银行的经验，立即筹建了中华苏维埃国家银行。1932 年 3 月福建省苏维埃政府成立后，国家银行行长毛泽民前来长汀，以闽西工农银行的人员和设备为基础，成立了国家银行福建省分行，行长李六如。闽西工农银行与福建省分行属两套班子，也不在一起办公。但是有一部分省分行的干部是从闽西工农银行抽调的，两个银行共有干部 40 余人。[①] 因此，闽西工农银行开业后，不但使闽西的金融队伍得到发展壮大，而且为中华苏维埃国家银行培养了一批金融人才。

土地革命时期，赣南闽西、闽浙赣、鄂豫皖、湘鄂赣和湘赣等革命根据地逐渐聚集了一批金融人才。当时金融人才的分布情况详见表 35。

表 35　土地革命时期金融人才分布情况一览表

所在根据地	所在银行	姓名及任职情况
赣南、闽西革命根据地	中华苏维埃共和国国家银行（1932.2—1935.11）	行长毛泽民（1932.2.1—1935.11），副行长李六如（1933—1934），会计科科长曹菊如，总务科科长莫均涛，业务科科长赖永烈，会计钱希均（女），调查处处长黄亚光
	国家银行福建省分行（1932 年— ）	行长赖祖烈（1932—1933）
	国家银行江西省分行（1933.2— ）	江西省苏维埃财政部副部长钟声湖兼任行长，后为李希英；兴国支行行长何远方，副行长陈方山；石城支行行长毛泽覃；瑞金支行行长先后为：吕汉勋、廖育钧，副行长朱嵩山
	江西工农银行（1930.10—1932.2）	负责筹建周冕（江西省苏维埃政府财政委员会主席） 行长颜达（1931.4—1931.10）、倪志侠（1931.10— ）

---

① 王其森：《苏区散论》，鹭江出版社 1993 年版，第 127 页。

续表

所在根据地	所在银行	姓名及任职情况
赣南、闽西革命根据地	东古［固］平民银行（东古［固］银行）（1929.8—1930.10）	行长黄启绶，银行委员会成员（筹建期间）黄启绶、刘经化、王全亨、邱有文、李文连
	闽西工农银行（1930.9—　）	银行委员会主任阮山（1930.9—　），成员阮山、张涌滨、曹菊如、邓子恢、蓝维仁、赖祖烈，行长阮山（1930.11—1932），会计科长曹菊如（后兼任总务科长及营业科长）
闽浙赣革命根据地	闽浙赣省苏维埃银行（1933—　）	行长：邵忠、张其德；经理：欧阳奂；会计：余××、方指南、邹文和；出纳：刘长根、李锦帮、张国元、张乾锡、郑国良；分行经理：李锦帮、张国元、刘长根、方指南（均为调任）、杨允假、陈柱兴、杨义山；闽北分区银行，担任正副行长的先后有：徐福元、邓文才、林汉卿、夏兴、查瑞旺、元金山、徐罗福
湘鄂赣革命根据地	万载县工农兵银行（1931.1—　）	行长钟学槐
	修水县苏维埃银行（1931.5—　）	行长甘卓吾
	宜春工农兵银行（1931.8—　）	经理欧阳柏
	武宁县工农兵银行（1931—　）	经理成瑞之
	湘鄂赣省工农银行（1931.11—　）	行长李国华，会计谢汉初，保管李承民，历任行长还有涂正坤、刘文初、成功
湘赣革命根据地	湘赣省工农银行（1931.10—　）	经理委员会主任、银行行长胡湘（省苏维埃政府财政部副部长），各科室负责人：肖秀芝、甘廉辉、王省、张可、徐德甫、严炳高、刘合桥等
	国家银行湘赣省分行（1933.1—　）	行长贺珍

续表

所在根据地	所在银行	姓名及任职情况
鄂豫皖革命根据地	鄂豫皖特区（省）苏维埃银行（1930.10— ）	筹委会：郑位三、郑行瑞（特苏财经委员会主席）、王功国、徐朋云、曹学秀（女）、吴子清等 行长郑位三兼任，会计曹学秀（女）
	鄂豫皖省苏维埃（工农）银行（1932.1— ）	行长郑义斋，会计曹学秀
	皖西北特（道）区苏维埃银行（1931.12— ）	行长吴保才（特区苏维埃主席）
川陕革命根据地	川陕省工农银行（1933.3— ）	行长郑义斋兼任（红四军总经理部部长），秘书廖静民，财经科科长肖朝刚，保管科科长杨文局、曹述臣，职工600余人
陕甘边、陕北革命根据地	陕甘边区农民合作银行（1934— ），后改称陕甘省苏维埃银行（1935.4— ）	负责人杨玉亭
	陕甘晋苏维埃银行（1935.9— ）	主要负责人艾楚南、李青萍
	国家银行西北分行（1935.11— ）	行长林伯渠，副行长曹菊如（兼会计科长），稽核科长张定繁，发行科长贺子珍
	神府特区抗日人民委员会银行（1936— ）	经理高振业（特区财政部长），副经理为王玉亭

资料来源：①柯华：《中央苏区财政金融史料选编》，中国发展出版社2016年版，第550–552页；②姜宏业：《中国地方银行史》，湖南出版社1991年版，第685、690、730页；③《江西省金融志》编纂委员会：《江西省志·江西省金融志》，黄山书社1999年版，第444–445页；④中国人民银行四川省分行金融研究所：《川陕省苏维埃政府工农银行》，四川省社会科学院出版社1984年版，第126页。

从表 35 的统计来看，各个革命根据地都凝聚了一批金融人才，其中赣南闽西和闽浙赣革命根据地是金融人才的主要分布地区。川陕省工农银行的职工达到 600 多人，可见银行规模是非常庞大的。很多人还在财政部或财经委员会任职，因而他们不仅为红色金融事业的开拓作出巨大贡献，也在根据地财经等领域的工作方面发挥了重要作用。

第二节　抗战时期的金融人才队伍建设

抗日根据地大都处在偏僻落后的地区，而且环境恶劣、土地质量差，再加上敌人的经济封锁和军事围攻以及自然灾害侵袭，各边区经济已陷入困境。面对这种艰难状况，党和抗日根据地民主政府为了促进抗日根据地社会经济的发展，在大力发展农业、工商业的同时，又努力进行财政金融建设。金融建设工作开展的关键在于有没有相应的金融人才。中共中央和各边区政府采取了一系列有关优待和延揽人才的措施，各抗日根据地内建立起一支必要的金融人才队伍，取得了辉煌成就。

一、金融人才队伍建设的主要途径

抗战时期，中国共产党对金融人才队伍建设的主要途径主要有以下三种。

1. 重用原有的金融人才

曹菊如曾经先后担任闽西工农银行和国家银行会计科长。经过长征到达陕北后，曹菊如升任为国家银行西北分行副行长兼会计科长。1937 年 10 月，中共中央决定撤销国家银行西北分行，成立陕甘宁边区银行，边区政府任命曹菊如为行长。根据中共中央的决定，边区银行于 1938 年 4 月 1 日成立光华商店。在曹菊如的领导下，陕甘宁边区银行把经营光华商店和发行货币有机地结合起来，银行通过光华商店，掌握物资，稳定币值，积累资金，支持货币发行，又投入一定的流动资金，支持光华商店扩大经营，加速资金的流通积累，保证充足的物资供应。为此，毛泽东在一次干部大会上，肯定并表扬了边区银行领导下的光华商店的工作。因此，银行业务蒸蒸日上，资金力量日益雄厚。1941 年 11 月，曹菊如在边区第 38 次政务会议上总结了银行的工作。这时，银行固定资金已由 10 万元增至 120 万元，光华商店也拥有资金 50 万元。银行还有工业投资

32 万元。在三边、绥德、陇东等地设立三个支行，各有资金 10 万元。[1] 边区银行资金力量的不断壮大，对于保证机关供给、工业投资、代理金库等方面发挥了巨大作用。1938 年冬，中央成立财政经济部，统管边区财政经济，李富春任部长，曹菊如被任为副部长。他除直接领导边区银行工作外，还主持财政经济部的日常工作。

黄亚光曾经担任国家银行调查处处长，负责设计中华苏维埃共和国各种纸币和公债券。到达陕北后，他任中华苏维埃共和国临时中央政府西北办事处财政部主任秘书。1940 年 3 月至 10 月，任陕甘宁边区政府建设厅副厅长。1940年 11 月，任陕甘宁边区财政经济委员会委员。1941 年 11 月起，任陕甘宁边区政府财政厅副厅长。同月至 1945 年 6 月，任中共陕甘宁边区政府党团委员。1942年 1 月至 5 月，任陕甘宁边区政府审计处处长。同年 6 月至 10 月，任陕甘宁边区银行副行长。1943 年 6 月起，任中共中央西北局研究各地财经机关统一领导委员会成员。1942 年至 1947 年 11 月，任陕甘宁边区银行行长。[2] 黄亚光为发展陕甘宁边区的财经工作作出了重要贡献。

莫均涛曾任中华苏维埃共和国国家银行总务科科长。莫钧涛于 1940 年底结束了在八路军驻西安办事处的工作，回到了延安。1941 年初，他就任陕甘宁边区银行业务处处长，继续他在党的金融战线的工作。莫钧涛还亲自设计了陕甘宁边区银行大楼。莫钧涛在战争中失去了右手，在设计大楼时，这些草图和设计图都是他用右残臂扶着纸，靠左手画出来的，并且经常通宵达旦地工作。在设计图最后定稿前，莫钧涛经过请示还化装成商人，带着图纸秘密去了趟西安，请建筑师看图纸、提意见。1943 年初，莫钧涛担任了绥德分行行长。[3] 莫钧涛为陕甘宁边区尤其是绥德的金融、经济发展作出了重大贡献。

艾楚南是陕甘晋苏维埃银行主要负责人。1935 年 1 月，他还担任陕北苏维埃政府财政部部长。1936 年 12 月，任陕甘苏维埃政府副主席兼财政部部长。1937 年 9 月，艾楚南任陕北绥（德）、米（脂）、佳、吴（堡）、清（涧）警备司令部供给部部长。1938 年 1 月至 1939 年 8 月任陕甘宁边区财政厅副厅长。1939 年 9 月调山东省工作，先后任山东纵队司令部供给部政治委员、山东战时

---

① 中共龙岩市新罗区委党史研究室，龙岩市新罗区红坊镇党委、镇政府：《红坊英杰》，2003 年编印，第 58 页。

② 中共中央党史研究室第一研究部：《中国共产党第七次全国代表大会代表名录》（上），上海人民出版社 2005 年版，第 121 页。

③ 莫小涛：《从童工到红色银行家——莫钧涛的革命岁月》，中国金融出版社 2010 年版，第 64 页。

工作推行委员会财政处处长、山东民主政府财政厅厅长等职务。

以上列举的曹菊如、黄亚光、莫钧涛和艾楚南，都是在土地革命时期就承担着重要的金融工作。到了抗战时期，他们继续在金融领域或者财经领域承担重要领导职务，因此，对抗日根据地财政金融事业的创建与发展发挥了重要作用。

2. 通过专门业务学习和培训产生一批金融人才

中共中央、中央军委及党的重要领导人曾经多次发出指示，要求各级财政经济工作者必须加强财经理论的学习，以增强自己的业务能力和水平。

1940 年 2 月 2 日，中央军委给各兵团首长及各级财政经济工作者发出《关于培养财经人员理论知识和技能的指示》。该指示提出，八路军、新四军的财政经济工作同志"还缺乏大的理财智识和技能，缺乏马克思主义经济学的理论修养，未能把实际经验与理论融合起来，若不及时纠正，则对于财政经济、干部本身的进步与今后工作的发展，俱有莫大阻碍。在日益发展的前途上，瞻望将来任务更加重大，尤非急速培养一批有理论基础的懂得大的理财智识技能的干部不可"，要求所有财政经济工作人员有组织有计划地进行学习，包括马克思主义的通俗经济学、苏联在各个阶段的各项财政经济政策、国内苏维埃时代及目前各个根据地的财政经济政策和法令、延安最近出版的抗战中的中国经济等，同时"各财政经济机关应组织特别小组，从事研究与推动，除延安印发一部分教材外，各级军事指挥机关，及政治机关，应供给它以教材和教员，并给他以各种便利，使此种学习成为一种运动，把所有财政经济工作人员，都卷进这一运动"。①

1940 年 2 月 11 日，中共中央、中央军委给萧克等发出指示，该指示由毛泽东起草。指示明确提出："只有自力更生地大量创造干部，才能担负创造冀热察三省伟大根据地的任务"，要"十分注意财政工作与经济建设工作，在抗大分校内设立行政工作班，教授政权工作及财政经济工作，这于支持长期战争是基本决定条件之一"。② 4 月 15 日，中共中央书记处发出《关于财政经济政策的指示》，其中要求："各地必须开办财政经济训练班，在附近地区可选送一批人来

---

① 中共中央宣传部办公厅，中央档案馆编研部：《中国共产党宣传工作文献选编：1937—1949》，学习出版社 1996 年版，第 126 页。

② 中共中央文献研究室中央档案馆：《建党以来重要文献选编》第十七册，中央文献出版社 2011 年版，第 135-136 页。

延安财政学院学习。"① 1942 年 2 月，中央军委、总政治部在"关于军队干部教育的指示"中提出，经济干部要："研究上级对财政经济的指示及政府各种财政经济政策与法令、研究敌人经济方面的文件、熟悉当地社会财政经济情况、高级的有一定文化水平的经济干部研究通俗理论经济学及一般的财政学、战时政治经济学、从事专门的会计与统计工作者应研究会计学与统计学。"②

1944 年 4 月，任弼时在陕甘宁边区高级干部会议上指出："经济建设工作既是当前任务的中心环节，而在这些方面我们又还存在着许多的缺点错误，需要加以纠正和改进，因此，我们在这方面必须培养大批建设工作干部，不仅是供给这一个区域的需要，而且要把这方面有经验的干部供给到敌后各个抗日根据地去。各地党组织应当下决心抽出一部分真正能够掌握政策而且党性又好的负责干部，让他们参加贸易、金融、财政机关的工作，以健全财经机构，这不仅是为着解决目前的问题，还要使他们专门向贸易、金融、财政和管理企业方面去发展，培养成为我们建国的专门人才。这是在我们全党面前已经被提出来的严重任务。"③ 此时，任弼时就提出了培养建国的经济人才问题，反映出任弼时极富远见，也说明中共中央的战略目光开始注视到加强城市工作。

在实践当中，很多地区根据中央的相关要求多次举办了银行业务培训班，培养了许多业务骨干。

例如，1940 年夏，党组织把方皋派往鲁西行署鲁西银行总行工作。为了培养干部适应战时银行业务工作需要，培养银行业务人员，方皋结合在农村的信贷实践，承担起编写银行业务资料的任务，内容包括银行的组织、货币、信贷、会计、出纳等专业知识，并以此作为银行业务的培训教材。后来行署决定建立各专区的分行，从各专区抽调上来二十多名青年人。举办了一期银行训练班，培训和授课由方皋负责。训练班结束后，这些骨干就撒到行署各地筹建各地的分行，并开始办理银行业务。④

再如，冀中九专区也曾举办银行训练班。随着抗日斗争的形势日益好转，冀中行署指示各专区成立银行办事处，并开办训练班招收培训银行职员，以充实力量。1945 年初，专署任命刘增欣为冀中九专署银行办事处副主任，并负责银行训

---

① 中央档案馆：《中共中央文件选集》第十二册，中共中央党校出版社 1991 年版，第361 页。

② 中共中央文献研究室，中央档案馆：《建党以来重要文献选编》第十九册，中央文献出版社 2011 年版，第 144 页。

③ 任弼时：《任弼时选集》，人民出版社 1987 年版，第 348 页。

④ 广东省档案馆：《父辈的抗战往事》，花城出版社 2015 年版，第 33 页。

练班的招生和训练工作。银行训练班编为第十队，学员有 150 人左右。训练班成立的时间在日本帝国主义投降以前，结束是在日本帝国主义投降以后。训练课程一是银行业务课，一是政治课。毕业分配时，有的留在了办事处及所属各县营业所，有的送到冀中分行，由分行再向其他专区银行分配。① 刘礼欣参加了这一期银行训练班。学习结束后，刘礼欣被安排到冀中二分区安国支行任会计。②

3. 通过学校教育系统培养金融人才

前文曾提到，中共中央书记处 1940 年 4 月 15 日指示信中要求"在附近地区可选送一批人来延安财政学院学习"。因而可以推断，当时延安已经成立了一所培养财政金融人才的财政学院。1940 年 7 月，陕甘宁边区政府在接管农业专科学校的基础上抽调了一批地方干部，在延安成立了陕甘宁边区行政学院，院长林伯渠，副院长李六如。不久，学院改为专修科，分行政、财经、法律三系，各系主任由边区政府有关厅局的负责同志兼任。该院为边区的各部门培养了2000 多名行政干部。③ 该院培养的经济干部在领导和管理边区的经济、金融建设工作中发挥了重要和积极的作用。

1938 年冀南行政主任公署成立后，为筹建银行，培养抗日财经干部，从冀南抗日干部学校、冀中抗战学院选调百余名学员，成立了冀南财政经济学校。校长由杨秀峰（后来任边区政府主席）兼任。1939 年 6 月，冀南财经学校第一期学员毕业后，大部分学员分配参加筹建冀南银行的工作。④ 晋察冀边区政府所缔造的边区最高学府——抗战建国学院是 1939 年 9 月成立的。边区主任宋劭文兼院长、郭任之任副院长。在第一、二期中共分三系，即合作、税收及区政助理。学生就以三系编三个大队。六个星期毕业，最后两周为实习期间。为了加强银行的工作，后来又添上了银行系。⑤

山东抗日根据地曾经建立几所培养财经人才的学校。1941 年 6 月 7 日，山东省财政经济学校成立，是山东省战工会领导的短期培养根据地经济建设干部专业人员的职业学校。校长由一一五师师长陈光兼任，该校设立财政、经建、银行、税收四个队，学期 4 个月，1 年培养千余人。当年 10 月份，胶东财经学

① 中国人民银行河北省分行：《回忆晋察冀边区银行》，河北人民出版社 1988 年版，第159 页。
② 孙万勇：《石家庄历史名人·当代卷》，河北人民出版社 2008 年版，第 94 页。
③ 中国延安干部学院：《延安时期大事记述》，中国延安干部学院 2008 编印，第 221 页。
④ 赵晚芹，孙广兴：《冀南银行在黎城》，黎城县八路军文化研究会 2015 年编印，第273 页。
⑤ 李公朴：《华北敌后——晋察冀》，生活·读书·新知三联书店 1979 年版，第 147 页。

校成立，范必然任副校长。1942年7月，财政经济学校与抗大一分校建国大队合并，成立山东省建国学校。[①] 1945年4月，以山东省建国学校为基础成立山东省抗战建国学院，由山东省战工会主任黎玉任院长。学院设政权、教育、财经3队，共有学员300多人（抗战胜利后学院停办）。从建国学校成立到建国学院停办，3年共培训各类政权建设干部1500余人。[②]

此外，由苏中行署直接领导的苏中公学于1944年春季开办，粟裕兼任校长，管文蔚兼任副校长，夏征农任副校长兼教务主任。苏中公学设有政治、军事、财政、民运等系。每期学习时间一般为六个月。当时全校有20个学生队，每队百十人或八九十人不等，计约1500人。1945年秋抗战胜利，为适应革命形势的发展，苏中区行政机构有所调整，苏中公学也就停办了。[③] 另外，1945年1月，苏北区党委开办苏北公学，设行政、民运、财经、教育、文化5科。苏中公学和苏北公学培养了许多财经方面的干部，对苏中、苏北地区夺取抗日战争的胜利，发挥了很大的作用。

二、金融人才的主要分布

抗战时期，各抗日根据地银行都汇集了一大批金融人才，在各自的岗位上发挥了不可替代的作用。主要抗日根据地金融人才详见表36、表37。

表36 陕甘宁边区银行系统的金融人才一览表

所属部门	任职情况及任职年限
陕甘宁边区银行	行长：曹菊如（1937.10—1941.3），朱理治（1941.3—1942.10），黄亚光（1942.10—1947）；副行长：黄亚光（1942.6—10），姚醒五（1942.7—1943.12），王恩惠（1943—不明），冯治国（1944—1947），张定繁（1946—1947）；顾问团顾问：王学文、丁冬放、王思华
秘书处	处长：李炳之、乔培新，副处长：徐敬军
业务处	处长：任楚轩、莫钧涛、张定繁、李青萍，副处长：张定繁、阎子祥

---

① 山东省地方史志编纂委员会：《山东省志·教育志》，山东人民出版社2003年版，第715页。

② 李伟、魏永生：《山东教育史》，山东人民出版社2011年版，第407页。

③ 陈以和：《芦荡烽火》，中国文史出版社2002年版，第178页。

所属部门	任职情况及任职年限
研究处	处长：乔培新
农贷处（兼农贷委员会）	处长：阎子祥
发行处	处长：任远志、黄亚光
金库处	处长：李青萍、张定繁（兼）
商业处（贸易局）	局长：朱理洽（兼）；副局长：余建新、秦炎（兼）
三边分行（包括盐池代办处和靖边代办处）	行长：任远志、任楚轩、岳嵩、傅丕兹、张维培
绥德分行（包括米脂支行和清涧办事处）	行长：王慈、莫钧涛、陈希云、冯治国（兼）、李青萍
陇东分行	行长：周崇德、任远志、杨海泉、张定繁、杨万胜
关中分行	行长：周崇德；副行长：牛牧野
西安办事处	曹根全、莫钧涛先后负责
延长办事处	冯九如
富县办事处	刑集午
延安商业代办处	主任：樊一萍、力器、宋建国
延安文化沟办事处	主任：钱希钧

资料来源：中国人民银行陕西省分行，陕甘宁边区金融史编辑委员会：《陕甘宁边区金融史》，中国金融出版社1992年版，第268-271页。

表37　其他主要抗日根据地的金融人才一览表

所在根据地	所在银行	姓名及任职情况
晋察冀边区	晋察冀边区银行	经理关学文，副经理胡作宾，出纳科长张善臣、宋子纯，会计科长刘钟寰

续表

所在根据地	所在银行	姓名及任职情况
晋冀鲁豫 边区	冀南银行	总经理高捷成（1943年牺牲），经理赖勤，副经理胡景沄；总行行长赖勤（1943年8月1日担任），副行长胡景沄、陈希愈
		春季冀南、太岳设立区行，区行正副经理为赖勤、胡景沄，太岳下属一、二、三等分行，区行主任为李绍禹
晋绥边区	西北农民 银行	经理牛荫冠兼任，后改由张绍方兼任，协理狄景襄、王磊；秘书科科长石山，会计科科长黄伊基，业务科副科长杨宝林，行政管理科副科长马骏阳
山东抗日 根据地	鲁西银行	银行经理由一一五师供给部部长吕麟兼任，副经理张廉方，秘书兼业务科长方皋，会计科长古采甫
	北海银行	掖县开业时行长：张玉田；1939年8月北海银行重新建立后，行长：陈其文。总行建立后行长：艾楚南；副行长：洒海秋，发行科：王志成、任志明；会计科：陈中；营业科：洒海秋（兼），后为贾洪
	北海银行各支行和办事处	西海支行行长郭欣农，东海支行行长王仁斋，北海支行行长姜文，南海区支行行长耿达；东海支行五个办事处：牟平办事处主管员林敬义，荣成办事处主管员周建荣，文登办事处主管员吴炳业
华中抗日 根据地	江淮银行	行长由新四军财政部长朱毅兼任
	盐阜银行	行长由盐阜行政公署财经处处长骆耕漠兼任
	淮北地方 银号	董事长刘瑞龙，经理陈醒
	大江银行	行长由皖江行政公署财经处处长叶进明兼任
	淮南银行	行长先后由龚意农、喻嵩岳、董筱川担任
	惠农银行	行长由江南财经处处长李建模兼任
	浙东银行	董事长兼总经理吴山民
	鄂豫皖边区 建设银行	行长左中修

资料来源：①河北省金融研究所：《晋察冀边区银行》，中国金融出版社1988年版，

第 25 页；②中国人民银行金融研究所，中国人民银行山东省分行金融研究所：《冀鲁豫边区金融史料选编》（下册），中国金融出版社 1989 年版，第 116 页；③杨世源：《西北农民银行史料》，山西人民出版社 2002 年版，第 13 页；④中共濮阳市委党史研究室：《丰碑永树冀鲁豫》，中共党史出版社 2004 年版，第 366 页；⑤卓汉平：《中国近现代货币银行简史》，南京大学出版社 1992 版，第 190-196 页。

从表 36、表 37 来看，陕甘宁边区金融人才的分布是最为集中的，而且其中很多人都在金融领域作出了重大贡献。例如，曹菊如、朱理治、黄亚光、张定繁、莫钧涛、曹根全和乔培新等。晋察冀边区、晋冀鲁豫边区、晋绥边区、山东抗日根据地和华中抗日根据地的银行系统也集中了一批金融人才，其中也有许多日后作出重大贡献的杰出代表，如艾楚南、关学文、胡作宾、胡景沄、陈希愈和方皋等。

第三节　解放战争时期的金融人才队伍建设

解放战争时期，中国共产党依然重视金融人才，因而采取各种方式延揽和吸纳了一批金融人才，在各解放区内逐步建立了一支素质较高的金融人才队伍。

一、金融人才队伍建设的主要途径

解放战争时期，中国共产党对金融人才队伍建设的主要途径仍然为以下三种。

1. 继续重用原有的金融人才

抗战时期，各抗日根据地原有的金融人才继续得到重用。他们成为解放战争时期金融事业发展的重要依靠。例如，曹菊如解放战争时期奉命赴东北。途中因交通阻滞，就地参加晋察冀边区银行冀热辽分行筹建工作。1946 年 2 月，分行成立时被任命为经理；6 月对筹建热河省银行提出建议；8 月辗转赴东北哈尔滨；同年 9 月至 1949 年 7 月任东北银行总经理；1947 年 4 月任东北行政委员会总会计局局长；1948 年 10 月至 1949 年 9 月任中共中央东北局财政经济委员会委员、东北行政委员会财政经济委员会委员、东北财委秘书长（至 1949 年 8

月)。① 因此,曹菊如参与了晋察冀边区银行分行筹建工作,并具体筹划了东北地区金融事业的发展。

再如,黄亚光从 1942 年至 1947 年 11 月一直担任陕甘宁边区银行行长,后任西北财政经济委员会秘书长、西北农民银行行长。1948 年 12 月起,任中共陕甘宁边区政府党组委员。解放战争时期,胡景沄当任华北银行副总经理,陈希愈担任中州农民银行总经理。

另外,中央决定大量抽调干部南下,包括财经和银行干部,以便支援较晚解放的南方城市发展金融事业。1948 年 7 月,北海银行胶东分行接奉华东财办与总行急电,随即发出"关于抽调南下干部的通知"。通知指出,因目前工作上的急迫需要,抽调胶东干部,经分行研究决定:"你行处抽调干部×名(出纳员、营业员),调走后,由各行处自行配备,不能因本行里工作繁忙而忽视全体。接此通知后希速办理,定于 7 月 31 日前到达分行为要,勿误。"同年 12 月 25 日,中共华东中央局发出"关于执行中央准备五万三千干部决议的指示"。该指示提出,中央"规定华东地区要准备一万五千人,并须于明年三月即要集中待命出发",因而要求"发挥高度的负责精神,从思想上、政治上、组织上动员起来,克服一切困难,为完成此项任务而努力"。② 与此同时,北海银行渤海支行长会议讨论关于抽调干部南下问题。会议指出:"系根据总行决定抽调支行长及分行科长级干部 12 人(内分行长 1 人),县主任级干部 20 人,准主任级干部 50 人,合计 82 人,分三批南下。按区党委指示,第一批、第三批均走两套。地委级 13 人,县级计 19 人,一于本月底集合,一于 6 月间集合,其余都在第二批走,二月底集合。"③ 可见,北海银行渤海分行严格按照上级要求,抽调大量的银行骨干南下,包括 12 个支行长、科长级干部,有力地促进了南方地区金融事业的发展。

2. 通过专门学校大量培养金融人才

抗战胜利之后,尤其是解放区的迅速发展,中共中央认识到新解放区或城市急需配备大量的金融人才。1945 年 9 月,中共中央在《关于日本投降后我党任务的决定》中明确提出:"迅速加强城市工作,特别应该加强可能夺取与必须

---

① 中共中央党史研究室第一研究部:《中国共产党第七次全国代表大会代表名录》(上),上海人民出版社 2005 年版,第 213 页。

② 中共山东省委党史研究室:《山东党的革命历史文献选编(1920—1949)》第十卷,山东人民出版社 2015 年版,第 331 页。

③ 中国人民银行金融研究所,中国人民银行山东省分行金融研究所:《中国革命根据地北海银行史料》第四册,山东人民出版社 1988 年版,第 272 页。

夺取的那些城市的工作，派大批有力的干部到这些城市里去，迅速学会管理城市中财政金融经济工作，利用一切可能利用的人，参加城市工作，解决维持城市秩序。"① 1948 年 10 月，中共中央在《关于准备五万三千个干部的决议》中指出：中央政治局九月会议讨论了为了夺取全国政权所需要的干部的准备工作问题。"如果我党缺乏此项准备，势必不能适应战争发展的需要，而使我党处于被动的地位。"这些干部包括经济工作（管理工业），财政工作，银行工作，贸易工作（管理贸易局）等项干部，都不可缺少，而且要求"每项工作干部的比例，亦须适当配备"。② 因此，为了完成这些干部准备工作，各地各部门举办了一些学校和训练班。

解放战争时期，各大解放区的高等教育有了进一步发展，建立了很多正规的银行、商科学校或者财经学院。因此，金融人才的培养开始进入规模化和正规化的阶段。晋察冀边区建有华北联合大学、商业专科学校等。晋冀鲁豫边区 1945 年 11 月创办了北方大学。陕甘宁边区创办了延安大学及财经等专科学校。苏皖边区于 1948 年相继成立华中大学和建设大学。东北解放区建立了东北大学等高校。此外，东北解放区还开办和接管了当地的大学和许多专业学校，如哈尔滨大学、商科专校等。这些学校都有相关系科（一般称财经系）在从事金融人才的培养工作。

1946 年 3 月，晋冀鲁豫边区财经专门学校划归北方大学，成为北方大学财经学院，院址在邢台"新兵营"。迁山西后，院址设在马厂。学员多为该边区青年学生，共有一百多名。培养目标为一般财政干部。③ 该学院学制为二至三年，后与华北联大合并为华北大学。

中州农民银行从豫西迁入郑州后，根据党中央和中原局的指示，着手为中原区的解放培养干部，决定成立银行学校，招收知识青年进行培养，以适应革命形势发展对干部的需要。1948 年 10 月下旬，中州农民银行抽调专人在郑州城西碧沙岗开始进行银行学校成立的筹备工作。中州农民银行附属银行学校于 1948 年 11 月宣告成立。中州农民银行总经理陈希愈任校长，殷璞任副校长。学校成立后即在河南省郑州、开封和洛阳等城市张贴广告招生。考生报考条件是

---

① 中共武汉市委党史研究室，武汉市新四军历史研究会：《新四军与武汉》，武汉出版社 2003 年版，第 260 页。

② 中共中央组织部，中共中央党史研究室，中央档案馆：《中国共产党组织史资料》第八卷（上），中共党史出版社 2000 年版，第 683 页。

③ 河北省政协文史资料委员会：《河北文史集粹》（教育卷），河北人民出版社 1992 年版，第 196 页。

具有初中毕业以上文化程度、愿到银行工作的青年。学校第一期招生 400 人，分为 4 个班，11 月中旬举行开学典礼。①

3. 举办业务培训或者启用原国统区的金融人才

一方面，解放区仍然采用业务培训的方式来培养金融人才。例如，为适应新形势开展银行工作，冀鲁豫行署干部学校特设银行训练班，培养专业银行工作人才，招生广告已登载《冀鲁豫日报》。1948 年 11 月 2 日，华北银行冀鲁豫分行正式发出"关于办理招收训练班学员的通知"。通知要求：（1）招收工作分区办事处主任亲自负责按招生广告办理，如名额不齐，可于 11 月 16 日至 30 日另招一批；（2）条件必须具有高小程度，或相等于高小程度并需持有区以上政府介绍证件；（3）银行班由银行供给，毕业后由银行分配工作，考试费用伙食等由银行负责，如学员家庭确实困难，个别学员路费可酌情予以解决；（4）各分区招考学员初试合格录取后，务于 11 月 25 日前送往行署干部学校参加复试，至期不满名额者，继续招收一批，经初试后集体于 11 月底送干校参加复试。（5）下发招考试题做参考，以统一招收程度，并须注意集中地点，按规定时间集体考试，但不必一定按照原题，以免发生流弊。② 从上述招收银行班学员的通知中可以看出，冀鲁豫行署对金融人才的渴求，因而给予学员极为优惠的条件，由银行负责考试费用、伙食及分配工作等，个别学员还可以提供路费。这样就能吸引更多优秀人才进入银行班学习。

东北银行总行为了培养骨干力量，于 1948 年起开办在职干部培训班。学员应该符合下列条件之一：（1）在本行工作一年以上，有显著成绩（立功得奖）可堪造就者；（2）参加革命工作三年以上，有一定文化程度，未犯过错误，并有学习热情者；（3）三年以上其他社会职业，具有会计、营业、出纳经验，年在三十岁以内者；（4）年在二十岁上下青年，相当于初中文化程度，文理通顺，历史清白，而且熟练珠算者；考试项目为珠算、笔算、作文、银行常识、政治常识。待遇按照原来工作岗位之薪俸评分或供给标准，由训练班按月发给（但行李须自备）；教育计划暂定三个月，政治与业务并重，业务教育包括存款、放

---

① 周元武，许建国：《湖北经济学院校史（1907—2007）》，湖北长江出版集团 2008 年版，第 51 页。

② 中国人民银行金融研究所，中国人民银行山东省分行金融研究所：《冀鲁豫边区金融史料选编》（下册），中国金融出版社 1989 年版，第 334 页。

款、汇款、会计规程、出纳规则、物价调查、生金银问题、珠算。① 1949 年 6 月起，为了提高工作人员的知识水平和工作效率，东北银行总行业务处决定："按知识水准和工作经验分成三个班：一是文化班，学习国语、珠算、简单的银行业务（如出纳点票、打钱捆等）；二是业务班，学习存、放款、汇兑、会计出纳等制度、章程和办法；三是研究班，研究有关银行的经济金融政策、市场管理和货币问题等。学习时间：第一班是每星期一、三、五晚八时至九时，第二、三班是每星期一、五晚八时至九时。"②

另一方面，延揽和启用原国统区的金融人才也是当时一个快速而且有效的金融人才建设途径。例如，1948 年 11 月，北海银行总行发出"为增添练习生吸收旧职员的通函"。通函指出：山东地区除青岛外，差不多全部解放，因地区扩大机构增加，干部配备实属困难，"为适应目前工作需要，完成日渐繁重之任务，培养新的干部，迎接新的形势，新的任务起见，除按原编制外，各行处可大量增添练习生，各地新解放的城市及从东北或其他大城市回来之旧银行钱庄之职员，均亦可尽量吸收充实现有之机构。如业务、会计基础熟练者，必要时可实行薪金制。条件须具有高小以上程度，品行端正，身体健康，无不良嗜好，有培养前途之青年为标准"。③ 1949 年 1 月，中共中央在"关于接收官僚资本企业的指示"中提出："对于接收来的工厂、矿山、铁路、邮政、电报及银行等，如果原来的厂长、矿长、局长及工程师和其他职员没有逃跑，并愿意继续服务者，只要不是破坏分子，应令其担负原来职务，继续工作，军管会只派军事代表去监督其工作，而不应派人去代替他们当厂长、局长、监工等。如果某个企业的主要负责人逃跑，即从本企业职工中提拔适当的人员代理。除非是无法提拔或我们派去的人完全是该企业的内行，能够无困难地管理该企业时，才任命他们直接负责该企业的管理。"④ 上述指示明确规定，对于接收来的银行，其中留下来的负责人或职员可以继续留用，这样就可以充分利用国统区原有的金融人才，从而有效弥补了人才短缺的问题。

---

① 黑龙江省金融研究所：《黑龙江根据地金融史料（1945—1949）》，1984 年编印，第 271–272页。
② 黑龙江省金融研究所：《黑龙江根据地金融史料（1945—1949）》，1984 年编印，第 271 页。
③ 中国人民银行金融研究所，中国人民银行山东省分行金融研究所：《中国革命根据地北海银行史料》第四册，山东人民出版社 1988 年版，第 275 页。
④ 商业部商管司等：《商业组织与管理文件汇编》（上），1983 年版，第 1 页。

二、金融人才的主要分布

解放战争时期，金融人才主要分布于各个解放区的银行系统。从数量上来说，已经远远超越了抗日战争时期。解放战争时期，各解放区重要金融人才分布情况详见表38。

表38　各解放区重要金融人才一览表

所在解放区	所在银行	姓名及任职情况
陕甘宁边区	陕甘宁边区银行（1947年11月合并于西北农民银行）	行长：黄亚光（1942.10—1947）；副行长：冯治国、张定繁（1946—1947）
	合并后边区银行改称西北农民银行分支行（1947.11— ）	延安分行副行长魏正廷、晋绥分行行长马师冉、副行长李青萍；陇东分行行长梁爱民、副行长王坦；关中分行行长李维新、副行长周崇德；三边分行行长郝怀仁、副行长张维培
晋察冀边区	晋察冀边区银行（1946—1948）	总行：经理：关学文、何松亭；秘书室：武子文、徐敬军；会计处（出纳）：张文龙；业务处：张云天；营业部：项伟略；研究室：何松亭（兼）
	晋察冀边区银行冀中分行（1946— ）	经理：张平之、詹武；秘书室主任：王庚（后蒋东明）；营汇科科长：周健；农金科科长：周健；会计科科长：曹维三；出纳科科长：李杰；人事科科长：刘健；
	晋察冀边区银行冀中区办事处（1946— ）	八办事处经理：耿洁民、白叔玉；九办事处经理：张光、夏鸣、任安国；十办事处经理：李毅、耿洁民；十一办事处经理：梁毅、杨海泉，
晋冀鲁豫边区	冀南银行（1946—1948）	总行行长：胡景沄（1946年5月辞职），后由边区政府副主席戎子和（即戎伍胜）兼任，同年12月3日胡景沄复任；副行长：陈希愈

续表

所在解放区	所在银行	姓名及任职情况
华北解放区	华北银行（1948— ）	总经理：南汉宸；副总经理：胡景沄、关学文、陈希愈（调陈筹备中原银行，随军南下）；秘书室：董渡峰、于志、韩雷；业务处：张云天；农金：张志勇；城市：杨海泉；会计处：尚明；出纳处：张文龙；发行处：王文焕；人事处：袁留忠、王道
晋绥边区	西北农民银行（1946—1948）	经理：牛荫冠（1946年7月间被免职）、黎化南（财政处处长兼任）、喻杰；副经理：刘卓甫；监委：李甫山；政治主任：张毅成；科级干部：李生甫、郝振乙、程容、王曙天、张尚德、李之军、傅泽浩等

资料来源：①中国人民银行河北省分行：《回忆晋察冀边区银行》，河北人民出版社1988年版，第70—77页；②中国人民政治协商会议河北省涉县委员会文史资料委员会：《涉县文史资料》第2辑，1992年编印，第16页；③杨世源：《西北农民银行史料》，山西人民出版社2002年版，第13页；④山东省钱币学会，临沂市钱币学会：《北海银行在沂蒙》，中国金融出版社2014版，第33页等。

表38是一个不完全统计，很多银行分支机构的负责人并未全部列出，因而只是大致反映了解放区金融人才的分布情况。从中也能看出这时候金融人才分布的主要特点：一是涌现出许多新生的杰出金融人才。例如，南汉宸、尚明、叶季壮和陈穆等。二是由于此时银行机构分分合合，因而很多金融人才的任职跨越了两三个银行。例如，华北银行副总经理陈希愈后来被调去筹备中州农民银行；华中银行与北海银行合并后，华中银行行长陈穆改任北海银行行长。华北银行行长南汉宸后来改任中国人民银行首任行长。三是解放战争前的许多金融人才，包括晋察冀边区银行经理关学文、冀南银行总行行长胡景沄、副行长陈希愈以及曹菊如和朱理治等，对于人民金融事业的统一及东北金融事业的建立和发展发挥了关键作用。

本章小结

土地革命、抗日战争和解放战争三个时期，中国共产党始终重视金融人才队伍建设，通过各种手段和方式，包括在从事财政经济工作的实践中锻炼、采用多种方式训练和培养金融人才重用原有的金融人才、通过学校教育系统培养金融人才等。因此，整个新民主主义革命时期的根据地都汇聚了一大批金融人才，为革命金融事业乃至于中华人民共和国金融事业的发展发挥了奠基性作用。

令人动容的是，很多党的杰出金融人才在致力于革命金融事业的过程中壮烈牺牲，如夏兆梅、毛泽民、郑义斋、张其德、成功、高捷成等，是党的重大损失。他们为革命金融事业作出的贡献永远值得我们尊敬。

还值得一提的是，很多金融人才对于中华人民共和国金融事业的发展也作出了不可磨灭的贡献。例如，曹菊如、南汉宸、黄亚光、陈希愈、胡景沄、尚明、刘礼欣、丁冬放、方皋等。

新中国成立后，曹菊如历任政务院财经委员会委员、副秘书长；1953 年 9 月至 1954 年 9 月任中国人民银行副行长；1954 年 11 月至 1964 年 10 月任中国人民银行行长；1955 年 1 月至 1964 年 10 月兼任中国人民银行党组书记，致力于发展国家金融事业，建立独立的、统一的稳定的货币制度和社会主义金融体系。1955 年具体主持全国新人民币的发行工作，保证货币的正常流通和币值的长期稳定。

南汉宸作为首任中国人民银行行长，任职到 1954 年 10 月。曾经参加过冀中九专区银行训练班的学员刘礼欣，作为主要人员参与了 1954 年中国人民建设银行的组建工作。1964 年，刘礼欣被组织任命为中国建设银行副行长。黄亚光、尚明、丁冬放和方皋也长期担任中国人民银行副行长。陈希愈在新中国成立后历任中国人民银行中南区行行长、中共中央中南局财贸委员会副主任、财政部副部长兼中国人民银行行长；中共八大、十大代表，第五届全国人大代表，第六届全国政协委员。中华人民共和国成立后，胡景沄历任中国农业银行行长、中国人民银行副行长。

第七章

新民主主义革命时期金融建设的主要特点、基本经验与启示

中国共产党人从建党之初就开始思考有关金融的问题。中国共产党领导金融建设从建党初期和大革命时期就开始了，其后经历了土地革命、抗日战争和解放战争时期坚持不懈地艰苦探索，到 1948 年 12 月在石家庄成立中国人民银行，并发行全国性统一的人民币，最终取得新民主主义革命胜利。与此同时，革命根据地的货币金融在其中始终发挥着极为重要的作用。1921 年至 1949 年间，中国共产党领导的金融事业可以看作当前中国特色社会主义金融事业的试演和前奏。

一、新民主主义革命时期金融建设的主要特点

1. 金融建设始终围绕每个阶段的中心任务推进和实施

在新民主主义革命的不同时期，中国共产党的中心任务各不相同。由此，中国共产党领导的金融建设则围绕不同时期的中心任务来制定。在革命战争年代，首要问题无疑是用革命暴力打碎反革命的统治。革命战争是整个新民主主义革命时期最主要的中心任务。因此，这时候的金融建设，包括设立银行、发行货币、进行货币斗争、稳定货币等，都是为了充裕人民军队的战费、保证革命战争长期的物质供给，都是围绕这一中心展开的，因而发挥了重要的金融保障作用。

除了革命战争之外，根据地的经济建设也是中国共产党的另一重要任务。由此，金融建设成为革命根据地财政经济建设中的一项重要内容。因此，发展金融业、建立新的金融制度作为发展根据地经济的重要工作，也是根据地经济建设的重要支撑。通过开设银行，发展信用合作事业，举办低利贷款，发行货币、股票和公债等措施，对抵制本币之外货币的侵扰和掠夺，克服根据地经济困难，粉碎敌人的经济封锁，发展根据地经济起到良好的作用。尤其是高度重视农贷工作，创造了许多农业贷款的好办法，对发展生产、根据地的经济建设也作出了重大贡献。

到了解放战争后期，随着解放区面积的不断扩大，迅速连成一片，物资交流、商业往来日益繁密，因而进行城市建设和建立一个全国统一的政权就成为

当时的中心任务。因此，长期分割的金融迫切需要走向统一，包括货币统一、金融机构的统一，否则将不利于国家政权的统一。金融统一的支持无疑成为政权统一的先决条件。在这种形势下，党的金融建设就围绕这一中心任务来推进。例如，开始重视城市金融工作，并且使解放区的银行逐步集中统一，最终合并组建中国人民银行，发行人民币，从而改变了各解放区原先各地为战、地域性很强的金融状况。

2. 金融建设始终充分发动和依靠群众

整个新民主主义革命时期的金融建设，中国共产党及根据地各级政府始终都充分发动和依靠群众来解决各种金融问题。1943 年 11 月，毛泽东就指出："我们共产党员，无论在什么问题上，一定要能够同群众相结合。""群众有伟大的创造力。中国人民中间，实在有成千成万的'诸葛亮'。"[①] 要进行金融建设，要制定和实施金融政策同样要得到群众的支持和拥护，否则就难以完成。当时，很多金融业务的开展必须发动和依靠群众才能办成。例如，开展银行储蓄业务，需要动员群众积极存款，实行有奖储蓄；反假票过程中积极动员群众，识别假票，检举、揭发假票，通过群众性的运动打击假票的流通；建立股份制银行和合作社后，动员群众认购股票，很多股票是由根据地的群众认购的。在推进金融建设的过程中，积极向人民群众宣传、动员，人民群众明白了，就会自觉自愿地支持革命根据地的金融事业。因此，如果不依靠人民群众，得不到人民群众的支持，新民主主义革命时期金融建设的任务就无法胜利完成。

3. 金融建设的灵活性、系统性和全面性

新民主主义革命时期，各根据地政府都结合当地实际情况和需要，灵活地推进金融建设，并没有墨守成规。例如，对于货币发行，土地革命战争和抗战时期，中国共产党没有在根据地推行整齐划一的统一发行办法，而是各自分散进行的。在不违背货币发行原则的情况下，各根据地因地制宜，独立发行自己的货币，从而可以自由灵活地调整各自币值的比例。又如，在货币斗争方面，针对不同的敌对货币，灵活性地采用了不同的斗争方法，综合运用行政手段、经济手段和法律手段等，显示了因时因地的灵活性。

中国共产党领导的金融建设涉及金融领域的方方面面，因而还体现出明显的系统性和全面性的特点。首先是革命根据地创建自己的金融机构，包括政府银行、信用合作社、国家银行以及金融辅助机构等。其次，开展的金融业务也较为全面，发行货币，代理金库，吸收存款，发放贷款，发行股票，进行对敌

---

① 《毛泽东选集》第 3 卷，人民出版社 1991 年版，第 933 页。

货币斗争等。再次，加强金融管理，尤其是对不断出现的假币问题和对敌货币斗争，不仅对其认识逐渐深入，而且采取了相应治理措施，同时也重视加强对私营银钱业的监督和管理。最后，注重金融人才队伍的建设，延揽一批专业性的人才。因此，新民主主义革命时期，较为全面系统地推进金融建设，从而推动了生产的发展和市场繁荣，对坚持革命战争、巩固和发展革命根据地，夺取最后的胜利起到重要的作用。

4. 推进金融建设过程中始终重视相关制度建设

整个新民主主义革命时期，中国共产党在推进金融建设的各个方面，自始至终都重视相关制度建设。在金融组织建设、货币信用建设、金融业务和金融管理等方面都出台了相应的办法、指示、章程和条例等，建立起有关金融发展的基本规范和制度，从而有章可循，逐步制度化。例如，在金融业务方面，不管是存款业务、信贷业务还是汇兑和发行股票业务等，都非常重视制度建设，出台了不少的章程、办法或条例。另外，现金和外汇管理、金银管理以及对解放区或新解放的私营银钱业的检查和监督等也同样不忘进行制度建设，由此建立起一套推进金融建设的制度体系。一般情况下，中共中央出台管理办法，省级边区及其所属的小分区也都会随之制定自己的章程、条例，有时候往往配上实施细则等。这样就形成了一个较为全面的、自上而下的制度实施体系。这是新民主主义革命时期中国共产党推进金融建设较为显著的一个特点。

5. 在金融建设的过程中展现出艰苦奋斗、百折不挠和不怕牺牲的精神

新民主主义革命时期，中国共产党领导金融事业发展的风雨历程，不仅真实而深刻地记录了重大红色金融历史事件，也展示了金融工作者艰苦奋斗的优良传统和百折不挠、不怕牺牲的精神。于1932年2月1日正式开业的中华苏维埃共和国国家银行，尽管是中国第一个以"国家"冠名的银行，但它却是一个"袖珍"型的国家银行。成立之初，全行一共只有5人，包括行长毛泽民、会计兼稽核曹菊如、出纳钱希钧、记账员邱东生及兑换兼勤杂彭天喜。国家银行资本额定140万元，成立时仅收足20万元即开始营业。就是这20万元，也在成立后的几天之内因为战争需要全部划出。说是国家银行，其实常是"行无分文"。办公场所则是借用一家农民的房子，房子里，几张桌子、几把算盘一摆，开始了国家银行从无到有的艰难创业。在突破敌人围追堵截的长征路上，国家银行变成了流动着的"扁担银行"。运输员们肩挑资财、背驮机器，挑着中华苏维埃共和国三年辛苦积攒下的所有家底，挑着中央红军的命根子。1935年10月19日，国家银行队伍随中央纵队到达陕北的吴起镇。国家银行工作人员把分散的金银珠宝收回银行统一管理，经清点，银行总资产有金子两担、银圆十二担，

几十种珠宝都完好无损。银行资产除了长征路上的正常开支，没有损失一块银圆。这是一个奇迹。国家银行参加长征的有 14 人，在长征中牺牲了 6 位，他们的平均年龄不到 22 岁。① 因此，扁担上的国家银行成为当时金融工作者艰苦奋斗、百折不挠和不怕牺牲精神的集中体现。

许多杰出金融人才在致力于革命金融事业的过程中壮烈牺牲，如毛泽民、郑义斋、张其德、成功、高捷成等。他们不怕牺牲的精神值得我们学习，为革命金融事业作出的贡献也值得我们尊敬。例如，1943 年 5 月，日军对太行抗日根据地大举进犯，冀南银行总行行长高捷成在部署工作途中遇敌，为了保住机密文件，他拒绝逃跑并掩护同志突围，在搏斗中被敌人用刺刀扎死，不幸壮烈牺牲。

因此，这些革命先辈为了实现伟大的共产主义理想，创建革命根据地货币、金融事业，以大无畏的英雄气概进行了艰苦卓绝的斗争。他们身上充分展现出坚忍不拔的工作作风，艰苦奋斗的精神，不怕牺牲的高尚情操。这些宝贵的精神财富弥足珍贵。

二、新民主主义革命时期金融建设的基本经验与启示

1. 把发展金融业作为党的重要任务并始终把握党对金融建设的领导权

新民主主义革命时期，中国共产党一直非常重视金融业，把发展金融业当作党的一项重要任务。毛泽东在确定 1946 年解放区工作的方针时，就指出："我们已经得到了一些大城市和许多中等城市。掌握这些城市的经济，发展工业、商业和金融业，成了我党的重要任务。"② 毛泽东的这段话告诫全党要高度重视金融工作，要把金融业等同于工商业对待，把发展金融业视为中国共产党掌握城市经济的关键。之所以把发展金融业作为党的重要任务，是由于金融对于一个国家、一个政权来说是不可或缺而且是无可替代的。如果出现严重金融问题或者金融动荡，必然会导致政治基础的动摇。因此，金融的稳定关系到政权的稳定，金融工作必须成为党的重要任务。在长期革命实践中，中国共产党一直在考虑如何充实扩大根据地的银行力量、保持币值稳定，维持正常的金融秩序，掌握经济控制权，最终巩固胜利成果。

在金融建设过程中，还要坚持党的领导。红色金融能够从无到有，从小到大，党的金融事业能够从农村走向城市，最后走向全国，都是在党对金融工作

---

① 万立明：《扁担上的国家银行》，《英大金融》2016 年第 11 期。

② 《毛泽东选集》第 4 卷，人民出版社 1991 年版，第 1173 页。

的正确领导下所取得的。红色金融的历史充分说明，只有党掌握了金融事业，牢牢掌控自己的"钱袋子"，才能赢得主动权，才能巩固和发展新生的红色政权。中国共产党始终把握金融事业发展和前进的方向，不断探索金融支持革命战争和创立新政权，为中国新民主主义革命全面胜利奠定了基础。因此，只有始终把握党对金融建设的领导权，我们的金融事业才能兴旺发达。

党的十九大报告提出，必须把党的政治建设摆在首位，以党的政治建设为统领，全面加强党的各方面建设。当前，如何坚持稳中求进，如何进行转方式调结构，如何不断提升现代金融的服务水平，以促进中国特色社会主义事业的持续健康发展，这些都需要坚持党对金融工作的领导，坚持党对金融工作的方向性、战略性指导，并制定出正确的金融政策，不断优化金融发展的环境。2017年4月25日，习近平总书记在中共中央政治局第四十次集体学习时指出："必须充分认识金融在经济发展和社会生活中的重要地位和作用，切实把维护金融安全作为治国理政的一件大事，扎扎实实把金融工作做好"，同时还要"加强党对金融工作的领导，坚持党中央集中统一领导，完善党领导金融工作的体制机制，加强制度化建设，完善定期研究金融发展战略、分析金融形势、决定金融方针政策的工作机制，提高金融决策科学化水平"。[①]

因此，要逐步完善中国共产党对金融工作的领导，充分发挥党的政治优势，改革金融系统党的领导体制，处理好党对金融的领导和金融发展的市场性之间的关系，一方面保持党对金融工作的领导，防止出现金融风险威胁国家政权，保证金融对政权的巩固作用；另一方面，保证金融机构、金融监管和金融市场按照现代市场经济规律运行，为发挥金融的作用，建设社会主义市场经济创造条件。[②]

2. 金融领域中应提高对专业性人才重要性的认识

事业发展，人才为本。在金融领域中，应当充分认识专业性人才的决定作用，因而要做好对金融人才的培养、选拔与任用工作。只有这样，才能有力促进金融事业的发展。土地革命时期，毛泽民亲手筹备了苏维埃国家银行，担任国家银行第一任行长，成为中国红色金融事业的开拓者和奠基人。政权巩固不能少了钱袋子做支撑，毛泽民就是那个拿着算盘、账本，为中国革命赚得了生存、发展资本的重要人物。黄亚光则先后为革命根据地的银行设计、绘制货币、

---

① 《金融活经济活金融稳经济稳 做好金融工作维护金融安全》，《人民日报》2017年4月27日。

② 温美平：《中国共产党金融思想研究》，复旦大学出版社2012年版，第128页。

公债券图案，为红色政权货币和公债券的发行，抵制敌人的经济封锁，提高人民生活及保障军队的物质供给起到重大作用。抗战时期，北海银行能够顺利地创建和起步，与曾经在青岛中鲁银行担任过经理职务的张玉田的指导是密不可分的。之后北海银行的发展与壮大，与薛暮桥的不懈努力息息相关。还有很多杰出金融人才，如曹菊如、南汉宸、黄亚光、陈希愈、胡景沄、尚明、刘礼欣、丁冬放、方皋等，都对于革命金融事业作出了不可磨灭的贡献。

如今，更需要大规模、有效率地培养改革开放和现代化建设急需人才。因而要重视选贤任能，把选人用人作为关系党和人民事业的根本性问题。习近平总书记曾经指出，各级党委及组织部门要坚持党管干部原则，坚持正确用人导向，坚持德才兼备、以德为先，努力做到选贤任能、用当其时，知人善任、人尽其才，把好干部及时发现出来、合理使用起来。要树立强烈的人才意识，寻觅人才求贤若渴，发现人才如获至宝，举荐人才不拘一格，使用人才各尽其能。① 2019 年 2 月，中共中央政治局就完善金融服务、防范金融风险举行第十三次集体学习。习近平总书记提出："要培养、选拔、打造一支政治过硬、作风优良、精通金融工作的干部队伍。"② "人才是第一资源"，建设中国特色社会主义的金融事业同样要高度重视专业性人才的选拔和培养，需要一代又一代金融工作者的接力奋斗。

3. 金融要为中心工作服务

新民主主义革命时期，中国共产党领导推进金融建设的目的都是要服务于党的中心工作。为此，党和革命根据地政府积极领导和开展各项金融工作。例如，废除封建高利贷剥削，创办信用合作社、工农银行和发行货币，逐步创建集中统一的金融体系和货币体系等，为赢得新民主主义革命的胜利提供了金融支撑。前文曾提到，1938 年，毛泽东就边区的货币政策给聂荣臻、彭真、朱德和彭德怀的电报中指出："边区军费浩大，财政货币政策应着眼于将来军费之来源。"1941 年 8 月 22 日，毛泽东给谢觉哉的信中总结了财经工作经验。毛泽东指出："今年的所以采取这些政策，首先是根据于革命与战争两个基本的特点，其次才是根据边区的其他特点（地广，人稀，贫乏，经济落后，文化落后等）。"③ 因此，在革命根据地，中国共产党充分发挥金融对军事工作、经济建

---

① 《习近平在全国组织工作会议上强调：建设一支宏大高素质干部队伍 确保党始终成为坚强领导核心》，《人民日报》2014 年 6 月 30 日。

② 《深化金融供给侧结构性改革 增强金融服务实体经济能力》，《人民日报》2019 年 2 月24 日。

③ 中共中央文献研究室：《毛泽东书信选集》，中央文献出版社 2003 年版，第 168 页。

设及政权巩固等方面的支持作用，以金融的力量保证军费来源、保障人民军队物资供给，支持了人民武装的发展壮大，促进了根据地各项建设的顺利完成。

中国特色社会主义进入新时代，金融要为中心工作服务仍然具有重要意义。金融是现代经济的核心，是国家经济的命脉。只有金融安全稳定的运行，才能促进国民经济的良性循环，保障社会经济的稳定发展。2019 年 2 月，中共中央政治局举行了第十三次集体学习，其主题就是完善金融服务、防范金融风险。习近平总书记指出："正确把握金融本质……深化金融改革开放，增强金融服务实体经济能力。""金融要为实体经济服务，满足经济社会发展和人民群众需要。金融活，经济活；金融稳，经济稳。经济兴，金融兴；经济强，金融强。经济是肌体，金融是血脉，两者共生共荣。"① 稳增长、稳就业、稳投资、调结构、惠民生、防风险是当前的中心工作。因此，金融要紧紧围绕这一中心工作，充分发挥市场配置资源的决定性作用，推行稳健的货币政策，优化信贷结构，加大对"三农"、小微企业等薄弱环节的支持，不断提高金融服务水平。

4. 从实际出发指导金融建设，并且要勇于开拓创新

中国共产党领导的金融事业经历了一个长期的、反复的探索和演进过程。事实表明，把握和立足中国具体实际是马克思主义中国化的前提条件。总结红色金融事业的历史经验，同样说明金融建设要从实际出发，要把马克思列宁主义的基本原理和革命根据地经济与社会、货币与金融的具体实践相结合。革命根据地的金融工作者只有结合具体实际，才能驾驭货币金融规律，才能在为革命战争服务、支援工农业生产与改善人民生活中发挥金融的作用。

在从实际出发指导金融建设的过程中，共产党人展现出开拓创新的鲜明品格和精神特质。中华苏维埃共和国国家银行刚成立时，条件极为艰苦，甚至缺乏最基本的银行业务的表格账簿。红色金融工作者善于发现、善于创造，因地制宜，因陋就简，经过摸索，制订了苏区银行的金库条例，设计了自己的金库制度，也发行了国家银行货币。另外，在探索金融业务运作的时候，创造性地使用了存款券、实物存款、折实存款和折实放款，认购股票，缴纳股金，可以不用现款，用群众手中的实物折实抵充股票等。正是老一辈红色金融工作者这种艰苦奋斗、勇于开拓的精神品格，最终创造了红色金融事业的辉煌成就。

当前，我们处在一个新历史方位，中国共产党所面临的执政环境更复杂，所承担的历史任务更繁重，要经受的执政风险和考验也更严峻。因此，我们的

---

① 《深化金融供给侧结构性改革 增强金融服务实体经济能力》，《人民日报》2019 年 2 月 24 日。

金融事业既要积极借鉴各国金融发展的经验教训，也要把金融发展的一般规律同中国具体实际相结合。这样才能创造性地解决我国金融领域的重大问题。2017 年，习近平总书记在中央政治局集体学习时就明确要求："发展金融业需要学习借鉴外国有益经验，但必须立足国情，从我国实际出发，准确把握我国金融发展特点和规律，不能照抄照搬。"① 同时面对诸多艰难险阻，还要改革创新，勇于开拓，敢闯新路，积极克服前进路上的各种困难，努力开创金融事业新的辉煌。

5. 人民利益至上是金融建设的根本宗旨

党的性质和宗旨决定了中国共产党全部活动都应"把群众的利益放在第一位"作为出发点和归宿。中国共产党领导的金融建设同样要以人民利益为出发点，根据地的金融政策及各种金融管理制度、措施，都是以人民利益为出发点的。时任冀南银行总经理的胡景沄在该行《八周年纪念感言》中总结经验，提出："把为人民服务，当人民勤务员的思想更加明确起来，贯彻到一切工作中去。"②

首先，在货币发行中，保证货币充分兑现，尽量减少单纯财政发行，努力维护币值和物价稳定。毛泽东就明确提出，发行纸币"应该根据国民经济发展的需要，财政的需要只能放在次要的地位"，以防止出现通货膨胀而损害人民利益。其次，在信贷工作中，中国共产党废除高利贷，根据地银行和信用合作社为广大群众提供低息贷款，尤其是极为重视农业贷款。例如，1942—1943 年，陕甘宁边区银行专门设立农贷办事处，制定了发放农业贷款的各项法规，逐年增加发放农业贷款，1942 年发放农业贷款 500 万元，1943 年增加到 11978 万元。③ 给农民发放的低利或无利的贷款，极大促进了农业生产发展和农民生活的改善。晋察冀边区制定贷款办法就明确以农民为中心，即农民需要什么就贷什么，欢迎怎样贷就怎样贷。最后，在吸纳群众闲置资金的时候，也充分考虑群众利益。例如，在革命根据地多次推行折实储蓄，发行折实公债，也就是存款时以实物折合货币计算，取款或公债到期兑付时仍以实物计算。这样就能尽量

---

① 《金融活经济活金融稳经济稳 做好金融工作维护金融安全》，《人民日报》2017 年 4 月 27 日。

② 晋冀鲁豫边区财政经济史编辑组，山西、河北、山东、河南省档案馆：《抗日战争时期晋冀鲁豫边区财政经济史资料选编》第二辑，中国财政经济出版社 1990 年版，第 817 页。

③ 《中国经济发展史》编写组：《中国经济发展史（1840—1849）》第 1 卷，上海财经大学出版社 2016 年版，第 320 页。

减少因纸币币值的波动所带来的损失。因此，中国共产党真心实意地为群众谋福利，处处体现了维护人民利益的宗旨。

党的十八大以来，习近平总书记提出"坚持以人民为中心"的基本方略。按照党的十九大的部署要求，高度重视人民群众对高质量金融服务的需要，着力解决好金融服务供给总量不充分、结构不合理、质量不够高的问题。把为实体经济服务作为出发点和落脚点，全面提升服务效率和水平，把更多金融资源配置到经济社会发展的重点领域和薄弱环节，更好地满足人民群众和实体经济多样化的金融需求，让广大人民群众切实享受到更加优质、安全、便捷的金融服务。[①] 2019年2月，习近平总书记在中共中央政治局第十三次集体学习时指出："深化金融供给侧结构性改革必须贯彻落实新发展理念，强化金融服务功能，找准金融服务重点，以服务实体经济、服务人民生活为本。"[②] 因此，只有坚决把以人民为中心的思想落实到党的金融工作中，才能促进中国特色社会主义金融事业的科学发展，才能不断取得金融事业的新胜利。

---

① 中国人民银行党委理论学习中心组：《推进新时代金融事业高质量发展》，《中国金融》2018年第24期。

② 《深化金融供给侧结构性改革 增强金融服务实体经济能力》，《人民日报》2019年2月24日。

参考文献

一、经典著作与档案文献资料

1. 《马克思恩格斯文集》（第 5~7 卷），人民出版社 2009 年版。

2. 《马克思恩格斯全集》（第 31 卷），人民出版社 1998 年版。

3. 《毛泽东文集》（第 2~4 卷），人民出版社 1991、1993 年版。

4. 《陈云文选（1926—1949）》，人民出版社 1984 年版。

5. 中共中央文献研究室，中央档案馆：《建党以来重要文献选编》（第五册、第十一册、第十七册、第二十一册、第二十六册），中央文献出版社 2011 年版。

6. 《红色档案 延安时期文献档案汇编》（第 4~12 卷），陕西人民出版社 2013 年版。

7. 中央档案馆：《中共中央文件选集》（第 3~17 册），中共中央党校出版社 1983 年版。

8. 中央档案馆，福建档案馆：《福建革命历史文件汇集（苏维埃政府文件）》（1931—1933），内部资料，福建新华印刷厂 1985 年版。

9. 中国社会科学院经济研究所中国现代经济史组：《革命根据地经济史料选编》（上下册），江西人民出版社 1986 年版。

10. 陕西省档案馆，陕西省社会科学院：《陕甘宁边区政府文件选编》（第八辑），中国档案出版社 1988 年版。

11. 陕甘宁边区财政经济史编写组：《抗日战争时期陕甘宁边区财政经济史料摘编》（第五编），陕西人民出版社 1981 年版。

12. 陕甘宁边区财政经济史编写组，陕西省档案馆：《抗日战争时期陕甘宁边区财政经济史料摘编》（第五编），长江文艺出版社 2016 年版。

13. 陕甘宁边区财政经济史编写组，陕西省档案馆：《抗日战争时期陕甘宁边区财政经济史料摘编》（第七编），陕西人民出版社 1981 年版。

14. 江西省档案馆,中共江西省委党校党史教研室:《中央革命根据地史料选编》(下),江西人民出版社1982年版。

15. 中共江西省委党史研究室等:《中央革命根据地历史资料文库》,江西人民出版社2011年版。

16. 孔祥毅:《民国山西金融史料》,中国金融出版社2013年版。

17. 杨世源:《西北农民银行史料》,山西人民出版社2002年版。

18. 晋绥边区财政经济史编写组:《晋绥边区财政经济史资料选编》,山西人民出版社1986年版。

19. 中国人民银行湖南省分行金融研究所:《湖南省老革命根据地金融史料汇编》,1981年内部发行。

20. 柯华:《中央苏区财政金融史料选编》,中国发展出版社2016年版。

21. 宋劭文:《华北解放区财政经济资料选编》(第一辑),中国财政经济出版社1996年版。

22. 星光,张杨:《解放战争时期陕甘宁边区财政经济史资料选辑》(下册),三秦出版社1989年版。

23. 东北解放区财政经济史编写组:《东北解放区财政经济史资料选编》(第三辑),黑龙江人民出版社1988年版。

24. 中国工商银行邯郸中心支行:《邯郸城市金融史料(1945—1989)》,文津出版社1993年版。

25. 中国人民银行金融研究所等:《中国革命根据地北海银行史料》(第1—4册),山东人民出版社1986年版。

26. 黑龙江省金融研究所:《黑龙江根据地金融史料(1945—1949)》,1984年版。

27. 杨德寿:《中国供销合作社史料选编》(第二辑),中国财政经济出版社1990年版。

28. 河北省供销合作联合社史志编辑室:《河北革命根据地合作史料选编》,石家庄铁道学校印刷厂1988年版。

29. 《太岳革命根据地财经史料选辑》(下册),山西经济出版社1991年版。

30. 中共山东省委党史研究室,山东省中共党史学会:《山东党史资料文库》(第7~24卷),山东人民出版社2015年版。

31. 中共冀鲁豫边区党史工作组财经组:《财经工作资料选编》(下册),山东大学出版社1989年版。

32. 中国人民银行金融研究所等:《冀鲁豫边区金融史料选编》(上下册),

中国金融出版社 1989 年版。

33. 高贯成：《华中银行历史资料选编》，中国广播电视出版社 2003 年版。

34. 晋冀鲁豫边区财政经济史编辑组：《抗日战争时期晋冀鲁豫边区财政经济史资料选编》（第二辑），中国财政经济出版社 1990 年版。

35. 中国钱币学会广东分会等：《华南革命根据地货币金融史料选编》，广东省怀集人民印刷厂 1991 年版。

36. 中国人民银行山西省分行，太岳革命根据地金融史编写组：《太岳革命根据地金融资料选编》，1987 年内部资料。

37. 《河南省金融史志资料汇编》（第二辑），《河南省金融志》编辑室 1984 版。

38. 中国人民银行江西省分行金融研究所：《闽浙赣革命根据地金融史资料摘编（初稿）》，中国人民银行江西省分行金融研究所 1979 年版。

39. 江西财经学院经济研究所，江西省档案馆，福建省档案馆：《闽浙赣革命根据地财政经济史料选编》，厦门大学出版社 1988 年版。

40. 王礼琦：《中原解放区财政经济史资料选编》，中国财政经济出版社 1995 年版。

41. 河南省财政厅，河南省档案馆：《晋冀鲁豫抗日根据地财经史料选编（河南部分）》，中国档案出版社 1985 年版。

42. 江苏省财政厅，江苏省档案馆、财政经济史编写组：《华中抗日根据地财政经济史料选编（江苏部分）》（第四卷），中国档案出版社 1986 年版。

43. 赣州市财政局，瑞金市财政局：《中华苏维埃共和国财政史料选编》，2001 年编印。

44. 晋绥革命根据地工商税收史编写组：《晋绥革命根据地工商税收史料选编》续编，1984 年内部发行。

45. 陕甘宁边区财政经济史编写组：《解放战争时期陕甘宁边区财政经济史资料选辑》（下册），三秦出版社 1989 年版。

46. 晋察冀边区财政经济史编写组等：《抗日战争时期晋察冀边区财政经济史资料选编》（第 4 编），南开大学出版社 1984 年版。

47. 中国人民银行总行金融研究所：《中外金融法规汇编》（第三分册），1988 年编印。

48. 晋察冀边区财政经济史编写组：《晋察冀边区财政经济史资料选编》，南开大学出版社 1984 年版。

49. 朱耀龙，柳宏为：《苏皖边区政府档案史料选编》，中央文献出版社

2005 年版。

50. 吉林省金融研究所：《吉林省解放区银行史料》，中国金融出版社 1990 年版。

51. 《陕甘宁边区抗日民主根据地（文献卷·下）》，中共党史资料出版社 1990 年版。

52. 中央工商行政管理局秘书处：《私营工商业的社会主义改造政策法令选编》（上辑），财政经济出版社 1957 年。

53. 中国人民银行河北省分行：《冀南银行》（全二册），河北人民出版社 1989 年版。

二、方志类和文史资料

1. 中国人民银行金融研究所财政部财政科学研究所：《中国革命根据地货币》（上下册），文物出版社 1982 年版。

2. 《长汀文史资料》第 19 辑，政协长汀县委员会文史资料委员会 1991 年版。

3. 河北省政协文史资料委员会：《河北文史集萃·经济卷》，河北人民出版社 1992 年版。

4. 山西省地方志编纂委员会：《山西通志》（第三十卷），中华书局 1991 年版。

5. 莱州市政协文教和文史委办公室：《永远记住》（莱州文史资料专辑），人民日报出版社 2005 年版。

6. 《福建省志·金融志》，新华出版社 1996 年版。

7. 《江西省金融志》编纂委员会：《江西省金融志》，黄山书社 1999 年版。

8. 陈阜东：《吉安地区志》（第二卷），复旦大学出版社 2010 年版。

9. 湖南省浏阳市地方志编委会：《浏阳县志》，中国城市出版社 1994 年版。

10. 福建省地方志编纂委员会：《福建省志·金融志》，新华出版社 1996 年版。

11. 薛暮桥，杨波：《总结财经工作迎接全国胜利——记全国解放前夕两次重要的财经会议》，中国财政经济出版社 1996 年版。

12. 陕西省地方志编纂委员会：《陕西省志》（第三十六卷），陕西人民出版社 1994 年版。

13. 《湘赣革命根据地》党史资料征集协作小组：《湘赣革命根据地》（上），中共党史资料出版社 1990 年版。

14. 河北省地方志编纂委员会：《河北省志·金融志》，中国书籍出版社1997年版。

15. 李勋：《衡阳市金融志》，中国广播电视出版社1992年版。

16. 《江西省供销合作业志》编纂委员会：《江西省供销合作业志》，方志出版社2000年版。

17. 县委党史资料征集办公室：《修水革命历史文献资料集》，1985年内部资料。

18. 中共中央党史研究室第一研究部：《中国共产党第七次全国代表大会代表名录》（上），上海人民出版社2005年版。

19. 姜宏业：《金融图集与史料（新民主主义革命时期）》，湖南出版社1991年版。

三、文集、回忆录与报刊资料

1. 尚明：《前进中的金融事业（纪念中国人民银行建行四十周年文集）》，中国金融出版社1988年版。

2. 武博山：《回忆冀南银行九年（1939—1948）》，中国金融出版社1993年版。

3. 陈毅，肖华等：《回忆中央苏区》，江西人民出版社1981年版。

4. 中国人民银行河北省分行：《回忆晋察冀边区银行》，河北人民出版社1988年版。

5. 山东省金融学会：《北海银行五十周年纪念文集》，1988年。

6. 中共河南省委党史研究室：《纪念朱理治文集》，中共党史出版社2007年版。

7. 朱理治：《朱理治金融论稿》，中国财政经济出版社1993年版。

8. 魏协武：《黄亚光文稿和日记摘编》，陕西人民出版社1999年版。

9. 魏协武：《边区银行风云录》，陕西人民出版社1996年版。

10. 中国人民银行金融研究所：《曹菊如文稿》，中国金融出版社1983年版。

11. 魏协武：《陕甘宁边区金融报道史料选编》，陕西人民出版社1992年版。

12. 《红色中华》《冀中导报》《山东政报》《银行周报》《浙江金融》《解放日报》《人民日报》《中国钱币》《东北农业》《13. 英大金融》《中国金融》《金融经济》《党史文苑》《抗日战争研究》。

四、专著

1. 江苏省钱币学会：《华中革命根据地货币史》（第 1 分册），中国金融出版社 2005 年版。

2. 姜宏业：《中国地方银行史》，湖南出版社 1991 年版。

3. 中国人民银行四川省分行金融研究所：《川陕省苏维埃政府工农银行》，四川省社会科学院出版社 1984 年版。

4. 谭克绳，马建离，周学濂：《鄂豫皖革命根据地财政经济史》，华中师范大学出版社 1989 年版。

5. 中国人民银行江西省分行金融研究所：《湘鄂赣革命根据地银行简史》，1987 年版。

6. 张杨等：《抗日战争时期陕甘宁边区财政经济史稿》，长江文艺出版社，2016 年。

7. 赵锡安等：《东北银行史》，中国金融出版社 1993 年版。

8. 吉振兴：《湖南金融若干历史经验》，湖南人民出版社 2009 年版。

9. 中国人民银行江西省分行金融研究所：《闽浙赣省苏维埃银行》（内部发行）。

10. 中共龙岩市新罗区委党史研究室，中国人民银行龙岩市支行：《金融先驱曹菊如》，中国文联出版社 2001 年版。

11. 山东省钱币学会，临沂市钱币学会：《北海银行在沂蒙》，中国金融出版社 2014 年版。

12. 河北省金融研究所：《晋察冀边区银行》，中国金融出版社 1988 年版。

13. 姜宏业：《中国金融通史》（第 5 卷），中国金融出版社 2008 年版。

14. 高贯成：《华中银行史》，江苏人民出版社 2001 年版。

15. 罗华素，廖平之：《中央革命根据地货币史》，中国金融出版社 1998 年版。

16. 杨世源：《晋绥革命根据地货币史》，中国金融出版社 2001 年版。

17. 许树信：《中国革命根据地货币史纲》，中国金融出版社 2008 年版。

18. 张转芳：《晋冀鲁豫边区货币史（上册）——晋东南革命根据地货币史》，中国金融出版社 1996 年版。

19. 袁远福，巴家云：《川陕革命根据地货币史》，中国金融出版社 2003 年版。

20. 刘崇明，祝迪润：《湘鄂西革命根据地货币史》，中国金融出版社 1996

年版。

21. 中国人民银行江西省分行金融研究所：《中华苏维埃共和国国家银行湘赣省分行简史》，1986 年版。

22. 余伯流，凌步机：《中央苏区史》，江西人民出版社 2001 年版。

23. 中国人民银行陕西省分行，陕甘宁边区金融史编辑委员会：《陕甘宁边区金融史》，中国金融出版社 1992 年版。

24. 李恩慈，牛素鸽：《合作金融通论》，中国经济出版社 1991 年版。

25. 莫小涛：《从童工到红色银行家——莫钧涛的革命岁月》，中国金融出版社 2010 年版。

26. 丁国良，张运才：《湘鄂赣革命根据地货币史》，中国金融出版社 1993 年版。

27. 李实：《陕甘宁革命根据地货币史》，中国金融出版社 2003 年版。

后　记

本书为 2014 年国家哲学社会科学基金项目"中国共产党领导金融建设的历史考察与经验研究（1921—1949）"（批准号 14BDJ003）的结项成果，由于出版的需要，书名和章节的标题略作修改。这是我个人完成的第五部学术专著，也是我学习和探索中国金融史、中共党史的又一个阶段性小结和汇报。本项目从申报、立项、研究、结题到最终出版，历时七年。其中所走过的每一步都不轻松，但只要奋勇前行，梦想的花朵一定会开得更加灿烂。在学术道路上，我将会继续奋力攀登。本书稿即将正式出版，深感欣慰！

多年以来，我在学术道路上得到过诸多师友的指导、关心和帮助，也得到了同济大学马克思主义学院的各位领导和诸位同事的关心、帮助和提携。感谢你们一直以来对我的鼓励、支持和帮助！

同时要特别感谢在结项时五位匿名评审专家提出的宝贵意见，帮助我完成了本书的修改和完善。

最后要感谢家人对我的鼎力支持，特别是贤妻黎萍对我从事学术研究给予了大力支持和帮助，在今后的工作和学术研究中，我将会更加努力，不忘初心。

当然，由于本人学术水平有限，书中难免会有遗漏或失之偏颇，敬祈学界同仁不吝赐教！

万立明

2021 年 7 月 19 日于沪上寓所